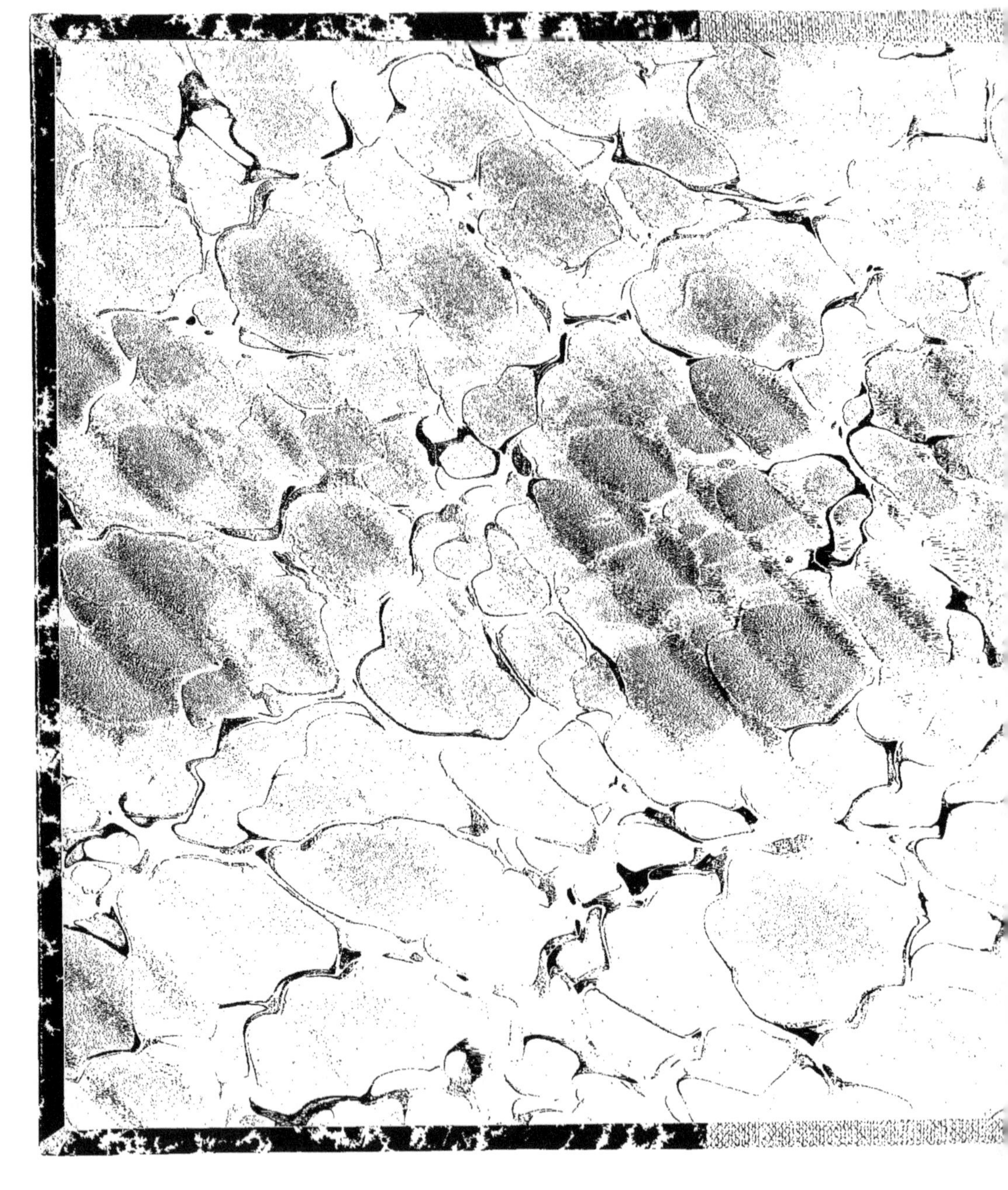

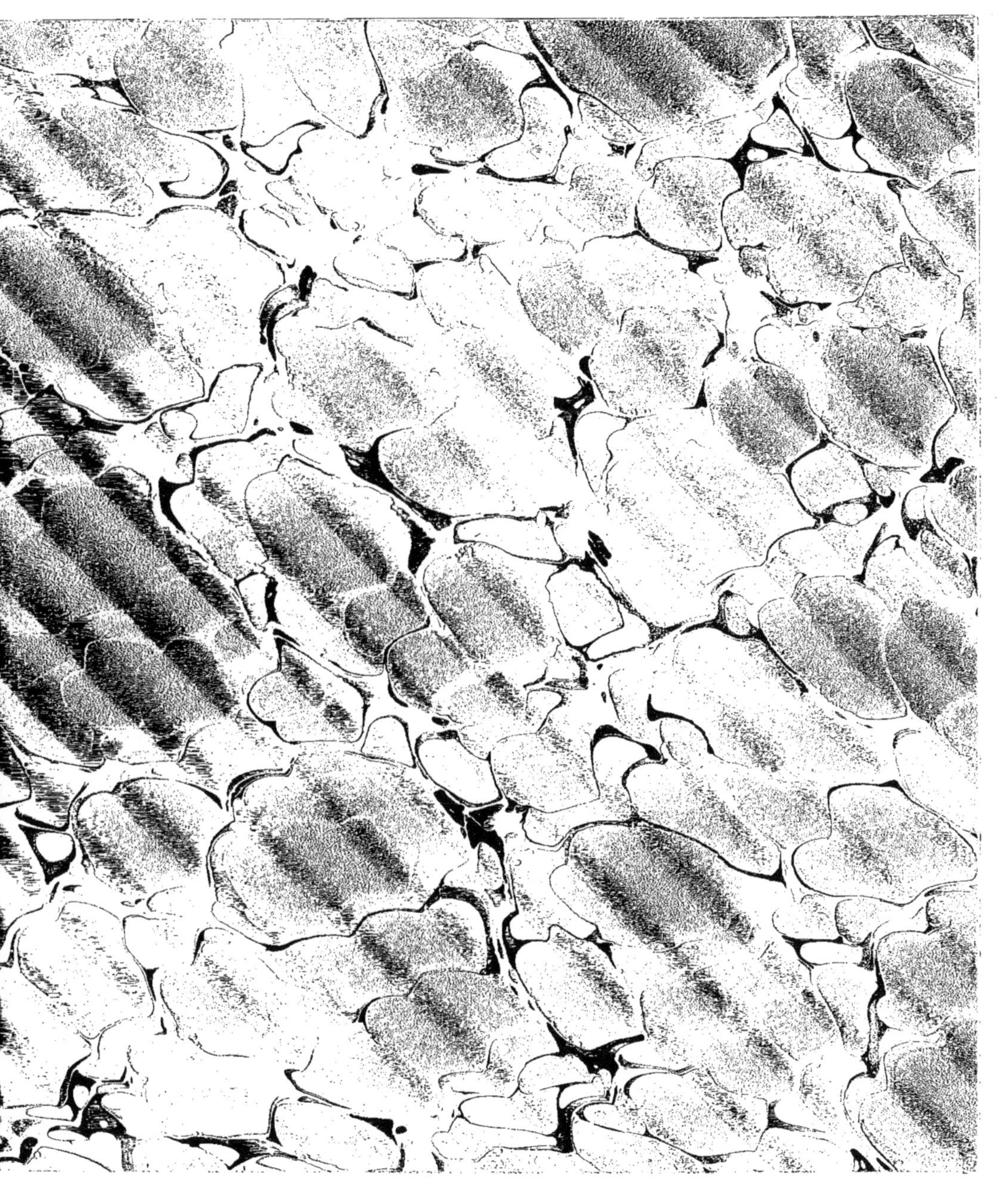

COURS

DE

GÉOGRAPHIE MÉTHODIQUE

LA FRANCE ET SES COLONIES

LES CINQ PARTIES DU MONDE

SOMMAIRES — LECTURES — CARTES — DEVOIRS

A L'USAGE

DE L'ENSEIGNEMENT PRIMAIRE

PAR

L. LANIER

INSPECTEUR GÉNÉRAL DE L'INSTRUCTION PUBLIQUE

C. ROGEAUX
OFFICIER DE L'INSTRUCTION PUBLIQUE
DIRECTEUR D'ÉCOLE COMMUNALE, A LILLE

A. LABORDE
PROFESSEUR AGRÉGÉ DE L'UNIVERSITÉ
PROVISEUR DU LYCÉE D'ALBI

Cours supérieur

PARIS

LIBRAIRIE CLASSIQUE EUGÈNE BELIN

BELIN FRÈRES

RUE DE VAUGIRARD, 52

1908

Des mêmes auteurs :

COURS

DE

GÉOGRAPHIE MÉTHODIQUE

LA FRANCE ET SES COLONIES

LES CINQ PARTIES DU MONDE

SOMMAIRES — LECTURES — CARTES — QUESTIONNAIRES

A L'USAGE

DES ÉCOLES PRIMAIRES

> ADOPTÉ POUR LES ÉCOLES DE LA VILLE DE PARIS
> *Couronné par la Société pour l'instruction élémentaire*
> *et par la Société nationale d'encouragement au bien*

LEÇONS PRÉPARATOIRES. — 1 vol. in-4°, cart. » 7
COURS ÉLÉMENTAIRE. — 1 vol. in-4°, cart. . . . . 1 fr.
COURS DU CERTIFICAT D'ÉTUDES PRIMAIRES. — 1 vol. in-4°, cart. . . . . . 1 fr. 5

SAINT-CLOUD. — IMPRIMERIE BELIN FRÈRES.

PRÉFACE

Le *Cours supérieur* que nous soumettons au jugement des maîtres de l'enseignement primaire achève la série de nos **Cours de géographie méthodique**. Il en est la suite et le complément, sans leur ressembler tout à fait.

Les trois premiers cours s'adressaient aux jeunes élèves des écoles primaires, c'est-à-dire à des enfants. L'esprit de l'enfant est superficiel et mobile; il aime le mouvement et la vie, il n'est attentif qu'aux choses qui frappent l'imagination et les yeux. Pour initier ces jeunes lecteurs aux premières notions de la géographie, nous avons essayé de les intéresser par des descriptions et des images.

En grandissant, l'écolier ne perd rien de sa curiosité première, mais celle-ci change d'objet. La nature n'est plus seulement pour lui un spectacle, elle devient peu à peu un sujet d'études et d'observations. Derrière le mouvant décor de la terre, il faut que sa raison découvre les trésors cachés, les forces secrètes d'où le génie de l'homme fait jaillir la chaleur, la lumière et tous les éléments de son activité industrielle.

La géographie l'y aidera. Il n'y cherchera plus seulement une succession de scènes pittoresques, mais un enchaînement de causes et d'effets; il y verra sans cesse la collaboration ou la lutte de la nature et des hommes. La terre subit de lentes et continuelles transformations; l'homme les adapte ou les plie à ses besoins. Il creuse des puits de mines, capte des sources, change des golfes en pâturages, perce des montagnes, sonde le fond des mers, relie les continents extrèmes par un réseau ininterrompu de canaux, de chemins de fer, de paquebots et de câbles télégraphiques : chaque génération rivalise de science et d'énergie, et lègue à la suivante une somme nouvelle de progrès et de bien-être social.

Dans la limite de son cadre, ce Cours supérieur essaie de définir et d'expliquer quelques-unes de ces victoires de l'homme. L'introduction résume en quelques tableaux les phénomènes et les idées. générales de la géographie du globe. Les chapitres qui suivent reprennent l'une après l'autre les grandes régions naturelles de la France et font voir, par une série de lectures graduées, comment les entreprises économiques continuent de transformer et d'améliorer son domaine.

On a réservé à l'Europe et aux autres parties du monde une place assez large, en s'inspirant des mêmes idées, en suivant le même plan. Il n'y a plus de continent *mystérieux*, et les régions dites inexplorées deviennent chaque jour plus étroites. Le monde entier est un champ clos où les Etats les plus instruits, les plus hardis et les plus peuplés de la vieille Europe et de la jeune Amérique se disputent les territoires encore inoccupés, les marchés et la clientèle. L'Asie orientale se révèle à son tour comme une rivale redoutable dans ce conflit d'intérêts et d'ambitions.

Si ce modeste livre, sous sa forme simple et méthodique, réussit à éveiller dans l'esprit de ses jeunes lecteurs quelque curiosité, et attire leur attention vers ces questions vitales du temps présent, les auteurs croiront avoir fait pour l'enseignement une œuvre utile.

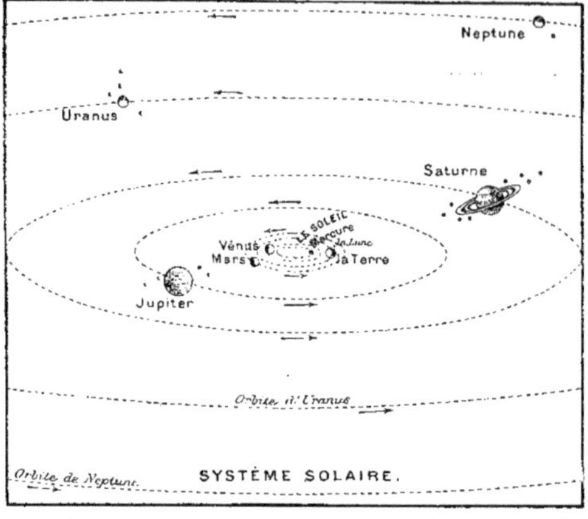

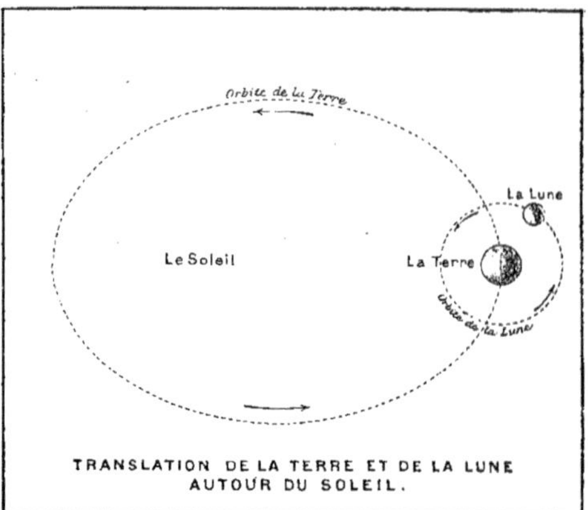

NOTIONS PRÉLIMINAIRES

NOTIONS DE COSMOGRAPHIE

1. **L'Univers.** — L'Univers est l'ensemble des astres, étoiles, planètes, satellites, etc., qui peuplent l'espace.

2. **Étoiles.** — Les étoiles sont des astres lumineux par eux-mêmes et qui semblent garder la même position par rapport aux autres étoiles : le Soleil est une étoile.

3. — Les étoiles forment des groupes appelés **constellations** : la Grande-Ourse, la Petite-Ourse, Hercule.

4. **Planètes.** — Une planète est un astre qui tourne autour d'une étoile dont elle reçoit la chaleur et la lumière. La Terre est une des huit principales planètes qui tournent autour du Soleil.

5. **Satellites.** — Un satellite est un astre qui accompagne une planète dans son mouvement autour d'une étoile. Comme la planète, le satellite n'a par lui-même ni chaleur ni lumière. Certaines planètes ont plusieurs satellites ; la Terre n'en a qu'un : c'est la Lune.

6. **Nébuleuses.** — Les nébuleuses se divisent en nébuleuses apparentes et en vraies nébuleuses. Les premières sont, comme la *voie lactée*, des réunions d'étoiles paraissant tellement rapprochées que leurs rayons lumineux se confondent. Les vraies nébuleuses sont des espèces d'immenses nuages dont la douce lumière est tantôt uniforme, tantôt plus vive en certains points.

7. **Comètes.** — Les comètes sont des nébulosités comprenant un noyau lumineux et une chevelure ou queue.

1re Lecture. — La Terre et l'espace. — L'étude du Ciel date des premiers jours de l'humanité. Pâtre et chasseur, puis pirate et marchand, l'homme primitif devait sans cesse observer le cours des astres pour guider ses pas et mesurer le temps. Mais l'astronomie n'est devenue une science véritable qu'après avoir subi une profonde révolution.

Volontiers les peuples enfants se font une grande idée de leur domaine. En voyant chaque jour le soleil et les étoiles apparaître du même côté de l'horizon, s'élever lentement au-dessus des terres, puis s'abaisser et disparaître du côté opposé, on crut que la Terre était la merveille de l'univers, le centre de tout autour duquel tournait, coupole étincelante, le firmament semé d'étoiles.

Cette conception, séduisante et puérile, a hanté les esprits pendant des milliers d'années. Elle a passé des mages de la Chaldée aux prêtres de l'Egypte, et des philosophes de la Grèce aux théologiens de l'Occident. C'est seulement en 1543 qu'un mathématicien de génie, le Polonais **Copernic**, en a montré la fausseté en formulant les vraies lois de la mécanique céleste.

Le prestige de la Terre y a beaucoup perdu. Non seulement elle n'est pas le premier des astres, ni une étoile de première grandeur, ni même une étoile ; mais elle occupe un rang très médiocre parmi les planètes qui gravitent autour du Soleil. Non seulement elle ne trône pas, majestueuse et fixe, au milieu du monde ; mais elle se meut sans cesse et de toutes les manières : elle pivote sur elle-même en 24 heures ; elle tourne autour du Soleil en une année ; elle subit plus ou moins l'attraction des planètes dont elle se rapproche. Et ce n'est pas encore tout : pareille à ces fusées d'artifice qui décrivent des spirales en s'élevant dans les airs, la Terre est emportée à la suite du Soleil vers la constellation d'Hercule avec une furieuse vitesse qui atteint deux milliards de kilomètres par année.

Qu'est-ce donc que la Terre aux yeux des astronomes ? Un astre infime perdu dans le tourbillon des mondes, un grain de sable errant qui n'a jamais paru deux fois dans la même région de l'espace infini.

8. **Le Soleil.** — Le Soleil est l'étoile la moins éloignée de la Terre. Mais la distance qui nous en sépare (148 millions de kilomètres) est tellement prodigieuse que nous ne saurions nous la figurer.

9. — Pour arriver jusqu'à nous, la lumière solaire met 8 minutes 16 secondes ; pour faire le même trajet, un train rapide, franchissant 80 kilomètres à l'heure, mettrait plus de 200 ans.

10. — Le Soleil est l'une des plus petites étoiles que l'on connaisse. Il est néanmoins 1 250 000 fois plus gros que la Terre.

PAYSAGE LUNAIRE

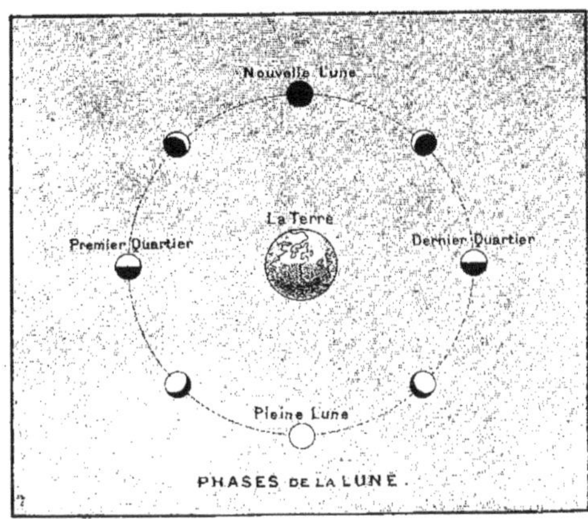

11. — Malgré son immense éloignement, le Soleil exerce sur notre planète une telle influence, qu'on l'a surnommé *le Père de la vie*.

12. — Le **système solaire** comprend le Soleil, ses planètes et leurs satellites, ainsi que les nébuleuses et les comètes.

2ᵉ Lecture. — Le Soleil. — Qu'on se figure une sphère monstrueuse capable de contenir douze cent mille fois la Terre, une sphère ardente revêtue d'une triple enveloppe ignée et projetant de toutes parts des jets incandescents, un foyer de chaleur tellement puissant qu'il maintient à l'état de vapeurs les métaux les plus résistants, et l'on se fera une idée du Soleil tel que les savants l'observent tous les jours.

Nous ne pouvons le regarder en face ; et, dès qu'il émerge au-dessus de l'horizon, toutes les étoiles s'évanouissent, tant son éclat l'emporte sur le leur.

Tous les peuples antiques l'adoraient comme un Dieu ; et c'est, en effet, une sorte de divinité tutélaire : ses rayons, tempérés par l'atmosphère terrestre, provoquent l'évaporation des mers, la formation des nuages, la circulation des vents et des eaux. S'il vient un jour à disparaître, notre planète n'aura plus ni chaleur, ni lumière, ni vie d'aucune sorte, et se changera en désert glacé.

Pour nous qui lui devons tant, le Soleil est l'astre par excellence. Mais il n'en est pas de même pour l'univers : car chaque étoile est un soleil, et les étoiles sont innombrables. On en compte plus de 8 000 visibles à l'œil nu, et le télescope en révèle des millions dans la traînée lumineuse de la voie lactée. La lumière du Soleil nous arrive en 8 minutes, celle de l'étoile polaire en 36 ans ; d'autres étoiles sont si lointaines qu'elles continueraient à nous éclairer des centaines d'années après leur disparition. Et même au delà, il existe d'autres étoiles et d'autres cieux que nos faibles moyens ne permettront peut-être jamais de découvrir.

13. La Lune. — La Lune est quarante-neuf fois plus petite que la Terre ; elle en est distante de 385 000 kilomètres.

14. — Elle n'est pas lumineuse par elle-même ; la lumière et la chaleur presque insensible qu'elle nous envoie lui viennent du Soleil.

15. — Le sol de la Lune est un champ volcanique bouleversé par des éruptions très anciennes ; notre satellite n'a ni eau ni atmosphère et par suite pas d'habitants.

16. — La Lune tourne autour de la Terre en lui présentant toujours la même face. Elle met 29 jours et demi pour se retrouver dans la même position par rapport au Soleil et à la Terre : c'est la durée du *mois lunaire*.

17. — Dans le cours de sa révolution, la Lune prend quatre aspects différents qui sont ses quatre **phases** : *nouvelle lune, premier quartier, pleine lune, dernier quartier.*

18. — La Lune exerce sur la Terre une attraction plus considérable que celle du Soleil. C'est à cette attraction que sont dues surtout les marées.

3ᵉ Lecture. — La Lune. — Vus de la Terre, le Soleil et la Lune ont à peu près le même diamètre apparent. Mais le Soleil est quatre cents fois plus éloigné, et la disproportion entre les deux astres est énorme : si le Soleil était une sphère creuse, ayant la Terre en son centre, la Lune pourrait opérer sa révolution à l'intérieur de la sphère sans en toucher les parois.

La Lune est un corps opaque : si brillante qu'elle paraisse dans les nuits claires, sa lumière n'est qu'une lueur d'emprunt, un simple reflet des rayons solaires. Ce fait explique les curieuses variations qu'on nomme *phases de la Lune* : comme la Lune tourne sans cesse autour de notre planète, nous ne voyons de sa moitié ensoleillée que la portion qui nous fait face. Une fois par mois, à la *pleine lune*, le disque apparaît tout entier ; une autre fois, lors de la *nouvelle lune*, il est entièrement caché et, dans l'intervalle, il s'élargit ou s'échancre graduellement. Si bien qu'à nos yeux, la Lune n'a jamais deux nuits de suite la même dimension ni la même forme.

Dans le monde stellaire, la Lune est notre voisine la plus proche et la mieux connue. A l'aide du télescope et de la photographie, on a pu déterminer ses traits les plus accusés et mesurer d'après leur ombre ses principaux sommets. C'est une terre raboteuse et sinistre, sillonnée de crevasses, creusée de vastes cratères, hérissée de volcans éteints et de cimes colossales : vingt-deux d'entre elles dépassent la hauteur du mont Blanc. L'atmosphère manque, ainsi que l'eau, les animaux et les plantes. *La Lune est un astre mort.*

Mais rien n'est absolument inutile dans la nature. Ce corps obscur nous rend pendant la nuit quelque chose de la clarté solaire ; et cet astre mort agit : son attraction s'exerce sur la masse des océans et provoque le gonflement rythmique des marées.

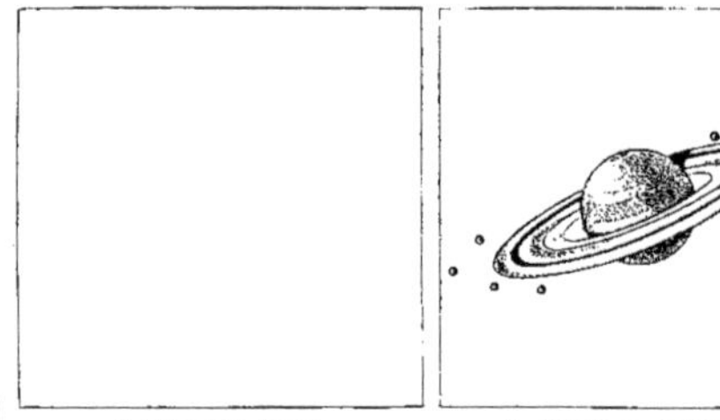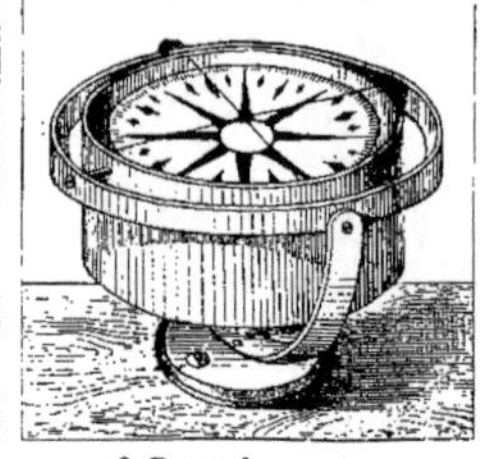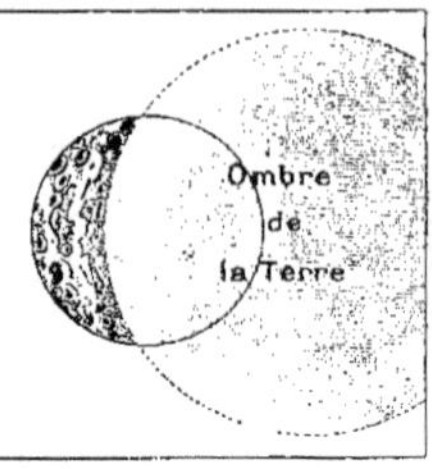

1. Une nébuleuse. — 2. Anneaux de Saturne. — 3. Boussole marine. — 4. Eclipse de Lune.

LA TERRE

1. — La **Terre** est une des huit grandes planètes qui gravitent autour du Soleil.

2. — La Terre est **ronde** ; elle a 12 700 kilomètres de diamètre et 40 000 kilomètres de circonférence.

3. — La Terre n'est pas une sphère parfaite, mais un sphéroïde légèrement aplati aux deux pôles. Cet aplatissement polaire est si faible que, sur une sphère d'un mètre de diamètre, il n'aurait qu'un millimètre et demi : l'œil le mieux exercé ne saurait l'apercevoir.

1re Lecture. — L'hypothèse de Laplace. — Dès que l'intelligence de l'homme s'est éveillée, il s'est demandé curieusement quelle pouvait être l'origine du monde qu'il habitait. Tous les philosophes de l'antiquité se sont mis à la recherche du *« principe premier des choses »*, et ils ont désigné, l'un l'air éthéré, les autres l'eau, le feu, l'intelligence suprême.

Ce mystérieux problème devait passionner aussi les savants modernes ; et celui qui semble l'avoir résolu est un Français, l'astronome Laplace, mort en 1827.

D'après lui, le Soleil, les planètes et leurs satellites ont commencé par n'être qu'une même nébuleuse. Ils formaient une sorte de nuée lumineuse, comme celles que le télescope révèle dans des espaces très lointains, poussière cosmique extrêmement légère renfermant quelques noyaux un peu plus denses. L'un de ces noyaux, en se contractant, acquit du poids, de la chaleur, une vitesse de rotation extraordinaire et une telle puissance d'attraction que tous les éléments de la nébuleuse se réunirent en lui. Ce noyau devenait une étoile, et cette étoile est le Soleil.

Mais le Soleil, en tournant sur lui-même avec une prodigieuse rapidité, refoulait ses matières lourdes vers sa partie la plus renflée ; ces matières formèrent un bourrelet, puis un anneau extérieur, comme celui qui entoure la planète Saturne. Un temps vint où l'anneau lui-même se rompit, projetant çà et là les éléments qui le constituaient. Les débris de l'anneau solaire seraient aujourd'hui la Terre, les autres planètes et leurs satellites.

Ces astres, infiniment moins gros que le Soleil, ont perdu leur éclat ; mais le Soleil leur communique une partie de sa lumière, de sa chaleur, et il les empêche de s'écarter.

Quelle que soit l'autorité qui s'attache au nom de Laplace, il ne faut pas oublier que son ingénieuse théorie est une simple hypothèse, et que jamais peut-être la formation de la Terre ne sera scientifiquement expliquée.

2e Lecture. — Sphéricité de la Terre. — Les enfants ont quelque peine à reconnaître que la Terre est ronde. Et pourtant c'est une vérité élémentaire dont les yeux rendent témoignage si on les aide de quelque réflexion.

Quand nous gagnons à pied ou en voiture quelque ville de notre voisinage, qu'apercevons-nous au loin ? La flèche d'une église, le sommet d'une tour, le toit des principaux monuments. À mesure que nous approchons, l'église, la tour, les monuments semblent sortir de terre, et nous finissons par les voir dans leur entier. Que serait-il arrivé si la Terre avait été plate ? Nous aurions vu du premier coup l'ensemble des constructions et plus particulièrement leur base, qui est la partie la plus massive. Mais cette partie était cachée par la courbure de la Terre.

Tenons-nous debout au milieu d'une plaine ou sur le pont d'un vaisseau, et notre horizon, c'est-à-dire l'espace que nos regards peuvent embrasser, a toujours la forme d'un cercle. L'alpiniste parvenu à la cime d'une montagne, l'aéronaute emporté bien haut dans les airs, dominent un horizon plus vaste mais qui reste encore circulaire. Or, la sphère est le seul corps qui se présente toujours sous la forme d'un cercle quand on le regarde extérieurement.

Étant donnée notre petitesse extrême, nous ne saurions apercevoir qu'une portion très petite de la Terre. Mais il y a des cas où elle-même dessine sa silhouette devant nous. C'est ce qui se produit dans les éclipses où l'ombre de notre planète se projette sur le disque lumineux de la Lune. Invariablement cette ombre est arrondie.

4. Les points cardinaux. — L'orientation consiste à déterminer la position d'un lieu par rapport à un autre lieu déjà connu.

5. — Elle s'effectue au moyen de points de repère que nous offrent les astres. Les quatre points essentiels, nommés **points cardinaux**, sont : le nord, le sud, l'est et l'ouest.

6. — Le nord ou *septentrion* est indiqué par l'étoile polaire, et le sud ou *midi* par le soleil au milieu du jour.

7. — L'est, *levant* ou *orient*, est le point où le soleil se lève à l'équinoxe de printemps ou d'automne ; l'ouest, *couchant* ou *occident*, le point où le soleil se couche aux mêmes époques de l'année.

8. — Les points cardinaux et leurs intermédiaires ou **points collatéraux** sont représentés par la *rose des vents*.

9. — On peut s'orienter en observant l'étoile polaire ou le soleil. On s'oriente surtout à l'aide de la *boussole*, à aiguille aimantée qui indique à peu de chose près la direction du nord.

3e Lecture. — La boussole marine ou compas de mer. — Le timonier de chaque navire a sous les yeux une boussole suspendue de telle manière qu'elle reste toujours horizontale quels que soient les mouvements du vaisseau. Au-dessous de l'aiguille aimantée, sur un cadran fixe, est gravée la ligne médiane du navire. C'est ce qu'on nomme la *ligne de foi*.

Avant de partir, le capitaine calcule exactement l'angle que la ligne de foi doit faire avec l'aiguille aimantée pour que le navire arrive à destination. Et pourvu que le timonier maintienne fidèlement cet écart, il n'y a à s'inquiéter de rien, ni de

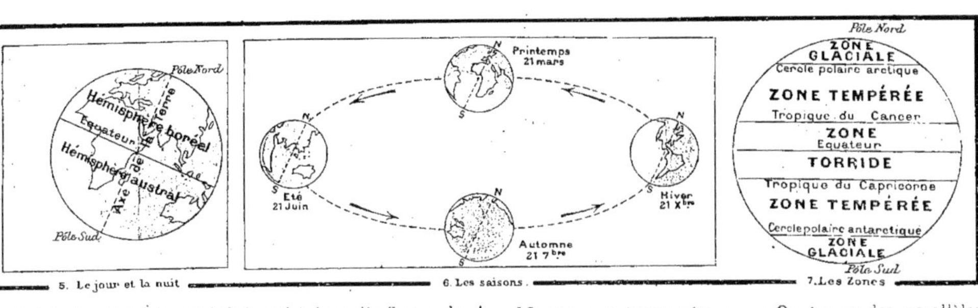

5. Le jour et la nuit — 6. Les saisons. — 7. Les Zones

oleil ni de l'étoile polaire, ni de l'obscurité des nuits. Sa marche est sûre; il ne saurait manquer le but.

Quel est l'inventeur de ce merveilleux instrument? Est-ce un Chinois ou un Arabe? Est-ce ce Flavio Gioja qui vivait à Amalfi en 1302? Ce fut en tous cas un des bienfaiteurs de la marine. Les navigateurs de l'antiquité étaient réduits au commerce de cabotage : ils longeaient d'assez près les rivages et naviguaient d'île en île : car ils s'exposaient à des périls certains dès qu'ils perdaient de vue la terre ferme. Munis de bonnes cartes et d'une boussole bien suspendue, les navires modernes ont franchi les océans et entrepris la découverte du monde.

10. Double mouvement de la Terre. — La Terre n'est pas immobile; elle tourne sur elle-même en même temps qu'elle tourne autour du Soleil. Le premier de ces mouvements est appelé mouvement de **rotation**; le second, mouvement de **translation**.

11. Mouvement de rotation. — Dans son mouvement de rotation, la Terre tourne d'ouest en est autour d'une ligne imaginaire appelée **axe de la Terre**. Les deux extrémités de cet axe se nomment : l'une **pôle nord** ou *arctique*, l'autre **pôle sud** ou *antarctique*.

12. — Pour faire un tour sur elle-même, la Terre met une journée de 24 heures. Ce mouvement produit la succession des **jours** et des **nuits**.

13. Mouvement de translation. — Pour accomplir son mouvement de translation, la Terre met 365 jours 1/4. Le mouvement de translation produit les changements de saisons. Dans notre pays, il y a quatre saisons : le **printemps**, l'**été**, l'**automne** et l'**hiver**.

14. — L'équateur est une ligne imaginaire qui fait le tour de la Terre à égale distance des pôles. L'équateur divise la surface de la Terre en deux hémisphères : l'**hémisphère boréal** ou du nord, l'**hémisphère austral** ou du sud.

15. Latitude. — La latitude d'un lieu est la distance de ce lieu à l'équateur. La latitude est septentrionale ou méridionale, suivant que le lieu est au nord ou au sud de l'équateur. Il y a 90° de latitude nord et 90° de latitude sud. Ces degrés sont indiqués par des cercles parallèles à l'équateur.

16. Méridiens et longitude. — Les méridiens sont des cercles imaginaires qui font le tour de la Terre en passant par les deux pôles.

17. — La longitude d'un lieu est la distance de ce lieu à un méridien convenu et qui est pour nous celui de Paris. Il y a 180° de longitude orientale et 180° de longitude occidentale.

18. Zones terrestres. — Quatre cercles parallèles à l'équateur partagent la surface de la Terre en 5 zones :

1° La **zone torride**, comprise entre les deux tropiques ;

2° La **zone glaciale du nord**, limitée par le cercle polaire arctique ;

3° La **zone glaciale du sud**, limitée par le cercle polaire antarctique ;

4° La **zone tempérée du nord**, entre le cercle polaire arctique et le tropique du Cancer ;

5° La **zone tempérée du sud**, entre le cercle polaire antarctique et le tropique du Capricorne.

4e Lecture. — Le jour et la nuit. — Les Saisons. — Si l'axe de la Terre était perpendiculaire aux rayons du Soleil, la chaleur et la lumière se distribueraient sur notre planète avec une régularité pour ainsi dire mathématique : chaque point du globe aurait alternativement 12 heures de jour et 12 heures de nuit, et la chaleur s'abaisserait graduellement, depuis l'équateur brûlé par les rayons verticaux du Soleil, jusqu'aux pôles à peine effleurés par les rayons tangents.

Cet état de parfait équilibre se rencontre juste deux fois par an, aux équinoxes du printemps et de l'automne. Puis les jours croissent ou décroissent, parce que la ligne des pôles, pareille au clou d'une toupie énergiquement lancée, s'incline toujours, par rapport au Soleil.

La figure 6 ci-dessus nous montre bien cette obliquité de l'axe terrestre et permet d'expliquer la suite des saisons. Examinons ce qui se passe au cours d'une année pour notre hémisphère et plus particulièrement pour la zone tempérée que nous habitons.

A partir du 21 décembre, les jours grandissent, et, le 21 juin, le pôle nord est franchement tourné vers le Soleil. A ce moment les rayons solaires, sans être verticaux, tombent sur nous moins obliquement qu'à aucune autre époque de l'année. Ce jour est pour nous plus long que tous les autres. L'été commence.

A partir du 21 juin, les jours diminuent de longueur; et, quand le pôle nord est tout à fait plongé dans l'ombre, le 21 décembre, nous sommes moins longuement éclairés qu'à n'importe quel moment de l'année. L'hiver commence.

Entre l'été et l'hiver, saisons extrêmes, s'intercalent le printemps et l'automne. La zone tempérée a donc quatre saisons.

Les pôles n'en ont que deux, ou, pour être plus précis, l'année polaire se compose d'un seul jour et d'une seule nuit qui respectivement durent six mois.

Quant à l'équateur, le Soleil ne cesse jamais de l'éclairer. C'est la seule région du monde qui n'ait qu'une saison, puisque ses jours et ses nuits sont toujours d'égale étendue.

Les mêmes phénomènes s'accomplissent dans l'hémisphère méridional. Mais ils s'y produisent dans l'ordre inverse : quand le jour luit pour nous, la nuit règne sur nos antipodes, et l'été de notre hémisphère correspond à l'hiver austral.

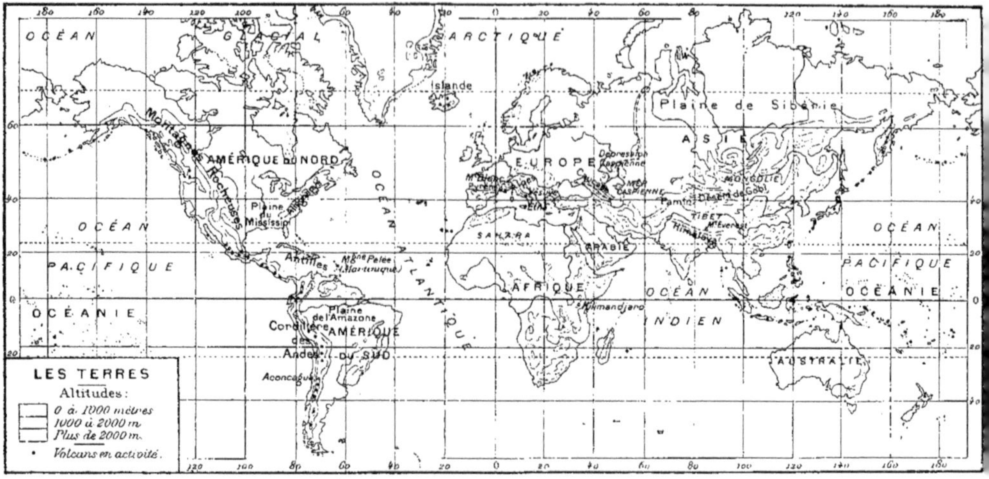

LES TERRES

1. Esquisse géologique. — A une époque très reculée, la Terre était un **globe de feu** enveloppé d'épaisses vapeurs.

2. — Peu à peu la température s'est abaissée, et les matières en fusion qui étaient à la surface du globe se sont changées en roches très dures qu'on a appelées **terrains primitifs**.

3. — La Terre eut dès lors une écorce solide : les eaux produites par les vapeurs l'ont en grande partie recouverte.

4. — Dans la suite, les substances que les eaux tenaient en suspension se sont déposées. Les dépôts, mêlés aux coquillages, ont formé des couches successives d'autres terrains, appelés **sédiments**.

5. — La formation des sédiments correspond à trois époques géologiques : de là, trois sortes de terrains sédimentaires, dits **primaires, secondaires, tertiaires**.

6. — Les terrains sédimentaires n'ont pas toujours conservé leur formation régulière. Leurs couches ont été crevassées, disloquées ou contractées par les éruptions du feu souterrain.

7. — Enfin par l'action du Soleil, des vents, des gelées et surtout des pluies et des eaux courantes, les terrains sédimentaires ont été peu à peu émiettés, et leurs débris ont été roulés et entraînés au fond des vallées. Ainsi se sont formés les terrains **quaternaires ou modernes**.

8. Grandes divisions du globe. — Le quart de la surface du globe est occupé par les terres.

9. — Les terres comprennent cinq grandes divisions ou parties du monde. Ce sont : l'**Europe**, l'**Afrique**, l'**Asie**, l'**Amérique** et l'**Océanie**.

10. — On donne le nom de **continents** aux grandes étendues de terre que l'on peut parcourir sans traverser la mer. L'Europe, l'Afrique et l'Asie, connues dès l'antiquité, forment l'**Ancien Continent**. L'Amérique, découverte en 1492, a reçu le nom de **Nouveau Continent**. L'Océanie n'a été explorée que plus tard ; et, comme sa terre principale est comprise dans l'hémisphère austral, on la désigne sous le nom d'**Australie** ou **Continent austral**.

11. - Les trois quarts des terres sont situées au nord de l'équateur. A l'hémisphère continental, s'il avait Paris pour centre, correspond l'hémisphère océanique dont le centre serait l'île des Antipodes.

12. — Il résulte de cette disposition que les habitants de l'hémisphère du nord ou **boréal**, rapprochés les uns des autres, se sont instruits et civilisés mutuellement, tandis que ceux de l'hémisphère **austral**, isolés, sont restés très longtemps à l'état sauvage.

13. — La surface des terres n'est pas plane. On donne le nom de **relief** aux parties du sol qui s'élèvent plus ou moins au-dessus du niveau de la mer. L'altitude d'un lieu est la hauteur de ce lieu par rapport au niveau marin.

1re Lecture. — **Le relief terrestre; sa formation.** — La formation du relief terrestre est un des phénomènes que la géologie explique le mieux, parce qu'il est visiblement lié à la formation même de la Terre.

Tant que notre planète fut un amas confus de vapeurs et de matières ignées, elle occupa une place considérable dans l'espace. C'est par une série de contractions successives qu'elle s'est réduite à son volume actuel.

Dès le premier abaissement de la température, les matières lourdes formèrent un globe consistant; et la vapeur d'eau, brusquement condensée, s'abattit sur ce globe en pluies torrentielles. Ce formidable déluge eut pour effet de refroidir la couche superficielle de la Terre.

Il se produisit alors un fait très curieux : d'un côté, le noyau central continuait à se contracter progressivement, et de l'autre, la croûte extérieure, solidifiée trop tôt et d'un seul coup, se trouvait trop grande pour ce noyau sur lequel elle aurait dû se mouler. Elle fit ce que font la pomme sortant du four et l'omelette soufflée, quand elles ne sont plus soutenues par l'air chaud qu'elles renferment. Elle s'affaissa; certaines de ses parties s'effondrèrent sous le poids des eaux marines; les parties émergées formèrent, suivant les lieux, des plissements, des cavités, de brusques saillies, de hautes montagnes, et l'horizontalité primitive ne se maintint que par exception.

Chaque période géologique a vu s'accomplir quelque mouvement analogue, et le relief terrestre, maintes fois remanié par les forces opposées de la nature, est arrivé enfin à l'état où nous le voyons.

Mais il faut se garder de toute exagération : les voyageurs s'arrêtent muets d'admiration devant les sommets géants du Caucase, des Andes, de l'Himalaya. Pourtant ces cimes colossales à nos yeux ne sont rien par rapport à la masse de la Terre : le plus haut mont connu n'atteint pas la millième partie du rayon terrestre. Et, si nous pouvions nous élever assez haut pour contempler l'ensemble de notre globe, il nous paraîtrait presque aussi poli qu'une bille de billard.

14. Les formes du relief. — Le relief comprend les plaines, les plateaux et les montagnes.

15. — Une **plaine** est une surface généralement unie ou peu accidentée et peu élevée au-dessus du niveau de la mer. Parmi les plaines les plus étendues du monde, il faut citer celle du Mississipi, celle de l'Amazone, et celle qui se déroule sans interruption sur toute l'Europe septentrionale et la Sibérie.

16. — Quelques plaines sont inférieures au niveau des mers. Ce sont, d'ailleurs, des fonds marins ou lacustres aujourd'hui desséchés, comme la **dépression** de la Caspienne, celle de la Hollande et celle de la mer Morte.

17. — Un **plateau** est une haute plaine dont la surface est souvent irrégulière, semée de dépressions et de saillies. Le plateau de Mongolie est le plus grand du monde. Ceux du Tibet et de Pamir sont les plus élevés (4 000 mèt.).

18. — Une **montagne**, un **mont** est une masse de pierres et de terre très élevée au-dessus du niveau de la mer.

19. — Un **volcan** est une montagne qui vomit par des fissures ou par une ouverture appelée cratère, de la fumée, des gaz, des boues brûlantes et des roches fondues.

20. — Il y a dans le monde une multitude de volcans éteints, comme ceux de l'Auvergne, et 350 volcans en activité. La plupart s'alignent autour de l'Océan Pacifique dont ils constituent le **cercle de feu**. D'autres se dressent dans les Antilles et en Europe, comme le Vésuve et l'Etna.

21. — Les volcans surgissent soit au bord de la mer, soit aux cassures de l'écorce terrestre par où le feu souterrain peut s'ouvrir un passage.

2ᵉ Lecture. — Le relief terrestre; son état actuel. — On croit trop aisément que la Terre en a fini avec les révolutions qui l'out maintes fois ébranlée, et qu'elle est entrée dans une ère de stabilité et de paix. En réalité, le feu intérieur, agitateur terrible, couve sous nos pieds et n'a rien perdu de sa redoutable puissance.

Pour s'en apercevoir, il suffit de pénétrer dans un grand tunnel comme celui du Saint-Gothard ou du Simplon, ou de s'enfoncer dans un puits de mine : à mesure qu'on descend 30 ou 35 mètres, on voit le thermomètre monter d'un degré. Si cette progression se continue jusqu'au bout, le centre de la Terre est une fournaise de 180 000 degrés, température qui confond l'imagination et qu'on ne peut comparer qu'à celle du Soleil. La Terre est donc un immense creuset plein de matières en fu-

sion, et le sol que nous foulons est une paroi très mince, toujours prête à éclater.

L'activité du feu central se manifeste de bien des manières. Elle modifie la nature de certaines nappes d'eau souterraines qui reparaissent à la lumière sous forme de sources thermales, de sources minérales ou de jets brûlants comme les *geysers* de l'Islande et du Nouveau Monde.

Elle provoque en tous lieux des oscillations du sol, tantôt lentes et presque insensibles comme celle qui soulève la péninsule scandinave, tantôt, hélas ! violentes et sinistres comme ces tremblements de terre qui crevassent des cantons tout entiers et anéantissent en quelques minutes toute une ville avec ses habitants.

Enfin le feu intérieur se montre directement dans les **éruptions volcaniques**. Les volcans, vraies soupapes de sûreté, projettent au dehors toutes les matières qui encombrent le sous-sol, gaz sulfureux, vapeur d'eau, cendres, pierres ponces et coulées de laves. Leurs cratères s'ouvrent au sommet de montagnes coniques formées de leurs propres déjections. Certains surgissent en pleine mer et agrandissent les îles qui les supportent; d'autres éclatent en éruptions dévastatrices (Vésuve, Montagne Pelée) et causent des ravages d'autant plus désastreux (destruction de Saint-Pierre de Martinique, 1903) que leurs terrains fertiles ont attiré à leurs pieds une population plus nombreuse.

22. Les formes du relief (*suite*). — Les volcans seuls se dressent isolément au-dessus des plateaux et des plaines. Les autres montagnes se groupent de différentes façons : tantôt elles constituent une **chaîne**, c'est-à-dire une rangée de monts reposant sur une base commune (Pyrénées, Caucase); tantôt elles présentent des **plissements parallèles** (Jura, Alleghanys) ; tantôt elles forment un **noyau central** d'où les eaux s'écoulent en rayonnant (monts du Cantal).

23. — Un **massif** est un groupe irrégulier de montagnes de formes et de hauteurs diverses : Massif Central de France.

24. — Les plus hauts monts connus sont, en Europe, le mont Blanc, 4 810 mètres; en Afrique, le Kilimandjaro, 6 116 mètres ; en Amérique, l'Aconcagua, 7 035 mètres ; et en Asie, le **mont Everest**, 8 840 mètres ; c'est le point culminant du globe.

25. — Le **versant** d'une montagne est le côté ou le flanc par où se versent les eaux courantes. La même montagne a plusieurs versants : la chaîne des Cévennes verse ses eaux à la Loire, à la Garonne et au Rhône.

26. — La **ligne de partage des eaux** est la ligne qui sépare les deux versants d'une même chaîne, et par suite les eaux qui coulent sur ces versants en sens opposés. Il y a des cas où cette ligne est faiblement marquée.

27. — Un **col** est le passage qui s'ouvre entre deux montagnes; un col étroit et resserré s'appelle **défilé**, **cluse** ou **gorge**. Les cols jouent un rôle considérable dans la vie des peuples. Quand ils sont rares et peu praticables, la montagne constitue une barrière (Himalaya, Cordillère des Andes, Pyrénées); quand ils sont larges et profonds, ils livrent passage aux marchands et aux armées d'invasion.

28. — Une **vallée** est une région comprise entre deux montagnes ou collines et sillonnée par un ou plusieurs cours d'eau. Un **vallon** ou **val** est une vallée de petite étendue. Les vallées bien encadrées favorisent l'indépendance des peuples (Suisse, Grèce, val d'Andorre).

29. — Un **désert** est une étendue de terre aride et que la température, soit brûlante, soit glaciale, rend inhabitable (Sahara, Arabie centrale, désert de Gobi).

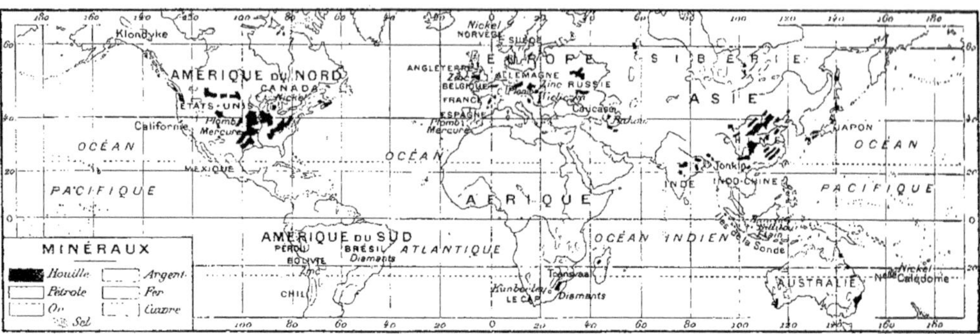

LES TERRES (suite).

30. Les minéraux. — L'écorce terrestre recèle à tous ses étages des **minéraux** que l'homme emploie pour ses besoins.

31. — Les **carrières** sont des excavations généralement larges et peu profondes d'où l'on extrait des matériaux de construction : le *silex* et le **grès** dont on pave les routes, la *pierre de taille*, le *marbre*, la *luce*, le *sable* et la *chaux* qui servent à bâtir les maisons, l'*ardoise* qui les recouvre, l'*argile plastique* et le *kaolin* qui les meublent des ustensiles les plus variés.

32. — Les **mines** sont des puits très profonds auxquels aboutissent des galeries souterraines. On en tire des *combustibles*, des *métaux* et des *pierres précieuses*. Sans cesse l'homme a besoin du feu pour se chauffer, pour cuire des aliments, et surtout pour entretenir les millions de locomotives, de paquebots et de machines industrielles qui fonctionnent jour et nuit. Toutes les forêts du monde disparaîtraient dans ces innombrables brasiers, si l'on n'avait la précieuse ressource des combustibles minéraux : la *houille* et le *pétrole*.

33. — La **houille** est l'amas des végétaux qui foisonnaient sur notre globe avant l'apparition de l'homme. Entassées par les vents et par les eaux courantes dans certains replis du sol, ces plantes avaient déjà subi un commencement de combustion quand elles ont été ensevelies par des révolutions successives sous des terres nouvelles.

34. — L'extraction de la houille occupe tout un peuple d'ouvriers. Elle fournit chaque année 800 millions de tonnes; et les pays où la houille abonde lui doivent en grande partie leur supériorité industrielle, commerciale et navale. Tels sont les États-Unis de l'Amérique du Nord, l'Angleterre, l'Allemagne, la France et la Belgique. Tôt ou tard cette furieuse activité épuisera les mines de l'Europe; et les savants se demandent avec inquiétude si la Chine dont les ressources minières sont formidables, mais jusqu'ici sans emploi, ne finira pas par attirer à elle toutes les industries de l'Ancien et du Nouveau Monde.

35. — Le **pétrole** est un combustible liquide qu'on utilise principalement pour l'éclairage domestique. Il abonde aux États-Unis où l'on a foré plus de 20 000 puits, et à l'extrémité du Caucase, à Bakou, où son transport est assuré par une flottille de vaisseaux-réservoirs. Sa production atteint 200 millions d'hectolitres.

36. — On range les métaux en deux groupes : ceux des métaux précieux et des métaux utiles.

37. Métaux précieux. — L'or est éclatant, inaltérable et rare. C'est lui que les joailliers emploient de préférence et c'est la meilleure monnaie d'échange. Les sables quartzeux qui le renferment s'épuisent rapidement et l'or a successivement disparu des lieux dont il a fait la gloire, Colchide, Pyrénées, Mexique, Pérou et Chili. On le trouve encore en Californie, dans la région du Klondyke, au Transvaal, en Australie et en Sibérie. Son rendement annuel est de 500 tonnes valant un milliard de francs.

38. — L'**argent** se rencontre surtout allié au plomb et au cuivre dans les mines du Mexique, des États-Unis, de la Bolivie et de l'Australie. Il produit 6 000 ou 7 000 tonnes : et cette abondance nuit à la valeur du métal qui a baissé des deux tiers depuis trente ans. Le kilogramme d'argent vaut environ 100 francs.

39. Métaux utiles. — Les métaux utiles sont le fer, le cuivre, le plomb, le zinc, l'étain, le nickel et le mercure.

3e Lecture. — Le fer. — Le premier, le plus indispensable des métaux utiles est le fer. Il se plie à mille usages sous les formes variées que lui donnent les hauts fourneaux, les forges, les fours, les laminoirs; et, dans ses trois états principaux, acier, fonte ou tôle, il envahit la vie moderne : la fine aiguille de la brodeuse, la plume de l'écrivain, les armes du soldat, les outils du laboureur et de l'artisan, l'épais blindage des vaisseaux cuirassés, les canons, les obus, les torpilles, la machine à coudre et la batterie de cuisine, tout est fer autour de nous. Le fer remplace le bois dans la charpente des maisons comme dans la coque des navires; il remplace la pierre dans les canalisations souterraines comme dans la construction des ponts, des galeries d'usines, des halles et des édifices publics. Il se substitue aux bêtes de somme dans les transports à grande vitesse et remplace dans l'industrie des millions d'ouvriers. Dans les vingt-cinq dernières années, la production du fer a doublé dans le monde et elle s'accroît de jour en jour.

Par bonheur, le fer est extrêmement commun, si commun même que les physiciens regardent notre globe comme une masse de fer aimantée. Mais la métallurgie du fer exige une quantité de combustible énorme, et les pays qui manquent de houille se contentent de donner au minerai une première façon : ils l'exportent en « saumons de fonte » (Espagne et Suède); c'est dans le voisinage des mines de charbon qu'il faut chercher les hauts fourneaux, les forges, les aciéries, les fabriques d'armes, de locomotives et de machines industrielles. Là ont surgi des cités énormes : Le Creusot, Saint-Étienne, Anzin et Fives en France ; Liège en Belgique; Essen en Allemagne; Sheffield et Birmingham en Angleterre; Boston et Philadelphie en Amérique : noirs enfers où s'édifient parfois des fortunes colossales comme celles des rois de l'acier en Amérique.

Plus un pays est riche en houille et plus sa métallurgie est active. Le monde produit annuellement 70 millions de tonnes de fer et d'acier. Les États-Unis, l'Angleterre et l'Allemagne sont au premier rang des pays producteurs; la France ne vient qu'après eux; mais elle rachète cette infériorité relative par la fine trempe de son acier.

40. — Le **cuivre**, employé pour la chaudronnerie et pour les canalisations électriques, vient des États-Unis, de l'Espagne, du Chili, de l'Allemagne et du Japon.

41. — Le **plomb**, malléable et ductile, convient aux canalisations de gaz et d'eau; on l'extrait également des États-Unis et de l'Espagne.

42. — Le **zinc**, laminé en feuilles plus ou moins minces, forme la toiture des maisons. L'Allemagne, la Belgique et l'Angleterre sont ses pays d'origine.

43. — L'**étain** a joui d'une grande réputation au temps où la porcelaine était encore inconnue et où des fondeurs-artistes fabriquaient la vaisselle et la poterie d'étain. On l'utilise surtout aujourd'hui pour étamer le fer-blanc et la batterie de cuisine, et pour le revêtement des comptoirs. Extrait des îles Banca et Billiton (archipel de la Sonde), il est manufacturé en Angleterre.

44. — Le **nickel**, exploité au Canada, en Norvège et dans la Nouvelle-Calédonie, joue un grand rôle dans la préparation de l'acier; le **mercure** sert dans l'extraction de l'argent. Il provient d'Espagne et des États-Unis.

45. — En dehors des combustibles et des métaux, l'écorce terrestre renferme encore des **diamants**, du **sel** et des **sources minérales**.

46. — Le **diamant** est une pierre de carbone pur, extrêmement petite en général, mais très dure et d'un merveilleux éclat. Les mines si célèbres de l'Inde sont épuisées; mais on trouve le diamant au Brésil et dans l'Afrique australe (mines de Kimberley). Les tailleries de diamant sont presque toutes réunies à Amsterdam et à Anvers.

47. — Le **sel** se récolte surtout sur certains rivages où l'on fait évaporer les eaux marines. Mais il existe aussi à l'état de dépôts souterrains. Les mines de Wieliczka, dans la Silésie autrichienne, sont exploitées depuis neuf siècles; elles ont 700 kilomètres de galeries. Leur chapelle et leurs salles immenses, taillées dans le sel pur, ressemblent à des palais enchantés.

48. — Les **sources minérales** sont des eaux qui, s'infiltrant dans les profondeurs du sol, se sont imprégnées de gaz et de sels solubles. Quand elles reparaissent à la lumière, elles se distinguent des autres sources par la régularité de leur débit, par leur température souvent élevée et par leur composition chimique. **Alcalines, ferrugineuses** ou **sulfureuses**, elles ont des vertus curatives que nos remèdes de laboratoires ne sauraient remplacer.

49. — Telles sont les richesses du sous-sol terrestre. Aucune d'elles ne vaut celles du sol lui-même, de cette **couche végétale** qui, soumise aux labours et fécondée par le soleil et par la pluie, nourrit les plantes, les hommes et les animaux.

4° Lecture. — **Géologie et géographie.** — La géologie est la sœur et l'inséparable auxiliaire de la géographie. Que de phénomènes il faudrait décrire cent fois si le géologue n'en expliquait les causes et les lois! Partout la même couche géologique se comporte de la même façon : partout l'eau des pluies ruisselle sur les roches primitives, traverse comme un crible les plateaux calcaires et croupit sans écoulement sur les fonds argileux. Partout les sources thermales jaillissent dans les fissures de l'écorce terrestre. Partout la population s'agglomère et les villes s'élèvent près des centres miniers, sur les estuaires des grands fleuves et dans les grasses plaines d'alluvions, à cause de l'attraction qu'exercent les richesses de la nature et la facilité des communications. Le géologue est donc l'interprète et pour ainsi dire le prophète de la géographie : à la vue d'une contrée nouvellement découverte, il suppute les ressources du sol et du sous-sol, et peut annoncer presque à coup sûr le genre d'occupations, de vêtements et de constructions qu'adopteront les habitants.

5ᵉ Lecture. — **Géologie et agriculture.** — La géologie et l'agriculture sont unies par des liens très étroits. Bien que l'humanité ait toujours tiré le plus clair de sa subsistance des produits du sol et de l'élevage, l'agriculture proprement dite est une science tout à fait moderne. L'expérience des siècles avait bien appris qu'en dépit des labours et des fumures certains cantons perdaient peu à peu leur fécondité, et que, non loin des terres privilégiées où prospèrent les céréales et la betterave, il en est d'autres où végètent le seigle et le sarrasin. Mais on se résignait à cet épuisement et à cette pauvreté comme à des maux réputés sans remède.

Les géologues et les chimistes se sont mis à l'œuvre. Par de minutieuses analyses, ils ont déterminé les proportions de *sable*, de *calcaire* et d'*argile* qui composent les meilleurs champs ; et, appliquant la même méthode aux différents étages géologiques, ils ont proclamé cette loi consolante qu'il n'y a *pas de sols fatalement stériles, mais des terrains incomplets ou appauvris*.

Et c'est à la terre elle-même qu'on demande des éléments réparateurs : la plupart des *amendements* sont d'origine minérale. On administre la *chaux* aux terrains granitiques de l'Auvergne, la *marne* aux champs siliceux et détrempés de la Sologne et aux schistes de la Sarthe, le *plâtre* et la *craie* aux champs des environs de Paris, les *phosphates* aux terres de la Picardie et de la Flandre, la *tangue* aux rochers bretons. Sur certains points, au lieu de transporter les amendements, on pratique le défoncement du sol à 60 et 80 centimètres pour ramener à fleur de terre une couche inférieure encore vierge. C'est ce qui a lieu en Corse et en Provence.

La voie des progrès étant ouverte, les savants ont poussé leurs recherches dans tous les sens, réglé la rotation des cultures, le parcage des animaux domestiques, l'irrigation des pâturages, l'assainissement des terrains par le drainage, le choix raisonné des engrais, des graines, des cépages et des autres plantations. Et la *chimie agricole*, créée de toutes pièces depuis cinquante ans, a doublé la valeur de certaines terres en substituant aux maigres herbages et aux céréales d'ordre inférieur les *prairies artificielles* et le *froment*.

Ces conquêtes ont pour origine le développement de la géologie. Les sciences, comme les hommes, accomplissent des merveilles à la condition de s'entendre et de s'entr'aider.

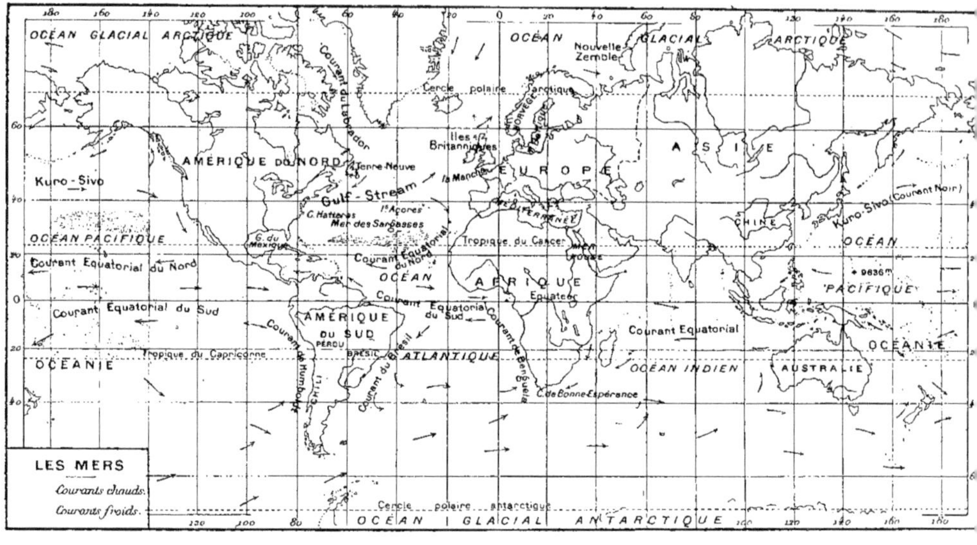

LES MERS

1. — Les **trois quarts** de la surface du globe appartiennent à la **mer**; elle couvre plus de la moitié de l'hémisphère septentrional et presque tout l'hémisphère austral.

2. — La mer se partage en **cinq océans** : l'océan glacial **Arctique** et l'océan glacial **Antarctique** sont entourés par les cercles polaires ; l'**océan Atlantique** se creuse entre l'Europe, l'Afrique et le Nouveau Monde ; l'**océan Pacifique** ou **Grand Océan** s'ouvre largement entre l'Asie, l'Australie et l'Amérique ; enfin l'**océan Indien** est encadré entre l'Afrique, l'Asie et l'Australie.

3. — Les mers sont de profondeur très inégale : dans certains gouffres du Pacifique la sonde descend à 9 636 mèt.; quelques mers, comme la Manche, sont de minces nappes d'eau. La profondeur moyenne des océans est de 3 700 mètres, chiffre insignifiant par rapport à la masse de notre globe. Sur une sphère de 4 mètres de diamètre, l'épaisseur des eaux serait représentée par un millimètre.

4. — L'eau des mers n'est pas potable. Elle renferme en dissolution une trentaine de substances différentes dont la principale est le sel marin. On a calculé la quantité de sel contenue dans les Océans; ce sel répandu sur le globe tout entier y formerait une couche de 10 mètres d'épaisseur.

5. — La salinité des eaux varie : elle est très forte dans les mers soumises à une évaporation active (mer Rouge, Méditerranée); elle est médiocre dans les mers qui reçoivent, comme la Baltique, beaucoup de pluies, beaucoup de fleuves et peu de soleil.

1re Lecture. — Le fond de la mer. — Le fond de la mer est accidenté comme la surface des continents ; mais son relief usé par le frottement perpétuel des sables et des eaux, n'a ni les arêtes vives ni la variété d'aspect du relief terrestre. Ses montagnes portent le nom de **récifs** et d'**écueils** quand elles n'atteignent pas tout à fait le niveau des eaux ou qu'elles affleurent, et le nom d'**îles** quand elles émergent. Ses plateaux sont les **bancs sous-marins**, rendez-vous habituel d'innombrables poissons. Ses profondes dépressions sont les **abîmes marins**. Dans certains de ces abîmes, le mont Everest s'enfoncerait tout entier et sa cime maîtresse serait cachée par une épaisseur d'eau de 800 mètres.

La nature des roches sous-marines varie suivant les lieux et les profondeurs. Dans le voisinage des continents, s'amassent les galets et les sables arrachés par les flots aux côtes les plus proches. Au large, le fond est tapissé, tantôt de poussière rougeâtres produites par les éruptions volcaniques, tantôt de **couches siliceuses** provenant de la décomposition des algues, tantôt de **lits calcaires** d'origine animale. Car l'océan est un cimetière où s'ensevelissent les squelettes des animaux marins, les coquillages de toutes formes et surtout les carapaces de **globigérines**. Ces mollusques, tellement petits que 300 m d'entre eux rempliraient à peine un dé à coudre, flottent dans l'eau pendant leur courte existence, puis leurs coquilles microscopiques coulent lentement dans les bas-fonds. C'est comme une neige de blancheur éclatante qui traverse les glauques profondeurs. Elle s'accumule assez rapidement, formant une vase légère dans laquelle se perdent les dents des squales et les vertèbres des cétacés; la couche inférieure durcit et devient une roche comparable à la craie de nos écoliers.

À tous ses étages, la mer est habitée : les poissons, les mollusques et les crustacés dont l'homme se nourrit résident à bord de l'Océan et sur les bancs les plus élevés (Banc de Terre-Neuve); les fonds les plus obscurs et les plus froids ont une faune qui leur est propre, étranges animaux qui supportent d formidables pressions, et se guident dans la nuit des abîmes à l'aide de plaques lumineuses qui s'éclairent ou s'éteignent à volonté. Il en est d'autres complètement aveugles et presque inerte qui restent blottis dans la vase, ouvrant une gueule énorme dans laquelle les victimes viennent s'engouffrer. D'autres sont pourvus de pattes et d'antennes démesurées ou de tentacules dont les suçoirs sont armés de griffes. Toutes ces espèces fantastiques et hideuses sont carnivores, et le fond des mers est un champ de carnage où se livrent des batailles féroces et sans fin.

6. Les mouvements de la mer. — L'eau des mers est soumise à des **mouvements irréguliers** (les vagues), **périodiques** (les marées) et **permanents** (les courants marins).

7. — En de rares exceptions, la mer est polie comme un miroir (mer d'huile); presque toujours elle est agitée : le moindre souffle ride sa surface et produit des **vagues**. Et les grands vents y soulèvent des **lames** qui peuvent atteindre 10 et 12 mètres de hauteur. D'ailleurs cette agitation est superficielle : au-dessous de 30 mètres l'eau des mers est toujours calme, même dans les tempêtes.

8. — Les **marées** sont des mouvements périodiques : à n'importe quel point de l'Océan, la masse liquide se soulève deux fois et s'abaisse deux fois en 24 heures 50 minutes. Ces quatre mouvements constituent deux marées.

9. — C'est l'attraction de la Lune qui soulève les marées; l'attraction du Soleil augmente ou diminue leur amplitude. Il y a marée de **syzygie** ou de **vives eaux**, c'est-à-dire grande marée, quand l'action du Soleil s'ajoute à celle de la Lune, et **marée de quadrature** ou de **mortes eaux** quand les deux attractions solaire et lunaire se contrarient.

10. — La hauteur des marées diffère avec les lieux : elle atteint quelques décimètres seulement dans les mers presque fermées (Méditerranée); elle est, au contraire, considérable dans les baies en entonnoir où les flots s'engouffrent et se superposent. La marée monte à 12 mètres dans la baie du mont Saint-Michel et à 21 mètres dans la baie de Fundy, en Amérique.

11. Les courants maritimes. — Des courants chauds, des courants froids circulent à travers l'immensité des Océans. Véritables fleuves marins, ils doivent leur impulsion aux vents dominants, et leur température aux mers dans lesquelles ils prennent naissance.

12. — Les principaux courants chauds sont : 1° les **courants équatoriaux** qui traversent l'Atlantique et le Pacifique d'est en ouest; 2° le **courant du Golfe** (Gulf-Stream) qui sort du golfe du Mexique, longe la côte américaine, puis celle de l'Europe septentrionale et de la Sibérie; 3° le **courant Noir** (Kuro-Sivo) qui va de la Chine à l'Amérique en traversant le nord de l'océan Pacifique; 4° les **courants de l'Océan Indien**, qui suivent alternativement deux directions opposées, celles du nord-est et du sud-ouest, comme les vents de cette mer (moussons).

13. — Les courants froids sont issus des régions polaires. Les plus connus sont, dans l'hémisphère nord, le courant du Labrador, qui contourne l'Amérique du Nord et l'île de Terre-Neuve; et, dans l'hémisphère sud, le courant du Benguela, parallèle à la côte africaine, et le courant de Humboldt, qui longe les côtes du Chili et du Pérou.

14. — Les courants jouent un rôle des plus importants dans la distribution des climats et dans la navigation maritime.

2ᵉ Lecture. — Causes et effets des courants marins. — Il y a cent cinquante ans qu'on étudie méthodiquement les courants marins. Et, si avancée qu'elle soit, cette étude renferme encore des mystères. Que se passe-t-il au fond des mers? On croit y distinguer des courants froids ou un glissement ininterrompu des eaux de la région glaciale qui affluent vers l'équateur pour remplir le vide creusé par l'évaporation. Ainsi s'explique la basse température de tous les fonds marins qui ont 2° de chaleur sous le soleil des tropiques, à peine 4° de plus que sous les glaces des mers polaires.

Les courants de surface se manifestent plus clairement : on les reconnaît à leur couleur, à leur salinité, à leur température et à la provenance des objets qu'ils transportent : graines, bois flottés, bouteilles, carcasses de navires et épaves de toutes sortes. Mais quelle est leur origine? On croit la trouver dans l'action continue des vents. Les seuls vents qui soufflent constamment d'est en ouest sont les alizés de la zone équatoriale : ils entraînent avec eux la couche superficielle des eaux marines. Et, dans chaque océan, les courants directs sont les **courants équatoriaux**. Ils feraient le tour du monde s'ils ne rencontraient aucun obstacle sur leur passage; mais ils se heurtent aux continents qui les refoulent au nord et au sud. C'est ainsi que les courants les plus importants, le Gulf-Stream et le Kuro-Sivo, ne sont que des courants réfléchis.

Les courants chauds ressemblent presque tous au **Gulf-Stream**. Quand il sort du golfe du Mexique, c'est un énorme fleuve marin : il a 60 kilomètres de large, 350 mètres d'épaisseur, et son flot, d'un bleu intense, s'élance à travers l'Atlantique avec la vitesse d'un cheval (8 à 9 kilomètres à l'heure). Il longe la côte américaine, et, arrivé au cap Hatteras, il s'infléchit vers l'est. A ce moment déjà, il a perdu la moitié de son épaisseur, une partie de sa vitesse, et sa température a baissé de plusieurs degrés; mais il est large de 125 kilomètres. Il se partage en plusieurs bras dont l'un retourne vers l'équateur en faisant un circuit autour des Açores, et dont l'autre longe les Iles-Britanniques, la Norvège et la Nouvelle-Zemble. Toujours plus large, toujours plus mince, cette nappe liquide garde une certaine tiédeur jusqu'au voisinage du pôle nord, comme l'ont constaté Nordenskiöld et Nansen.

Les effets des courants marins sont mécaniques et thermiques.

Au point de vue mécanique, ce sont des chemins qui marchent et que les marins utilisent. Tout navire à voiles qui va d'Europe en Amérique se rapproche de Terre-Neuve pour pénétrer dans le courant du Labrador; au retour, au contraire, il s'éloigne de la côte pour s'engager dans les eaux du Gulf-Stream. En mer, comme on le voit, la ligne droite n'est pas toujours le chemin le plus court entre deux points : les courants marins, malgré leurs détours, abrègent la traversée. Certains courants ont même joué un rôle providentiel dans la découverte du monde. En l'an 1500, Alvarez Cabral, qui voulait doubler le cap de Bonne-Espérance, fut entraîné par le courant équatorial du sud et aborda une terre inconnue, le Brésil.

Au point de vue thermique, les effets des courants marins sont nombreux.

Les courants chauds marquent la limite des espèces animales. La baleine et la morue s'arrêtent devant le Gulf-Stream, comme devant un fleuve de feu; et c'est pourquoi les parages de Terre-Neuve sont les plus riches pêcheries du monde.

Les courants chauds, à cause de leur marche régulière et de la vapeur d'eau qu'ils émettent, sont d'excellents véhicules pour les orages. Les tempêtes qui éclatent en Amérique suivent le Gulf-Stream et atteignent en cinq jours les côtes de l'Europe.

C'est surtout dans la répartition des climats que les courants marins jouent un rôle prépondérant. Le Labrador et la baie d'Hudson, enveloppés par le courant polaire, sont six et huit mois par an des régions glacées et inhabitables. L'Angleterre et la Norvège, situées à la même latitude, sont des terres admirablement tempérées, parce que les tièdes effluves du Gulf-Stream, transformés en brouillards et en pluies, couvrent ces contrées comme d'un manteau protecteur. Et l'on a dit justement que le Gulf-Stream, « américain par ses origines, était européen par ses bienfaits. »

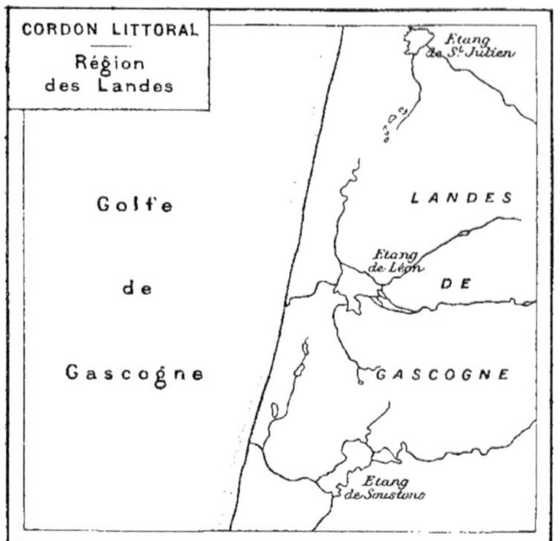

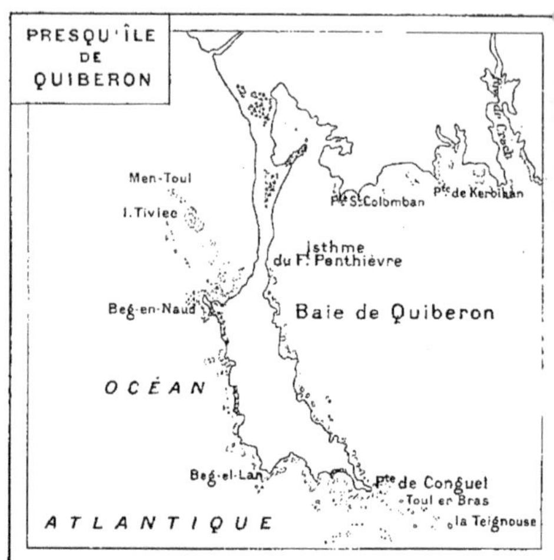

LES MERS (suite).

3e Lecture. — **La mer et les rivages.** — Si l'eau qui coule goutte à goutte finit par creuser le granit et le marbre, on comprend que la mer entame fortement les côtes qu'elle lime sans cesse par ses remous, ses marées, ses courants et surtout par ses tempêtes. Il faut la voir, cette furieuse, quand sa colère est déchaînée : ses flots roulent toute une mitraille de galets et de rocs : ils se ruent à l'assaut du littoral avec un grondement de tonnerre : ils sifflent, rugissent, se dressent à une hauteur effrayante et retombent dans le gouffre écumant où d'autres flots déferlent pour de nouveaux assauts.

Dans cette lutte acharnée entre la mer et ses rivages, les rivages cèdent pas à pas. Les *rias* du littoral espagnol et les baies étroites et encaissées du pays breton sont autant de brèches que la mer a pratiquées dans la *masse granitique*. Elle use ces rocs durs comme l'acier : elle les scie, les déchiquette, fouille leurs moindres fissures, et la ceinture des noirs récifs qui émergent à marée basse marque la limite des terrains perdus par le continent.

A l'égard des *falaises*, la mer se comporte autrement. Ces hautes terrasses offrent moins de résistance, étant composées de couches plus ou moins friables. La mer les sape à la base, se creuse une sorte de longue caverne dans les fondations mêmes de la muraille, et celle-ci s'écroule et s'abat dans les flots. Le recul des falaises est constant et très rapide : il atteint au cap Gris-Nez 250 mètres par siècle.

Les *côtes plates* semblent moins menacées. Mais certaines d'entre elles abritent derrière leur bourrelet de sables des dépressions fertiles et très peuplées. Qu'un grand ouragan éclate, et la mer, forçant la barrière sablonneuse, engloutit tout en quelques heures, campagnes, villages et habitants. Ainsi se sont formés la baie du mont Saint-Michel, le Biesbosch (Hollande) et le Zuyderzée.

Les méfaits de la mer ne se comptent pas et les marins de tous les pays se lèguent des légendes qui ne parlent que de mort et de dévastation. Cependant *la mer déplace plutôt qu'elle ne détruit.* Ces matières lourdes que le jusant emporte ne vont pas, comme on pourrait le croire, au fond de l'Océan ; le flux les ramène, le flot côtier les façonne ; et elles forment tantôt des *cordons littoraux* comme ceux qui bordent le golfe du Lion, tantôt des alignements de dunes, comme celles de Dunkerque et de la côte gasconne, tantôt des pédoncules sablonneux qui rattachent une île à la terre ferme (péninsule de Giens, presqu'île de Quiberon), tantôt des laisses de basse mer qui comblent les golfes. Et quand le travail de l'homme a fixé les sables et égoutté leurs eaux, ces apports de la mer deviennent des terres nouvelles, grasses prairies ou champs fertiles, comme la Hollande et notre pays de la Marquenterre (Somme).

15. Les trésors de la mer. — L'océan est peuplé à toutes ses profondeurs. Mais, comme la plupart des plantes et des animaux ont besoin d'air et de soleil, c'est dans les couches supérieures des eaux que la vie est surtout active. Plantes, poissons, mollusques, crustacés constituent à la mer une enveloppe vivante.

16. — Les végétaux marins sont peu variés : presque tous appartiennent à la famille des algues. On recueille sur les côtes les *goémons* qui servent d'engrais pour les champs, les *zostères* employés pour la literie et l'ameublement, et d'autres *algues* que l'on brûle pour obtenir de la soude.

17. — Le centre des océans renferme d'immenses *prairies flottantes*. Elles se composent uniquement de sargasses ou varechs, plantes herbacées sans racines dont les feuilles forment des banderoles de 100 à 300 mètres de longueur. Ces lanières interminables se soutiennent au-dessus de l'eau grâce à leurs vésicules gonflées d'air. Ces petits flotteurs ressemblent à des fruits et portent le nom de raisins de mer.

18. — La *mer des Sargasses* que Christophe Colomb traversa a pour limite le circuit des courants marins. Sa superficie est huit fois plus grande que celle de la France.

4e Lecture. — **Intensité de la vie des mers.** — Les animaux marins sont infiniment plus nombreux que ceux qui habitent les continents. Non seulement le nombre des espèces est énorme, mais beaucoup d'entre elles ont des milliards de repré-

ntants. Les navigateurs traversent pendant des journées en-
ères des mers blanches, vertes, rouges ou phosphorescentes
ui doivent leur coloration à des myriades de méduses ou
d'animalcules. Ces êtres gélatineux ou microscopiques consti-
uent le *plankton* ou nourriture errante dont se repaissent les
aimaux marins.

La fécondité de certaines espèces marines tient du prodige :
le homard pond 20 000 œufs, la langouste 100 000, l'huître un
illion, la morue 8, 9 et 10 millions d'œufs. Une seule morue
ont la descendance vivrait tout entière remplirait en quatre
énérations l'immensité des océans.

Mais les animaux marins, carnivores pour la plupart, se com-
attent avec un acharnement inouï. Quand les harengs s'en-
agent dans la mer du Nord, on dirait qu'un archipel mobile
isse entre deux eaux. Chaque banc a 30 kilomètres de long et
de large. C'est une armée affamée et affolée qui fuit éperdu-
ent vers le midi. Malheur au traînard, au maraudeur, à l'im-
rudent qui s'écarte ou qui lève la tête au-dessus de l'eau ! Une
gion de cétacés, un formidable vol d'oiseaux rapaces traquent
armée de toute part. Et l'homme, autre ennemi, l'attend :
aque coup de filet enlève vingt ou trente mille individus ;
aque flottille de pêcheurs en ramène deux ou trois cents
illions dans ses ports d'attache. Cette chasse effrénée, impi-
yable, dure depuis des siècles, et le nombre des harengs n'a
as diminué.

L'estomac d'une méduse contient 700 000 diatomées, celui
une baleine des millions de méduses. Et l'on peut dire qu'à
aque seconde les animaux marins naissent et disparaissent
ar milliards de milliards. La fureur de reproduction et la fu-
ur de carnage se font équilibre.

19. Les pêcheries. — L'homme puise constamment
ans le vivier des mers : il y a dans le monde plus de
00 000 pêcheurs.

20. — Les uns se livrent à la **pêche côtière** qui four-
it les *anchois*, les *sardines*, les *thons*, les *maquereaux* : des
ustacés comme le *homard*, la *langouste* et la *crevette*, et des
ollusques, comme l'*huître* et la *moule*.

21. — D'autres quittent leurs foyers pour longtemps : ils
ont par milliers sur les bancs de la mer du Nord, dans les
arages brumeux de l'Islande et de Terre-Neuve attendre le
assage des poissons migrateurs, surtout du *hareng* et de la
orue. La pêche à laquelle ils se livrent est la **grande
êche**, la plus pénible et la moins sûre de toutes.

22. — D'autres marins, plus intrépides encore, s'aven-
rent dans les mers glaciales à la poursuite des *phoques*,
es *otaries* et de la *baleine*.

23. — D'autres, malheureux plongeurs, abrègent leur
ie pour satisfaire nos goûts de toilette et de luxe : ils ar-
achent aux rochers de la Méditerranée et du golfe Persique
es *éponges*, le *corail rose* et les *huîtres perlières*.

5ᵉ Lecture. — **La mytiliculture ou culture des moules.**
— L'on ne saurait domestiquer les poissons comme on l'a fait
our le cheval, le mouton et le bœuf ; mais la pêche se trans-
ormera sûrement grâce au progrès de la *pisciculture*. Les
nciens connaissaient déjà l'art d'élever les huîtres (*ostréicul-
ure*) ; cet art s'est singulièrement développé en France, en
ngleterre, aux États-Unis ; et c'est en France qu'a été décou-
erte la *mytiliculture* ou art de cultiver les moules.

En 1235, un marchand anglais nommé Walton, fit naufrage
ux environs de La Rochelle. Complètement ruiné par la catas-
rophe qui avait englouti son vaisseau et ses compagnons, il se
t chasseur d'oiseaux de mer. Pour cela, il tendit de longs filets
rticalement au-dessus des eaux. Cette chasse réussissait ; mais
Walton s'aperçut un jour que le bas des filets trempés dans l'eau
e couvrait de jeunes moules qui devenaient plus grasses et
lus savoureuses que les autres moules ensevelies dans la vase.

Cette révélation fit sa fortune ; il abandonna la chasse des oiseaux
marins, et multiplia les piquets, filets, supports de toutes sortes
auxquels les moules pouvaient s'accrocher. Il avait inventé la
mytiliculture.

Les procédés de Walton se sont continués dans la *baie
d'Aiguillon*. On y nomme *bouchots* des colonnades de pieux
de 4 mètres, enfoncés dans la vase jusqu'à la moitié de leur
hauteur. Ces pieux, espacés de cinquante centimètres, sont rattachés entre eux par des clayonnages d'osier. C'est là que les
moules s'accumulent par millions. On les écarte de la vase en
arrêtant les fascines à quelques centimètres au-dessus du sol ;
et on les préserve contre l'assaut furieux des tempêtes en orien-
tant les palissades dans le sens même de la marée montante.
Ces palissades vont par paires formant ensemble un V très aigu
dont la pointe regarde le large.

On compte dans la baie d'Aiguillon un millier de bouchots
qui ont de 200 à 300 mètres de long. Mais les boucholeurs ne
sont pas tous riches ; tel possède une série de bouchots, tel un
seul ; d'autres un quart ou même un cinquième qu'il exploite
avec ses associés.

Ce sont les maraîchers de la mer, et chaque bouchot ressemble
assez à un carré de salades ou de choux. Les bouchots « d'aval »,
les plus profonds, qui ne découvrent qu'aux grandes marées,
se garnissent du « naissain », c'est-à-dire des moules nouveau-
nées grosses comme des graines de lin. On éclaircit ces semis
trop épais pour repiquer le « renouvelain » sur des bouchots
plus élevés ; et on les transplante enfin sur les bouchots « d'amont »
qui découvrent deux fois par jour. C'est là que les moules
achèvent de grandir, de s'engraisser, et qu'on les récolte pour
la vente.

Rien d'actif et de pittoresque comme un boucholeur à marée
basse. Tout autre s'enliserait dans la vase molle ; mais il a son
« açon » ou pousse-pied. Cet esquif, fait de cinq grosses planches, fait office de charrette pour les moules et de reposoir pour
l'homme... ou du moins pour une partie de l'homme : car il
laisse pendre au dehors une jambe bottée qui s'appuie sur la
vase, et sert à la fois de rame et de gouvernail.

La culture des moules est très répandue. On la pratique en
Hollande, en Écosse, sur les rivages de la Méditerranée et surtout dans le golfe de Tarente. Elle est très lucrative, et, rien que
dans la baie d'Aiguillon, elle fournit annuellement 40 millions de
kilogrammes de marchandise.

6ᵉ Lecture. — **Les architectes de la mer.** — Dans les
mers limpides de la zone tropicale dont les eaux n'ont jamais
moins de 20 degrés de chaleur, chaque banc de rocher voisin du
niveau marin sert d'habitat à des myriades d'animalcules qui
portent le nom de *madrépores* et de *polypiers*.

Ils vivent en colonies, s'accrochent fortement à la roche ; et,
quand ils meurent, leurs coquilles subsistent. Chaque habitant
nouveau bâtit sa maison sur la maison d'un prédécesseur. L'édi-
fice s'accroît sans cesse en hauteur et finit par atteindre le niveau
des marées.

Ainsi se constituent au sein des mers par le seul travail de ces
humbles architectes les constructions solides qu'on appelle
récifs coralliers.

On en distingue trois variétés. Les uns serrent de près la côte ;
ces haies de corail contre lesquelles les lames viennent se briser sont les *récifs frangeants* ; d'autres se hérissent au large,
à soixante et cent kilomètres du littoral. Ce sont les *récifs bar-
rières*. Les plus intéressants se dressent en pleine mer et affec-
tent la forme plus ou moins capricieuse d'un anneau. L'eau emprisonnée au centre de l'anneau est unie comme un miroir. Ces
îles-lagunes sont les *atolls* ; leur diamètre peut avoir de 3 à
23 kilomètres.

Leur couronne émergée sert de reposoir aux oiseaux ; elle
arrête au passage toutes sortes de débris, sables, branchages,
graines, noix de coco que les tempêtes rejettent à l'intérieur.
Et un temps vient où ces monuments funéraires, comme les
nommait si justement Darwin, se transforment en forêts de
cocotiers et en parterres de fleurs. Une multitude d'îles océa-
niennes et certains archipels de l'océan Indien (Laquedives, Mal-
dives, îles Andaman et Nicobar) n'ont pas d'autre origine.

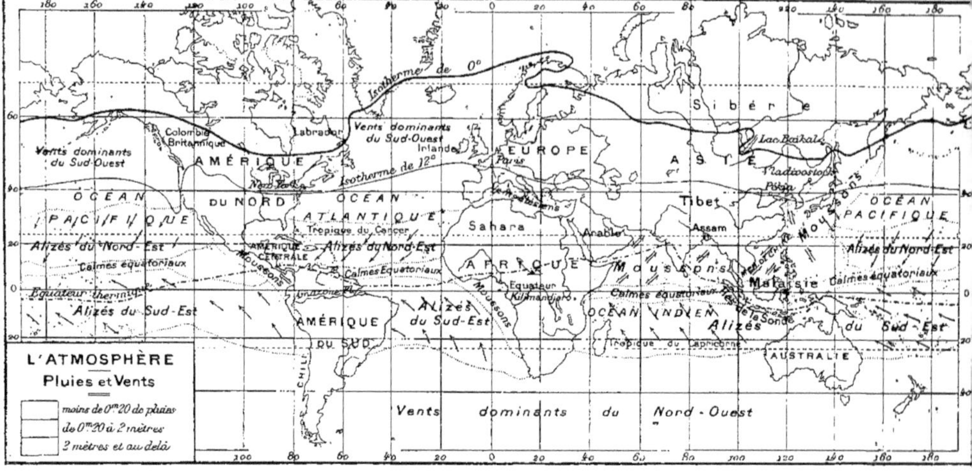

L'ATMOSPHÈRE

1. L'atmosphère et les vents. — On appelle atmosphère la couche d'air qui enveloppe entièrement le globe terrestre. L'épaisseur de cette couche est considérable, certains savants l'évaluent à plus de 100 kilomètres.

2. — L'air est un mélange d'azote et d'oxygène indispensable à la vie des hommes, des animaux et des plantes. Il contient aussi de l'acide carbonique et de la vapeur d'eau.

3. — L'air est mobile. Ses mouvements portent le nom de *vents*. Il y a des vents *permanents*, des vents *périodiques*, des vents *locaux* et une multitude de vents variables.

4. — Les principaux vents permanents sont les **alizés** qui soufflent sans cesse des tropiques vers l'équateur en s'infléchissant vers l'ouest.

5. — Parmi les vents périodiques, on peut citer les **moussons** de l'océan Indien et de la mer de Chine, et les vents **étésiens** de l'Archipel. Suivant les saisons, ils soufflent alternativement dans deux sens opposés. Les *brises de terre et de mer* qui règnent sur la plupart des côtes sont aussi des vents périodiques, mais qui alternent jour et nuit.

6. — Certains vents locaux sont célèbres, comme le *föhn* qui provoque la fonte des neiges dans les Alpes, le *mistral* qui glace les terres de la Provence, le *simoun* et le *khamsin* qui brûlent et dessèchent l'Afrique septentrionale.

1re Lecture. — **Les vents alizés : leur formation, leur direction, leurs effets.** — La formation des vents résulte de la chaleur solaire : les rayons du soleil, tombant d'aplomb sur l'équateur, échauffent la couche atmosphérique qu'ils traversent. L'air se dilate, devient plus léger et s'élève dans l'espace. Cette ascension de l'air est si régulière et si constante, que la région où elle s'exerce n'est troublée par aucun vent : c'est la zone des *calmes équatoriaux*.

Mais l'air, comme tous les gaz, tend à reprendre son équilibre, et, à mesure qu'un vide se produit sur l'équateur, des masses aériennes nouvelles affluent des tropiques pour le combler. Telle est l'origine des *vents alizés*. Ils sont fils du Soleil.

Si la Terre était immobile, les alizés courraient directement à l'équateur en suivant les méridiens. Mais il faut compter avec la rotation terrestre : la Terre tourne et entraîne avec elle l'atmosphère qui l'enveloppe. Or, les différents points de la surface du globe subissent des vitesses très différentes : la rotation, presque nulle dans le voisinage des pôles, s'accélère graduellement quand on va vers l'équateur; elle est de 835 kilomètres par heure sous le 60e degré parallèle et, sous l'équateur, elle atteint 1 666 kilomètres! L'alizé souffle vers l'équateur; mais, né sous les tropiques, il garde sa vitesse initiale bien inférieure à celle du mouvement équatorial. C'est pourquoi il atteint l'équateur obliquement en s'infléchissant vers l'ouest, contrairement au sens de la rotation terrestre.

Les alizés sont bienfaisants : ils adoucissent la température de la région équatoriale qui, sans eux, serait condamnée à une implacable chaleur; ils fécondent de leur pluie l'Amérique centrale, l'Amérique du Sud, la Malaisie et l'Australie du Nord. Enfin, ils sont de précieux auxiliaires pour la marine à voiles : leurs souffles constants ont favorisé Christophe Colomb et Magellan dans leurs voyages de découvertes. Les Anglais n'ont pas tort de les désigner sous le nom de « vents commerciaux ».

7. Les pluies. — Les vents sont de puissants porteurs d'eau; ils emmagasinent dans leurs nuages toute la vapeur qui s'élève au-dessus des mers, des lacs et des forêts, la charrient dans les airs et la restituent au sol sous forme de *neige*, de *brouillards* ou de *pluie*.

8. — La pluie est répandue très inégalement dans le monde. Elle abonde sur les littoraux, sur les pentes océaniques des montagnes et dans les régions qui sont soumises à l'action des vents alizés, des moussons et des courants chauds. Parmi les lieux les plus arrosés, on peut citer le bassin de l'Amazone, les îles de la Sonde, et le pays d'Assam, où il tombe 13 mètres d'eau par an.

9. — La pluie tombe en moins grande quantité sur le

sant intérieur des montagnes et dans les pays froids.
10. — Elle est tout à fait rare au centre des continents, à
urface des grands plateaux et dans le voisinage des cou-
ts froids. Certaines parties de l'Arabie, du Tibet, du
ara et du Chili voient passer de longues années sans
evoir une seule goutte d'eau. Ce sont d'affreux déserts.

e **Lecture.** — **Les pluies.** — Le soleil n'envoie jusqu'à
s qu'une faible partie de sa chaleur; mais les effets de cette
eur sont prodigieux. Non seulement les marais, les lacs et
mers, incessamment chauffés, émettent d'énormes quantités
vapeurs; mais le soleil soulève des brouillards même au-
sus des neiges et des glaciers; et, s'il est des eaux souter-
nes que ses rayons ne sauraient atteindre, il les attire quand
ne par l'intermédiaire des forêts. Tout arbre de nos bois est
pompe naturelle, aspirant par le chevelu de ses racines
midité cachée dans les profondeurs du sol; et l'eau ainsi
tée s'élève à l'intérieur du tronc et des branches pour s'échap-
dans l'atmosphère par les tissus poreux du feuillage.
n croit généralement que les nuages sont chassés par les
ts à de grandes distances. Il n'en est rien parce qu'un rien
ût à les détruire : la rencontre d'un littoral ou d'une colline,
choc d'un autre nuage, le passage d'un courant d'air froid
voquent une soudaine condensation, et la nuée se résout,
vant les cas, en neige, en grêle ou en pluie.
l règne donc pour un même lieu une relation étroite entre
'aporation et la chute des pluies. A l'équateur, où le soleil
rite le surnom de « pompier des mers », la saison d'hiver-
ge est effrayante : tous les fleuves se gonflent, toutes les
ines sont inondées, et l'on croirait à un déluge universel en
yant ces pluies qui s'abattent jour et nuit pendant des mois
iers.
.es zones glaciales, au contraire, sont soumises à une évapo-
ion insignifiante, et il y tombe si peu de neige que certains
lorateurs retrouvent parfois les empreintes de leurs prédé-
seurs venus un an avant eux.
eules, les régions tempérées jouissent d'un climat favorable;
règne un juste équilibre entre l'humidité et la sécheresse.
la pluie, qui entretient la vie des plantes, s'y répand en on-
s fréquentes, régulières et modérées.

11. Les climats. — — Chaque pays est soumis à des
conditions particulières de *température* et d'*humidité* qui
constituent son **climat.**

12. — Le climat change avec la **latitude.** Et c'est pourquoi chaque hémisphère est divisé en trois zones : *zone torride, zone tempérée, zone glaciale.*

13. — Le climat change avec l'**altitude,** car la température diminue à mesure qu'on s'élève au-dessus du niveau
des mers. Il y a sous l'équateur des montagnes couvertes
de neiges perpétuelles : tel est le Kilimandjaro (6 116 mèt.).
Cela prouve qu'à 6 000 mètres au-dessus des lieux les plus
chauds du monde, le froid est aussi intense qu'aux pôles.

14. — Le climat change avec le *voisinage* ou l'*éloignement
des mers* : les mers sont de puissants réservoirs de chaleur.
Tout pays soumis au *climat maritime* a une température
modérée. Les *climats continentaux* sont excessifs.

15. — On appelle **isotherme** la ligne passant par tous
les lieux qui ont la même moyenne de température annuelle. Paris, par exemple, est sur l'isotherme de 12°, qui
passe en outre près de New-York et à Pékin.

16. — On appelle **équateur thermique** l'isotherme
des lieux qui ont la plus haute température annuelle. C'est
une ligne sinueuse qui se maintient presque toujours au
nord de l'équateur terrestre.

3ᵉ Lecture. — **Les climats maritimes et les climats
continentaux.** — Toute chaleur venant du soleil, on croirait
que la latitude joue un rôle souverain dans la répartition des
climats, c'est-à-dire qu'à des lieux situés sous le même parallèle correspondent des températures à peu près égales. Mais
cette règle souffre de nombreuses exceptions, parce que la mer
avec ses vents, ses pluies et ses courants chauds ou froids, modifie, en bien des contrées, la distribution de la température.

L'Atlantique en offre des preuves saisissantes : ses *rivages
européens* sont essentiellement tempérés. En Irlande, la neige
fond à mesure qu'elle atteint le sol, et les prairies verdoient en
toutes saisons ; la Bretagne est un vrai jardin de primeurs et un
parterre où fleurissent les plantes les plus délicates, myrtes,
magnolias et lauriers-roses, originaires des pays chauds. —
Juste en face de ces lieux privilégiés, la terre *américaine* du
Labrador souffre d'hivers si longs, si rigoureux, qu'en dépit de
son nom elle n'a ni champs de labour, ni forêts, ni habitants,
hormis ses Esquimaux nomades qui chassent l'eider et les animaux à fourrures. Cette contrée inhospitalière, dont le sol ne
dégèle jamais, n'est pas encore entièrement explorée.

La même opposition se manifeste sur les deux rives du Grand
Océan : si l'on parcourt la bande côtière de la Colombie britannique, on traversera tour à tour des forêts, des prairies humides
et d'opulentes terres à céréales. Mais qu'on franchisse la mer,
et l'on sera épouvanté des froids qui sévissent sur le versant
asiatique. On trouvera en plein mois de mai le port de Vladi-
vostock bloqué, les fleuves sibériens figés dans leur lit, et les
eaux du lac Baïkal cachées sous deux mètres de glaces, pont
formidable que rien n'ébranle, pas même les trains de chemins
de fer roulant à toute vitesse avec leur chargement d'hommes,
de munitions et de matériel de guerre. Ces régions ont pourtant leur été et même un été aussi chaud que celui de l'Italie ;
mais sa chaleur survient brusquement, disparaît de même, et
elle est lourde et accablante.

La raison de tels contrastes est facile à trouver : l'Irlande, la
Bretagne et la Colombie britannique, baignées par des courants
chauds et attiédies par des pluies douces, jouissent d'un climat
maritime; le Labrador et la Sibérie, balayés alternativement par
les vents secs de l'intérieur ou par les bises cinglantes du pôle,
subissent un climat continental.

LES EAUX COURANTES

1. — La masse d'eau que les pluies et les neiges répandent sur le sol subit des destinées diverses.

2. — Tantôt elle retourne immédiatement à l'atmosphère. Cette *évaporation* varie avec les climats et les saisons; les chaleurs la rendent si active qu'au dire de certains savants « toute pluie d'été est une pluie perdue ».

3. — Tantôt elle est absorbée par la terre où elle pénètre à travers les sables, les calcaires et les autres terrains poreux. Cette *infiltration* ne cesse que quand l'eau atteint une couche imperméable de marne, d'argile ou de granit.

4. — Tantôt, dans les zones froides ou très élevées, elle se cristallise et s'emprisonne dans les *glaciers*.

5. — Tantôt enfin elle s'écoule à ciel ouvert. Elle constitue alors un *cours d'eau*. Mais l'eau qui court est souvent peu de chose comparée à l'eau qui se perd. La Seine ne porte à la mer que le tiers du contingent envoyé par les nuages; le puissant fleuve des Amazones n'en porte que le cinquième, le Nil que le trentième; et force cours d'eau des pays sablonneux se dessèchent complètement en chemin.

6. — On nomme **source** l'eau qui reparaît au jour, sortant de la terre ou d'un glacier.

1re Lecture. — Les glaciers. — La pluie est rare dans les hauts monts; l'eau y tombe sous forme de neige, et la neige s'y transforme en peu de temps. Les premiers rayons du soleil la fondent superficiellement et la rendent granuleuse et résistante. On lui donne alors le nom de *névé*. Mais les *névés* s'entassent dans les ravins; ils se durcissent et forment une croûte transparente et bleuâtre qui atteint quelquefois plusieurs centaines de mètres d'épaisseur. C'est la glace proprement dite.

Les glaciers sont une des beautés les plus originales des grandes montagnes. Ils saisissent l'imagination par leur blancheur étincelante, par leur étendue gigantesque et leur silencieuse immobilité. Mais cette immobilité est de pure apparence: *chaque glacier est un fleuve* qui suit sa pente. Ce fleuve, a vrai dire, est prodigieusement lent: en 1865, au bas d'un glacier du Tyrol, on recueillit le cadavre d'un chasseur dont le costume remontait à plusieurs générations. Nul ne se souvenait de ce malheureux perdu dans une fissure des glaces et qui, descendant lentement avec le glacier, sortait, un siècle après sa mort, de son tombeau mouvant. L'échelle que de Saussure avait abandonnée sur la mer de Glace a mis quarante-quatre ans pour atteindre le bas du glacier. Chaque bloc de cette masse parcourt à peine 100 mètres par an, c'est-à-dire environ un centimètre par heure. Mais c'est un mouvement sûr et que rien n'arrête. Chaque glacier se grossit en chemin de glaciers secondaires et il s'achève par une sorte de voûte d'où s'échappe un torrent bouillonnant et laiteux.

La couleur de cette eau atteste le travail opéré par les glaces: elles arrachent sur leur parcours les roches qui leur font obstacle et elles les emportent sur leurs deux bords (*moraines latérales*); elles roulent sous leur masse d'autres blocs de rochers qui se retrouvent à la base en divers états, striés de rainures, usés, polis et arrondis en forme de galets ou réduits en sable et en boue liquide. Tels sont les glaciers alpestres, grands destructeurs de montagnes et réservoirs inépuisables qui alimentent les principaux fleuves.

Les glaciers polaires en diffèrent de tous points: comme aucune paroi montagneuse ne les resserre et ne ralentit leur cours, ils s'étalent largement sur le sol; et le Groënland, où la neige abonde, en est couvert comme d'un bouclier. Ils glissent vers la mer avec une vitesse effrayante (20 à 30 mètres par jour); leurs glaces s'avancent au-dessus de la côte, s'y rompent et s'abîment dans les flots avec un roulement de tonnerre. Ce sont ces fameux *icebergs* de 800 à 1000 mètres de hauteur qui flottent au gré des courants, et qui finissent par se fondre dans les mers tempérées. Tout est stérile sous les pôles: le glacier ne nourrit aucun cours d'eau, et l'iceberg, vraie montagne flottante, est la terreur des marins.

7. — Les sources forment les *fleuves*, les *ruisseaux*, les *rivières* et les *torrents*. Le nom de fleuve est réservé au grand cours d'eau qui se jette dans la mer.

8. — Le **débit** d'un fleuve est la quantité d'eau que ce fleuve roule par seconde à un point donné de son cours. On l'évalue en mètres cubes.

9. — Le débit n'est pas le même pendant toute l'année et il se produit pour certains fleuves des écarts considérables entre le niveau d'*étiage*, c'est-à-dire celui des plus basses eaux, et le niveau des *crues*. Le débit de la Loire à Orléans passe de 25 à 1000 mètres cubes; la Seine, beaucoup plus régulière, varie entre 75 et 1600 mètres cubes à Paris. L'Escaut, le plus sage de nos cours d'eau, débite de 7 à 40 mètres cubes d'eau avant de quitter la France.

2e Lecture. — Régime des cours d'eau. — D'innombrables cours d'eau circulent à travers le monde; mais les conditions qui régissent leur débit sont nombreuses et variables. L'altitude et l'origine des sources, la nature des terrains et le climat sont les principaux facteurs à considérer.

La *hauteur excessive des sources*, l'excessive déclivité des pentes provoquent un régime torrentiel. Dans les quatre-vingts premiers kilomètres de son cours, la Garonne descend de 900 mètres; la Loire descend de 1400 mètres; et leurs crues annuelles sont un danger ou un fléau. La Seine, sur ce même parcours descend à peine de 400 mètres, l'Escaut de 60, et leurs eaux paisibles, nonchalantes, se prêtent toujours à la navigation.

Il y a des *sources de toute origine*. Les unes se forment au fond d'un vallon boisé; elles ont reposé longuement sous l'ombrage et filtré dans le chevelu des racines. Le sol, gonflé comme une éponge, les débite aux plaines inférieures en nappe limpide et ininterrompue. D'autres suintent à travers les fissures des rochers; elles ont leur filet de cristal s'interrompt tous les un quand la pluie cesse de tomber. D'autres apparaissent à la fonte des neiges; elles se gonflent démesurément quand soufflent les vents chauds. Quelques heures suffisent pour qu'elles remplissent leur lit, débordent et ravagent leur bassin. Mais le grand flux une fois passé, elles retombent dans leur néant. C'est à ce type qu'appartiennent les torrents cévenols, la Vidourle en particulier. En temps normal, c'est un ruisselet de quelques dizaines de litres égaré dans les sables. Dans ses furies soudaines, il roule trente fois plus d'eau que la Seine sous les ponts de Paris. D'autres enfin, issus des glaciers, se ruent à travers les ravins et les précipices. Leurs eaux sauvages, les plus abondantes de toutes, sont blanches de limons qu'elles jettent dans le fleuve principal ou qu'elles abandonnent dans la vallée.

Ainsi l'allure d'un fleuve dépend des affluents qu'il reçoit mais *elle se modifie avec les terrains* qu'il parcourt. Sur un sol compact et imperméable, l'eau ruisselle d'un seul coup, et aux grandes inondations succèdent des « maigres » misérables comme ceux de la Loire et de l'Allier.

Un terrain sablonneux absorbe en partie ses rivières, comme fait le plateau de Lannemezan. Parfois même il épuise des fleuves entiers comme il arrive pour le Tarim (Asie), pour les « ouadis » du Sahara et les « creeks » de l'Australie. Les calcaires fissurés engloutissent les sources elles-mêmes et entretiennent dans leurs grottes fantastiques toute une circulation souterraine (cavernes des Causses, d'Adelsberg, du Mammouth). Les terrains les plus favorables sont à demi perméables: ils s'imprègnent en temps de crue, et restituent plus tard, sous forme de sources nouvelles, les eaux qui ont abreuvé les plantes et les animaux.

Enfin le *climat* joue un rôle prépondérant dans le régime des fleuves: l'abondance des pluies, leur régularité, leur fréquence assurent aux fleuves anglais un débit presque constant. Des pluies rares et violentes condamnent l'Espagne centrale, l'Afrique du Nord et l'Australie à n'avoir aucun cours d'eau de quelque valeur.

fleuves intertropicaux, soumis aux pluies périodiques, sont exposés à des crues et à des sécheresses successives, tandis que, sous l'équateur, le fleuve des Amazones, grossi alternativement par ses tributaires de rive droite et de rive gauche, porte sans cesse à l'Océan son superbe courant d'eaux douces.

En somme, le fleuve idéal est celui qui, sous un ciel humide, coulant à une faible hauteur, s'alimente de sources variées, et traverse des pays forestiers et poreux. La Tamise, en Angleterre, la Seine et l'Escaut en France réalisent ces conditions.

10. — Un **lac** est une grande masse d'eau douce enclavée dans les terres.

11. — Les lacs les plus nombreux se trouvent dans les contrées froides où la pluie tombe en quantité considérable et où l'infiltration et l'évaporation sont insuffisantes : Amérique du Nord, Terre-Neuve, Suède, Finlande et Allemagne du Nord.

12. — Certains lacs sont les restes d'anciennes mers ou étendues d'eau jadis considérables ; ils se distinguent à leur salinité exceptionnelle et se rétrécissent graduellement (mer Caspienne, mer Morte, grand Lac Salé, Chotts et sebkhas de l'Afrique septentrionale).

13. — D'autres, beaucoup plus petits, occupent la place de cratères éteints (Auvergne).

14. — Les plus intéressants donnent naissance à de grands fleuves, ou leur servent de réservoirs : tels sont les lacs canadiens d'où sort le Saint-Laurent, les **lacs africains** qui alimentent le Zambèze et le Nil, et les **lacs subalpins**.

3e Lecture. — Le Léman ou lac de Genève. — Si l'on n'envisage que la superficie, le lac de Genève fait petite figure dans le monde ; à peine mériterait-il d'être nommé auprès des lacs américains qui forment le Saint-Laurent ; il est cinq cents fois moins grand qu'eux ! Mais il a le double intérêt de nous appartenir pour sa rive méridionale et d'être le parfait modèle des lacs subalpins. Situé au bas de la dépression qui termine le Valais suisse, il reçoit les nombreux torrents que dégorgent les glaciers alpestres, torrents fougueux chargés de graviers et de boues. Déjà toute la partie supérieure du lac a été comblée par leurs apports sur une longueur de 22 kilomètres. Mais le Léman continue à rendre les mêmes services : ses eaux terreuses, puisées dans l'immense réservoir, perdent leurs impuretés. Elles deviennent tellement claires, qu'en temps calme, on reconnaît les herbes qui tapissent le lit du lac à 15 et 20 mètres de profondeur ! Elles perdent aussi leur violence : dans les grandes crues, le lac reçoit 1100 mètres cubes d'eau à la seconde ; mais son niveau ne s'élève pas sensiblement, et le débit du Rhône à sa sortie ne dépasse pas 535 mètres. Que de maux produiraient ces torrents déchaînés, s'ils s'abattaient directement dans la plaine ! *Épurateur* et *modérateur* merveilleux, le Léman sauve Lyon d'une ruine inévitable.

15. — Tout fleuve peut se diviser en trois sections, le cours supérieur où il *détruit* le sol qu'il traverse, le cours moyen où il *charrie* ses alluvions, et le cours inférieur où il les *dépose*.

16. — L'**embouchure** ou bouche d'un fleuve est l'ouverture par où il se jette dans la mer.

17. — L'embouchure est appelée **estuaire** quand elle est unique et très large. Comme la marée remonte librement dans les estuaires, ces sortes d'embouchures renferment les ports de commerce les plus florissants : Londres et Liverpool, Hambourg et Anvers, le Havre et Bordeaux.

18. — Si le fleuve a plusieurs embouchures, on appelle **delta** les îles comprises entre les bras du fleuve. Les deltas se forment principalement dans les mers fermées, où la marée ne se fait pas sentir (Méditerranée).

19. — Les deltas *s'accroissent* d'une façon continue par l'apport d'alluvions nouvelles : celui du Pô gagne 100 mètres par an, celui du Rhône 57 mètres, celui du Mississipi 20 mètres seulement. Ils peuvent atteindre une étendue considérable : le delta du Gange est grand comme le Portugal et celui du Mississipi grand comme la Hollande. Faute de profondeur et de stabilité, les bouches des deltas ne renferment généralement aucun port de commerce.

4e Lecture. — La fonction des eaux courantes. — Quand les Romains voulaient exiler un malheureux, ils lui interdisaient le feu et l'eau. C'était assez pour lui rendre la vie impossible dans sa patrie. Qu'il s'agisse, en effet, d'agriculture, de commerce, d'industrie ; qu'on étudie l'histoire des nations ou même de la terre, l'eau joue un rôle considérable.

L'eau est *indispensable aux plantes et aux animaux*. Les premiers peuples qui aient pratiqué l'élevage et la culture ont inventé l'irrigation et le colmatage, creusé des lacs artificiels et ouvert d'innombrables canaux ; en Mésopotamie, en Egypte et dans les pays occupés par les Romains et les Arabes, on découvre d'admirables débris d'aqueducs et de canalisations souterraines. Le meilleur sol, abandonné à lui-même, se change en désert, le désert arrosé devient un terrain fertile : c'est en construisant des barrages et en forant des puits artésiens que les Français ont transformé la Tunisie et le Sahara algérien !

Un cours d'eau régulier est une voie commerciale sûre et peu coûteuse. La Seine, la Tamise, la Volga et tous les gros fleuves sont sillonnés de chalands à vapeur qui portent à peu de frais le chargement de plusieurs trains de chemins de fer ; à moins de frais encore, mais plus lentement, les bateaux de halage transportent les matériaux lourds et encombrants, la houille et les minerais, les betteraves et les grains ; et ils passent d'une région à l'autre à l'aide des canaux de jonction. Il existe même aujourd'hui des pays, comme la Hollande et la Chine, où la plus grande partie du commerce se fait par eau, et où des milliers de familles ne quittent jamais leurs maisons flottantes, vivant de pêche et de pisciculture ou se livrant à la navigation fluviale.

Pendant de nombreux siècles, les fleuves ont été les seules voies librement ouvertes et celles qu'ont suivies le commerce et les invasions. Tous les peuples de l'antiquité et du moyen âge, hormis les Phéniciens et les Grecs (qui furent de purs navigateurs) se sont avancés le long des cours d'eau en quête d'une patrie nouvelle. Un gué, un confluent, le point où la navigation commence, celui où la marée se fait sentir, tous ces points marqués par la nature ont servi d'étapes aux populations nouvelles pour la fondation des marchés et des villes. Ces villes sont aujourd'hui de grandes cités, et l'on pourrait dire que dans tous les pays la civilisation a une origine fluviale.

L'eau courante ne porte pas seulement les marchandises, *elle sert grandement à les confectionner*. Elle trouve son emploi partout, dans le rouissage du lin, dans la teinturerie des étoffes, dans la tannerie des cuirs et dans la fabrication de la bière ; c'est elle qui met en mouvement les scieries de la montagne, les moulins à farine et les tordoirs d'huile ; c'est elle encore qui, transformée en vapeur, anime des millions d'usines. Bien mieux, grâce à l'électricité, ses tourbillons les plus dangereux, ses chutes les plus indomptables, sont devenus de précieux trésors : ils prêtent leur force motrice à des établissements de toutes sortes, papeteries, chocolateries, fabriques de boissellerie, situés souvent à de grandes distances. L'emploi de la « houille blanche » a marqué une ère nouvelle dans l'histoire de l'industrie.

Mais n'oublions pas, au point de vue purement géographique, l'œuvre incessante et redoutable que les eaux douces accomplissent dans la nature : toute source fouille le sol et, dans la mesure de ses forces, *elle le détruit* ; le fleuve le plus pacifique, l'eau la plus cristalline renferme des particules rocheuses arrachées à la montagne. Les géologues évaluent à 10 *kilomètres cubes* « la perte infligée à la terre par les fleuves qui débouchent dans l'Océan ». L'érosion marine, qui pourtant frappe mieux les regards, est dix fois moins importante.

LA VIE. — VÉGÉTAUX ET ANIMAUX

1. La flore et les cultures. — La flore d'une région est l'ensemble des plantes que cette région produit sans l'intervention de l'homme. La flore intéresse surtout les naturalistes. Son étude est une des parties de la botanique.

2. — Les **produits agricoles** sont les plantes que l'homme a trouvées ou acclimatées dans la contrée où il réside et qu'il cultive en vue de leur utilité ou de leur agrément.

3. — La plupart des végétaux réclament de la *chaleur*, de l'*humidité* et de la *lumière*, conditions qui se trouvent réunies sous l'équateur. A mesure qu'on s'éloigne de l'équateur, la flore s'appauvrit ; sous les pôles, elle se réduit à des espèces rares et misérables. Il convient donc d'étudier la flore et les cultures en suivant l'ordre des zones terrestres.

4. — La **zone torride**, inondée de soleil et de pluie, est le domaine des forêts vierges et des végétaux géants, comme le baobab, le figuier des Banyans, les palmiers, les bambous et les bananiers. *Palmiers* et *bananiers* sont précieux pour l'alimentation ; mais on peut les ranger dans la flore : car ils ne réclament aucune culture.

5. — Parmi les produits agricoles de la zone torride, on peut ranger : le *riz*, qui se plaît dans les deltas marécageux et sur les bords détrempés des fleuves. Cette céréale, qui veut avoir la tête au soleil et les pieds dans l'eau, prospère dans l'Inde, l'Indo-Chine, la Chine et le sud-est des États-Unis. Elle nourrit plus du tiers de l'humanité.

6. — La *canne à sucre* réussit particulièrement aux Antilles et dans l'archipel Malais.

7. — Le *café* se récolte dans les mêmes lieux, au Brésil et en Arabie.

8. — Le *thé* prospère sur les coteaux bien arrosés de Chine et du Dekan.

9. — Citons encore parmi les grandes cultures tropicales : la *vanille*, les *épices* (Iles de la Sonde), le *cacao* (Antilles et Brésil), le *coton* (Etats-Unis et Inde) et le *caoutchouc* (Brésil et Afrique occidentale).

1re Lecture. — La nature et l'homme (zone torride). Par la fougue de sa croissance et par la richesse de son rendement, le *bananier* est la plante caractéristique des pays équatoriaux. En moins de dix mois, les rameaux projetés par son rhizome atteignent 4 mètres de hauteur ; et du milieu de leurs larges feuilles retombe une grappe énorme portant 20, 30, 40 kilos de fruits. Quand cette grappe est mûre et qu'on la détache, on en voit une autre en partie formée qui sera mûre à son tour trois mois plus tard. Sans culture, sans soin d'aucune sorte, le bananier grandit, se multiplie sous terre ; et, à surface égale, il produit cent trente-cinq fois plus que le blé.

Tout effort est épargné à l'homme des tropiques : il n'a qu'à lever la main. La seule famille des *palmiers* lui offre le pain, le vin, le lait de coco, le beurre, le chou palmiste ; et la famille des *bambous* fournit les matériaux nécessaires pour construire la hotte, la couvrir et la garnir des ustensiles les plus variés.

Mais cette facilité excessive de la vie a ses dangers : l'homme des tropiques, *enfant gâté de la nature*, est paresseux de corps et d'esprit. Les vraies cultures, celles que l'Européen exploite pour son alimentation ou son industrie café, cacao, canne à sucre, épices, caoutchouc sont pratiquées par des « coolies » venus de la Chine et de l'Inde. L'indigène ne s'intéresse à rien, ne fait rien, croupit dans l'ignorance, adore les fétiches, se livre à l'anthropophagie et se courbe sous le joug du despotisme le plus féroce. Toute l'histoire des peuples équatoriaux peut se résumer en une ligne : ils vivent passivement comme ils ont toujours vécu. Et l'humanité ne leur doit ni une institution utile, ni une idée.

10. — La **zone tempérée** est séparée de la zone torride par de grands espaces sans plantes et sans eau : ce sont les *déserts* du Sahara, de l'Arabie, de l'Iran et de l'Asie centrale, les prairies du Nouveau Monde ; et, dans l'hémi-

ière austral, les « pampas » de l'Amérique méridionale,
désert de Kalahari et les solitudes de l'Australie.

11. — La **flore** des pays tempérés comprend : 1° dans
contrées méridionales des arbustes toujours verts; 2° plus
nord, des forêts à feuilles caduques (chênes, hêtres,
bles); 3° enfin des conifères ou arbres à aiguilles qui
eignent en Amérique des proportions stupéfiantes (pins
uglas et Séquoias), mais qui sont beaucoup plus modestes
ns l'immense forêt sibérienne où les pins sont mêlés aux
uleaux.

12. — Les **cultures** des pays tempérés ont une impor-
ce exceptionnelle : car nulle part le travail humain n'est
ssi intelligent et aussi actif.

13. — Le *blé* est la grande céréale des pays tempérés. Il
ivre les fertiles plaines des Etats-Unis, de l'Amérique
adienne, de l'Europe centrale, de la Russie et de l'Inde.
s mêmes contrées produisent le *seigle*, l'*avoine* et l'*orge*.
rge est cultivée jusqu'au voisinage du cercle polaire (en
rvège).

14. — Le *maïs* est très abondant dans l'Amérique du
rd, son pays d'origine, et dans toutes les parties chaudes
humides de l'Europe.

15. — La *pomme de terre* réussit partout ; elle se contente
terrains pauvres comme ceux de l'Irlande et de l'Alle-
gne du Nord.

16. — La *vigne*, que divers fléaux ont failli détruire, est
issante depuis les bords méridionaux de la Méditerranée
qu'au 50° parallèle. Force pays la cultivent, comme les
ts-Unis, la province africaine du Cap, l'Italie, l'Espagne
'Allemagne du Rhin. Aucun d'eux ne peut rivaliser avec
France pour la qualité comme pour la quantité de ses
duits.

17. — La *betterave*, depuis cent ans, a cessé d'être une
nte uniquement fourragère et elle supplante la canne à
cre pour la production du sucre et de l'alcool. Elle est
tout cultivée dans l'Allemagne du Nord, l'Autriche, en.
ssie et en France.

18. — Enfin, la région tempérée produit en abondance
fruits, les plantes *oléagineuses* (olives, œillettes, navettes)
les plantes *textiles* (chanvre et lin de la Hollande et de
Russie).

e Lecture. — La nature et l'homme (zone tempérée).
Dans la zone tempérée, l'homme est en proie à d'impérieux
oins. Non seulement il doit se prémunir contre les frimas à
de de chauds vêtements et de maisons solidement bâties;
is il doit pourvoir à sa nourriture et créer pour ainsi dire
aliments. Car ici la nature n'est plus cette mère indulgente
aible qui prodigue ses biens même aux nonchalants; c'est
maîtresse inflexible qui, sans travail, n'accorde rien.
'ayant à compter que sur lui-même, l'homme s'est sauvé
son génie : il a découvert et cultivé le *blé*. Par là il a
appé aux misères de la vie nomade; et une double révolu-
n s'est accomplie dans l'histoire du sol comme dans celle de
société.
uel chemin parcouru depuis l'incendie des antiques forêts,
uis le premier grattage de la terre à l'aide d'un bois four-
, jusqu'aux applications récentes de la chimie agricole et jus-
au labourage à la vapeur! Chaque génération s'est enrichie
quelque invention nouvelle. On a successivement appris à
ler le cheval et le bœuf à la charrue, à utiliser l'eau par l'ir-
tion et le colmatage, à entretenir les troupeaux en toute

saison grâce aux prairies artificielles, à pratiquer les fumures et
les amendements. L'élevage, abrégé et perfectionné par le bon
choix des espèces, et l'introduction d'une variété extrême de
graines et d'arbres fruitiers, ont fait du sol avare de nos climats
le plus fécond et le plus peuplé du monde.

Et la pensée humaine a suivi le même développement.
L'homme devenant sédentaire s'est attaché au champ qu'il la-
bourait et il a conçu l'idée de la propriété et du Droit; il a
compris la nécessité de l'ordre et s'est donné un gouvernement
et des lois. Quand les progrès de l'agriculture et du commerce
lui ont procuré le bien-être et quelques loisirs, il en a profité
pour cultiver les arts et les sciences.

Voilà ce que l'homme a gagné à se faire le *collaborateur de
la nature*. L'antiquité s'en rendait compte; et l'on sait quel
tendre amour elle avait voué à Cérès, la déesse du blé. On la
nommait la « Législatrice », « l'inventrice du mariage », la
« Déesse-Mère ». Elle personnifiait en quelque sorte toute la
civilisation. Et le poète Ovide s'écriait avec un enthousiasme
bien justifié : « C'est aux dons de Cérès que nous devons tout. »

19. La zone glaciale. — Un froid intense et six mois
de nuit suivis d'un demi-jour qui dure six mois, voilà le
pôle. Jamais le sol n'y dégèle entièrement : il produit çà et
là des *lichens* et des *mousses* chétives que les rennes découvrent en fouillant la neige. La forêt boréale avec ses pins
rabougris et ses groseilliers minuscules n'atteint pas le
cercle polaire.

20. La faune et l'élevage. — Entre la faune et
l'élevage il existe les mêmes différences qu'entre la flore et
les cultures. Tous les animaux qui vivent en liberté dans
une région constituent sa *faune*. L'*élevage* se borne aux
animaux que l'homme entretient à son profit.

21. — Bien que les animaux se déplacent et qu'ils émigrent parfois bien loin, ils vivent généralement sous leur
climat d'origine.

22. — La **zone torride** a surtout des espèces mons-
trueuses, pachydermes, grands carnassiers, reptiles de
toutes tailles, singes énormes, échassiers géants, oiseaux
au plumage éclatant. Les animaux domestiques sont l'*éléphant* de l'Inde, le *lama* de la Cordillère des Andes et le
chameau, qui permet aux caravanes de traverser les déserts.

23. La faune de la **zone tempérée** est de moindre
taille, et les progrès incessants de l'agriculture amènent sa
disparition graduelle. Elle comprend les *ours*, les *cerfs*, les
chevreuils et le *gibier* sous toutes ses formes; des carnassiers comme le *renard*, le *putois*, le *furet*, la *belette* et la
fouine; des *oiseaux de proie* et des *oiseaux chanteurs*.

24. — L'élevage de la **zone tempérée** est considérable ; il entretient des millions de *chevaux*, de *bêtes à
cornes*, de *moutons*, de *porcs* et une *volaille* innombrable.

25. — La **zone polaire** est *pauvre* en espèces ; mais
certaines espèces foisonnent en individus. En mer, ce sont
les *baleines*, les *phoques* et les *morses*; sur les côtes, les
oiseaux marins; dans les terres, les quadrupèdes à robes
changeantes traqués par les chasseurs de fourrures, et les
ours blancs recherchés pour leur graisse et pour leur peau.

26. — Rien n'égale l'indigence de ces mêmes régions en
animaux domestiques : le *renne* seul est employé. Car on ne
peut nommer le chien, compagnon de l'homme sous toutes
les latitudes. Comme son maître, il est réduit, dans la zone
glaciale, à traîner derrière lui presque toute sa nourriture.

LA VIE. — LES RACES HUMAINES

1. Les races. — On évalue à 1 500 millions le nombre des hommes répandus dans le monde. Ils présentent entre eux des différences physiques qui permettent de distinguer des races nombreuses.

2. — Les **races principales** sont au nombre de trois, la *blanche*, la *jaune*, la *noire*. Elles comptent 1 455 millions d'hommes.

3. — Les **Blancs** (630 millions) sont grands; ils ont la peau blanche ou légèrement teintée, les yeux droits, le nez droit et la face ovale. Ils peuplent la plus grande partie de l'Europe et de l'Amérique, l'Asie du sud, l'Afrique du nord et du sud ; on les rencontre dans toutes les colonies, mais ils ne se fixent en grand nombre que dans les pays tempérés.

4. — Les **Jaunes** (660 millions) ont une taille plus petite ; leur peau est jaune ou olivâtre ; leurs yeux sont obliques, leurs cheveux plats et leurs pommettes saillantes. Ils peuplent le centre et l'est de l'Asie, quelques archipels océaniens et se répandent à l'ouest de l'Amérique.

5. — Les **Noirs** (165 millions) sont, comme leur nom l'indique, entièrement noirs ou fortement colorés. Ils ont le front fuyant, le maxillaire inférieur proéminent et le nez large et épaté. Leur berceau est l'Afrique, dont ils peuplent la majeure partie. Mais des millions de nègres ont été transportés comme esclaves dans le Nouveau Monde où leur race s'est perpétuée au Mexique, dans les Antilles, au Brésil et aux Etats-Unis.

6. — Les **races secondaires** à elles toutes constituent la trente-cinquième partie de l'espèce humaine. Ce sont les *Peaux-Rouges* et *Indiens* des deux Amériques qui comptent 15 millions de représentants, les *Malais*, les *Négroïdes* l'Australie, les *Papous*, les *Polynésiens*, races médiocrement douées et dont le nombre diminue tous les jours.

1ᵉ Lecture. — Incessante mobilité des hommes.

L'homme, le plus libre des êtres vivants, est le plus prompt à modifier son genre de vie et à se déplacer. Que de fois l'histoire nous a montré des hordes errantes et des peuples entiers fuyant les déserts brûlants, les plateaux desséchés par le soleil ou plaines brusquement envahies par les flots ! Ces *migrations* durent des années ou même des siècles; elles coûtent des millions de vies humaines et renversent des empires : et elles s'achèvent que quand chaque peuple a enfin trouvé le sol et le climat qui lui conviennent.

Même alors, quand l'homme est sédentaire et qu'il s'est fait une patrie, il n'est pas stable : mais ses déplacements sont graduels. Toutes les terres n'ont pas la même valeur. Il en est qu'on délaisse et d'autres qu'on recherche, comme les rives fertiles des cours d'eau, les plaines d'alluvions, les îles, les bords poissonneux de la mer : c'est là que se presse la foule des cultivateurs et des marins.

La découverte d'une mine d'or ébranle le monde. L'or, mot magique, fait surgir une légion de mineurs, d'orpailleurs, de manœuvres, d'aubergistes et de déclassés qui se précipitent vers des lieux naguère inhabités ou réputés inhabitables et inaccessibles : ils y bravent, pour une richesse problématique, des souffrances trop certaines, des fatigues inouïes et parfois la mort.

Les mines de **fer**, de **cuivre** et de **houille** exercent une attraction moins capiteuse, mais plus morale et plus durable. C'est autour d'elles que naissent les *industries* les plus diverses et que travaille tout un monde d'ouvriers dont les plus heureux arrivent à la fortune. L'industrie, guidée par la science, accomplit d'autres miracles : elle ramène les hommes au pied des glaciers et dans ces gorges sauvages où grondent les torrents ; la « houille blanche », force motrice inépuisable, y donne la vie à des manufactures nouvelles.

Partout s'applique cette loi du mouvement humain qui est la loi du progrès. Et même dans les centres agricoles, maritimes ou miniers, la stabilité n'est que provisoire : car les nations prospères sont comme les ruches trop pleines qui se divisent

iment. Une partie de la population passe les mers, et
de des comptoirs et des *colonies*, vrai prolongement,
espoir de la patrie, si elle sait les gouverner avec sales peupler de ses enfants.

ecture. — **Les races qui meurent.** — Tandis que les
civilisés grandissent et se répandent glorieusement dans
le, d'autres peuples s'épuisent, se replient sur eux-mêmes
condamnés à disparaître.
auses de leur ruine sont variées. Pour les uns, c'est la
du climat et l'insuffisance de ressources. L'*Esquimau*
aska, pêcheur de saumons et chasseur de fourrures, gre-
ut l'hiver dans sa cabane empestée faite de peaux de
tendues sur des os de baleine. L'habitant de la *Terre de*
sait même pas dresser une tente : il creuse un trou
sol et rejette la terre du côté où soufflent les vents
C'est là que la famille s'entasse sous la pluie ou la neige,
our costume des peaux de rats mal assemblées; pour
ure des mûres sauvages, des moules, des oursins, des
s flèches sans pointes et des lignes sans hameçons. Igno-
uprévoyant, sale jusqu'à l'extrême puanteur, ce pauvre
soumis aux caprices du hasard; tantôt il se gorge de
rc malsaine, tantôt il est torturé par la faim. Ses en-
vent entièrement nus; l'âpre hiver les fauche en grand
et les Fuégiens ne comptent plus guère que quelques
s de représentants.
res peuplades sont presque dénuées d'intelligence et rap-
les premiers âges de l'humanité. Les nègres de l'Aus-
par exemple, ignorent l'usage de l'arc et ne savent
r au delà de quatre qu'à la condition d'aligner des cail-
r le sable. Refoulés dans les déserts de l'intérieur, ils s'y
ent de tout ce qu'ils rencontrent, serpents, lézards, œufs
, larves d'insectes; ils se disputent la chair des animaux
et la faim qui les tourmente les pousse à l'anthropo-

le plus souvent le peuple indigène est le martyr des
s envahisseurs. Rappelons-nous les marins de Christophe
et de Vasco de Gama, les soldats de Cortez, de Pizarre
nagro. Qu'étaient-ce ? sinon des aventuriers sans scru-
d'avides soudards, des bandits fuyant la justice : toute la
n peuple ! Chacune de leurs étapes a été une horrible
il faut avoir le courage de le dire : jusqu'au début de ce
le Blanc n'a porté chez les peuples nouveaux que son
on alcool, sa férocité et ses vices.
asmanie nourrissait une population nombreuse et fière
les Anglais y débarquèrent leurs premiers forçats (1804);
asse à l'indigène commença, tellement barbare qu'on
it la raconter; en 1815, il restait 5000 Tasmaniens; la
e Tasmanienne est morte en 1876. La race a disparu.
érou, Cortez rencontra un peuple généreux, ami des arts
ble de goûter la civilisation européenne. Mais les Espa-
se souciaient bien de civiliser ! Il fallait de l'or, et de l'or
prix. Les *Péruviens*, condamnés au travail meurtrier
ues, courbés sous le fouet, mutilés, brûlés vifs, réduits au
, moururent *par millions;* ils seraient morts jusqu'au
, si Charles-Quint, dans sa clémence, ne les eût rempla-
des esclaves noirs.
urd'hui l'extermination a changé d'aspect : elle est moins
en apparence, mais non moins efficace. L'Amérique du
tait parcourue jadis par des tribus de *Peaux-Rouges*,
, chasseurs de bisons. Après une série de guerres san-
s, on a parqué ces fils du grand air et de la prairie dans
éserves » où ils s'étiolent et où leur race fond à vue d'œil.
ient 330 000 en 1880, 230 000 en 1900. Dans cinquante ans,
ier Peau-Rouge aura succombé.
t temps que l'on suive l'exemple des Livingstone et des
. L'homme jusqu'à présent a été le bourreau de l'homme.
nort des peuples faibles est le crime des peuples forts.

Les langues et les religions. — Les langues
s dans le monde sont innombrables. On les groupe en
ouzaine de familles dont les quatre principales sont :

Les langues **indo-européennes**, correspondant en par-
tie au domaine de la race blanche;
La langue **chinoise**;
Les langues **sémitiques** parlées en Arabie, en Syrie,
dans l'Afrique du nord et de l'est et par le peuple juif;
Les langues **nègres**.

8. — La langue chinoise est celle que comprennent le
plus grand nombre d'hommes. Mais les plus répandues sont
l'*anglais*, le *russe*, l'*allemand*, l'*espagnol* et le *français*.

9. — Les religions sont également très nombreuses; on
les range en trois catégories qui sont le *fétichisme*, le *polythéisme* et le *monothéisme*.

10. — Le **fétichisme** s'adresse aux forces de la nature
qui étonnent et qui font peur. C'est la religion presque informe des peuples primitifs.

11. — Le **polythéisme** ou croyance à plusieurs dieux
est pratiqué par la plupart des peuples jaunes sous trois
formes principales, le brahmanisme, le bouddhisme et la
religion de Confucius.

12. — Le **monothéisme** ou croyance à un Dieu unique
est la forme la plus élevée de la religion : il a pour adeptes
les Juifs, les Mahométans et les Chrétiens (catholiques, russes
et protestants). Le christianisme compte 700 millions de
représentants. Cette religion est celle qui fait le plus de
progrès dans le monde.

3ᵉ Lecture. — Marche générale de la civilisation. —
On appelle *civilisation* l'ensemble des connaissances, des institutions et des croyances qui contribuent au bien de l'individu
et des sociétés. Aucun peuple n'a trouvé la civilisation toute
faite comme on découvre un trésor. C'est un héritage que les
générations se transmettent et que les peuples se communiquent
par la guerre, le commerce et l'émigration.
La civilisation ne pouvait naître dans la zone polaire, région
de mort où l'homme a besoin de toutes ses forces pour assurer
sa subsistance. Elle ne pouvait pas naître non plus sous l'équateur où la chaleur humide et lourde rend l'homme impropre à
toute énergie. Elle a eu pour berceau les hautes terres de l'Asie
centrale.
Partant de là, elle a pris deux voies opposées : les peuples
jaunes, isolés du reste des hommes par l'énorme rempart des
Monts Célestes et de l'Himalaya, ont descendu les pentes qui
mènent au Pacifique; et leur civilisation, plus précoce pourtant que la nôtre, s'est figée dans l'immobilité. La nôtre a toujours marché vers l'ouest et toujours grandi en avançant.
Chaque peuple, au passage, l'a dotée de quelque présent : la
Chaldée et l'Égypte lui ont enseigné l'agriculture et l'astronomie; la Phénicie, le commerce et l'alphabet; la Grèce, les arts,
les lettres et la philosophie; Rome, le droit, l'architecture et le
christianisme supérieur à tous les autres cultes. L'Espagne et le
Portugal lui ont ouvert le Nouveau Monde.
La période qui s'achève a été la plus féconde en résultats civi-
lisateurs : dans l'ordre matériel, les savants ont contribué largement au bien-être des hommes et ont lutté victorieusement
contre d'horribles maladies. Dans l'ordre moral, de nobles principes, entrevus déjà par les penseurs, ont trouvé leur application et transformé notre vieux monde : la liberté de conscience
a triomphé grâce à l'Allemagne et à la Hollande; la liberté politique, grâce à l'Angleterre; et c'est la France qui a proclamé le
dogme de l'égalité civile des hommes.
Nous entrons présentement dans une ère nouvelle : à force
de marcher vers l'ouest, la civilisation occidentale a presque
achevé le tour du monde. Et elle se retrouve en présence de la
civilisation des peuples jaunes. En Amérique, en Australie, au
Japon, en Chine, en Corée, la lutte est engagée ou menaçante :
nul ne peut en prévoir l'issue.

EUROPE PHYSIQUE

1. — L'Europe est nettement limitée au nord, à l'ouest et au sud par l'*océan Glacial Arctique*, l'*océan Atlantique* et la *Méditerranée*. A l'est, elle est soudée à l'**Asie**; de ce côté, les limites : *mer Caspienne*, *monts Ourals* et *fleuve Oural*, comme aussi la *chaine du Caucase*, sont plus indécises.

2. — L'Europe a la forme d'un pentagone irrégulier, les sommets sont : le cap *Nord*, dans une île norvégie le cap *Saint-Vincent*, voisin de l'Afrique, le cap *Matapar* sud de la Morée, le cap *Apchéron*, dans la mer Caspien l'embouchure de la *Kara*, dans la mer de Kara. Sa su ficie, 10 millions de kilomètres carrés, représente en 19 fois celle de la France et la treizième partie des te

— Une ligne légèrement convexe, qui va du *Zuyderzée*
bouche septentrionale du *Danube*, divise l'Europe en
parties tout à fait dissemblables : l'une de *montagnes*,
ud-ouest, et l'autre de *plaines*, au nord-est.

— Toutes les montagnes de la première région
ennins, Carpathes, Balkans), à l'exception des **Py-**
ées et des **plateaux des Castilles**, se rattachent
ou moins directement à l'énorme **massif des Alpes**,
porte le *mont Blanc*, cime culminante du relief européen
0 m.).

— La seconde région forme une vaste plaine hori-
ale flanquée de massifs montagneux isolés : **monts**
cosse, **monts de Scandinavie**, **monts Ourals**,
ine du Caucase.

— D'après une hypothèse généralement admise, le re-
montagneux de l'Europe est dû à trois contractions qui
ont produites de l'ouest à l'est. La plus ancienne sou-
la chaîne Calédonienne, dont il reste les *massifs*
'Ecosse et de la *Scandinavie;* la seconde a donné nais-
e à la chaîne Hercynienne, qui comprend les *monts*
ays *de Galles*, les *massifs Armoricain* et *Central*, les *Ar-*
es, les *Vosges*, les *monts de Bohême;* la troisième affecta
out l'Europe méridionale et fit surgir les **Pyrénées,**
Alpes, le **Caucase.** Toutes ces montagnes, surtout les
anciennes, sont attaquées par les glaciers et les diffé-
s agents atmosphériques; le massif Armoricain, par
iple, qui avait primitivement une altitude de 1 200 à
0 mètres, n'atteint plus actuellement 400 mètres.

— L'Europe est, de toutes les parties du monde, celle
l'Océan a le plus profondément et le mieux découpée.
e à la multiplicité des *mers intérieures*, des *golfes* et
détroits, des caps, des *presqu'îles* et des *îles*, son littoral
ente un développement incomparable. Toutes les mers
ndaires communiquent librement avec les mers princi-
s. Seule, la *mer Caspienne* est isolée; quant à la *mer*
che, elle est, comme l'océan Glacial, prise par les glaces
10 mois chaque année.

— Située presque entièrement dans la zone tempérée
ord (entre 36° et 71°), entourée par trois grandes mers
oumise à la douce influence du *Gulf-Stream*, l'Europe
emarquable, entre tous les continents, par la douceur et
nstance relatives de sa température. La région occiden-
est naturellement plus humide et la région méridionale
chaude; quant à la région orientale, son éloignement
Océan lui vaut des hivers longs et rigoureux, et des étés
ts et très chauds.

— L'Europe possède de nombreux cours d'eau; au-
région n'en est complètement dépourvue, et toutes les
s en reçoivent leur part. Les principaux nœuds hydro-
hiques, le **plateau de Valdaï**, le **mont Saint-Go-**
rd et le **Massif Central**, sont situés sur la ligne qui
age l'Europe en *deux versants :* versant de l'*océan Glacial*
l'*Atlantique,* versant de la *Méditerranée.*

0. — Le plus grand cours d'eau de l'Europe, la **Volga**
0 kilom.), et le plus abondant, le **Danube** (9 000 m.
s par seconde), ne sauraient être comparés aux fleuves
ts de l'Asie, de l'Afrique et de l'Amérique; mais la
plupart des fleuves européens ont un cours lent et régulier
qui les rend propres à la navigation.

11. — Certains d'entre eux rencontrent des dépressions
et forment des *marais*, comme en Russie; d'autres, comme
en Suède, en Russie et dans la région alpestre, traversent
des *lacs* qui régularisent leur cours, préviennent les inondations ou les rendent moins terribles.

Lecture. — Petitesse de l'Europe ; grandeur de ses
destinées. — Quand on examine une sphère terrestre, on est
surpris de voir l'Europe si petite : c'est à peine si elle couvre
la cinquantième partie du globe et la treizième partie des terres
émergées. Quand on étudie l'histoire, on voit que l'Europe la
remplit : conquêtes et découvertes, industrie et beaux-arts,
grand commerce et grandes idées, tout aboutit à elle ou vient
d'elle; et l'Europe est l'âme du monde depuis près de trois
mille ans. Ce contraste étonnant entre la petitesse de notre
continent et la grandeur de ses destinées résulte en partie de
sa constitution géographique.

Le *relief* de l'Europe est moyen et très varié. Sans doute, il
comprend de hauts monts couverts de neige et de glaciers.
Mais ces monts occupent un espace restreint. Au lieu de former,
comme le plateau central de l'Asie, un entassement de terrasses
presque inaccessibles, ou, comme la Cordillère des Andes, une
muraille abrupte qui coupe en deux le continent, les monts
européens s'abaissent çà et là, ouvrant des cols carrossables que
le commerce a fréquentés dans tous les temps. Ils font ensuite
suite à des hauteurs médiocres, collines boisées, plateaux herbeux, simples ondulations envahies par les cultures; et la plus
grande partie de l'Europe se déroule en *larges plaines*, où la
population vit à l'aise et circule librement.

A cette heureuse disposition du relief correspond l'heureuse
répartition des eaux. La pluie tombe en Europe assez régulièrement. Les glaciers alpestres, les lacs subalpins et les grands
bois de la Russie centrale sont des réservoirs naturels aussi remarquables par leur abondance que par la constance de leur
débit. Aussi l'Europe n'a-t-elle, pour ainsi dire, aucun désert
aride, ni aucune région de quelque étendue exposée au passage
furieux des torrents. Et, si la Volga, le Danube et le Rhin font
modeste figure auprès des fleuves géants des autres parties du
monde, ils l'emportent sur eux comme irrigateurs de terre et
comme porteurs de marchandises. La plupart des fleuves et des
grandes rivières, soigneusement entretenus et régularisés par des
écluses, sont réunis par des canaux qui mènent d'un domaine
fluvial à l'autre, et parfois même de la Méditerranée à l'Océan.

Enfin, la *configuration* de l'Europe offre aussi des traits caractéristiques. La partie occidentale, où les montagnes forment un
obstacle, est la partie la plus étroite; le continent s'y amincit
et s'y abaisse sur certains points où s'opèrent la rencontre des
hommes et l'échange de leurs produits. En outre, les littoraux
sont très découpés, les mers intérieures très nombreuses; les
péninsules et les archipels qui se multiplient ont provoqué
de bonne heure les populations des côtes au commerce maritime.

La géographie a ses fatalités : certains peuples ont été condamnés à la stagnation et à l'isolement. C'est le cas des Tibétains bloqués dans les plateaux glacés de l'Asie, des Indous et
des Chinois emprisonnés entre une épaisse barrière montagneuse
et la mer, et des Indiens de l'Amérique cernés entre deux océans
qu'ils croyaient sans limites. L'Europe, au contraire, était *pré-*
destinée au mouvement et au progrès, parce que tout favorisait
son essor: facilité du commerce intérieur, exiguïté d'un territoire qui fut rapidement trop peuplé, proximité de l'Asie et de
l'Afrique, voisinage de la Méditerranée. Cette mer, qui a ses
caprices et ses dangers, a exercé une séduction toute-puissante
sur les habitants encore barbares de l'Europe: elle les a mis en
contact avec la savante Egypte, l'industrieuse Asie Mineure et
les colonies tyriennes. Par là, elle a été la fée bienfaisante et
l'institutrice du monde occidental. Et quand l'Europe, héritière
de la civilisation antique, eut développé en outre sa civilisation propre, l'Océan à son tour porta toutes ces lumières dans
le reste du monde.

EUROPE ÉCONOMIQUE

1. Géographie économique. — Les richesses **minérales** de l'Europe sont, en général, peu abondantes, Les gisements de *houille* des Iles Britanniques, de l'Allemagne, etc., ne sauraient être comparés à ceux de la Chine et des États-Unis; le *cuivre*, le *plomb*, l'*étain*, l'*or*, l'*argent*, etc.,

s'y trouvent en quantité insuffisante: le *fer* est le seul mi qui réponde aux besoins de la consommation.

2. — La **flore** n'est ni luxuriante, ni éclatante; m elle comprend un grand nombre de plantes utiles. I varie suivant les régions : à l'ouest, dominent les *céréa* les *prairies* et les *forêts* d'essences diverses; au sud, *vigne*, le *mûrier*, l'*oranger*, le *figuier*, l'*olivier* et le *citronnie*

'est, se succèdent les *steppes*, les cultures diverses, les
'êts de sapins et les *toundras*.

3. — La faune sauvage est considérablement réduite ; le
ier et les *animaux à fourrures* deviennent de plus en plus
es ; mais les animaux domestiques : *chevaux, bœufs, mou-
s, porcs et volailles*, continuent d'être une des grandes res-
urces de l'agriculture.

4. Géographie politique. — On appelle *État* un
ys dont les habitants sont soumis au même gouvernent et obéissent aux mêmes lois. L'Europe se divise en
Etats principaux, savoir :

Quatre à l'ouest et au nord-ouest : la **France**, les **Iles-
ritanniques** ou *Royaume-Uni de Grande-Bretagne et
rlande*, la **Belgique** et la **Hollande** ou *Pays-Bas* ;

Trois au centre : la **Suisse**, l'**Allemagne**, l'**Autriche-
ongrie** ;

Quatre au nord et à l'est : le **Danemark**, la **Norvège**,
Suède et la **Russie** ;

Neuf au sud : l'**Espagne**, le **Portugal**, l'**Italie**, la
oumanie, la **Serbie**, le **Monténégro**, la **Bulgarie**,
Turquie et la **Grèce**.

Six d'entre eux : la **France**, les **Iles-Britanniques**,
llemagne, l'**Autriche-Hongrie**, la **Russie** et
talie, sont, à cause de l'importance de leur population
de leurs forces militaires, appelés les six grandes puis-
nces européennes.

5. Population. — L'Europe compte environ 400 mil-
ns d'habitants, à peu près le quart de la population totale
globe. C'est relativement la plus peuplée des cinq par-
s du monde ; elle a 40 habitants par kilomètre carré ;
sie, qui vient au second rang, n'en a que 20.

6. Races. — L'Europe a été, croit-on, envahie par des
es originaires de l'Asie. Ces races forment trois groupes
ncipaux : les *Gréco-Latins*, les *Germains*, les *Slaves*.

7. — Les **Gréco-Latins** (125 millions) se sont établis
ns les trois péninsules méridionales et en France ; les
ermains (140 millions) peuplent l'Allemagne, les Pays-
s, la Scandinavie et les Iles-Britanniques ; les **Slaves**
25 millions) habitent la Russie, la Pologne, la Bohème,
sud-est de la Hongrie, la Serbie et la Bulgarie.

8. — A ces groupes, il faut ajouter 19 millions de *Fin-
ndais, Lapons, Hongrois et Turcs*, qui se rattachent à la
ce mongole, et 6 millions de **Sémites**.

9. Langues. — Les Grecs et les Latins parlent le *grec*
oderne et les *langues latines* ; les nations germaniques,
llemand et l'*anglais* ; la langue *slave* est surtout parlée par
s Russes.

10. Religions. — La religion *catholique* est professée
ez les nations latines ; elle domine en France, en Autriche,
ns le sud de l'Allemagne, en Pologne et en Irlande. Le
otestantisme domine chez les peuples germains, et la reli-
on *grecque* est pratiquée en Grèce, en Roumanie et en
ussie.

Lecture. — Evolution économique de l'Europe au
x-neuvième siècle. — Nos grands-pères étaient boutiquiers,
tisans et surtout laboureurs. Ils travaillaient à la maison soit

seuls, soit avec l'aide de quelques ouvriers, comme le font encore
aujourd'hui les tailleurs, les serruriers et les charrons. La vraie
richesse consistait à posséder des terres qu'on cultivait avec ses
serviteurs et ses enfants. Une ferme bien ordonnée formait un
petit monde qui comprenait tout ce qui est nécessaire à la famille, animaux domestiques et basse-cour, vigne et blé, chanvre
et lin. Elle avait ses rouets, son pressoir et son four. On y filait
le lin et la laine ; on y faisait son huile, on y cuisait son pain.
Cette simplicité primitive et quasi patriarcale se conserve dans
certains cantons retirés. Elle était générale en dehors des grandes
villes vers 1830.

L'agriculture actuelle est une industrie qui supprime les ja-
chères, élimine les cultures maigres seigle, sarrasin, etc.) et qui
donne au sol épuisé des forces nouvelles par l'emploi des engrais chimiques, par le marnage, le chaulage et les autres
amendements. Elle s'étend aux plus grands espaces possibles
qui sont livrés aux charrues à vapeur, aux semeuses, aux mois-
sonneuses, aux batteuses à vapeur. Et ces grands domaines
n'ont plus qu'une ou deux cultures principales, celles qui conviennent le mieux à leurs aptitudes : betterave, froment, lin,
vigne ou prairies artificielles.

L'élevage est une industrie dont on écarte systématiquement
les espèces peu rémunératrices. L'Angleterre, pays classique des
industries textiles, importe toutes ses laines de l'Australie et du
Nouveau Monde ; et elle s'est réservé exclusivement l'élevage
des chevaux de course ou de trait, des races laitières rare de
Durham et des animaux de boucherie qu'elle perfectionne sans
cesse par une alimentation spéciale et par de savantes sélections. Et, de près ou de loin, l'Europe entière suit l'exemple
donné par les Anglais pour l'élevage du bétail et de la volaille,
pour l'exploitation de la mer (par les chalutiers à vapeur, pour
la culture des huîtres, des moules et du poisson d'eau douce.

L'industrie proprement dite : métallurgie, filature, tissage, verrerie, fabrication des produits chimiques, a déserté les lieux où
manque le combustible minéral. Elle se concentre dans les
bassins houillers où s'entasse une armée de travailleurs, où les
cheminées des usines fument jour et nuit, et où les chimistes
pâlissent dans leurs laboratoires à la recherche de procédés
nouveaux permettant de produire toujours plus vite et toujours
à meilleur marché.

Et ne peut-on pas dire que *le commerce lui-même est devenu
une industrie ?* Il a son outillage formidable : banques et institutions de crédit, journaux et affiches, agences de renseignements, expositions locales, nationales ou universelles. Il a ses
usines qui sont ces immenses bazars des grandes villes, rassem-
blant tous les commerces dans les mêmes mains. Il a son personnel propre, étalagistes et vendeurs, chefs de rayons et comp-
tables, représentants de commerce surtout. Car on rencontre
encore, çà et là, dans les campagnes, l'antique colporteur ou
« porte-balle » qui offre sa marchandise de porte en porte, et le
commis-voyageur qui étale dans les petits magasins sa « mar-
motte » de cuir bourrée d'échantillons ; mais l'homme nouveau,
l'homme-type du vingtième siècle, c'est le *représentant de commerce* élégant et correct, formé dans les écoles spéciales, par-
lant quatre ou cinq langues, habile observateur des pays qu'il
parcourt et où il ne traite que les grandes affaires. La nation
qui a les meilleurs représentants de commerce détourne à son
profit les courants commerciaux : l'Allemagne, par exemple, a
ravi aux Anglais les marchés de la Suède et de la Norvège,
parce que ses représentants ont eu l'ingénieuse idée et la patience d'apprendre à la perfection les langues scandinaves.

En résumé, l'Europe jadis agricole a poussé l'industrialisme à
son extrême limite ; et c'est l'industrie qui jusqu'ici a fait sa
force. L'Europe tire des autres parties du monde des denrées
alimentaires et les matières brutes (laine, coton, soie, caoutchouc, cuivre, etc.) qu'elle revend après les avoir manufactu-
rées. Mais on peut prévoir un temps où cette supériorité
prendra fin. Les Etats-Unis, l'Inde, la Chine et le Japon, si
merveilleusement dotés par la nature, veulent se suffire à
leur tour et devenir des puissances industrielles. Qu'arrivera-
t-il le jour où ils fermeront leurs frontières au commerce
étranger ? L'Europe, repliée sur elle-même et menacée de ruine,
ne trouvera sans doute son salut que dans l'union la plus
étroite des colonies avec leurs métropoles.

LA FRANCE

FRANCE PHYSIQUE

1. Situation. — La France est située dans l'hémisphère boréal, entre le 42° et le 51° parallèles, à égale distance du pôle et de l'équateur, au centre même de la zone tempérée.

2. — Elle touche à quatre mers qui sont : l'océan **Atlantique**, la **Manche**, la **mer du Nord** et la **Méditerranée**. Ces mers sont parmi les plus fréquentées du monde.

3. — L'Océan est sillonné de vaisseaux qui font le commerce de la France avec l'Angleterre, l'Europe septentrionale et l'Amérique.

4. — La Méditerranée met en relation la France avec ses colonies d'Afrique, les États de l'Europe méridionale, de l'Afrique du Nord, de l'Asie Mineure et de l'Extrême-Orient.

1re Lecture. — **Rôle historique de nos mers**. — Le littoral de la Méditerranée, malgré son peu d'étendue, a joué dans notre histoire un rôle considérable. Dès la plus haute antiquité, il abrita les comptoirs des Tyriens et des Grecs, qui furent les premiers explorateurs et les initiateurs de la Gaule. Par les cours du Rhône, de la Loire et [de] la Seine, ces habiles marchands [at]teignaient l'Armorique et le pa[ys] aujourd'hui anglais de la Corn[u]aille et des Sorlingues (îles Cas[si]térides); à l'aller, ils écoulaient l[a] pacotille; au retour, ils rapporta[ient] des chargements d'étain, métal p[ré]cieux dans la statuaire antiq[ue]. Leurs caravanes allaient lenteme[nt,] faisaient de longs séjours; et [les] relations s'établissaient sans pe[ine] entre les Grecs, parleurs insinuan[ts,] et nos ancêtres, connus de to[ut] temps comme le peuple le plus h[os]pitalier et le plus curieux de l'u[ni]vers. La fondation de Marseille, ap[rès] le mariage d'un beau Phocéen [et] d'une Gauloise, est un des gracie[ux] épisodes de cette pacifique inv[a]sion. Chaque peuple trouva s[on] compte à ce commerce; les Grec[s] réalisèrent d'amples profits, et [les] Gaulois apprirent à cultiver l'o[li]vier et la vigne, à semer le blé, à lier les bœufs pour le labour. Ma[r]seille et plus tard Narbonne sont [les] deux portes par où la civilisati[on] antique a pénétré chez nous.

Quant à l'Océan, c'est Christop[he] Colomb qui a révélé sa valeur. A[vec] sa découverte, un monde nouve[au] s'est ouvert au commerce et le p[ôle] de la civilisation s'est déplacé. Ce[tte] révolution, mortelle aux États pu[re]ment méditerranéens, ne pouv[ait] donner à la France qu'un nou[vel] essor. Des capitaines malouins [et] dieppois conquirent Terre-Neu[ve,] le Canada, la Louisiane et les Ind[es,] superbe empire colonial dont il [ne] reste, hélas! que des débris. Ma[is] si les colonies sont perdues, le co[m]merce subsiste; et c'est par l'Océ[an] que la France reçoit les coton[s,] les laines, les peaux et les cuirs, le caoutchouc, le pétrole et les bois précieux de l'Amérique.

La Méditerranée a retrouvé, dans notre siècle, une vie nou[ve]lle, grâce à la constitution de notre domaine africain et [au] percement du canal de Suez.

5. Frontières de terre. — Les Pyrénées, [les] Alpes, le Jura et les Vosges forment des remparts n[a]turels dont il suffit de fortifier les trouées et les dépression[s.] Mais, du *mont Donon* à Dunkerque, la frontière est pureme[nt] conventionnelle : aucune limite n'a été ensanglantée p[ar] des guerres aussi nombreuses.

6. Forme et étendue. — La France forme un hexa[a]gone à peu près régulier qui a pour sommets *Dunkerque,* *pointe Saint-Mathieu,* l'embouchure de la *Bidassoa,* le c[ap] *Cerbère,* l'embouchure de la *Roya* et le *mont Donon.* Sa supe[r]ficie est de 538 000 kilomètres carrés, et représente la cin[q]centième partie des terres et la vingtième partie de l'Europ[e.] La Russie est dix fois plus étendue; l'Allemagne et l'Austr[o-] Hongrie sont un peu plus grandes.

7. Population. — La France compte parmi les grand[es] puissances; mais sa population de 39 252 250 habitant[s] gmente à peine de 58 000 individus par an. L'Allemagne gagne annuellement 800 000 hommes.

2ᵉ Lecture. — **Situation de la France en Europe.** — L'Europe, massive à l'est et au centre, se rétrécit brusquement entre la Manche et le golfe du Lion. Cet *isthme européen*, que l'Escaut, la Seine, la Saône et le Rhône parcourent en sens opposé, est le chemin le plus commode et le plus fréquenté de l'ancien continent.

D'ailleurs, la France entière est un *lieu de passage*, où se croisent les routes internationales qui unissent Madrid à Saint-Pétersbourg, Paris à Berlin, Amsterdam à Marseille, et Londres aux Indes anglaises.

Paris est actuellement à six jours de New-York, à quarante heures d'Alger, à vingt heures de Berlin, à sept heures de Londres. C'est un rendez-vous d'affaires universel et le séjour préféré de toute société polie.

De telles facilités d'accès, avantageuses en temps de paix, sont redoutables en temps de guerre : pour défendre une si longue étendue de côtes appartenant à deux mers opposées, il faut entretenir une marine formidable dont les escadres ne peuvent s'appuyer l'une sur l'autre, parce que le canal du Midi n'est pas accessible aux bâtiments marins. — Pour parer aux dangers toujours menaçants d'une invasion par terre, il faut multiplier les travaux de défense, renouveler sans cesse les armements et tenir sur pied, en pleine paix, 580 000 hommes de troupes. L'Angleterre, derrière son fossé d'eaux marines, vit en sécurité avec une armée deux fois moindre.

8. Géologie. — Les **terrains primitifs et primaires** couvrent, en France, le *Massif Central* et la *Bretagne*; ils constituent, en outre, le noyau principal de toutes les montagnes-frontières, sauf le Jura.

9. — Les **terrains secondaires** forment une sorte d'anneau dont la boucle inférieure enveloppe le Massif Central et la boucle supérieure le bassin parisien. Mais cette dernière boucle est ouverte au nord.

10. — Les **terrains tertiaires** (calcaires, marnes et argiles) s'étalent sur trois bassins géologiques, ceux de *Paris*, d'*Aquitaine* et de la *Saône*.

3ᵉ Lecture. — **Oscillations de l'écorce terrestre.** — La vie humaine est si courte que nous n'avons pas le temps de voir l'écorce terrestre se modifier. Pourtant rien n'est fixe dans la nature, et ce solide plancher que nos pieds foulent change sans cesse de niveau entre deux groupes de forces qui se contrarient : les unes créent, les autres détruisent.

Les forces souterraines ont fait surgir les volcans, les îles et les chaînes de montagnes; elles soulèvent certains fonds marins et bâtissent les continents. C'est sous leurs poussées successives que les terrains *primaires*, *secondaires* et *tertiaires* ont émergé tour à tour.

Les forces extérieures opposent à ce travail de construction leur œuvre de nivellement : le soleil, les gelées et la foudre attaquent toutes les saillies rocheuses dont le vent balaye les particules les plus légères, et dont les torrents emportent les débris les plus lourds. Ces terrains *quaternaires*, qui comblent les golfes, remplissent les anciens lacs, et forment les deltas et les dunes, ne sont que des matériaux arrachés par les vents, fleuves ou la mer aux roches primitives. Jour et nuit, toutes saisons, depuis des centaines de siècles, notre globe subit cette usure à laquelle ni le granit, ni le gneiss ne sauraient résister. Elle a réduit des deux tiers la taille des plus hauts sommets; elle change peu à peu les montagnes en plateaux, les plateaux en simples terrasses, et achève l'architecture du sol par un polissage universel.

4ᵉ Lecture. — **Valeur respective des terrains.** — Chaque formation géologique a ses aptitudes propres : les roches *primitives et primaires* fournissent aux constructeurs des matériaux très résistants : granits, basaltes et schistes ardoisiers. Elles renferment, en outre, des sources minérales et des gisements houillers. — Les *terrains secondaires* sont riches en pierres de taille et en marbres. Mais leurs terrains souvent poreux ne conviennent guère qu'à la culture de la vigne, du seigle et à l'élevage du mouton. — Les *terrains tertiaires*, mêlés d'argile, gardent une humidité suffisante et sont les meilleurs champs de culture : ils produisent en abondance les céréales, la betterave et les plantes fourragères.

Chacune de ces formations représente à peu près le tiers de notre territoire; et la France, au point de vue de la variété, est un pays admirablement équilibré.

5ᵉ Lecture. — **Géologie et agriculture.** — Toute plante puisant dans le sol les sucs qui la nourrissent, il existe une relation nécessaire entre la géologie et l'agriculture : c'est à leur gras terreau que la Flandre et la Brie doivent leurs superbes céréales : c'est à ses roches primitives que le Rouergue demande quelques moissons de seigle, tandis que les Causses voisines n'ont qu'une herbe rase, sèche et clairsemée.

Toutefois, la *géographie agricole n'est pas une science exclusivement géologique :* car la vie des plantes dépend de conditions extérieures auxquelles la géologie reste étrangère. Et il faut tenir compte notamment de l'orientation du terroir et de son altitude.

L'*orientation* détermine le degré de l'humidité atmosphérique. Toute la lisière occidentale du Massif Central, exposée aux vents océaniques, est une zone humide et herbagère; le talus oriental, au contraire, est sec et couvert de vignobles (vins de la Bourgogne, du Rhône et du Languedoc). La Bretagne, granitique au nord et au midi, devrait être partout une terre de pâturages coupée de champs de sarrasin. Mais son versant septentrional, humecté et attiédi par le « courant du Golfe », est un jardin de primeurs célèbre sous le nom de « Ceinture dorée ». Enfin tous les touristes savent qu'en deçà et au delà d'une crête montagneuse, les versants d'une même chaîne diffèrent d'aspect et de productions.

L'*altitude* exerce une influence plus puissante encore : comme la température s'abaisse à mesure que l'on s'élève, les plantes frileuses se cantonnent dans les régions inférieures; la forêt résiste beaucoup plus longtemps, mais en perdant tour à tour ses essences délicates; et, au-dessus des pâturages d'été, il arrive un point où toute culture, tout élevage étant impossible, l'homme n'apparaît que par exception, comme grimpeur de rochers ou chasseur de chamois.

Nos Alpes offrent un exemple classique de ces étages de végétation.

6ᵉ Lecture. — **Zones de végétation alpestre.** — Elles sont au nombre de trois : la *montagne*, l'*alpe* et les *glaciers*.

La **montagne** domine immédiatement la plaine : elle se dresse entre 700 et 1400 mètres. Elle est entièrement cultivée; mais, à mesure que l'altitude augmente, le froid grandit et le nombre des espèces diminue. Tour à tour disparaissent la *vigne*, le *froment*, l'*avoine* et le *seigle*. Cette dernière céréale est la plus vaillante : on la rencontre jusqu'à 1300 mètres où elle met d'ailleurs 18 mois à mûrir. Au delà, il n'y a que des noyers et des châtaigniers.

L'alpe s'élève de 1500 à 2500 mètres et ne nourrit guère de population fixe. C'est le domaine des *forêts* et celui des *alpages* dont les vaches laitières tondent pendant l'été l'herbe courte mais savoureuse.

Au-dessus de 2500 mètres, le paysage change entièrement d'aspect : **cimes neigeuses et champs de glace**, cascades et nappes d'eau, tout est blanc, sauf les rochers à pic formant des taches brunes et sauf les *lichens* et les *mousses* qui se blottissent dans les crevasses les plus profondes. Naguère on comparait ces grandioses montagnes aux solitudes glacées du pôle. Mais le pôle est une terre morte, au lieu que ces amas de neiges et de glace sont le trésor et la vie des plaines : grâce au souffle du *föhn*, ils arrosent les pâturages, font verdoyer les forêts et irriguent jusqu'aux anciens golfes (Crau, Camargue et Comtat-Venaissin) que les alluvions ont comblés. Grâce aux progrès des arts mécaniques, ces chutes d'eau, lancées dans des turbines, éclairent les villes, animent les métiers, tissent la soie et fondent les métaux. C'est la *houille blanche*, qui épargnera un jour à la France les 700 millions que notre industrie paye à l'étranger pour l'acquisition de la *houille noire*.

LE RELIEF

1. — Cinq systèmes montagneux : le **Massif Central**, les **Pyrénées**, les **Alpes**, le **Jura** et les **Vosges**, constituent le relief supérieur de la France. Ces monts protègent le territoire et adoucissent le climat sans nuire à l'unité nationale.

Lecture. — Coup d'œil d'ensemble. — Si la France était envahie de tous les côtés à la fois, si l'ennemi occupait toutes les vallées fluviales et toutes les grandes villes, même Paris, il resterait un dernier refuge où les défenseurs pourraient se retrancher et soutenir le suprême assaut. Ce haut et vaste donjon, où les légions de César ont failli succomber, est le *Massif Central.*

Il est entouré d'une ceinture continue de plaines formant deux groupes : celles du sud et de l'est sont garanties cont...

es invasions par nos monts extérieurs (Pyrénées, Alpes, Jura
et Vosges); celles de l'ouest et du nord se déroulent sans obstacle jusqu'à l'Océan. Elles appartiennent à cette suite de terres
plates qui couvrent tout le nord de l'ancien continent jusqu'au
cap Oriental d'Asie. Le plantureux terreau des Flandres a toujours été disputé entre les nations voisines : c'est le champ de
bataille de l'Europe. Et, d'âge en âge, sa limite a oscillé tantôt
au nord, tantôt au sud, sous la pression du peuple le plus nombreux et le plus fort.

Nos monts intérieurs ne nuisent pas à l'unité nationale : de
larges vallées les pénètrent, des seuils peu élevés les séparent,
et, d'un versant à l'autre, les relations s'établissent sans difficulté. La nature a morcelé certains pays : la Grèce avait ses
« cités », l'Écosse ses « clans » et la Suisse ses « cantons ». Rien
de comparable chez nous; et l'on parlait encore « des Espagnes »
alors que la France était depuis longtemps une et indivisible.

Le relief français favorise même l'*unité du climat*. Toutes nos
montagnes sont massées au sud-est, c'est-à-dire dans les régions
qui devraient subir les plus grandes chaleurs. Mais leur altitude
atténue l'écart de température que devrait produire la latitude.
Et l'on peut traverser la France du nord au sud dans toute son
étendue sans changer de costume. La seule précaution à prendre est de mettre ou d'enlever son manteau.

2. Massif Central. — Le Massif Central occupe
un sixième du territoire français, et, comme la plupart de
nos montagnes, il dresse à l'orient son talus le plus escarpé.

3. — Ses points culminants sont des volcans qui ont
surgi à travers les terrasses granitiques et porphyriques :
Puy de Dôme (1 465 m.), *Puy de Sancy* (1 886 m.) et *Plomb
du Cantal* dans les **monts d'Auvergne**; *Mézenc* (1 752 m.)
et *Lozère* (1 702 m.) dans les **Cévennes**.

4. — Ces dernières forment un bourrelet de chaînons qui
se suivent sans interruption, de l'*étang de Longpendu* au
seuil de Naurouze; elles dominent les vallées de la Saône,
du Rhône et du Bas-Languedoc. Aucun de leurs sommets
n'atteint la hauteur des neiges éternelles.

5. — L'espace compris entre les Cévennes et les monts
d'Auvergne est hérissé de montagnes : **monts du Velay**
et du **Forez** au nord, **monts d'Aubrac** à l'ouest, plateau
calcaire des **Causses** au sud-ouest.

6. — Enfin les monts d'Auvergne s'appuient sur des plateaux de granit couverts d'herbages et de châtaigniers :
monts du Limousin et de la **Marche**.

7. — Le **Morvan** se dresse tout au nord comme une
citadelle avancée qui commande à la fois la région de la
Seine et celle de la Loire (900 m.).

8. Pyrénées. — Les **Pyrénées** réalisent le type parfait de la montagne frontière, qui sépare deux climats et deux
mondes. D'une mer à l'autre, sur une longueur de 400 kilomètres, elles ne sont accessibles qu'à leurs extrémités (routes
de Paris à Madrid et de Perpignan à Barcelone, cols des *Aldudes* et de la *Perche*). Ailleurs, on ne rencontre que des sentiers vertigineux et que des « ports » ou cols impraticables
à quiconque n'est pas alpiniste, chasseur ou contrebandier.

9. — De hauts sommets coiffés de neige : *Néthou* (3 404 m.),
Posets et *mont Perdu*; des contreforts courts et trapus : **Canigou, Corbières**, etc., et des avant-monts parallèles
comme les **Petites-Pyrénées**, complètent cette muraille
de défense entre la France et l'Espagne.

10. — C'est une limite redoutable qui se ferme derrière
les conquérants qui la franchissent, que ce soient les Arabes
ou Charlemagne, Louis XIV ou Napoléon. Le traité des Pyrénées (1659) subsiste intégralement, parce qu'il est con-
forme aux lois de la nature.

11. Alpes. — Les Alpes occidentales, que nous par-
tageons avec l'Italie, constituent un monde à part qui s'étend
du Rhône à Turin et du lac de Genève à la Méditerranée. Il
a sa flore, sa faune propres, et il a toujours nourri des peuples indépendants. En 1860, la Savoie et le comté de Nice
ont adopté la nationalité française. Depuis lors, la ligne de
partage des eaux se confond, à de rares exceptions près,
avec la frontière franco-italienne.

12. — Cette ligne forme trois sections hérissées de montagnes neigeuses : les **Alpes Grées** avec le *mont Blanc*
(4 810 m.); les **Alpes Cottiennes** avec le *mont Cenis*; les
Alpes maritimes avec le *mont Viso* (Italie).

13. — Le versant italien a des pentes escarpées et de
fougueux torrents qui convergent sur Turin, grande place
de guerre, qui fut la première capitale du royaume d'Italie.

14. — Le versant français couvre 8 départements, les
plus élevés de notre territoire. On range ses nombreux massifs en trois groupes qui portent le nom d'anciennes provinces : **Alpes de Savoie** qui touchent au mont Blanc,
Alpes du Dauphiné qui portent notre plus haut sommet
(*Barre des Écrins*, 4 103 m.) et **Alpes de Provence** qui
vont mourir au nord de Marseille.

15. Jura. — Au nord des Alpes, entre le Rhône et le
Rhin, s'élèvent les plateaux calcaires du **Jura**, plissés,
froissés, troués comme une écumoire, roulant autant d'eau
dans leur sous-sol que sur leurs pentes herbagères et boisées. Leurs sommets les plus fiers : *Reculet* (1 724 m.), *Crêt
d'Eau*, etc., dominent la plaine suisse, modestes belvédères
si on les compare aux géants alpestres qui leur font face.
Leurs cols sont assez nombreux, mais malaisés.

16. Vosges. — Les Vosges sont encore moins hautes.
Elles soulèvent péniblement à 1 000 et 1 400 mètres leurs
lourds « ballons » de granit et de grès (*ballon de Guebwiller*,
1 426 m.); mais elles ont de beaux pâturages dans les
« hautes chaumes », de superbes forêts sur leurs flancs,
des lacs pittoresques et des rivières cristallines. Les grands
chemins du commerce et des armées passent au sud des
Vosges (*trouée de Belfort*) et au nord (*col de Saverne*).

17. Massifs secondaires. — En dehors de ces cinq
massifs, la France n'a plus de vraies montagnes et aucun
point n'atteint 700 mètres : la **Côte d'Or** a 608 mètres au
mont Tasselot; le plateau des **Ardennes** et le plateau
lorrain, 500 mètres; les collines de l'**Artois**, 212 mètres; les collines de **Normandie**, 417 mètres (*mont des
Avaloirs*); le massif breton ou armoricain, 391 mètres;
enfin le **Bocage vendéen**, 285 mètres au *mont Mercure*.

18. Plaines. — Tout le reste, c'est-à-dire la plus
grande moitié de la France, est formé de plaines extrêmement variées, assez sèches sur le *versant méditerranéen* où
dominent les cultures arborescentes, mieux arrosées sur le
versant océanique, et particulièrement fécondes dans le *bassin
de Paris* (Flandre, Picardie et Île-de-France) et dans le *bassin d'Aquitaine* (plaine de Toulouse et plaine girondine).
L'étude de ces plaines ne peut se faire qu'avec celle des régions naturelles.

LES CLIMATS

1. — Il est bien difficile que deux pays aient le, même climat, tant le climat dépend de conditions diverses : *latitude, altitude, nature du sol,* direction des *vents,* éloignement ou proximité de la *mer,* abondance ou fréquence des *pluies.*

2. — Le rôle joué par la *latitude* est d'autant plus marqué que l'on compare des lieux plus éloignés les uns des autres. Dans le langage courant, nous opposons volontiers le nord et le midi de la France, et nous avons raison : car, en toutes saisons, Perpignan est plus chaud que Dunkerque, qui reçoit plus obliquement les rayons du soleil.

3. — Mais l'influence de *l'altitude* est plus puissante que la précédente et la neutralise en bien des cas. Elle peut amener un contraste saisissant entre les climats de deux localités voisines : Clermont-Ferrand a une température moyenne de + 12°; et le Puy de Dôme, qui domine cette ville (1 465 m.), est beaucoup plus froid : sa température annuelle est de + 3°. Si nous suivons le 45° parallèle, qui est au centre mathématique de la zone tempérée, nous constatons les faits suivants : près de Bordeaux, la neige, très rare d'ailleurs, fond en touchant le sol; dans le Cantal (1 858 m.), elle tombe tout l'hiver et ne fond qu'au début de l'été; dans le massif alpestre du Pelvoux (4 103 m.), elle tombe en tout temps et ne fond jamais. Quelle que soit donc sa latitude, tout lieu très élevé subit un climat polaire.

4. — A un degré moindre, la *nature du sol* et sa *culture* jouent leur rôle dans le climat. Le granit et l'argile sont toujours froids, tandis que les terrains calcaires et les alluvions sont pénétrés par la chaleur. Aussi sont-ils plus cultivés et plus peuplés. Les *forêts* attirent les nuages, amortissent la violence des vents et modèrent les excès de la température : une contrée boisée sera toujours plus dou et plus habitable qu'une contrée nue.

5. — Chaque *vent* modifie à sa façon la température d pays qu'il traverse : en France, les vents du sud apporte de la chaleur. Tels sont : *l'autan* dans la vallée de la G ronne et le *sirocco* dans la vallée du Rhône. Les vents froid au contraire, viennent du nord, de l'est ou de la montagn Tels sont : le vent des Vosges pour la Lorraine, la *bise* po le bassin de Paris, le *cers* pour le Bas-Languedoc et le *mi tral* pour la Provence. Ces derniers vents, dévalant des C vennes, glacent Narbonne, Montpellier, Avignon et Mar seille avant d'aller se perdre dans la Méditerranée.

6. — La *mer* exerce une influence beaucoup plus durabl Et l'on distingue très nettement les climats **maritimes** les climats **continentaux**.

1re Lecture. — Mers et Climats. — La mer est par excel lence le régulateur des climats.

Le soleil est maître souverain sur la surface des terres : pr sent, il la réchauffe et parfois la dessèche et la brûle; absent, la laisse refroidir et l'abandonne aux vents glacés. La terre lu est passivement soumise; elle meurt et renaît avec lui.

Mais il n'a guère de prise sur la mer. Quelle action pourrait-i exercer sur cette masse d'eau toujours agitée par les vagues, le courants, les marées, les tempêtes, masse tellement épaisse qu'e maint endroit les rayons solaires n'ont jamais pu éclairer se profondeurs? A travers la succession des nuits, des jours et de saisons, les océans gardent une température presque constant

Cet équilibre profite aux terres de leur voisinage. La « bris de mer » les caresse doucement, tiède l'hiver, fraîche l'été; c'est à cause d'elle que tant de familles, fuyant l'atmosphèr embrasée des villes, se réfugient sur les rivages, soit pour prendre des bains, soit simplement pour respirer un air moin chaud et plus pur.

Notre côte océanique jouit d'un privilège particulier : ell est parcourue par un bras du Gulf-Stream appelé *Courant d Rennell.* Dans nos parages, l'océan est une cuve d'évaporatio dont les vents d'ouest nous apportent les nuages et la douc chaleur. Les effets de ce courant sont tels que, sous la latitud où Québec grelotte quatre mois par an devant le cours du Sain Laurent couvert de glace, la Bretagne ne connaît pas la gelé et porte en pleine terre des plantes semi-tropicales : azalées aloès, lauriers-roses, magnolias, figuiers même dont les figue sont mûres au mois d'août.

A latitude égale, toutes nos îles et toutes nos villes de l'Atlan tique ont un hiver plus chaud et un été plus doux que les ville de l'intérieur. Elles bénéficient d'un climat marin.

7. La pluie. — L'eau que portent les nuages se con dense en pluie ou en neige. Elle se répand très inégalemen sur le sol.

8. — L'intérieur des grandes plaines ou des grands pla teaux est généralement peu arrosé. L'eau se déverse sur le hauteurs littorales : Picardie, Normandie, Bretagne, régio de Bayonne, et sur les versants des montagnes exposés au vents marins.

9. — La tranche annuelle des pluies est de 80 centimètre en France. Certains massifs reçoivent plus d'un mètr d'eau : *Cévennes, Jura, Vosges, Morvan, Pyrénées océaniques.* Quelques monts dépassent encore cette moyenne : *Puy d Dôme* et *Pic du Midi de Bigorre,* 1m,60; *Lozère* et *Ventoux,* 2 mètres.

10. — Le minimum observé est de 40 centimètres dans la *Brie,* et de 36 centimètres dans les *Pyrénées orientales* Aucun lieu n'est absolument sec; aucun non plus ne subit,

mme l'Assam, un déluge annuel de 12 à 13 mètres. Le imat de la France échappe à tous les excès.

2e Lecture. — La pluie et l'humidité du sol. — L'arroge d'un pays ne se mesure pas à la quantité des pluies qui imbent sur le sol, mais à la façon dont la pluie tombe.
Les provinces méditerranéennes reçoivent beaucoup d'eau, ais seulement pendant l'hiver, au moment où cette eau ne peut modérer la température, ni hâter la végétation. Aussi ces ovinces sont-elles sèches. Elles ne portent que des plantes bustives qui se passent d'humidité, ou qui plongent leurs raies assez loin pour trouver quelque fraîcheur au fond du sol igne, olivier, mûrier). Si les environs de Cavaillon, d'Avignon de Salon cultivent des légumes et des fruits, c'est grâce aux naux d'irrigation dérivés de la Sorgue et de la Durance, affluents i Rhône. Le Dévoluy, inondé à certains moments, redevient en vite un odieux désert.
« Paris ne reçoit que 51 centimètres d'eau, à peine autant que arseille où vole une poussière aride. Et pourtant Paris est une imide cité, parce qu'il y pleut souvent, par gouttelettes ; tandis i'à Marseille il pleut par seaux, mais avec un intervalle de 6 à 8 mois entre la dernière averse du printemps et les preières averses de l'automne ou de l'hiver. »
Nos contrées les plus verdoyantes sont celles où des ondées équentes, des brumes quotidiennes, la rosée du matin, le ouillard du soir et les nuages, servant d'écran au soleil, entreennent l'humidité pendant de longs mois. Ce n'est pas le cas e la Provence où il pleut 50 jours par an, mais de Paris, où il leut 150 jours, de Brest et des rivages herbeux de la Manche, qui it 180 à 200 jours de pluie.

11. Climat général de la France. — Grâce à sa titude, à une altitude médiocre et aux quatre mers qui entourent, la France a un climat d'une exquise douceur. ucune portion étendue de son territoire ne subit une température annuelle inférieure à + 9° ; et la plus haute noyenne, celle de + 16°, appartient à cette incomparable ôte d'Azur où l'hiver est presque inconnu.
12. — La moyenne générale est de + 11°. L'isotherme

qui la représente passe par *Cherbourg, Le Mans, Tours, Amboise, Bourges, Mâcon* et *Bourg-en-Bresse.*
13. Les sept climats régionaux. — Le climat de la France n'est pas uniforme ; et, si l'on tient compte des variations dues au relief et à la mer, on distingue sept climats régionaux : *trois* continentaux et *quatre* maritimes.
14. — Le climat vosgien ou ausrasien a des hivers longs et des froids extrêmes. A Saint-Dié, à Remiremont, le thermomètre descend facilement à — 25° et — 30°. Le printemps, très court, apparaît en coup de théâtre. L'été et l'automne sont magnifiques. Nancy est la plus froide de nos grandes villes, avec une température moyenne de + 9°3.
15. — Le climat auvergnat ou du Massif Central se caractérise aussi par la rigueur de ses hivers : la neige, qui tombe pendant des mois, couvre les montagnes et comble les chemins. Les voyageurs se perdraient sans les poteaux plantés de distance en distance pour indiquer les routes. La belle saison est très belle, et une foule de malades et de baigneurs se rendent en Auvergne pour faire des cures d'altitude ou goûter les plaisirs des villes d'eaux.
16. — Le climat lyonnais ou rhodanien est plus difficile à définir : la vallée de la Saône et du Rhône est un couloir balayé par tous les vents. Les monts du Jura et des Alpes subissent des hivers excessifs qui suspendent la vie pendant plusieurs mois.
17. — Les climats maritimes sont beaucoup plus modérés : le climat breton ou armoricain est typique à cet égard : sous le manteau de brouillards et de nuages qui la protège, la Bretagne échappe aux excès de la chaleur et du froid. La température moyenne de Brest est de + 7° en hiver et de + 18° en été ; aucune région ne présente un écart aussi faible. Le printemps, précoce et très doux, permet aux maraîchers de la « ceinture dorée » de s'enrichir par la culture des primeurs.
18. — Le climat parisien ou séquanien est un peu plus inégal : l'hiver est moins clément et l'été plus chaud ; mais le ciel souvent nébuleux et les pluies fréquentes sont très propices aux prairies, aux céréales, à la betterave et aux plantes textiles.
19. — Le climat girondin a des hivers si doux que l'on envoie les phtisiques retremper leurs forces à Pau ou à Arcachon. L'été est chaud, beaucoup plus que dans la région de la Seine ; il convient aux arbres fruitiers : pêcher, abricotier, prunier, et à la vigne qui produit dans la Gironde ses vins les plus illustres.
20. — Le climat méditerranéen, très chaud (sauf dans les semaines où souffle le mistral), très sec sous un soleil radieux, ne se prête qu'aux arbustes à longues racines : mûriers, oliviers et vignes. Le littoral étroit, qui réunit Hyères à la frontière italienne et que les Alpes protègent des vents froids, est un vrai paradis pour la douceur de sa température et l'éclat de ses fleurs : c'est la côte d'Azur. Ce rivage enchanté attire une double clientèle, celle des vrais malades qui cherchent un refuge contre la rigueur des hivers, et celle des artistes, des oisifs, des princes de la mode qui goûtent tous les plaisirs mondains, sous le plus beau décor de la nature.

LES COURS D'EAU

1. — Les fleuves français se versent soit à l'Océan, soit à la Méditerranée. La *ligne de partage des eaux* qui sépare ces deux versants est une suite de hauteurs très inégales : *Jura, Vosges* méridionales, *monts Faucilles, plateau de Langres* et *Côte d'Or,* système des *Cévennes* et monts du *Plantaurel.* Cette ligne présente deux *dépressions* principales : la *trouée de Belfort* et le *seuil de Naurouze.*

2. Versant de la mer du Nord et de la Manche. — Aucun cours d'eau de la mer du Nord, sauf l'*Aa,* ne se termine en France. La **Moselle,** affluent du **Rhin,** descend des Vosges cristallines et traverse la Lorraine. Elle reçoit, en France, la *Vologne,* émissaire de gracieux lacs, et la *Meurthe,* qui dessert Lunéville et Nancy. Ces rivières sont rapides, très claires et très utiles à l'industrie.

3. — La **Meuse** (950 kilom.) est française pour sa première moitié; des monts Faucilles à la Belgique, elle suit un couloir d'abord rectiligne puis très sinueux dans les Ardennes. Ses tributaires de droite : le *Chiers* et la *Semoy,* se sont creusé une tranchée tortueuse dans l'épaisseur du plateau ardennais; la *Sambre,* affluent de gauche, est franç[ais] jusqu'à Maubeuge.

4. — L'**Escaut** (450 kilo[m.]) est français pour son prem[ier] quart; il naît et coule en plai[ne] de même pour ses tributaires, [la] *Sensée,* la *Scarpe* et la *Lys.* Tou[tes] ces rivières, au cours train[ant,] rendent de grands services à [la] contrée de France qui transpo[rte] le plus de produits agricoles, [in]dustriels et miniers.

5. — La **Manche** a un s[eul] grand fleuve : la **Seine,** et f[des] fleuves côtiers.

1re Lecture. — Constance [de] la Seine. — La Seine est priv[ilé]giée : les pluies qui l'aliment[ent] sont modérées, mais très fréquen[tes;] les hauteurs qui encadrent son [do]maine sont modestes, mais boisé[es;] enfin, les trois quarts de son bas[sin] appartiennent à des terrains poreu[x.] La Seine jouit donc d'un heureu[x] équilibre : non seulement ses e[aux] sont sillonnées de péniches, de[puis] Marcilly jusqu'au Havre, mais [la] plupart de ses tributaires et de [ses] sous-affluents ont une réelle val[eur] comme voies de communicatio[n;] ils unissent la Seine aux fleuves [voi]sins. Toutes ces voies fluvia[les] ont pour centre Paris, qui doit à [sa] nature son rang de grande capita[le.]

6. — La **Seine** (776 kilom.) naît à une faible hauteur (471 m.) dans les terrasses calcaires [du] mont Tasselot; assez pauvre ju[squ'] qu'au confluent de l'*Aube,* e[lle] est imposante dès qu'elle a reçu l'*Yonne.* Au-dessous de Pa[ris] (25 m. d'altitude), elle gagne la Manche par une série [de] méandres que termine un estuaire large de 10 kilomètres.

7. — Les tributaires les plus réguliers de la Seine so[nt] ceux de la rive droite : la **Marne** grossie de la *Saulx,* de l'*Ourcq,* et l'**Oise** grossie de l'*Aisne.* Ceux de la ri[ve] gauche sont l'**Yonne,** abondante, mais sujette à de grand[es] variations, le **Loing** canalisé, et l'**Eure** grossie de l'*Iton.*

8. Fleuves côtiers. — Au nord de la Seine, [la] Somme (245 kilom.) traverse les marais à tourbe de [la] Picardie, et s'achève par un estuaire ensablé. Au su[d] l'Orne et la Vire ne sont pas accessibles aux bateau[x,] mais la **Rance** est profonde, et forme le port de Saint-Mal[o.]

9. Versant de l'Atlantique. — Les rivières de [la] Bretagne sont courtes; mais leurs larges embouchures so[nt] propices à l'établissement des ports : la *Penfeld* finit à Bres[t,] le *Blavet* et le *Scorff* à Lorient. Le seul fleuve véritable e[st] la **Vilaine** (231 kilom.) grossie de l'*Ille.*

10. — La région de la Loire a pour bornes, au su[d] est, une suite de hauteurs appartenant au *Massif Central;* à l'ouest, les *monts du Limousin* et les *hauteurs de Gâtine;* a[u] nord, les *collines de Normandie*. Deux dépressions se creusent au sud et au nord : celles du *Poitou* et de la *Beauce* (canaux de Briare et d'Orléans); une autre, à l'est, donne passage au canal du Centre.

2ᵉ Lecture. — Extravagances et pauvreté de la Loire. — La région de la Loire a trois défauts qui sont : la hauteur exagérée des sources, le déboisement des pentes et l'imperméabilité de tout le bassin supérieur. Le Massif Central est le toit de la France : la neige s'y accumule durant tout l'hiver; et, quand elle fond, au printemps, les cours d'eau n'arrosent pas leurs vallées; ils les lessivent à grande eau et les couvrent de graviers.

Aussi la Loire subit-elle des écarts fantastiques : on l'a vue, en 1856, monter de 7 mètres à Orléans, où, en temps normal, la nappe de ses eaux est trop mince pour porter un bateau plat.

11. — La **Loire** est notre plus grand fleuve : son cours développé couvrirait juste le méridien de Paris, entre Dunkerque et les Pyrénées (980 kilom.). Issue du *Gerbier de Jonc* (1 475 m.), elle court à la plaine par les *gorges du Velay* et l'ancienne dépression lacustre du *Forez*. Toutes les villes du cours moyen sont construites sur la rive concave qui est la plus élevée et la mieux préservée des inondations.

12. — Ses tributaires de droite : *Arroux*, *Aron*, *Nièvre*, sont canalisés; et la **Maine**, formée de la *Mayenne*, de la *Sarthe* et du *Loir*, est navigable. Ceux de gauche, dévalant du Massif Central, sont aussi emportés que la Loire elle-même. Ce sont : l'**Allier**, le **Cher**, l'**Indre** et la **Vienne** grossie de la *Creuse* et du *Clain*, enfin la **Sèvre nantaise** venue des *monts du Bocage*. Un affluent très court, mais abondant, débouche dans le fleuve au-dessous d'Orléans; c'est le *Loiret*, formé des infiltrations de la Loire.

13. **Fleuves côtiers.** — La **Sèvre**, rivière de Niort, reçoit la *Vendée*. La **Charente** (230 kilom.), admirablement régulière, reçoit la *Touvre*.

14. — La région de la **Garonne** s'étend des montagnes les plus hautes du *Massif Central* aux Cévennes, aux *Pyrénées* et au *Plantaurel*. Elle communique avec la région du Rhône par le *seuil de Naurouze*.

3ᵉ Lecture. — Emportements de la Garonne. — Les eaux garonnaises ont trois centres de formation : le plateau de *Lannemezan*, couturé de rivières remarquables par leur indigence; le *Massif Central*, dont les eaux se gonflent démesurément à la suite de chaque orage; et les *Pyrénées centrales*, d'où s'échappent des torrents violents et terribles, lors de la fonte des neiges. *Toulouse*, où se ruent leurs flots glaciaires, est toujours menacé d'une catastrophe. L'inondation de 1875 a couvert tout un quartier, abattu 7000 maisons et noyé plusieurs centaines d'habitants. Le reboisement des Pyrénées pourrait seul prévenir de tels désastres.

A tout prendre, cependant, la Garonne est supérieure à la Loire, parce qu'à l'étiage elle roule beaucoup plus d'eau. Un canal latéral longe son cours moyen. Au *bec d'Ambez*, la Garonne et la Dordogne réunies ont 1 100 mètres cubes; la marée en amène 300 000. Et *Bordeaux*, malgré ses ensablements, reste un de nos plus grands ports.

15. — La **Garonne** (650 kilom.) naît dans la *Maladetta* espagnole (1 872 m.); c'est un torrent impétueux, qui reçoit avant Toulouse d'autres torrents pyrénéens : la *Neste*, le *Salat* et l'*Ariège*.

16. — Elle reçoit, à droite, le tribut du Massif Central : le **Tarn** grossi de l'*Aveyron*, le **Lot** et la **Dordogne**. Ce dernier tributaire a pour affluents la *Vézère* grossie de la *Corrèze*, et l'*Isle*, rivière de Périgueux.

17. — A gauche, aboutissent les rivières de l'Armagnac : *Save*, *Gimone*, *Gers* et *Baïse*, qui manquent souvent d'eau.

18. — Ces cours d'eau réunis forment la **Gironde**, magnifique estuaire, malgré les sables mouvants.

19. **Fleuves côtiers.** — La *Leyre* verse, dans le bassin d'Arcachon, les eaux du pays landais. L'**Adour** est plus long et porte bateau; le *Gave de Pau*, beaucoup plus abondant, est un torrent pyrénéen.

20. **Versant de la Méditerranée.** — Le **Rhône** (810 kilom.) est notre grand fleuve méditerranéen. La limite de la région qu'il arrose se confond avec la ligne de partage des eaux et, au sud-est, avec la crête des Alpes franco-italiennes. Issu du *Saint-Gothard* (1 750 m.), il apporte au *lac de Genève* le tribut de 260 glaciers suisses, force les défilés du *Jura*, mais est arrêté par les monts des *Cévennes*, et court vers le sud, droit à la mer. Les sables et les boues qu'il charrie constituent le *Delta de la Camargue*, et obstruent les embouchures du *grand* et du *petit Rhône*.

21. — Le Rhône reçoit, à droite et au nord, l'**Ain**, rivière jurassique, et la **Saône**, issue des monts Faucilles. C'est une de nos rivières les plus paisibles et les plus utiles à la batellerie, grâce à l'*Ouche*, à la *Dheune* et au *Doubs*, cours d'eau canalisés.

22. — A droite et à l'ouest, lui parviennent des torrents cévenols : *Doux*, *Érieux*, *Ardèche* et *Gard*, parfois trop pleins, souvent presque à sec.

23. — Sur la rive gauche, tout le tribut des Alpes est apporté par l'**Arve**, l'**Isère** grossie du *Drac*, la **Drôme**, la *Sorgue* et la **Durance**, folles rivières ou torrents ravageurs, mais dont on utilise la « houille blanche » et les eaux d'irrigation.

24. **Fleuves côtiers.** — A l'ouest du Rhône, le *Têt*, l'**Aude** et l'**Hérault**; à l'est, l'*Argens*, le **Var** et la *Roya* roulent en hiver des flots désordonnés, puis s'anémient pendant des mois. L'Aude est longée par le *canal du Midi*.

4ᵉ Lecture. — Puissance du Rhône. — Ce fleuve ne souffre pas, comme la Loire, de disettes d'eau prolongées. Au plein cœur de l'hiver, quand les glaciers dorment au sommet des monts, le Rhône est plus abondant que tous nos fleuves réunis au moment de leur étiage. Et ses crues très considérables ne sont pas désastreuses, parce que ses trois groupes de tributaires : *jurassiques*, *cévenols* et *alpestres*, ne se gonflent jamais dans la même saison. En moyenne, le Rhône roule à la Méditerranée trois fois plus d'eau que la Seine pour un bassin qui n'est guère plus étendu. Mais la rapidité du fleuve est excessive : les grandes barques qui amènent à Lyon les pierres de taille et les fruits de la Savoie sont généralement « déchirées » dès leur arrivée et vendues comme bois de chauffage; et les chalands qui faisaient un service régulier entre Lyon et Avignon descendaient le fleuve en deux jours et le remontaient en deux mois, tant on avait de peine à vaincre ce courant de vingt et un mètres par minute. D'importants travaux ont rectifié le lit du fleuve, et des vapeurs de 600 tonnes le suivent jusqu'à Lyon. Le canal d'*Arles à Bouc* est ouvert à la batellerie et celui de *Saint-Louis* permet aux bâtiments de mer d'éviter la barre du grand fleuve. Mais, comme voie de pénétration, ce puissant cours d'eau joue un rôle encore bien médiocre. Et que de services il rendrait si un canal latéral, projeté depuis trente ans, captait le trop-plein de ses eaux pour irriguer ces plaines du Midi toujours altérées, et pour donner à l'industrie une force gratuite et inépuisable !

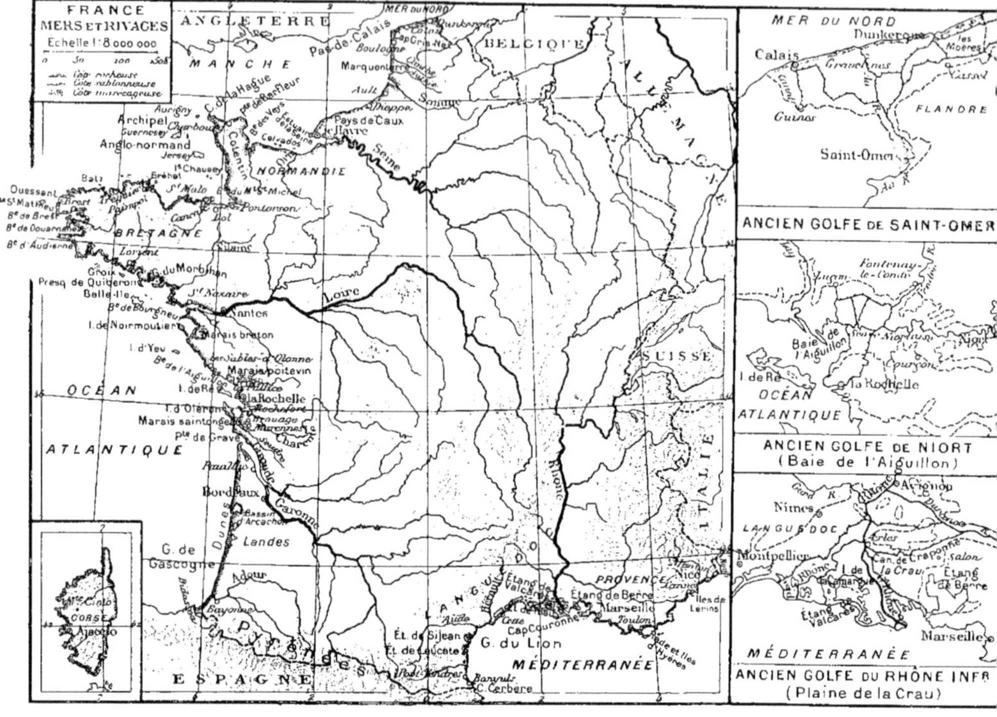

MERS ET RIVAGES

1. — La France est baignée par quatre mers : la **mer du Nord**, la **Manche**, l'océan **Atlantique** et la **Méditerranée**; ses côtes ont un développement de 3 150 kilomètres.

2. **Littoral de la mer du Nord.** — Le littoral français de la mer du Nord s'étend de la *frontière belge* au *cap Gris-Nez*, sur une longueur d'environ 70 kilomètres. La côte est basse et droite. Les eaux de l'intérieur retenues par un cordon de dunes formaient autrefois des marais. Sur cette côte, s'ouvrent les ports de *Dunkerque* et de *Calais*.

1re Lecture. — Terres conquises sur la mer du Nord. — Trois facteurs augmentent l'étendue des plaines basses : ce sont les *fleuves* qui déversent leurs alluvions dans les estuaires et les deltas : la *mer* qui restitue sous forme de sable les roches roulées, polies et pulvérisées dans ses flots; enfin *l'homme* qui, à marée basse, lorsque l'Océan se repose, fixe, par des plantations et des digues, l'espace que le reflux laisse à découvert.

Chacun de nos littoraux est jalonné de ces terres conquises qu'on reconnaîtrait sans peine à vol d'oiseau, parce qu'elles sont très plates, très vertes et sillonnées de canaux qui se coupent à angle droit.

Sur la *mer du Nord*, se creusait un golfe allant de Dunkerque à Saint-Omer, et, derrière les dunes mouvantes, l'eau croupissait dans des « moëres » dont le fond est à 2m.30 au-dessous des marées. Les dunes, consolidées par des semis de joncs marins, oyats, opposent leur rempart naturel à la poussée des vagues; les moëres mises à sec déroulent leur tapis de cultures et d'herbages, vrai polder et des plus riches dans la riche plaine de Flandre.

3. **Pas-de-Calais.** — Le Pas-de-Calais est plus profond que la mer du Nord; il a 48 mètres au centre. C'est une tranchée ouverte entre les falaises crayeuses de la France et de l'Angleterre; elle a 31 kilomètres dans sa partie la plus étroite, et on la franchit en une heure; 200 000 navires s'y croisent chaque année.

4. **Littoral de la Manche.** — Le littoral de la Manche s'étend du *cap Gris-Nez* à la *pointe Saint-Mathieu* et comprend trois sections bien distinctes.

5. — Dans la première, la côte, d'abord élevée et frangée de dunes, s'ouvre à l'embouchure des fleuves côtiers, et se couvre de sable aux approches de la Somme. Dans le pays

Caux, elle se redresse en falaises calcaires ; ses ports principaux sont : *Boulogne, Dieppe, le Havre*.

6. — Dans la seconde section, qui commence à l'estuaire de la Seine, le littoral est bas, sablonneux, bordé de plages linéaires. Une ligne de récifs se dresse en face du Calvados. La côte se relève autour du *Cotentin*, longue presqu'île bordonnée de falaises et terminée au nord par deux caps : la pointe de *Barfleur* et le cap de la *Hague*, entre lesquels se creuse le port militaire de *Cherbourg*.

7. — Les parages occidentaux du Cotentin sont semés d'écueils et d'îles (*îles Chausey*), qui divisent les courants et rendent la navigation périlleuse. Là se trouve l'archipel anglo-normand : *Aurigny, Guernesey, Jersey*.

8. — La troisième section commence à la *baie du Mont-Saint-Michel*. Elle se compose de hautes falaises granitiques très découpées, toujours battues par une mer agitée et parsemée d'îles (*Bréhat, Batz*) et d'innombrables écueils. Cette côte redoutable n'a qu'un port marchand : *Saint-Malo ;* mais chaque baie abrite un petit port de pêche (*Paimpol, Tréguier*, etc.), ou une plage de baigneurs.

2e Lecture. — Terres conquises sur la Manche. — Un autre polder borde les eaux de la Manche, entre Boulogne et le plage d'Ault : c'est la *Marquenterre*, qui a pour origine les alluvions de la Cauche, de l'Authie, de la Somme et les atterrissements marins.

D'opulentes cultures maraîchères couvrent la *baie des Veys*, ont les sables boueux enlisaient jadis les voyageurs.

La *baie du Mont-Saint-Michel* se rétrécit également : l'homme y repris, pied à pied, 15000 hectares de terres que l'Océan avait envahis depuis mille ans. Une digue de 30 kilomètres unit Pontorson à Cancale, et protège le *marais de Dol*, un des terroirs les plus féconds de la Bretagne. Toute la *Ceinture dorée* est une immense lisière de sable fin que fertilisent la tangue et les calcaires coquilliers.

9. **Littoral de l'Atlantique.** — De la pointe Saint-Mathieu à la *Bidassoa*, le littoral de l'Océan comprend trois sections.

10. — Dans la première jusqu'à la Loire, c'est la **côte de Bretagne** avec de hautes falaises et des côtes très découpées par les baies de *Brest*, de *Douarnenez*, d'*Audierne* à l'est de la presqu'île de *Quiberon*, par le golfe du *Morbihan*. Les îles (*Ouessant, Groix, Belle-Ile*), les nombreux écueils et les tempêtes en rendent l'accès difficile. Les principaux ports sont *Brest* et *Lorient*, villes militaires.

11. — La deuxième section va de la *Loire* à la *Gironde*. A l'embouchure de la Loire, rive droite, est situé *Saint-Nazaire*, port florissant où s'arrêtent les gros vaisseaux qui ne peuvent remonter jusqu'à *Nantes*. Là commence une côte plate et sablonneuse : c'est la région des *marais salants*. La mer y creuse les baies de *Bourgneuf* et de l'*Aiguillon*, et aligne les îles de *Noirmoutier*, d'*Yeu*, de *Ré* et d'*Oléron*. Cette section possède les *Sables-d'Olonne*, port de pêche et station balnéaire, *la Pallice, la Rochelle*, ports marchands, et *Rochefort*, port militaire.

12. — La troisième section s'étend en ligne droite de la pointe de *Grave* à la *Bidassoa*. La côte, ourlée de dunes, ne s'ouvre que pour le *bassin d'Arcachon*. A gauche de l'Adour, le rivage redevient rocheux. A la troisième section, se rattachent les ports marchands de *Bordeaux*, de *Pauillac* et de *Bayonne*.

3e Lecture. — Terres conquises sur l'Atlantique. — Notre littoral océanique fait face aux tempêtes. Ses îles et péninsules sont ravagées par la mer sauvage ; mais leurs débris sont rejetés sur les rivages bas qui s'agrandissent peu à peu : la *baie de Bourgneuf* se comble, et Noirmoutier, à marée basse, n'est plus qu'un promontoire. La *baie de l'Aiguillon* fut un large golfe où le flot montait jusqu'à Luçon, Fontenay-le-Comte et Niort ; elle s'est ensablée comme les embouchures de la Charente et de la Seudre, et comme les ports menacés ou tout à fait perdus de la Rochelle, de Brouage et de Marennes. Le *marais breton*, le *marais poitevin* et le *marais saintongeais* ont pris la place de ces golfes vaseux ; et, suivant les lieux, l'homme a fait de ces terres conquises, des marais salants, des parcs à moules, des huîtrières ou des prairies.

Les *Landes*, depuis 110 ans, ont changé d'aspect : leur surface sablonneuse et lacustre disparaît sous une forêt de pins ; leur chapelet d'étangs subsiste derrière le bourrelet des dunes ; mais, tôt ou tard, il alimentera un canal devenu nécessaire entre Bayonne et Bordeaux.

13. **Littoral de la Méditerranée.** — Le littoral de la Méditerranée s'étend du cap *Cerbère* à *Menton* ; le cap *Couronne* le partage en deux courbes absolument différentes.

14. — La première section est une courbe rentrante qui enveloppe le *golfe du Lion*. Partout, sauf au pied des Pyrénées, la côte est basse, plate, formée de flèches de sable qui séparent de la mer les étangs du littoral : étangs de *Leucate*, de *Sijean*, de *Thau*, de *Valcarès* et de *Berre*. Les seuls ports actifs sont : *Banyuls, Port-Vendres* et *Cette*.

15. — L'autre section est une courbe saillante ; les rochers élevés et toujours ensoleillés abritent des baies nombreuses. Les villes principales sont : *Marseille*, notre premier port marchand ; *Toulon*, notre premier port militaire ; *Cannes* et *Nice*, stations d'hiver délicieuses et très fréquentées. Les îles principales de cette côte sont les archipels d'*Hyères* et de *Lérins*. La rade d'Hyères sert de champ de manœuvre à l'escadre de la Méditerranée.

16. — L'île de **Corse** est située à 160 kilomètres des côtes de France. C'est un massif montagneux qui culmine à 2707 mètres au *mont Cinto*. La grande chaîne centrale est sillonnée de torrents sur ses deux pentes. La côte occidentale est sculptée de baies superbes (*Ajaccio*) et de promontoires escarpés. La côte orientale, presque droite, est bordée d'étangs et de plaines insalubres.

4e Lecture. — Terres conquises sur la Méditerranée. — La plus grande partie de notre *côte méditerranéenne* a triplé de valeur depuis trente ans : comme un sol humide et salé est réfractaire au phylloxera, toutes les flèches de sable qui bordent les *étangs du Languedoc* et une partie de la *Camargue* sont plantées de vignes en pleine prospérité. Les « salins » ont également pris plus d'importance ; et le golfe du Lion serait à la fois très riche et très peuplé, si l'on conjurait les deux maux qui pèsent sur ses destinées : l'insalubrité de l'air et l'insécurité des mouillages.

A l'est de la Camargue, au nord de l'étang de Berre, s'étendait notre Sahara. C'est la *Crau*, ancien golfe que la mer, le Rhône et la Durance avaient semé de cailloux. Un temps fut où cette sinistre solitude, glacée par le mistral et brûlée par le soleil, n'avait ni un arbre, ni un pré vert, ni une habitation humaine : l'eau manquait. Adam de Craponne, au xvie siècle, a sauvé la Crau : des canaux ramifiés prennent à la Durance son flot noirâtre et chargé de limon, et actuellement le tiers de la Crau forme un damier de champs, de jardins, de vergers. Des villages se sont construits, et Salon est une petite ville où se dresse la statue de Craponne, qui fut l'enfant de la Crau et qui reste son bienfaiteur.

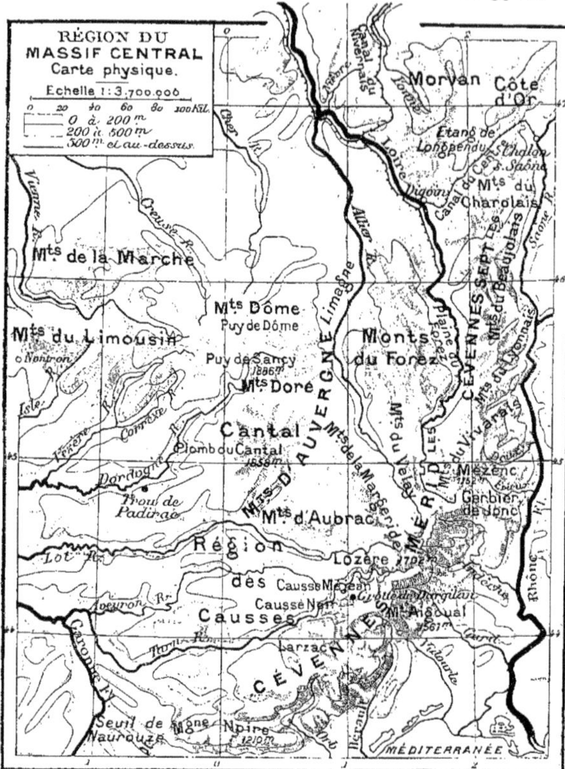

RÉGIONS NATURELLES

Lecture. — Un pays aussi vaste que la France présente forcément une grande variété d'aptitudes agricoles, de ressources
industrielles et d'aspects. Et cette variété se retrouve même dans
ses populations : le marin breton qui, pour une pêche hasardeuse,
s'expose sans cesse aux périls de la mer, ne saurait ressembler
au paysan beauceron, possesseur d'un solide patrimoine dont le
rendement est assuré. L'homme du nord, sous un ciel maussade,
n'attend de la nature que ce qu'on lui arrache à force d'énergie :
c'est un lutteur que rien n'arrête, mais qui, dans toutes ses entreprises, procède avec lenteur, médite, calcule et parle peu.
L'homme du midi, Provençal ou Gascon, vit au grand air, préfère
le commerce à l'industrie, la parole à l'action, et se grise de
gestes et de bruit, comme la cigale qu'il prend volontiers pour
emblème. Tous ces hommes sont des Français, mais de types
très divers, parce qu'il existe de frappantes affinités entre
l'*homme* et le *sol* qui le nourrit et l'*air* qu'il respire.

Ces affinités sont tellement fortes que, si un géologue et un
météorologiste composaient isolément une carte régionale de la
France, les limites tracées par eux se confondraient généralement, et que leur œuvre commune suffirait à un historien pour
expliquer la formation territoriale de notre pays, l'antagonisme
des anciennes provinces et les traditions qui se conservent, même
aujourd'hui, dans la construction, l'habillement,
croyances, les mœurs et les patois.

Les régions naturelles sont ces *unités territo-*
qui se distinguent les unes des autres par une o-
nalité spéciale de terrains, de climats, de product
et d'habitants.

I. — RÉGION DU MASSIF CENTR[AL]

1. — Si le *Puy de Sancy* (1 886 m.) et le *Plomb du*
Cantal (1 858 m.) avaient gardé leur hauteur [pre-]
mière qui égalait celle du mont Blanc, du hau[t de]
leurs cimes on embrasserait une région triangul[aire]
allant du *Morvan* au *seuil de Naurouze* et du c[...]
du Rhône à Nontron : c'est le **Massif Centra[l]**

2. — L'ossature du Massif Central comprend d[es]
masses volcaniques qui portent les plus hauts s[om-]
mets. Ce sont : 1° les **Monts d'Auvergne,**
me, Dore et *Cantal.* Leur point culminant, le [Puy]
de Sancy (1 886 m.), est dans les Dore et don[ne]
les bains célèbres du Mont-Dore; 2° le *Mé[zenc]*
(1 752 m.) et les monts du *Velay* que le sillon d[e la]
Loire partage en deux noyaux distincts.

3. — Le Mézenc appartient au système des C[é-]
vennes, longue suite de montagnes qui couren[t du]
N.-E. au S.-O., entre l'*étang de Longpendu* e[t le]
seuil de Naurouze. Leurs principales sections s[ont]
les monts du *Charolais,* du *Beaujolais,* du *Lyon[nais]*
et du *Vivarais,* qui séparent la vallée de la Loir[e de]
celle de la Saône et du Rhône; le mont *Aigo[ual,]*
père de l'Hérault, enfin la *Montagne-Noire.* — Qu[ant]
au *Morvan,* c'est un promontoire granitique n[...]
que le Massif Central projette au nord et dont [les]
eaux vont à la Seine.

4. — Ce vaste ensemble se complète par [des]
plaines étroites et des plateaux : les plaines s[ont]
celles du **Forez** dans la région de la Loire, e[t de]
la **Limagne** dans la région de l'Allier. Ce s[ont]
d'anciens fonds de lacs d'une remarquable fertil[ité.]
Quant aux plateaux, ce sont, à l'ouest, les terras[ses]
granitiques de la **Marche** et du **Limousin,** [et]
au sud, le plateau des **Causses.**

5. — Les **Causses,** comprises entre le **Massif**
Cantal, les monts d'Aubrac, le mont Lozère et [les]
Cévennes méridionales, sont des dépôts de calcaire n[...]
rin, nus, plats et desséchés à leur surface, extrêmeme[nt]
pittoresques dans leur sous-sol où circulent des rivières so[u-]
terraines et où s'ouvrent des cavernes à stalactites (trou [de]
Padirac, grotte de *Dargilan).* Les cours d'eau s'y sont creu[sé]
des gorges très profondes comme les cañons du Tarn q[ui]
descendent à 300 et 400 mètres.

1re Lecture. — Géologie du Massif Central. — Il faut [re-]
monter aux plus lointaines origines du Massif Central si l'on ve[ut]
comprendre la variété de ses aptitudes agricoles et de ses aspe[cts.]
Son socle primitif est une de nos plus anciennes terres :[il]
émergea en même temps que la Bretagne, que les Ardennes, q[ue]
le noyau méridional des Vosges, et que les cimes maîtresses d[es]
Pyrénées. Mais, si dures que soient ces roches primitives, leu[rs]
granits, leurs gneiss et leurs porphyres s'usèrent peu à peu, lim[és]
et fissurés par les agents atmosphériques, ou ravinés par le pa[s-]
sage des torrents. De larges dépressions se produisirent que [la]
mer envahit et que les lacs remplirent pendant des centaines [...]

pentes, l'imperméabilité du sol, l'absence de neiges perpétuelles et l'absence de forêts. Qu'elles se rendent à la **Seine**, à la **Loire** ou à la **Garonne**, toutes les eaux du Massif Central changent à chaque saison de volume, de couleur et d'allure. Celles qui se versent dans le **Rhône** ou dans la **Méditerranée** (*Doux, Erieux, Gard, Vidourle, Hérault, Orb*) sont même parmi les torrents les mieux caractérisés.

2ᵉ Lecture. — **Ressources naturelles et population.** — Le sol n'est pas riche : sa nature et son altitude y restreignent à l'excès le nombre des cultures. On élève les *bœufs* de labour et de boucherie dans les plaines jurassiques du Charolais, les *vaches laitières* sur les pelouses de la Haute-Auvergne et du Velay, les *moutons* et les *bœufs* dans le Limousin, enfin les *moutons* seuls sur les maigres plateaux des Causses et du Larzac. C'est avec le lait des brebis que se fabrique le fromage de Roquefort.

La *pomme de terre* réussit partout ; le *seigle* a pour champ de culture la zone la plus basse des Causses nommée « ségalas » ; le *blé*, l'*avoine* et l'*orge* auxquels se joignent la *vigne* et les *arbres fruitiers* font la fortune de la Limagne, et alimentent les fabriques de pâtes alimentaires et les confiseries de Clermont-Ferrand.

Mais c'est du sous-sol que naissent les principales ressources et les industries. L'Auvergne attire une foule de touristes et de convalescents aux stations thermales de la **Bourboule**, du **Mont-Dore**, de **Châtelguyon**, de **Néris**, de **Royat**, de **Vichy**, etc. : avec le *kaolin* de **Saint-Yrieix**, **Limoges** (88 000 hab.) fabrique ses fines porcelaines ; les gisements de plomb argentifère de **Pontgibaud** (actuellement abandonnés), les gisements d'antimoine de la Haute-Loire constituent une des réserves de l'avenir.

Pauvres et endurants, les montagnards du Massif Central émigrent en grand nombre : les Limousins vendent des vins, les Cantaliens sont étameurs, chiffonniers, colporteurs, marchands de toile, raccommodeurs de parapluies. On les rencontre en Belgique, en Hollande, en Espagne (où s'écoule la coutellerie de Thiers) ; ils forment, à Paris, une colonie considérable, gardant son patois, ses mœurs, sa danse nationale (la bourrée) et surtout son esprit de prudence et d'épargne. Rarement ils se lancent dans les entreprises hasardeuses ; mais la plupart, après vingt ans d'absence, rapportent au pays un solide avoir.

siècles. Puis une violente poussée résultant du soulèvement alpestre refoula l'Océan, vida les lacs, redressa les Cévennes, et les cassures de l'écorce terrestre donnèrent une issue au feu souterrain. Ainsi éclata une éruption volcanique qu'on ne saurait se représenter ; formidable embrasement qui illumina tout le Massif Central et qui a laissé derrière lui des orgues basaltiques, des dykes, d'immenses coulées de laves et une centaine de cratères éguelés. Tous ces volcans étaient éteints avant l'apparition de l'homme ; mais le feu couve toujours souterrainement. C'est lui qui fait jaillir à *Chaudesaigues* des eaux presque bouillantes, qui répand l'acide carbonique dans la « grotte du chien » de *Royat* et qui brasse mystérieusement les sources minérales et thermales, une des richesses du pays.

Le Massif Central est donc une région très originale ; la complexité de son relief exerce la patience du géographe : mais elle fait les délices du géologue qui recueille sur son territoire des échantillons de toutes les roches connues, et qui peut reconstituer, sur un espace assez restreint, l'histoire presque complète de la formation de la terre.

6. — Le climat est généralement excessif, comme dans toutes les montagnes éloignées de la mer. Et, bien que le Massif Central reçoive beaucoup de pluies, il ne donne naissance à aucun fleuve régulier. Tout s'y oppose : la déclivité des

7. — La vie industrielle se concentre principalement dans les *bassins houillers* qui encadrent le massif : celui de **Saint-Etienne** occupe 10 000 mineurs, produit 3 millions et demi de tonnes, alimente les *manufactures d'armes* et les *rubaneries* de cette puissante cité (146 800 hab.), dont **Saint-Chamond**, **Rive-de-Gier** et **Firminy** sont les rivales industrielles ; le bassin du **Nivernais** met en mouvement les *ateliers métallurgiques* de **Guérigny**, **Fourchambault** et **Decize**; le bassin du **Bourbonnais** donne la vie à **Montluçon** (34 300 hab.) et à **Commentry** ; celui d'**Aubin** et de **Decazeville** envoie des houilles à la *manufacture d'armes* de **Tulle**. — D'autres villes, mais en petit nombre, doivent leur importance à une industrie traditionnelle (**Le Puy** et ses *dentelles*, **Ambert** et ses *papeteries*, **Thiers** et sa *coutellerie*), ou à leur situation centrale dans les pays agricoles ; tels **Moulins** (21 900 hab.) et **Clermont-Ferrand** (58 400 hab.) qui devient une des métropoles de l'industrie des *pneumatiques*.

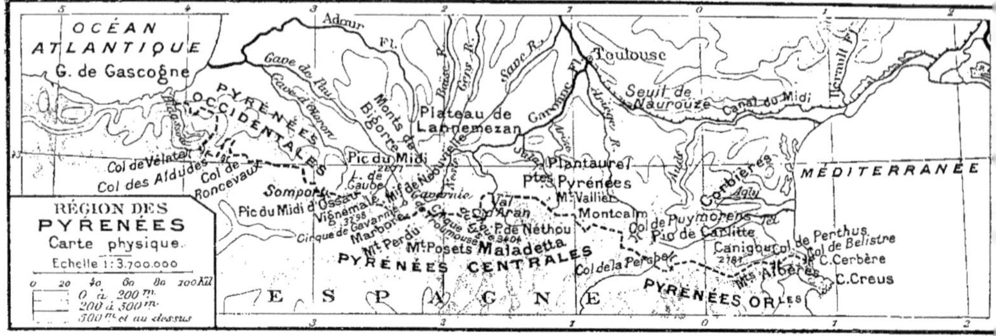

II. — RÉGION DES PYRÉNÉES

1. — La région des **Pyrénées** s'étend du golfe de Gascogne à la Méditerranée, sur une longueur de 420 kilomètres. Assez étroite à l'ouest (90 km.), elle s'élargit graduellement au centre et finit par avoir 200 kilomètres. — La ligne de faîte que la frontière suit (sauf exceptions) laisse les deux tiers du système à l'Espagne ; le reste nous appartient.

2. — Les terrains *primaires* et *tertiaires* qui constituent les Pyrénées sont disposés en bandes parallèles à l'axe principal. Cet axe est une ligne droite réunissant l'embouchure de la Bidassoa au cap *Creus*.

1re Lecture. — Les Pyrénées, comme le Massif Central, sont contemporaines de la Bretagne et des Ardennes. Leurs terrains *primaires* forment une bande très large au centre, un peu plus étroite à l'est, très effilée à l'ouest et qui représente assez nettement la figure d'un poisson. Elle repose sur un *sol granitique* qui fait encore saillie dans la plupart des crêtes montagneuses.

Les PYRÉNÉES furent longtemps isolées. Elles formaient une île au temps de la mer tertiaire qui enveloppa leurs rivages d'une *falaise crétacée :* falaise très haute du côté de l'Espagne où le pic de Posets lui appartient, basse et étroite en France où elle n'acquiert quelque largeur qu'entre le gave de Pau et la frontière.

Ces monts ont leur mystère : à ne voir que leurs formations actuelles si pauvres en roches volcaniques, on pourrait croire qu'ils ont échappé aux grandes éruptions. Mais comment nier l'action du feu souterrain en face de ces sources minérales et thermales qui jaillissent de tous côtés par d'innombrables ouvertures ? Il est probable que l'érosion glaciaire a emporté tout le revêtement volcanique, et que les glaciers actuels (450 kilomètres carrés) ne sont qu'un faible reste des champs de neige primitifs.

3. — La chaîne principale est une vraie muraille ; du *col de Puymorens* au *Somport*, sur un espace de 200 kilomètres, aucun passage n'est carrossable. Mais les deux extrémités s'abaissent, et l'on partage la chaîne en trois sections.

4. — Les **Pyrénées occidentales**, du *Somport* au *col de Vélate*, sont ébréchées par les *cols des Aldudes* et de *Roncevaux*. Le chaînon qui s'en détache est suivi par la frontière jusqu'à la *Bidassoa*.

5. — Les **Pyrénées orientales**, du *col de la Perche* au *cap Cerbère*, renferment les monts Albères, les *cols de Perthus* et de *Bélistre*, et elles projettent au nord le massif imposant du **Canigou** (2 787 mètres).

6. — Les **Pyrénées centrales** sont hérissées de hautes cimes : **mont Perdu**, *mont Posets* et **pic de Néthou** (3 404 m.). Ce dernier est situé dans le massif de la **Maladetta**. Ces montagnes appartiennent toutes, ainsi que le *val d'Aran*, au territoire espagnol. Nos géants français sont : le *Vignemale* (3 298 m.), le *mont Vallier*, le *Montcalm* et le *pic de Carlitte*.

7. — Cette région est la plus riche en beautés naturelles : vastes cirques, cascades écumantes (*Gavarnie*, 432 m.), lacs creusés dans la roche vive (*lac de Gaube*). Le relief se complète par une série d'avant-monts : **massif de Néouvielle, monts de Bigorre**, avec l'observatoire du *pic du Midi* (2 877 m.), **Petites Pyrénées, Plantaurel et Corbières**.

2e Lecture. — Le relief des Pyrénées. — Tout système montagneux, orienté dans le sens de l'équateur, a deux versants très inégaux. Le versant espagnol des Pyrénées étale largement ses hautes chaînes, ses avant-monts et ses plateaux jusqu'au cours de l'Èbre. Le versant français est abrupt : sa longue échine, aux vertèbres saillantes, domine de si près et de si haut la plaine, qu'on est écrasé de sa majesté. Et nulle autre montagne ne donne aussi nettement l'impression d'une barrière infranchissable.

Cette opposition s'explique par le régime des pluies : ce qui conserve intact le relief espagnol, c'est la sécheresse. Le versant du nord, au contraire, est un écran qui arrête les nuages. Pourquoi la région océanique est-elle à la fois la plus pittoresque, la plus imposante et la plus étroite ? C'est que les brouillards, les pluies incessantes, la neige de l'hiver et des glaciers la ravinent constamment. L'eau pénètre partout et détruit tout. Les merveilleux cirques de *Troumouse*, du *Lys* et de *Gavarnie*, où l'eau ruisselle et bondit d'étage en étage, sont des excavations creusées par les torrents. Les géants qui s'élèvent si fièrement dans les nues *Vignemale, Marboré, pic du Midi* ont perdu depuis l'époque glaciaire, leur revêtement de hautes terrasses et de contreforts : puissantes statues dont le socle a été rongé, déchiqueté et emporté, lambeau par lambeau. Leurs débris charriés dans la plaine, forment le *plateau de Lannemezan* qui, aux yeux des géologues, n'est qu'un « cône de déjections ».

L'érosion a été moindre à l'est de la Garonne, parce que le ciel méditerranéen est moins humide. La végétation y est beaucoup plus maigre ; elle peut même manquer tout à fait, comme

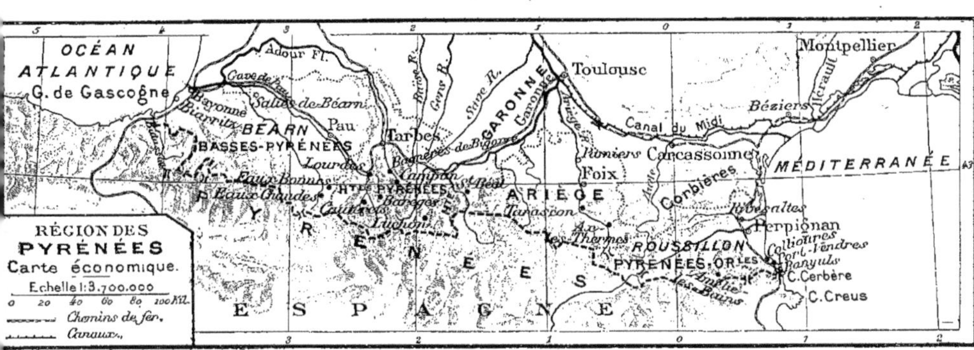

us les *Albères*, qui exposent au soleil leurs têtes nues. Mais, revanche, la montagne a gardé ses formes primitives et ses ant-monts, *petites Pyrénées, Plantaurel* et *Canigou*.

8. — Les rivières pyrénéennes diffèrent de volume et allure suivant leurs lieux d'origine : celles de la région éditerranéenne (*Aude, Agly, Têt*), soumises aux pluies de iver, ont des crues subites, mais très courtes, et généralement peu d'eau.

9. — Celles qui se versent dans l'Océan ne font que retourner vers lui. C'est lui qui les gonfle de ses terribles erses et des neiges accumulées sur les glaciers. Mais, mme la pente est très raide, la roche très dure (granit et rrains primaires) et la montagne trop déboisée, les crues t parfois une extrême violence : si la fonte des névés ïncide avec des pluies exceptionnelles, tous les torrents *este, Salat, Arize* et *Ariège*) se ruent en même temps ns la Garonne, et Toulouse court de terribles dangers. 1 1875, la hauteur des eaux atteignit 9ᵐ,70 au-dessus son niveau ordinaire.

10. — Les *Gaves* aussi sont sujets à des colères soudaines. ais, parcourant une plaine étendue, ils ont ralenti leur urs avant d'atteindre l'**Adour**, dont ils triplent le débit. 'Adour inférieur est navigable.

11. **Géographie économique.** — Les ressources manquent pas positivement aux Pyrénées ; mais l'effort dustriel est paralysé par le manque de houille, de débou- és et de bras.

12. — Le *fer* abonde dans l'Ariège et vaut le meilleur inerai de la Suède. Mais les *forges* de **Pamiers** et de arascon ont une vie assez précaire. Les beaux *marbres* Saint-Béat et de **Campan** font vivre quelques milliers carriers.

13. — Près de 600 *sources minérales* et *thermales*, toutes ès efficaces, jaillissent dans le merveilleux décor de ces ontagnes. Salies-de-Béarn, les Eaux-Bonnes, les aux-Chaudes, Cauterets, Barèges, Luchon, Ba- nères-de-Bigorre, Ax-les-Thermes et Amélie- s-Bains sont les plus réputées. Elles attirent une foule malades ; et deux autres flots de voyageurs envahissent

les Pyrénées : ce sont les pèlerins qui se rendent à **Lourdes**, et les riches mondains qui retrouvent, au bord de la mer et dans la montagne, les plaisirs raffinés de la vie parisienne. Leurs séjours préférés sont : **Biarritz, Bagnères-de-Bigorre** et **Luchon**, villes mortes pendant l'hiver. Luchon, en juillet et en août, reçoit 40 000 étrangers.

14. — Aucune ville pyrénéenne ne compte 40 000 habitants. **Bayonne** n'en a que 24 500, malgré sa batellerie et son port ; **Pau**, 35 000, malgré ses souvenirs historiques, son site et son climat délicieux ; **Tarbes**, 25 900, malgré ses marchés aux chevaux ; **Perpignan**, place forte et marché de vins et de primeurs, ne dépasse pas 38 000 âmes, et **Port-Vendres** n'est qu'un village de 2 900 habitants, pourvu d'un mouillage excellent, mais désert.

3ᵉ Lecture. — Cultures, industries, habitants. — Les cultures changent avec les régions. Le **Roussillon**, sec et chaud, doit à ses étés précoces l'abondance de ses *primeurs : artichauts, asperges, tomates* et *aubergines* expédiés par Perpignan. Il produit aussi des *vins de coupage* riches en couleur et en alcool, et des *vins liquoreux* ou *reconstituants*, comme la malvoisie de **Rivesaltes** et les vins de **Banyuls** et de **Collioures**.

Les **Pyrénées** centrales ont des *forêts* que l'on cherche à étendre, des *aciéries* et des fabriques de *boissellerie*.

Les **Pyrénées** occidentales élèvent le *cheval* : la race tarbesane, issue du croisement des races arabe, anglaise et navarrine, donne d'admirables chevaux de selle et de cavalerie.

Les *vaches laitières* procureraient encore de plus grands bénéfices ; mais jusqu'ici les montagnards répugnent aux « associations fruitières » si propices aux paysans du Jura, et ils se contentent, sur des pâturages excellents, d'entretenir des troupeaux de *chèvres*, de *moutons* et de *porcs*. Les *salines* du Béarn ont donné aux « jambons de Bayonne » une réputation spéciale. Mais la laine des moutons béarnais n'entre que pour une toute petite part dans la confection des « tissus des Pyrénées » industrie nouvelle et assez active qui utilise, à **Bagnères-de-Bigorre**, les laines de la République Argentine, lavées et filées à Tourcoing.

Tous les départements pyrénéens, sauf la Haute-Garonne, se dépeuplent ; il y a présentement 200 000 Basques en Amérique (République Argentine), et à peine 120 000 en France. Ce redoutable courant d'émigration diminuera peu à peu avec le développement du tourisme, l'utilisation des chutes d'eau, l'élevage collectif, et surtout avec l'ouverture de trois voies ferrées projetées dans les Pyrénées centrales. Jusqu'ici toute communication rapide entre la France et l'Espagne est impossible, sauf le long du littoral.

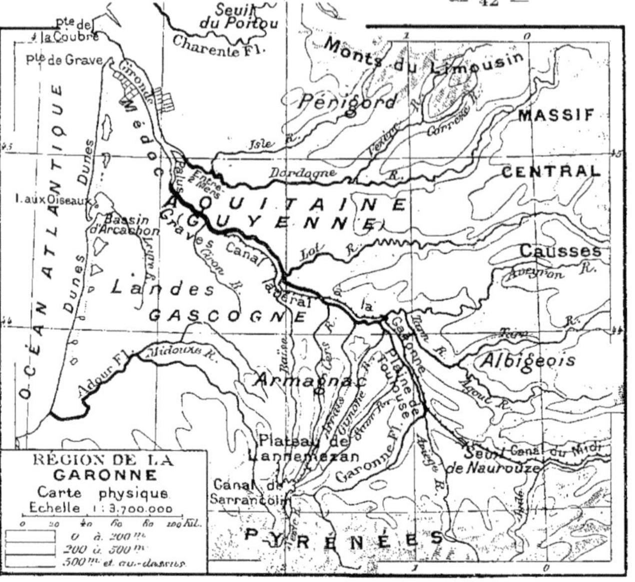

III. — RÉGION DE LA GARONNE

1. — La région du **Sud-Ouest** ou de la **Garonne** a pour cadre le Massif Central, les Pyrénées et l'Océan. Elle ne communique avec le reste de la France que par deux passages naturels, les *seuils du Poitou* et de *Naurouze*.

2. — Les géologues lui donnent le nom de **Bassin d'Aquitaine**. Contemporaine du bassin de Paris, elle a émergé pendant la *période tertiaire*. Certaines de ses parties sont même formées de terrains *quaternaires*, comme la plaine de Toulouse et les dunes de Gascogne. Aucune roche n'est plus ancienne, sauf la *bande crétacée* du Périgord et la *zone jurassique* des Causses.

3. — L'unité de cette région est évidente : elle tient au climat girondin, humide et doux en hiver, chaud en été; au réseau fluvial de la Garonne et de la Dordogne qui draine toutes les eaux vers l'estuaire de la Gironde; enfin, à l'isolement de l'Aquitaine, qui a gardé son dialecte particulier (langue d'oc) et qui a eu longtemps ses destinées propres.

4. — Néanmoins, on peut distinguer, dans cet ensemble, cinq parties assez dissemblables : l'Albigeois, le Périgord, l'Armagnac, les Landes et la vallée de la Garonne.

5. — L'**Albigeois**, pays du *Tarn* et de l'*Agout*, rappelle par certains traits le Massif Central : il a de vraies montagnes et des bassins houillers, donc des centres industriels : **Carmaux** (10 900 hab.) et **Albi** (23 300 hab.) ont des *mines de charbon* et des *verreries;* **Castres** (28 300 hab.), des *forges* et des *draperies;* **Mazamet**, des *fabriques de draps* et des *mégisseries:* en outre, le *délainage des peaux* lui assure

de gros bénéfices. Mais, dans l'ensemble, pays est agricole : il produit des *vins* (Gai lac), des *oignons* et de l'*anis*.

6. — Le **Périgord**, qu'arrosent la *Do dogne*, l'*Isle* et la *Vézère*, a eu de tous tem une double renommée, celle de ses *truff* et de ses *vins*. Menacé de ruine par la cri phylloxérique, il s'est tiré du danger par culture des primeurs (*petits pois, asperge haricots verts* et *champignons*, par l'engrai sement des *volailles*, par la confection d *pâtés de perdreaux* et de *foies gras* et surto par la culture rationnelle de la *truffe*. marché de Périgueux est un vrai mus gastronomique et un centre d'affaires q vend chaque année 100 000 kilogrammes truffes. Il y a soixante ans, Bergerac et Pé gueux, cités rivales, comptaient chacu 8 000 habitants. La population de Berg rac atteint aujourd'hui 15 600 âmes : ma Périgueux en a 31 400, grâce à sa ga d'où rayonnent six voies ferrées et qui e pédie des trains complets de *noix*, de *ch taignes* et de *conserves alimentaires*.

7. — L'**Armagnac** est situé de l'aut côté de la Garonne, entre la plaine de To louse et les Landes. Il fait suite au platea de **Lannemezan** d'où partent dix rivièr qui s'épanouissent en éventail. Les vignes produisaie une exquise *eau-de-vie*, la plus fine de France après cel des Charentes. Cette culture a été anéantie et rien ne remplace : car tout manque à l'Armagnac, les capitan l'initiative et même l'eau. La *Save*, la *Gimone*, l'*Arrats* Gers et la *Baïse* seraient à sec la plupart du temps, si le c nal de *Sarrancolin*, issu de la *Neste*, ne leur donnait de qu abreuver le bétail et faire tourner la roue des moulins. Ma le pays reste languissant : Auch (13 500 hab.) et ses sou préfectures végètent et reconstituent lentement leurs v gnobles.

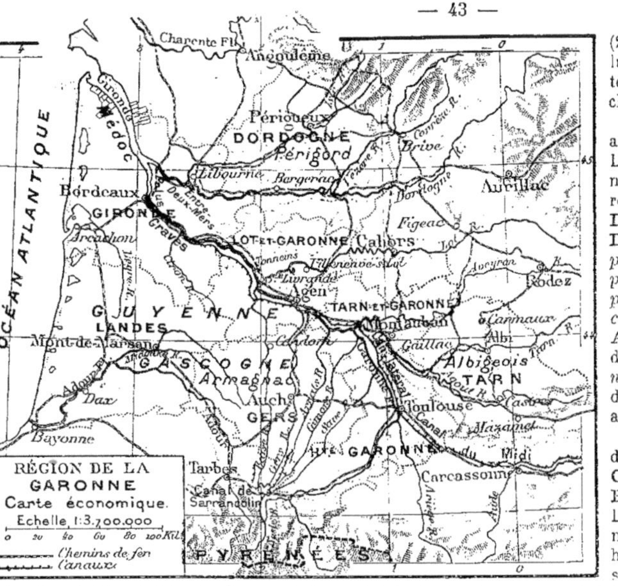

(28 700 hab.) n'a pas l'importance que devrait lui donner le Tarn navigable et le canal latéral à la Garonne auquel l'unit un embranchement.

10. — Le **Lot-et-Garonne** est plus actif : il comprend la vallée inférieure du Lot toute tapissée de *pruniers* « nappe de neige au printemps, verger couvert de fruits roses dès les premiers jours d'août ». Sainte-Livrade, et surtout Villeneuve-sur-Lot (13 500 hab.), sont les marchés des *prunes fraîches*, des *prunes en bocaux* et des *prunes en caisses* connues sous le nom de *pruneaux d'Agen*. Les *petits pois* et les *haricots verts* fournissent deux autres récoltes. **Agen** (23 100 hab.) est le centre des expéditions ; **Tonneins** a une importante *manufacture de tabacs*. Le chanvre était une des cultures de ce pays ; mais il disparaît avec la décadence de la marine à voiles.

11. — La Garonne se termine au milieu des coteaux les plus connus de la **Gironde** : Graves et Médoc, sur la rive gauche ; Entre-Deux-Mers et Palus, à droite. La *vigne* est plantée partout ; elle couvre même les îles de l'estuaire, qui sont toutes habitées et qu'alimentent des puits artésiens. Les deux villes les plus actives sont Libourne (19 300 hab.), sur la basse Dordogne, et Bordeaux (232 000 hab.). Département très actif, malgré les épreuves que la viticulture a subies, la Gironde dépasse 77 habitants par kilomètre carré.

3e Lecture. — **Bordeaux.** — Bordeaux est le cellier du monde et notre seul grand port dans le Sud-Ouest. Les vins constituent sa principale industrie : vins de Bordeaux et du Midi, vins d'Algérie et d'Espagne occupent une immense étendue de chais. Il faut y ajouter les entrepôts d'eau-de-vie des Charentes ou de l'Armagnac, les distilleries de rhum, de liqueurs, les conserves de fruits en bocaux et les fabriques d'amers. Toutes ces boissons animent des centaines de tonnelleries, des fabriques de bouchons et d'étiquettes, de paillons protecteurs, de paniers et de caisses, des verreries à bouteilles, des hangars pour l'embouteillage et de nombreux magasins qui ne vendent que des capsules ou de la cire à boucher. Tout un quartier celui des Chartrons et des milliers de travailleurs ne vivent que de la manipulation des liquides et des vingt ou trente industries qui s'y rattachent.

Les autres sont voués à la vie du port : chargement et débarquement ou transbordement des marchandises, logement des voyageurs, équipement des marins, transformation des produits bruts que chaque bâtiment apporte, sucre, pétrole, cuivre, graines d'arachides et mornes non séchées, constructions navales, commission ou négoce, agences de toutes sortes donnent au quartier de Bacalan et aux quais une activité perpétuelle. Mais ce port qui met trois réseaux en contact avec les vaisseaux du monde entier, ce port qui fait la grandeur de Bordeaux, est l'objet de sa constante préoccupation ; car, si beau qu'il soit et malgré les soins les plus coûteux, il manque de profondeur : les vaisseaux qui calent 8 mètres ne peuvent accoster qu'à la faveur des marées les plus hautes ; et les monstrueux bâtiments de la marine moderne exigent 10 mètres d'eau !

Déjà le tonnage de Bordeaux fléchit : il n'atteint pas deux millions de tonnes : Marseille, Le Havre, Boulogne, Cherbourg et Dunkerque l'emportent sur notre grand port aquitain.

autes dunes landaises. C'est le plus grand, le plus profond, et seul qui communique librement avec la mer. A marée haute, 15 000 hectares : mais les deux tiers de son lit se vident à marée basse ; aussi a-t-on pu installer des parcs à huîtres sur les bords envasés et sur les rives de l'île aux Oiseaux. L'ostréiculture, l'élevage des anguilles et des moules, la pêche en pleine mer par les chalutiers à vapeur, les conserves des sardines dites royans », les industries de la mer et du bois ont peuplé les villages qui bordent cet étang-golfe.

Arcachon, en 1857, était un hameau de 400 habitants. Non seulement, aujourd'hui, c'est une ville maritime de 9300 habitants qui vend pour 3 500 000 francs d'huîtres et pour 2 500 000 francs de poissons, mais le voisinage des bois, l'excellence de son air balsamique et marin, son sable qui boit l'eau des pluies, et l'extrême douceur de son climat en font une plage fréquentée en toutes saisons. Des hôtels somptueux, des villas, un sanatorium se sont élevés ; et cette ville naissante occupe, dès à présent, le troisième rang dans le département de la Gironde, juste après Bordeaux et Libourne.

8. **Vallée de la Garonne.** — Quatre départements se succèdent sur les bords du fleuve. La **Haute-Garonne**, ancien fond de lac, forme une plaine poudreuse et fertile, qui produit le *blé*, les *cornichons* et la *vigne*. Toulouse (149 400 hab.), centre agricole de premier ordre, a de puissantes *minoteries*, des fabriques d'*instruments aratoires* et un grand commerce de *céréales* qui a triplé les transports du canal du Midi, depuis que l'Etat a repris possession de cette voie navigable (1er juillet 1898). Mais, si important que soit le chef-lieu, le département n'atteint pas la densité moyenne de la population française (69 hab. par kil. car.).

9. — Le **Tarn-et-Garonne** cultive les *céréales*, la vigne, les *arbres fruitiers* et le *mûrier* qui pourrait favoriser la sériciculture. Mais l'industrie fait défaut ; et **Montauban**

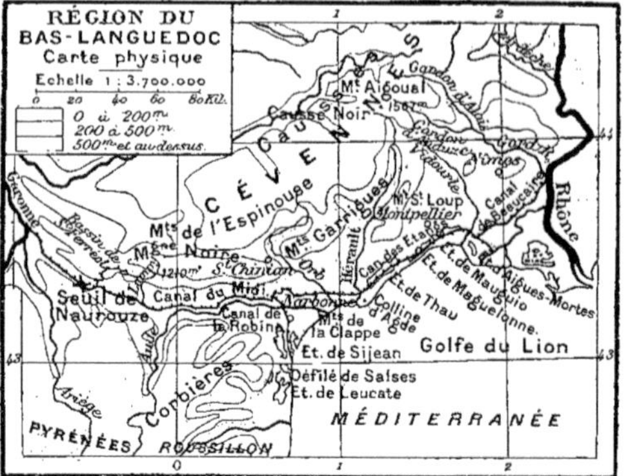

IV. — RÉGION DU BAS-LANGUEDOC

1. — Le **Bas-Languedoc** s'étend du Rhône aux Corbières et des Cévennes à la Méditerranée. — Sa borne septentrionale est le mont *Aigoual*; sa porte occidentale est le *seuil de Naurouze* qui mène à Toulouse, celle du sud-est est le *défilé de Salses* qui mène dans le Roussillon.

2. — Le relief comprend le talus méridional des **Cévennes, les monts Garrigues et la plaine côtière.**

3. — Les **Cévennes** présentent une certaine variété : le mont *Aigoual* (1567 mètres) s'y dresse au milieu du **Causse Noir.** Il justifie son nom latin de *mont des Eaux :* car il reçoit deux mètres de pluies et de neiges, et les vents qui tourbillonnent autour de son observatoire ont tant de violence qu'on a dû accrocher aux rochers, par des chaînes de fer, la maison de bois des forestiers.

4. — Viennent ensuite les rebords des **Causses** et deux chaînons granitiques aux eaux ruisselantes, les monts de l'Espinouse et la **Montagne Noire** (1210 m.).

5. — Au pied des Cévennes s'étendent les **Garrigues,** terrasse crétacée qui s'étalait de l'Hérault à l'Ardèche, mais que les torrents ont ravinée, creusée en tous sens et divisée en petits massifs. Elles doivent leur nom aux chênes kermès ou « garrus » qui tapissaient leurs pentes, et que les bergers et leurs moutons, vrai fléau des montagnes, ont fait disparaître en partie. A leur place s'étend un désert aride et brûlé du soleil. Le sommet principal est le mont *Saint-Loup* qui domine Montpellier.

6. — La plaine a quelques monts isolés : *monts de la Clappe,* colline volcanique d'*Agde.* Elle est tertiaire comme le bassin de la Garonne.

7. — Tiède l'hiver, torride l'été, elle est exposée à deux vents contraires : le *cers* glacé qui vient des Cévennes et l'*autan* qui vient du sud et qui rappelle le souffle embrasé du Sahara.

8. — Le Bas-Languedoc n'a pas un fleuve : tous ses cours d'eau sont des torrents, comme le *Gard* (Gardon d'Alais et Gardon d'Anduze) qui se jette dans le Rhône; comme le *Vi-*dourle, l'*Hérault* et l'*Orb,* tributaires de la Méditerran... L'*Aude* elle-même (233 km.), qui naît dans les Pyrénées... le type inconstant des rivières cévenoles et leurs redoutabl... crues.

1re Lecture. — Régime des eaux languedociennes. Le Languedoc desséché reçoit plus d'eau que notre Flandre... mide. Contraste paradoxal, mais qui s'explique : nos plaines oc... niques verdoient à l'ombre des nuages, et l'eau du ciel... est mesurée avec une sorte d'économie : brouillards et ond... la répandent goutte à goutte, jour par jour. Le soleil du M... plane dans un ciel implacablement pur; mais, quand un or... éclate, la pluie s'abat comme un déluge.

Ce régime inconstant des pluies, la déforestation et l'abse... de glaciers perpétuels dans les montagnes impriment aux co... d'eau cévenols un caractère fantasque et désordonné; nous r... vous pas de torrents plus incorrigibles. Leur lit est un ra... pierreux cent fois trop profond et trop large pour le ruisselet... s'y perd. Arrive le gros temps dans les Cévennes ou les Garrigu... et toutes les sources gorgées d'eau précipitent leurs flots char... de limons et de pierres. Si soudaine est l'attaque et si terril... que les riverains n'ont pas toujours le temps de se garer : en 18... le village de Saint-Chinian fut surpris par une formidable crue... l'Orb qui emporta cent quarante-neuf maisons et quatre-vin... dix-sept personnes ensevelies sous les ruines ou dans les eaux... débit de l'Hérault passe de 3 mètres cubes à 3700; celui du G... de 2 mètres à 4000. C'est pis encore pour le Vidourle : l'extrê... sécheresse peut le réduire à un demi-mètre cube; mais, dans... fureurs extrêmes, il atteint dix et vingt fois le volume de la Sei... De tels écarts ne se retrouvent nulle part, même en Provenc...

9. — La côte du Languedoc entoure le **golfe du Lio...** elle forme un demi-cercle qu'on croirait tracé au comp... C'est une rangée de dunes basses et monotones séparant u... mer sans profondeur d'une série d'étangs malsains : étar... de *Leucate,* de *Sijean,* de *Thau,* de *Maguelonne,* de *Maug...* et d'*Aigues-Mortes.* Plusieurs d'entre eux communique... par des « graus » avec les eaux de la mer.

2e Lecture. — Le golfe du Lion; sa grandeur, sa dé... cadence. — Ce mélancolique et silencieux rivage, qui arron... sa courbe autour d'une mer sans vaisseaux, fut une des régio... les plus animées de l'Empire romain. C'était l'entrée de la N... bonnaise, opulente province que dominaient Nîmes et Narbon... Les monuments dont Nîmes s'enorgueillit témoignent de... grandeur passée. Mais Narbonne l'emportait encore comme... pitale officielle et comme centre d'affaires. Strabon l'appelle «... port de toute la Gaule » et soutient que toute la flotte romai... pouvait s'abriter dans sa rade.

Deux forces irrésistibles ont tout modifié, celles des terre... et de la mer.

Les cours d'eau de cette contrée, vrais types des fleuves t... vailleurs, répandent dans la mer une prodigieuse quantité... limons. L'Océan soulèverait, avec le flux, ces matériaux à moi... liquides et les emporterait avec le jusant. Mais la Méditerra... manque de marée, et le courant qui rase son littoral ne p... que déplacer légèrement une telle quantité d'alluvions... poussant toujours à l'ouest les sables vaseux qu'il rencontra... il a façonné le bourrelet des dunes, fermé les golfes et obstr... les ports. C'est ainsi que le littoral, jadis dentelé, a pris... aspect nouveau, et que, dans les lagunes, le mélange saumât... des eaux marines et des eaux douces a répandu, sous l'arde... des rayons solaires, ces nuées de moustiques et ces miasm... délétères qui ont chassé la population vers l'intérieur. Na... bonne subsisterait toujours; mais, en 1320, l'Aude rompit... barrage qui l'infléchissait vers le sud, et, reprenant son cou... primitif, au nord des monts de la Clappe, elle plongea l'a... cienne capitale dans une longue décadence dont Riquet l'a tir... trois siècles plus tard, en ouvrant le canal de la Robine.

10. **Géographie économique. — La houi...** abonde dans le Gard : les bassins de Bessèges, de...

rand-Combe et d'Alais en produisent 2 millions de nnes. **Alais**, qui joint aux *mines de fer* des *hauts four-eaux*, des *fonderies d'antimoine* et des *usines d'asphalte*, ssède, en outre, des *magnaneries* qui font vivre 25 000 abitants. **Nîmes** (80 200 hab.) est une des métropoles de soie : ses *tapisseries* et *étoffes d'ameublement* sont merveil-uses; mais la ville gagne davantage par la *confection des tements*, des *chaussures* et par le *commerce des vins*.

11. — Les *salines* des environs d'**Aigues-Mortes** et de ette produisent 67 000 tonnes d'un sel excellent.

12. — Le sol tertiaire est bon, non pour les céréales et s prairies, qui réclament plus d'humidité et de fraîcheur, ais pour les *cultures arborescentes* auxquelles le climat mé-iterranéen est bien approprié. L'*olivier* a repris faveur râce à la mode qui fait des olives salées un hors-d'œuvre dispensable dans beaucoup de villes. Mais le Languedoc e cultive guère l'olivier que pour son huile.

13. — Le *mûrier* s'est maintenu dans le Gard, qui fournit quart des soies grèges vendues en France. Alais a érigé ne statue à Pasteur, qui fit, dans cette ville, ses plus remar-uables découvertes sur la maladie des vers à soie.

14. — L'élevage du *mouton* dans les Garrigues avait fait aître l'industrie des *draps* à **Lodève**, **Bédarieux** et lermont-l'Hérault. Villes et industrie sont en déca-ence.

15. — Le *miel* de **Narbonne** est apprécié des connais-eurs. Narbonne continue à le vendre, mais c'est le **Laura-uais** qui le produit; car le Languedoc a détruit toutes ses lantes mellifères comme aussi ses forêts, ses pins parasols t une partie de ses oliviers.

16. — Tout est sacrifié à la *vigne* qui couvre de son man-eau de pampres les coteaux, les plaines et les dunes du ittoral. Dans le Languedoc, on ne parle que de vins et 'alcools : vins ordinaires, « blanquette » mousseuse de Limoux, muscat de **Lunel** et de **Frontignan**, trois-six e **Béziers**, eaux-de-vie de **Montpellier**, etc. L'art du igneron, poussé à son plus haut degré de perfection, fait

produire au Languedoc les « vins gris de la Moselle ». Et les négociants de **Cette** s'étaient fait une réputation légendaire : ils vendaient, disait-on, bien plus de Madère, de Malaga et de vins du Rhin que leurs caves n'en avaient jamais reçu.

17. — Tôt ou tard, trop tard peut-être, on renoncera à cette « monoculture » pleine de dangers. Le phylloxera a déjà ruiné bien des capitalistes; la mévente actuelle cause une gêne qui se prolonge; et toute la fortune de l'Aude dépend d'une récolte mauvaise pour la qualité ou la quantité.

18. — Les grands marchés de *vins* et *alcools* se tiennent à **Montpellier** (77 100 hab.), **Béziers** (52 300 hab.), **Narbonne** (27 000 hab.) et **Cette** (33 900 hab.). Toutes ces villes sont desservies par le canal du Midi, qui se prolonge jusqu'au Rhône par les canaux des Etangs et de Beaucaire.

19. — La densité des départements industriels est la suivante : Gard, 71, Hérault, 77 ; celle de l'Aude, exclusivement agricole, est seulement de 48 habitants.

3e Lecture. — **Riquet et le canal du Midi.** — L'idée d'unir l'Océan à la Méditerranée par la Garonne est ancienne : elle fut discutée, mais ajournée, par Sully et Henri IV. Pierre-Paul Riquet la reprit, la fit agréer par Colbert et fut autorisé à tenter l'entreprise à ses frais (1666). Il y consacra toute sa fortune qui était considérable et toute sa vie. Il mourut un an avant l'achèvement des travaux (1680).

Creuser une voie fluviale de 241 kilomètres, pourvue d'aqueducs, d'écluses et de passages souterrains, c'est assez pour sauver de l'oubli le nom d'un ingénieur. Ce qui augmente la gloire de Riquet, c'est son désintéressement : il dépensa 17 millions de livres, qui vaudraient aujourd'hui 34 millions de francs; et c'est surtout l'idée géniale qu'il eut de capter toutes les eaux de la Montagne Noire, de les emmagasiner à l'aide d'épais barrages dans les bassins de Lampy et de Saint-Ferréol pour assurer au bief de partage une alimentation constante. Le seul cours d'eau du Midi qui échappe à la sécheresse et aux flots dévastateurs des grandes crues, c'est le « canal des Deux-Mers » que nous devons à ce grand homme, qui fut aussi un homme de bien.

Les services rendus furent immenses : les contemporains s'émerveillaient de voir les bateaux de la Garonne s'élever par 26 écluses jusqu'au seuil de Naurouze (189 m.) et redescendre, par 73 écluses, l'escalier beaucoup plus raide de la Méditerranée. Non seulement on faisait passer ainsi les marchandises lourdes d'une mer à l'autre, mais il y avait des bateaux spécialement aménagés pour le transport des voyageurs. Ces « coches d'eau » ne perdirent leur clientèle que quand le chemin de fer les remplaça. La Compagnie du Midi anéantit pendant quarante ans le canal qu'on avait commis la folie de lui affermer (1858-1898); depuis que l'Etat en a repris possession, le trafic a triplé : il atteint presque 400 000 tonnes. Et, moyennant certaines améliorations, il ne peut qu'augmenter.

4e Lecture. — **Cette.** — Cette est une ville toute jeune que Colbert fit bâtir en 1666. Elle est située à la jonction du canal des Etangs et du canal du Midi, entre la mer et l'étang de *Thau*, riche en poissons et coquillages. La pêche côtière, les salines, le traitement du soufre de Sicile et des phosphates algériens ne suffisent pas à son activité. La Compagnie du Creusot vient d'y construire une succursale qui transforme en fonte et en fer les minerais de la Méditerranée avec les charbons anglais.

Cette est, après Marseille, notre principal port sur la Méditerranée : une digue le protège contre les alluvions du Rhône, et ses bassins, récemment agrandis, peuvent recevoir les navires calant 7m.30. Son mouvement atteint 1 200 000 tonnes, ce qui place ce port au 7e rang. Mais, sur cette mer détestable, le dragage est toujours nécessaire; et il faut enlever annuellement cent millions de tonnes de sable pour conserver au port de Cette sa profondeur normale.

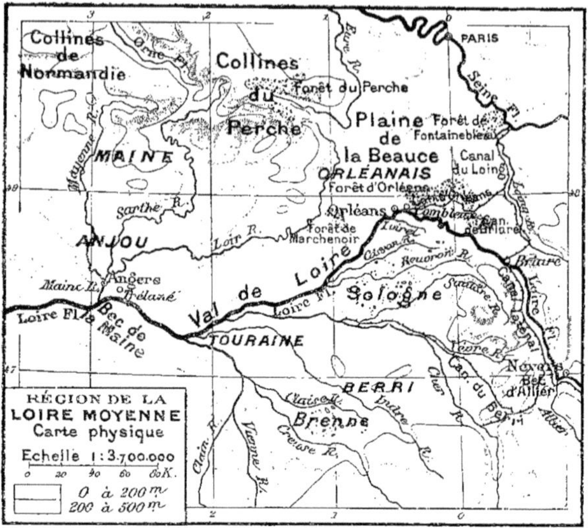

V. — RÉGION DE LA LOIRE MOYENNE

1. — Ce nom désigne la région plate ou faiblement ondulée que la Loire parcourt du *bec d'Allier* au *bec de la Maine* et qui s'étale entre le *Massif Central* et les *collines du Perche*.

2. — Géologiquement, elle forme la partie méridionale du bassin parisien, fond marin qui s'est vidé pendant la *période tertiaire*. Au sud et à l'ouest, ce fond est entouré par une *bande jurassique*.

3. — Toutes ses eaux, sauf celles de l'*Eure* et du *Loing*, se déversent dans le sillon de la *Loire*.

4. — Ce fleuve, déjà grossi de l'*Allier*, reçoit à gauche le *Loiret*, le *Cosson* et le *Beuvron* nés dans la plaine, puis le *Cher* grossi de l'*Yèvre* et de la *Sauldre*, l'*Indre* et la *Vienne* qui s'augmente des eaux de la *Creuse* et du *Clain*. Cher, Indre et Vienne descendent, comme la Loire, des granits imperméables du Massif Central, et ils ont les mêmes vices que cet intraitable torrent.

5. — Sur sa droite, la Loire reçoit le tribut plus constant des rivières « mancelles » : *Sarthe*, *Loir* et *Mayenne*, qui se réunissent dans un tronc commun, la *Maine*, rivière d'Angers.

1re Lecture. — **Régime de la Loire.** — La Loire enrichirait toute la France centrale si elle roulait en temps normal le volume d'eau que représente sa moyenne annuelle. Mais cette moyenne est purement théorique, et le fleuve est sans cesse bien au-dessus ou bien au-dessous. En général, c'est une rapide et transparente rivière qui serpente capricieusement entre ses bancs de sable et ses îles. « Mais lorsqu'un violent orage éclate sur les hautes cimes, pas une goutte d'eau n'est perdue pour le fleuve. Les torrents glissent rapidement sur la pente inclinée des versants, sans laisser au sol le temps de rien absorber, et arrivent d'un bond au fleuve qui, en quelques heures, s'élève de plusieurs mètres. Autrefois, des messagers devaient se tenir prêts dans les villages riverains à monter à cheval et à porter tout le long de la Loire la terrible nouvelle. La crue allait souvent plus vite que les cavaliers. Aujourd'hui, du moins, elle peut lutter de vitesse avec le télégraphe électrique, et reste quelque temps au pays d'aval pour prendre [les] mesures de défense contre le fléau qui accourt. » [La] Loire roule alors un flot noirâtre, aussi puissant et aussi brutal que celui du Danube aux Portes-de-Fer. Alors rien ne résiste : elle crève les digues et turcies que [les] riverains ont bâties à grands frais, elle emporte les pon[ts], noie les récoltes et répand un amas de sable dans [les] champs ; quelques heures ont suffi, en 1856, pour qu'elle remplît jusqu'au bord les vastes carrières de Tréla[zé].

La Loire est condamnée comme voie navigable : [du] bec d'Allier au confluent de la Maine, sur 400 ki[lo]mètres, on ne rencontre ni une barque ni un chala[nd]. Un tel abandon serre le cœur. La Loire a connu ja[dis] une vie fluviale intermittente, mais très active. On ve[ut] la faire renaître, reboiser le cours supérieur, constit[uer] par des barrages des réserves d'eau pour l'été, con[s]truire des écluses et, à l'exemple des Allemands de l'Oder charrie aussi des sables, n'employer sur c[es] eaux sans profondeur que des bateaux à fond pla[t]. La Société de la « Loire navigable » commence à ex[é]cuter ces travaux.

6. — Un canal latéral longe la Loire de Neve[rs] à Briare ; à ce canal aboutissent, au sud, les cana[ux] du Berri et, au nord, les canaux de Briare et [du] Loing. Ce dernier projette au sud-ouest le can[al] d'Orléans, qui n'atteint même pas Orléans, ma[is] Combleux, à 6 kilomètres de la ville.

7. — Neuf départements sont compris dans [la] région de la Loire moyenne. En tenant compte [de] leurs caractères physiques et de leurs aptitudes, on y di[s]tingue trois parties : le Berri, la Beauce et la Sologn[e,] le Maine et l'Anjou.

8. — Le **Berri** est la bande jurassique qui court de [la] Vienne à la Loire le long du Massif Central. Pays frais [et] herbeux, plus propice aux cultures pastorales qu'aux cé[réales et d'autant plus riche qu'on se rapproche plus de [la] Loire. Il renferme, à l'ouest, les landes marécageuses de [la] *Brenne* ; au centre, **Châteauroux** (25400 hab.) gra[nd] *marché aux bestiaux*, fabrique de *draps pour l'armée* ; à l'es[t] **Bourges** 44100 hab., centre géométrique de la Franc[e.] L'État y a installé ses principales fonderies de *canons d'obus*, et sa grande usine de *pyrotechnie*. Les environs [de] Bourges pratiquent la *culture maraîchère*, et les villes vo[i]sines, **Mehun-sur-Yèvre** et **Vierzon**, ont d'actives f[a]briques de *porcelaines*, de *tuiles*, de *machines agricoles* et d[e] *verreries*. Le Berri touche à la Loire par **Sancerre**, vil[le] drapière au moyen âge, aujourd'hui centre de viticultu[re] dont la vente la plus lucrative est celle des *raisins frais* [:] Paris en a reçu 250 wagons en une seule année.

2e Lecture. — La Brenne est la partie la plus déshérité[e] du Berri. C'était, au treizième siècle, une forêt continue appa[r]tenant à certains ordres monastiques. En ce temps de foi a[r]dente, où les abstinences étaient fréquentes et rigoureuseme[nt] observées, le poisson risquait toujours de faire défaut. Le[s] moines arrachèrent tous leurs bois pour creuser des étangs [ou] viviers. Les malheureux ne se doutaient pas qu'ils allaie[nt] rendre leur pays inhabitable. La fièvre règne en permanen[ce] tous les étés, et la mortalité infantile est désolante sous cet a[ir] paludéen. Mais on travaille activement à assainir la Brenne[:] les étangs qui couvraient 7000 hectares sont déjà bien rédui[ts] (5500 hect.) et la paresseuse rivière de la Claise emportera bientô[t] d'autres eaux croupissantes qui feront place aux prairies, au[x] champs et aux jardins.

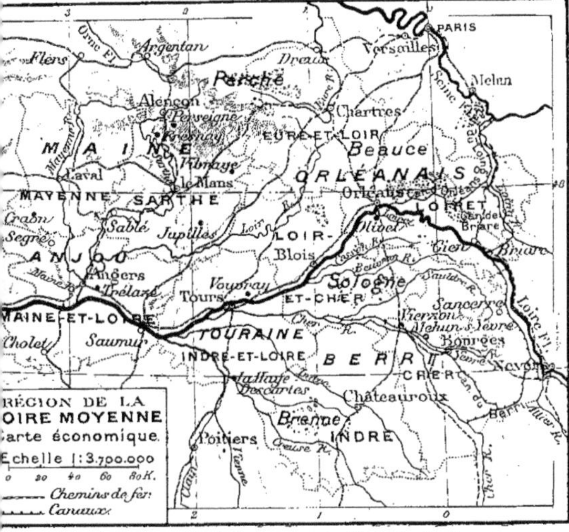

9. — La Beauce, la Sologne et le Val de Loire sont les trois parties constitutives de l'**Orléanais** et de la **Touraine.**

3e Lecture. — Beauce et Sologne. — La Beauce est une plaine qui unit Paris et Orléans; elle est comprise entre l'Eure, le Loing, la Loire et le Loir. Ses calcaires fissurés absorbent vite l'eau des pluies, et la Beauce manque de tout ce qui fait la joie des yeux : bosquets, fontaines, fermes isolées, prés verdoyants. Tous ses habitants se groupent dans les gros bourgs qui ont des puits, et, en bien des lieux, on se croirait dans un désert, si l'on ne rencontrait de hautes meules de paille et des troupeaux de moutons. Mais la Beauce est très riche : le tapis de limon qui la recouvre est une admirable terre à blé qui, pendant des siècles, a fourni le *froment* le plus abondant et le plus lourd de la France. Aujourd'hui on augmente encore cette fertilité par l'emploi des engrais chimiques, et l'on songe à entretenir l'humidité qui manque par des canaux d'irrigation. Là où cesse la couche de terreau, le froment disparaît; et la Beauce a pour limite une ceinture de *forêts*, celles d'Orléans, de Marchenoir, du Perche et de Fontainebleau. Le principal débouché de la Beauce est **Chartres** (23 200 hab.).

Par son horizontalité parfaite, la **Sologne** est une autre Beauce qui s'étend de la Loire jusqu'au Cher et à Vierzon. Si médiocre est sa pente que le Cosson, le Beuvron et la Sauldre, rivières languissantes, semblent figés dans leurs lits. Mais, par nature, la Sologne fait penser aux Landes : c'est une couche de sable détrempé reposant sur un lit d'argile. Des étangs sans ombre et sans profondeur, de maigres herbages où paissent les moutons, le manque de ressources, le paludisme en avaient fait une de nos plus tristes solitudes.

Depuis cinquante ans, l'État, les Conseils généraux et surtout l'initiative privée ont accompli des miracles en Sologne. Les pins maritimes, qu'on avait plantés tout d'abord, ont gelé en 80; on leur a substitué des *pins sylvestres* qui réussissent à merveille. On a ouvert des canaux, vidé une foule d'étangs et surtout amendé le sol à l'aide de la marne et de la chaux. La partie la mieux égouttée forme un *pâturage* très convenable et produit même le *seigle*, le *sarrasin* et l'*avoine*. La partie purement sablonneuse produit des *pommes de terre* qu'on exporte jusqu'à Londres, et le reste comptera un jour parmi les meilleures forêts de la France.

Restés bergers ou devenus laboureurs et vignerons, les Solognots augmentent de nombre et deviennent une de nos populations les plus saines.

10. Val de Loire. — Quoique désertée par la batellerie, la Loire reste un centre d'attraction bien puissant : ses coteaux sont couverts de *vignobles*, et ses rives, préservées des frimas de la Beauce, forment une suite non interrompue de *jardins maraîchers*, de pépinières et de *jardins à fleurs*. La terre qui borde la Loire est la plus coûteuse de la France centrale, parce qu'au voisinage des villes populeuses, c'est celle qui rapporte le plus.

11. — Hormis **Gien**, qui fabrique de la *faïence*, et **Briare**, qui fait les *boutons de porcelaine*, les villes de la Loire doivent leur animation à la beauté de leur site et de leurs monuments, à leur commerce avec Paris et aux produits de leur terroir : **Orléans** (68 600 hab.) a ses *vinaigres* et ses *fleurs*, principalement les *roses* cultivées dans les jardins et serres d'Olivet; **Blois** (24 000 hab.) a des *chocolateries* et des fabriques de *poteries* et de *chaussures*; **Tours** (67 600 hab.) tisse encore des *soieries*, quoiqu'elle n'ait plus ni un mûrier, ni un cocon; sa *librairie* et ses *imprimeries* restent très actives, et elles s'alimentent en partie aux *papeteries* de **la Haye-Descartes**. Mais, aux yeux de bien des gens, **Tours** est surtout le pays des *rillettes*, du bon *vin* de **Vouvray** et de la vie facile.

4e Lecture. — Maine et Anjou. — Les anciennes provinces du Maine et de l'Anjou constituent, au nord de la Loire, un groupement fort intéressant.

Le **Maine**, crétacé et jurassique, a quelques mines d'*anthracite*, des marbres, des *bois*, des *pâturages*, et des champs bien arrosés. De là, la variété de ses industries : **Fresnay** était peuplé de tisserands au temps où le tissage à la main était rémunérateur; **Perseigne** est peuplé de sabotiers; **Jupilles**, de graveurs sur sabots; **Vibraye** fabrique surtout des manches de parapluies. **Laval** (29 800 hab.) est à la fois *marché agricole* et fabrique de *coutils*; **Sablé** a le monopole des *marbres* : il scie et sculpte les marbres de ses carrières, noirs et veinés, très appréciés en Angleterre, ceux de la Mayenne, ceux des Pyrénées et même ceux de l'Italie. **Le Mans** (65 300 hab.), où commence la navigation de la Sarthe, est le marché des *bestiaux*, des *volailles grasses*, des *textiles*, et fut une fabrique très active de toiles de chanvre et de cordages; mais là, comme dans la région de la Garonne, le lin et le chanvre sont en recul.

L'**Anjou** est la partie basse du Maine. Pour les géologues, c'est un pays des plus curieux où se réunissent toutes les roches de la Bretagne, de la Normandie et du Bassin de Paris. Cette variété de terrain est déjà très avantageuse pour les cultures; il faut y ajouter, à proximité de l'Océan, un climat merveilleusement égal et tempéré. Pâturage, labourage, engraissement de la volaille, culture des textiles, des arbustes délicats et des plantes d'appartement, tout est réuni dans ce « Val d'Anjou » qui est le paradis des fleurs et des fruits. **Craon** et **Segré** ont des marchés très fréquentés de *bœufs* et de *porcs*; **Cholet** fabrique des *mouchoirs*; **Saumur**, les *chapelets*, les *objets de piété*, et fait un commerce très florissant des *vins de l'Anjou* champagnisés (6 ou 7 millions de bouteilles par an). **Angers** (82 900 hab.), sur la Maine, a un port fluvial des plus animés; le commerce des *vins*, celui des *fruits* et des *primeurs*, l'exploitation des *ardoises* de **Trélazé**, l'*horticulture* et les *pépinières* assurent à cette ville monumentale un mouvement d'affaires et une richesse qui en font la première cité de cette opulente région.

VI. — RÉGION DE L'OUEST

1. — La région de l'Ouest s'étend de *l'estuaire de la Loire* à celui de la *Gironde* et du coude de la *Vienne* au littoral de *l'Atlantique*. Elle touche à la Bretagne, à la région de la Loire moyenne, au Massif Central et à l'Aquitaine.

2. — Elle n'a pas une vraie montagne : sa maîtresse cime, le mont *Mercure*, a 285 mètres. Il appartient aux **hauteurs de Gâtine** qui s'étendent en droite ligne du nord-ouest au sud-est.

3. — Le reste du pays est ondulé plutôt que montueux; il ouvre même, au pied du Massif Central, une large dépression, véritable chemin des peuples, où le sort de la France s'est joué maintes fois. « Là se sont rencontrés les Francs de Clovis et les Wisigoths, ceux de Charles Martel et les Arabes, le roi Jean et le Prince Noir, les Calvinistes et les Ligueurs. » (Demcy.) Cette dépression est le **seuil du Poitou**; à son point le plus élevé, entre la Charente et la Dronne, elle n'a que 223 mètres d'altitude.

4. — Malgré leur médiocre altitude, ces hauteurs donnent naissance à de nombreux cours d'eau : *Thouet, Sèvre Nantaise, Boulogne*, qui se versent dans la **Loire**, *Lay* et *Sèvre Niortaise* grossie de la *Vendée*, qui vont à l'Océan.

5. — L'autre centre de dispersion des eaux est le Massif Central, d'où sortent le *Clain*, tributaire de la *Vienne*, et la *Charente* avec son cortège d'affluents.

6. — Il y a une opposition très nette entre les pays poitevin et saintongeois qu'on doit étudier séparément.

7. Pays poitevin. — Si l'on prend Niort comme centre, on distingue dans le Poitou trois sortes de *terrains* : le **Bocage**, la **Plaine** et les **Marais**.

8. — Le **Bocage** va de Niort au Thouet et à la m C'est le prolongement géologique de la Bretagne; ses rains primaires sont dominés par les hauteurs granitiq de Gâtine.

1ʳᵉ Lecture. — **Le Bocage.** — Vendéen sur le versant ritime, poitevin sur le versant continental, le Bocage ne cha pas d'aspect : il donne au voyageur qui s'approche l'illus d'une forêt : or, il ne renferme ni forêt, ni bois, ni boc proprement dit, mais des milliers de haies dont les ormeaux les chênes nains bordent les chemins creux, limitent les p priétés, encadrent les prés et les champs. Merveilleux pays p les coups de main, et coupe-gorge incomparable en temps guerres civiles, le Bocage a un sol naturellement médiocre, climat brumeux et maussade, des marais croupissants et peu de culture.

Depuis trente ans, le Bocage subit une très heureuse tra formation : desservi par un beau réseau de routes et de v ferrées, amendé par la chaux et par la cendre des foyers, barrassé de toute sa broussaille inutile, il se livre à un élev très actif : **Niort, Bressuire, Parthenay** et **Melle** ont foires très importantes de *bêtes de boucherie*, de *chevaux* et s tout de *mulets*. Le département de la Vendée vient juste aprè Normandie pour la vente des *vaches laitières*, et après la Maye pour la production des *porcs*. Quant aux 15 ou 18 000 m qu'achète annuellement la Castille, ce sont des bêtes vendéen qui ont pour pères les *ânes* noirs du Poitou, animaux ré tants, mais hirsutes et si pauvres d'aspect, qu'on les dési sous le nom de « guenillous ». Ils n'en ont pas moins une gra valeur sur le marché.

9. — La **Plaine**, comprise entre Niort, la Vienne e Charente, est formée de terrains jurassiques. Les bois manquent tout à fait; mais c'est un pays de *vignes*, de *fr* et de *blé*. Elle est prospère, et les paysans du Massif Cen lui donnent le nom de « terre chaude » par oppositio leur propre pays stérile et froid, faute d'éléments calcaire

10. — La population est peu dense dans ces pays pu ment agricoles : la Vienne n'a que 47 habitants par k mètre carré et la Vendée 63. **Poitiers** (39 300 hab.), cen administratif, religieux et universitaire, garde le cac d'une ancienne capitale, mais manque de monumen **Châtellerault** (18 200 hab.) doit une certaine animat à sa manufacture nationale d'*armes* et à sa *coutellerie* (c teaux de table et de cuisine); mais Loudun est tombé rang de simple village depuis que l'on abandonne l'indus des dentelles à la main.

11. — La côte vendéenne renferme en son centre l **Sables-d'Olonne**, port de pêche et port de bains qui l'e portera bientôt en importance sur **la Roche-sur-Yon**.

12. — Le **Marais breton** encadre la *baie de Bourgn* et fait face à *Noirmoutier*. Noirmoutier, suivant les heur est une île ou un promontoire : car le passage du *Gua passe de Fromentine* est entièrement découvert à marée ba et la diligence de Beauvoir en profite pour porter le courr des insulaires. Ceux-ci se livrent à une pêche active mards, *langoustes, soles* et *turbots*), pratiquent l'ostréicult et entretiennent des *marais salants* qui sont d'ailleurs d' médiocre rapport.

2ᵉ Lecture. — **Le Marais poitevin.** — Il y a deux mille a l'Atlantique creusait, entre Luçon, Fontenay-le-Comte, Niort Courçon, un golfe déchiqueté aux eaux peu profondes et semé d'îles, comparable au Morbihan actuel, mais avec des dime

...ns dix fois plus grandes. Ces îles communiquaient entre elles à marée basse ; la pêche, la chasse aux oiseaux et quelques pâtures humides y attirèrent une certaine population qui se construisit des cabanes et s'y fixa. De très bonne heure, on songea à consolider ces terres mouvantes, et le « Canal des cinq Abbés » prouve que l'Église eut l'initiative de cette entreprise. Un autre canal dit « des Hollandais » témoigne d'un fait intéressant : on dut faire appel aux ouvriers de la nation qui a conquis le plus de terre sur l'Océan. La royauté s'émut à son tour : Sully et Colbert firent opérer des travaux d'ensemble pour retenir les sables roulés par le flot et les alluvions déversées par les fleuves. Si bien qu'aujourd'hui, il ne reste presque plus rien du golfe du Poitou, sauf la baie vaseuse de l'Aiguillon qui se rétrécit tous les ans de 20 hectares.

Le Marais poitevin est donc un « polder » coupé en damier par une multitude de fossés, de canaux collecteurs, de levées de terre et de digues. On a gardé le nom d'îles aux monticules qui portent des villages et qui sont aujourd'hui empâtés dans le reste du terrain, et le nom de cabanes aux habitations formant le centre de chaque domaine. Tout cabanier a sa barque : car il ne peut gagner son hameau, aller bêcher un bout de champ moins noyé que le reste du sol, faucher ses prairies, étêter ses peupliers et ses saules, vivre en un mot sans son embarcation. Fossés, canaux, rivières sont ici les seules voies de communication, l'unique moyen d'entretenir des rapports avec le reste du monde. »

Cette existence amphibie est des plus actives : on élève des colonies de *canards*, d'*oies* et de *dindons*, des *poulains* et des *veaux* qui sont de très bonne vente. On a même installé, çà et là, des laiteries coopératives dont les *beurres* rivalisent avec les beurres de Normandie. La moitié des *pissenlits* et des *alouettes* que Paris consomme vient du Marais poitevin. Il existe même un commerce qu'on ne trouverait nulle part ailleurs, sauf à Noirmoutier, c'est celui de la « cendre des marais ». Comme ce pays aquatique manque de bois, on fait sécher la bouse de vache qui est très abondante, combustible médiocre et empesté, mais qui produit une cendre très riche en sels de potasse. On recueille cette cendre qu'achètent les paysans du Bocage pour amender leurs terres. Quant aux vases de la baie de l'Aiguillon, elles sont d'un grand rapport et servent à la culture des *moules*.

13. Pays saintongeois.

— Cette région (**Aunis**, Saintonge et Angoumois) forme le bassin de la Charente.

3e Lecture. — La Charente. — La Charente est intéressante à divers titres : elle décrit de si nombreux méandres, qu'elle parcourt en 361 kilomètres un chemin qui aurait 150 kilomètres en droite ligne. De plus, à la sortie du Massif Central, elle traverse une zone de calcaires oolithiques éminemment perméables et où ses tributaires, la *Tardoire* et le *Bandiat*, disparaissent dans des gouffres et dans d'invisibles suçoirs. Leur eau n'est pas perdue : elle chemine dans des souterrains dont on n'a pas encore pénétré le mystère et elle reparaît dans le flot puissant et cristallin de la *Touvre*. Grâce à cette rivière, la Charente est vraiment superbe à Angoulême.

Elle se souille peu à peu en recevant le *Né*, la *Seugne* et la *Boutonne*; mais il lui reste trois qualités trop rares dans nos cours d'eau français : l'abondance, la constance du débit et une profondeur toujours croissante. Les bateaux ordinaires remontent jusqu'à Angoulême, les petits vaisseaux jusqu'à Cognac; les bâtiments calant 5 à 6 mètres atteignent Tonnay-Charente, et Rochefort offre 8 mètres d'eau dans les marées moyennes. Aucun fleuve français ne se prête aussi complètement à la navigation.

14. — On donne le nom de **Champagne** à la plaine drainée par la Charente. C'est un pays entièrement calcaire, peu propre aux autres cultures, mais tout à fait favorable à la *vigne*. Il était littéralement tapissé de pampres dont on tirait du vin et surtout des *eaux-de-vie*. Ses terroirs étaient classés suivant la valeur de leurs produits, en « Bois communs, Bois ordinaires, Bons bois, Fins bois, Borderies, Champagnes et Fines Champagnes ». Ces dernières touchaient à **Cognac** (19 500 hab.) dont l'eau-de-vie religieusement préparée se vendait au poids de l'or.

15. — Le phylloxera, surprenant la Saintonge en pleine prospérité, a eu un effet foudroyant. La production, de 14 millions d'hectolitres de vin, en 1875, est tombée à 4 millions et demi en 1876 et à 506 000 hectolitres en 1889. Pendant près de vingt ans, on a cherché un cépage qui pût convenir aux calcaires de la Saintonge. Les vignes se reconstituent peu à peu, et la production a atteint, en 1896, 1 183 000 hectolitres; en 1900, 2 725 000 hectolitres, et, en 1906, 3 385 000 hectolitres.

16. — A part la *distillerie des alcools*, qui se fait surtout à **Cognac** et à **Saintes**, le pays a des industries peu nombreuses. Citons **Ruelle**, pour sa *fonderie de canons*; **Angoulême** (37 500 hab.), pour ses *papeteries*, et **Rochefort** (36 700 hab.), pour ses *constructions navales*.

17. — **Rochefort**, port fluvial, est une de nos cinq préfectures maritimes. Très heureusement placé pour la défense, Rochefort est protégé au large par l'île d'Aix et l'île Madame qui ferment sa rade et servent d'abri aux cuirassés.

18. — L'**Aunis** a son marais, la « Petite Flandre », dont la spécialité est l'*ostréiculture*. Les parcs à huîtres ou « claires » de **Marennes** fournissent des *huîtres vertes* très réputées et des *huîtres portugaises*. Près de 600 millions de ces bivalves sont expédiés chaque année d'Oléron, de Marennes et de Rochefort.

19. — Le principal port de commerce est **La Rochelle** (33 900 hab.), vaillante cité qui a été deux fois ruinée, par Richelieu et par la perte du Canada, mais qui se relève depuis qu'on a creusé à la **Pallice** un vaste bassin en eau profonde. Ce bassin, ouvert en tous temps aux vaisseaux qui calent 7 mètres, serait très favorable au commerce. Mais l'arrière-pays n'a ni industrie, ni mines pour alimenter un fret de sortie. La Pallice est surtout le port d'attache de la ligne du Pacifique.

VII. — RÉGION DE LA BRETAGNE

1. — Le mot **Bretagne** a des acceptions différentes : pour le géologue, il désigne la masse continue de terrains primitifs et primaires qui s'étend de la pointe Saint-Mathieu à Caen, Alençon, Angers et Niort; pour le linguiste, la Bretagne s'arrête là où le *bas-breton* cesse de se parler, c'est-à-dire à une ligne presque droite qui joint Paimpol, Pontivy et la baie de la Vilaine. Le géographe appelle Bretagne la large péninsule qui termine la France occidentale, entre le *Mont Saint-Michel* et l'estuaire de la *Loire*.

2. — Le **relief** du pays comprend deux alignements de hauteurs granitiques, qui parcourent la péninsule dans toute son étendue et qui se rapprochent sans se toucher dans ses deux pointes extrêmes, celles de *Saint-Mathieu* et du *Raz*.

3. — Au nord, ce sont les monts du **Menez** (340 m.) et ceux d'**Arrée** que domine la *colline Saint-Michel* (391 m.), point culminant de la Bretagne. Au sud, ce sont la **Montagne Noire** avec le *Menez-Hom* (330 m.), puis la **Lande de Lanvaux** et le sillon de Bretagne. Ce dernier change de nom sur la rive gauche de la Loire pour devenir la Gâtine vendéenne.

4. — Entre ces hauteurs, se creusent deux dépressions, l'une longitudinale que suit le *canal de Nantes à Brest*, l'autre transversale; son seuil le plus élevé, franchi par le *canal d'Ille-et-Rance*, a 66 mètres d'altitude.

5. Cours d'eau. — Le voisinage de deux mers et du Gulf-Stream donne à la Bretagne des pluies très fréquentes. Ses fleuves traversent des terrains imperméables; mais, comme ils naissent très bas et qu'ils s'attardent dans des dépressions tourbeuses, leur cours est lent, abondant et régulier. La **Rance** finit à Saint-Malo; l'*Aulne*, ou rivière de Châteaulin, après mille sinuosités, atteint la rade de Brest; le *Blavet*, à son embouchure, mêle ses eaux à celles du *Scorff* (Lorient).

6. — La **Vilaine** a 230 kilomètres; elle naît en amont de Fougères, et, dès qu'elle atteint Rennes où conf l'*Ille*, elle n'est plus qu'à 20 mètres d'altitude; coule lentement dans une ancienne cavité lacus où aboutissent la *Meu*, l'*Oust* et le *Don*, tributai aux eaux dormantes. — Elle reçoit à Redon petits bâtiments de mer; et la Roche-Bernard, à s embouchure, est un port d'une certaine activité.

7. — La **Loire** inférieure ou bretonne, dep Ancenis jusqu'à la mer, est un fleuve puissant m de profondeur insuffisante et dont l'estuaire est e barrassé par des îles de sable. A Nantes, il reç l'*Erdre* et la *Sèvre Nantaise*; dans la baie s'éco l'*Achenau*, émissaire du *lac de Grand-Lieu*.

1re Lecture. — Fiords bretons. — La côte b tonne, incessamment battue par les flots et dépouil de toutes ses roches friables, est sculptée d'une mu tude de découpures. La marée remonte ses rivières plus petites, déchiquette leurs rives et y creuse d golfes capricieux comme les « rias » de l'Espagne les « fiords » de la Norvège. On en trouve de rem quables exemples dans le cours inférieur de la *Ran* entre Dinan et Saint-Malo, du *Dossen*, à Morlaix, l'*Odet*, à Quimper, du *Blavet*, à Lorient et même de l'*Erd* simple affluent de la Loire, mais ancien fleuve côtier au ten géologique où le bassin de la Vilaine était un lac.

8. Côtes. — Trois baies s'ouvrent au nord, celles Mont *Saint-Michel*, de *Saint-Malo* et de *Saint-Brieuc*; deux l'ouest, celles de *Brest* et de *Douarnenez*, séparées l'une l'autre par l'étrange presqu'île de *Crozon*; trois au sud, *Morbihan* ou « petite mer » tout semé d'îles, et les embo chures de la *Vilaine* et de la *Loire*.

9. — Au large et près des côtes, émergent des îles no breuses formant des archipels : les *Chausey*, les *Minquie* les *Sept-Iles* et l'île de *Batz* dans la Manche; *Ouessant* l'île de *Sein* à l'ouest; les *Glénans*, l'île de *Groix* et *Belle*au sud. On pourrait y ajouter *Quiberon*, ancienne île qu'p pédoncule de sable rattache au littoral.

10. Géographie économique. — La Bretagne e presque dépourvue d'industries métallurgiques, par qu'elle manque de houille et de minerais. Elle eut à Hue goat, au pied de son unique volcan, des mines de plor argentifère; ces mines sont abandonnées. Celles de Por Péan, près de Rennes, occupent un millier d'ouvriers; ma on se borne à extraire le minerai qui est expédié en Belgiq ou à Couëron où on lui donne une façon industrielle.

11. — En dehors des grandes usines officielles, *arsen* de **Brest** et *forges navales* d'Indret, il n'y a à signale comme industries privées, que les *fonderies* de **Couër** et de **Basse-Indre** aux environs de Nantes, et que la vi d'**Hennebont** qui est la première *ferblanterie* de Franc elle vend chaque année pour 6 millions de boîtes de conserv qu'achètent Paris, Lyon, Nantes et toutes les villes du littora

2e Lecture. — Cultures bretonnes. — Le littoral du no est tellement fertile qu'on lui a donné le nom de « ceintu dorée ». Les tièdes effluves du Gulf-Stream lui procurent u printemps d'une précocité exceptionnelle; et ses terres, amendé par les sables calcaires connus sous le nom de « tangue » et « merl », produisent les *primeurs* (asperges, choux-fleurs, art chauts et oignons), qu'on expédie à Rouen, à Paris et à Londre Aux gros bénéfices de cette vente, les maraîchers de Rosco

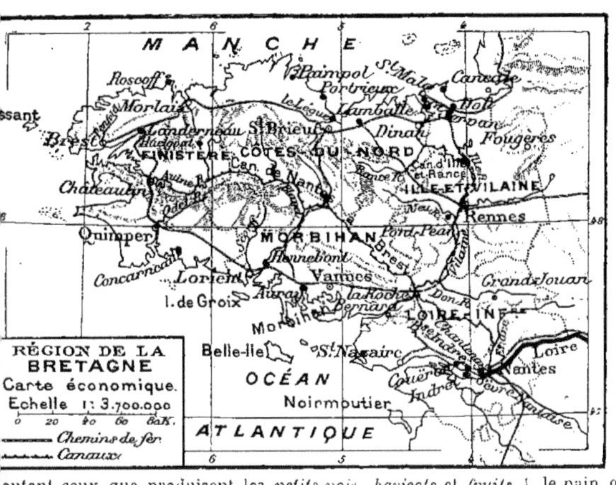

RÉGION DE LA BRETAGNE
Carte économique.
Echelle 1:3.700.000
0 20 40 60 80K.
——— Chemins de fer
- - - Canaux

outent ceux que produisent les *petits pois*, *haricots* et *fruits* de l'Anjou dont ils sont les commissionnaires.

A l'intérieur, le sol est pauvre : il renferme trop de champs pierreux, de genêts, de landes incultes, de marais tourbeux auxquels les paysans donnent le nom significatif d'*ioudie* ou bouillie liquide. Sur de vastes espaces, on ne voit que des *champs de sarrasin*, séparés par des murs de pierres où s'empilent les cailloux que la charrue soulève à chaque labour, et des *pâturages* souvent médiocres que paissent les petits *moutons* et les *vaches bretonnes*.

12. — L'élevage cependant a fait des progrès très remarquables : le commerce des *beurres*, 15 millions de kilogrammes, donne une certaine activité à la ville trop calme de **Rennes** (75 600 hab.), où l'on a transféré l'école d'agriculture de Grand-Jouan ; l'exportation des *œufs*, de la *volaille* et du *bétail* animent **Morlaix** (16 000 h.), **Saint-Brieuc** (23 000 hab.), **Saint-Malo** (10 600 h.) et **Saint-Servan** (12 200 hab.). Les *cuirs* bretons alimentent en partie les *cordonneries* de **Fougères** (23 500 hab.) où 6 500 ouvriers fabriquent la forte chaussure.

13. — Mais c'est surtout la mer qui nourrit la Bretagne : les Bretons du nord s'embarquent au nombre de 15 000, à **Saint-Malo**, **Saint-Brieuc** (le Légué), à **Paimpol** et **Portrieux**, pour la *grande pêche* de Terre-Neuve et d'Islande ; ceux du sud (**Concarneau**, **Belle-Ile**, **île de Groix**, etc.) pratiquent la pêche de la *sardine*, du *germon* (vendu sous le nom de thon mariné), du *homard* et de la *langouste*. — **Belle-Ile** et surtout **Cancale** ont des *parcs à huîtres* très réputés.

3e Lecture. — **La vie insulaire en Bretagne.** — La Bretagne actuelle est une ruine géologique ; c'est le débris très mutilé d'un plateau de granit qui fit corps avec la Cornouaille anglaise. Le flux, le reflux, les tempêtes ont détruit la partie centrale et creusé la Manche aussi simplement que nos terrassiers déblaient une tranchée de chemin de fer.

Cette érosion formidable, qui dure encore, a commencé dès la première apparition des terres, et elle a laissé d'innombrables témoins. Ce sont les îles, les îlots et les écueils qui se hérissent autour des côtes, tantôt isolés, comme Belle-Ile, tantôt groupés en archipels, comme les Glénans et les Minquiers, tantôt alignés en « chaussées », comme le groupe de Sein qui s'égrène derrière cette île, pareil à la poussière cosmique qui fait suite à une comète.

Grandes ou minuscules, ces roches sont en nombre incalculable : on en compte 50 dans les Chausey, 100 dans la Baie de Saint-Malo, 365, disent les paysans, dans la baie du Morbihan, et des myriades dans le passage du Four ou de l'Epouvante qui sépare Brest et Ouessant. Parmi eux l'Océan fait rage comme un fauve indompté : il tord ses courants dans des passes étranglées, balaie les récifs de ses paquets de mer, et précipite contre les hautes falaises ses lames noirâtres et ses panaches blancs d'écume.

Le croirait-on ? Cette « mer sauvage » dont les méfaits se comptent par milliers, ces terres dont la base tremble à chaque tempête, sont les parties les plus peuplées de la Bretagne. Pourvu qu'on y trouve quelques parcelles de terre labourable, un peu d'herbe pour les moutons, un repli de terrain pour la hutte faite d'épaves et de grosses pierres, le Breton accourt avec sa famille et les familles se multiplient. Et il s'y forme parfois des sociétés étranges comme celle de Houat, où le « recteur » est à la fois curé, instituteur, juge de paix, pharmacien, trésorier et, en quelque sorte, roi de son île.

L'homme est en mer, la femme aux champs. C'est elle qui bêche et qui sème, qui raccommode les filets et cuit le pain, qui arrache aux récifs les algues et le goémon, et qui les répand dans son champ avec les têtes de sardines et les débris de thon, engrais nécessaire à ce sol de granit. — L'homme, par tous les temps, vit sur son bateau : il fouille les recoins où l'eau clapote, où se cache le homard, et il y dépose ses casiers ; il tend son filet à l'entrée des anses, ou traîne son chalut sur les fonds que fréquentent la sardine et le germon. Si parfois il reste dans son île, c'est pour y brûler des monceaux de varech dont il vendra les cendres riches en soude. S'il pousse jusqu'à la terre ferme, c'est pour y porter le produit de sa pêche aux commissionnaires des Halles ou aux « confiseurs de sardines ».

Des milliers d'hommes, les « îliens », sont voués à cette existence incertaine et terrible, la plus périlleuse qui existe : car, non seulement la bourrasque, mais tout coup de vent imprévu, tout récif inaperçu, toute fausse manœuvre coule la barque et le pêcheur. Mais la Bretagne, à moitié déserte à l'intérieur, *peuplée* sur ses rivages, est *surpeuplée* dans ses îles : Béniguet, malgré sa petitesse, a 62 habitants ; Molène, imperceptible sur la carte, possède 622 habitants ; Houat, 315 ; Hoëdic, 381 ; Bréhat, 1 062, l'île de Batz, 1 340 ; Ouessant, qui n'a ni un arbre, ni un abri, 2 760. Partout la densité dépasse 112 habitants par kilomètre carré. Elle est de 108 à Belle-Ile : mais ces densités de population ne sont rien auprès de celle de l'île de Groix, cette merveille insulaire de la Bretagne : on y compte 5 509 habitants, 375 par kilomètre carré !

14. — Tout Breton est né marin ; et le nom d'Armor qu'on donne à la Bretagne signifie « pays de la mer ». C'est l'abondance des produits de la mer qui donne à la Bretagne sa population si dense : 79 habitants par kilomètre carré dans le Morbihan, 84 dans les Côtes-du-Nord, 88 dans l'Ille-et-Vilaine, 95 dans la Loire-Inférieure et 109 dans le Finistère.

15. — Les villes les plus considérables, sauf Rennes, sont maritimes : **Brest** (85 500 h.) et **Lorient** (46 500 h.), ports militaires, **Quimper** (19 500 h.), **Vannes** (23 500 h.) près du Morbihan, et le groupe si important des villes de la Loire : **Nantes** (133 200 hab.), grand centre des industries maritimes, *chantiers de construction* et fabrique de *conserves*, **Chantenay** (21 700 hab.), **Couëron**, **Indret** et **Basse-Indre**, villes de *forges* ; enfin **Saint-Nazaire** (35 700 h.), ville récente et énergique, qui a décuplé depuis cinquante ans, station obligatoire des paquebots, comme l'est le Havre à l'embouchure de la Seine.

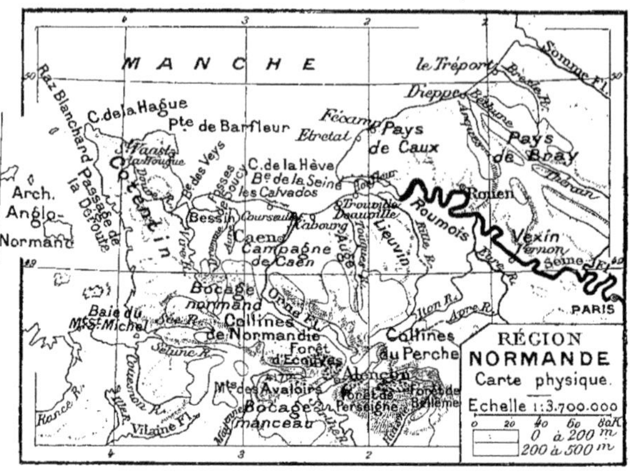

VIII. — RÉGION NORMANDE

1. — La **Normandie** a pour limites extrêmes la *baie du Mont Saint-Michel*, les *collines du Perche*, *Vernon* sur la *Seine*, le cours de la *Bresle* et la *Manche*.

2. — Elle est soudée à la Bretagne, comme notre région de l'Ouest, avec laquelle elle présente de frappantes analogies : mêmes dénominations, même succession de terrains à partir de la Bretagne : *terrains primaires* dans les « Bocages », *secondaires* dans la « Campagne », *tertiaires* dans les pays d'Auge et de Caux, enfin *quaternaires* dans ce qu'on pourrait nommer les « marais normands », c'est-à-dire dans les trois baies principales.

1re Lecture. — Variété des terrains normands. — Les *Bocages* sont la partie la plus élevée. Ce terme, dans l'Ouest, représente des hauteurs granitiques, schisteuses et médiocrement boisées. Il en est de même ici : les *Bocages normand* et *manceau* culminent à 417 mètres (*monts des Avaloirs*) : mais, comme les *collines du Perche* qui leur font suite, ils sont couverts de magnifiques forêts : celles d'*Ecouves* (7500 hectares), de *Perseigne* et de *Bellême*. Toute la partie occidentale du Cotentin offre le même caractère.

Le mot Champagne se prononce « campagne » en Normandie, pays de *c* dur ; mais c'est bien le même genre de sol calcaire dans lequel les eaux courantes se perdent momentanément : à l'est de la campagne d'Alençon, l'*Avre*, l'*Iton* et la *Rille* disparaissent dans des « béloirs » ou boit-tout ; l'*Aure* et la *Dromme*, qui traversent la **campagne de Caen**, s'engloutissent dans les *fosses de Soucy*.

Les terrains tertiaires et crétacés constituent la majeure partie de la Normandie : pays d'Auge et du Lieuvin, Roumois et pays de Caux. Ce dernier forme une terrasse qui s'arrête brusquement sur les bords de la Seine et de la Manche.

Enfin les terrains quaternaires sont représentés par trois baies sablonneuses que la culture conquiert graduellement : *baies du Mont Saint-Michel*, des *Veys* et de la *Seine*.

3. Cours d'eau. — Les pluies de la Manche alimentent des cours d'eau nombreux et qui ne tarissent jamais. Ce sont : la *Sée* et la *Sélune* dans la baie du Mont Saint-Michel, la *Douve*, la *Vire* et l'*Aure* dans la baie des Veys ; l'Orne

et la *Touques* dans la baie du Calvados, la *Rille* da la baie de la Seine, enfin les rivières du pays de Ca qui se creusent dans le revêtement crayeux des l très profonds terminés par des « valleuses ». L principales sont la *Béthune* grossie de l'*Arques* et *Bresle*, ancienne limite du duché normand et royaume de France.

4. — La Vire, l'Orne et la Rille sont navigab dans leur cours inférieur. La Seine est une adm rable voie pour la batellerie *fluviale*.

5. — Le **littoral normand** offre trois aspe successifs : de la baie du Mont Saint-Michel à pointe de Barfleur, il est rocheux, inhospitalier et doutable, au *passage de la Déroute* et au *Raz Bl chard*. **Cherbourg** s'ouvre derrière une puissan digue, entre le cap de la *Hague* et la pointe de B fleur, dont le phare éclaire la mer dans toute largeur jusqu'à la côte anglaise.

6. — De Saint-Vaast-la-Hougue à Honfleur, plage est basse et même vaseuse dans la *baie o Veys*, puis formée d'un sable fin sur lequel s'aligne toutes les villes balnéaires à la mode : **Courseulles**, **C bourg**, **Deauville**, **Trouville**, etc. Au large se hérisse les dangereux récifs du Calvados.

7. — Du Havre à la Bresle, le littoral se relève : c'est rebord crayeux du **pays de Caux** dont les flots rongent haute falaise. On y rencontre le cap de la *Hève* avec s phares électriques, quelques plages, comme **Etretat** et **I Tréport**, et des ports de pêche et de commerce, comi **Fécamp** et **Dieppe**.

8. Géographie économique. — Ces terrai d'origines si diverses ont cependant une réelle unité d'aspe et de productions : ils la doivent à la Manche. La *forêt*, l *pâturages* et les *pommiers à cidre* qu'on retrouve parto nécessitent une humidité constante que la mer entretiei Cette influence maritime diminue à mesure qu'on s'avan vers l'est et le sud : le **Cotentin** et la **vallée de l'Orn** saturés d'eau, pratiquent l'*élevage* sous toutes ses forme le **Perche**, plus sec et plus froid, est exclusivement pays des *chevaux* ; le **Roumois** et le **pays de Caux**, cause de leurs calcaires perméables, ont surtout des terr à *colza* et à *céréales*. Il faut la vie maritime et industrielle la partie orientale pour qu'elle nourrisse une population dense.

2e Lecture. — L'élevage normand — L'industrie cara téristique de la Normandie est l'*élevage*. On ne le pratique pa comme en Picardie et en Flandre, dans des étables à l'aide d fourrages verts, des fourrages secs et des pulpes de betterave mais dans des *pâturages naturels* et en plein air.

Rien n'égale la beauté des herbages du Vexin, du pays d'Au et de la campagne de Caen. Chaque domaine est clos d'un ba talus de terre que dominent des ormeaux. Ces arbres superb protègent les pommiers en fleur contre les vents glacés printemps ; et l'été ils abritent le troupeau contre l'ardeur soleil. Tout le terrain est planté de pommiers en quincon savamment espacés et nettoyés avec un tel soin, qu'on ne sa rait trouver sur leur écorce ni une touffe de mousse ni un br de lichen ; les troncs des jeunes plants sont entourés d'u gaine de fer armée de pointes, ce qui les préserve de tou atteinte. L'herbe qui croît sous ce double ombrage est d'u

..rt intense, et les paysans vous disent avec orgueil : « Si vous ..rdez votre bâton dans un pré fauché le soir, vous ne le trou-z pas le lendemain. » C'est cette herbe toujours nouvelle que ..issent les bœufs à l'engrais et les belles vaches rousses ali-..ées dans les prés, « où elles tondent la longueur de leur chaîne et où elles élaborent un lait riche en crème qui, converti en beurre, donne 70 millions par an au Calvados ». Au centre de l'enclos, s'élève une bâtisse rustique faite de ..utrelles entrecroisées et de briques roses. C'est le « colom-..ge ». Les paysannes y apportent, dans des jarres en cuivre, le ..t trait dans le pâturage; et, pour conserver au beurre tout ..n parfum, elles continuent à le battre avec la traditionnelle ..ratte, condamnant comme détestables les procédés rapides de ..ndustrie moderne. Voilà pourquoi les vrais *beurres* d'*Isigny* ..se vendent guère en France : seuls les Anglais savent en ..vourer la finesse et les payer leur prix.
..Mais l'élevage pour lequel les Normands montrent le plus ..ardeur, c'est celui du *cheval de race*. Les haras officiels de ..int-Lô et du Pin et les écuries des grands éleveurs sont de ..mptueuses constructions où tout est nickelé, verni et luisant ..e propreté. Force villes, habituellement désertes, ont leurs ..ires annuelles et leur champ de courses où se presse un pu-..ic cosmopolite composé en partie d'amateurs anglais et ..acheteurs américains. A table, au café, en chemin de fer, sur ..s routes, partout, vous n'entendez parler que de chevaux nor-..ands ou percherons, que de trotteurs, de demi-sang, de trois-..arts de sang, de pur-sang. Pénétrez dans la plus pauvre ..asure du Perche et vous y trouverez invariablement deux ..rtraits : celui de Napoléon Ier ou d'un général à cheval, et ..lui d'un percheron fameux primé dans une série de courses. ..se nommait « Pourquoi-pas? » C'est le héros du pays: ou ..a vu et applaudi frénétiquement; chacun sait son histoire et ne ..mande qu'à vous la redire. Mortagne-sur-Huisne est un petit ..ourg avec une église sans clocher et un jardin sans eau. Mais ..centre se dresse une statue, c'est celle d'un percheron de su-..erbe allure monté par un minuscule Amour. Etrange monument, ..i symbolise à merveille une des passions de l'âme normande.

9. — Des cinq départements que la Normandie forme, ..uatre ont une industrie des plus restreintes : la houille et ..s minéraux manquent presque absolument.

10. — Dans l'**Orne**, deux industries expirent : à Alen-..on (17000 hab.), celle des toiles et des dentelles à la ..ain; à **Laigle**, celle des *aiguilles* dont l'Allemagne au-

jourd'hui inonde la France; mais la petite ville se sauve en fabriquant les *épingles*, les *corsets*, la *chaussure* et les *clous*. La **Ferté-Macé** et **Flers** tissent les *cotons* et les *guinées bleues* exportées aux colonies. L'élevage du *cheval percheron* est la vraie richesse de ce département qui possède le haras du Pin.

11. — Dans l'**Eure**, Evreux (19000 hab.) fabrique les *coutils*, et **Pont-Audemer**, les *papiers*, les *cuirs* et les *toiles cirées*.

12. — Dans la **Manche**, Saint-Lô (12200 hab.) a des *haras* et un grand *marché aux chevaux;* Saint-Vaast, un marché aux *beurres;* Granville, des *bains* renommés. Mais Cherbourg (43800 h.) l'emporte de beaucoup à cause de son *port militaire*, de son grand *arsenal* qui occupe 3000 ouvriers; c'est l'escale ordinaire des transatlantiques allemands et le principal centre d'expédition des beurres du Cotentin, dont 50 millions de kilogrammes passent en Angleterre. L'élevage est très florissant : on compte 90000 chevaux de race dans le département.

13. — Le **Calvados** comprend : le Bessin, pays de *beurres* qui a Isigny pour capitale, la vallée d'**Auge**, patrie du *cidre mousseux* et des *fromages* exquis, Camembert (Orne), Livarot, Crèvecœur et Pont-Lévêque; la campagne de Caen, qui nourrit nos meilleurs trotteurs, et enfin un littoral que Paris peuple et enrichit pendant la belle saison. Caen (44400 hab.) a ses foires, son champ de courses et un port animé sur l'Orne avec un canal maritime conduisant à Ouistreham; Lisieux (16200 h.) conserve quelques tissages de *toiles;* Vire, des tissages de *laines;* Honfleur, port sur la Seine, fait le commerce des *bois*.

14. — La **Seine-Inférieure** est plutôt un pays de champs produisant le *blé*, l'*avoine* et le *colza* qu'une terre de pâturages; cependant le **pays de Bray**, longue rainure de crétacé inférieur que parcourent la Béthune et le Thérain, fournit le *beurre* de **Gournay** et le *fromage* de **Neufchâtel**. Mais le département doit surtout son importance à ses *manufactures* et à la mer. — Elbeuf (18700 hab.) et **Caudebec** (9400 hab.), villes *drapières*, restent fidèles à une industrie qui remonte chez elles au quinzième siècle.

3e Lecture. — Rouen et Le Havre. — Rouen (118500 h.) est une des villes du monde qui fabriquent le plus de *cotons;* les filatures et les tissages s'étendent, en dehors de son agglomération urbaine, sur un groupe comprenant **Sotteville** (19000 h.), **Petit-Quevilly** (14900 hab.), **Darnétal** (6900 hab.) et autres bourgs qui, joints à Rouen, comptent au moins 160000 habitants. Rouen est en outre l'ancienne et superbe *capitale* de la Normandie, et, malgré les 120 kilomètres qui la séparent de la Manche, un *port actif* recevant à quai les vaisseaux de 7m,50. Son mouvement place Rouen au sixième rang parmi nos ports de mer et au second comme port fluvial.

Le Havre (132400 hab.), à l'extrémité de l'estuaire, couvre de ses 9 bassins 76 hectares, reçoit par le canal batelier de *Tancarville* les chalands de la Seine et, dans ses bassins de l'Eure et de Bellot, les paquebots des grandes Compagnies. L'avant-port qu'on va lui creuser en face de la Manche en fera une des places maritimes les plus complètes; et, dès à présent, il est, pour le tonnage, notre second port de commerce, faisant à lui seul la cinquième partie de nos exportations. « Paris, Rouen et Le Havre, disait Napoléon, sont une même ville dont la Seine est la *grand-rue*. » Grâce à ces ressources multiples, le département de la Seine-Inférieure compte 133 habitants par kilomètre carré.

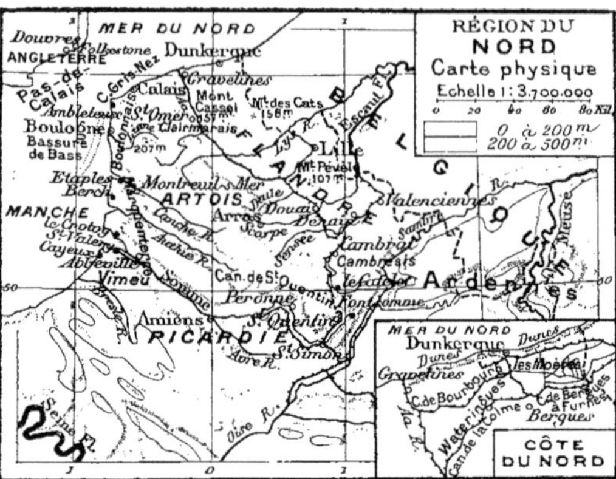

IX. — RÉGION DU NORD

1. — La région du Nord s'étend de la Bresle à la frontière belge, et de l'Escaut supérieur au détroit du Pas-de-Calais.

2. **Relief.** — Le relief est très médiocre ; ses saillies les plus marquées sont : l'extrémité des **Ardennes** que contourne la Sambre, les renflements peu accentués du **Cambrésis**, de l'**Artois** et de la **Picardie**; enfin le massif crayeux du **Boulonnais** : ce dernier atteint 200 mètres.

3. — Tout le reste du pays est bas et plat : trois éminences de la plaine flamande passent pour des montagnes à cause de leur isolement : le *mont Pévéle* (107 m.), le *mont des Cats* (158 m.), le *mont Cassel* (157 m.). Certaines dépressions se creusent même au-dessous du niveau marin : telles sont les *Wateringues*, la grande et la petite *Moère*.

4. — A part le **Boulonnais** jurassique et la **Marquenterre** quaternaire, tout le pays est d'origine tertiaire : ses calcaires sont à vif sur les hauteurs, mais cachés dans la plaine sous une couche féconde de limon argileux.

5. **Cours d'eau.** — Si faibles que soient les déclivités, le pays se partage en deux versants : celui de la Mer du Nord et celui de la Manche. Dans la mer du Nord, se jettent la *Sambre*, l'Escaut et l'*Aa*.

6. — La *Sambre*, tributaire de la Meuse, passe à Hautmont et à Maubeuge.

7. — L'Escaut naît à 87 mètres d'altitude près du Catelet; canalisé à Cambrai (47 m.), il passe à Denain, à Valenciennes, après avoir reçu la *Sensée*, et, plus bas, la *Scarpe*, rivière d'Arras et de Douai. En Belgique, il reçoit encore une rivière française, la *Lys*, qui a pour affluent la *Deule*, rivière de Lille. L'Escaut a 400 kilomètres, dont 120 seulement en France. Presque entièrement utilisé pour la navigation, l'Escaut communique avec la Somme, l'Oise et Paris par le *canal de Saint-Quentin*, dont le tunnel (5670 m.) est le plus long et le plus fréquenté de nos tunnels fluviaux : 25000 bateaux le traversent tous les ans.

8. — L'*Aa* est navigable de Saint-Omer à Gravelines.

9. — Les tributaires de la Manche ont un moindre débit et un cours moins important, parce qu'ils se creusent des sil[...] parallèles et ne communiquent pas entre eux. Ce sont la L[...] (Boulogne), la *Canche*, l'*Authie*, la **Somme** et la *Bresle*.

10. — La **Somme** (245 kil.) naît à Fontsomme dan[...] département de l'Aisne, où elle arrose Saint-Quentin. D[...] le département auquel elle donne son nom, elle pas[...] Péronne, Amiens, Abbeville, et s'achève au milieu [...] sables. Elle n'est navigable que dans les parties canali[...] ou longées par un canal latéral.

1re Lecture. — **Front maritime.** — La mer du Nord e[...] Manche confondent leurs flots dans le Pas-de-Calais.

La **côte du Nord** est ourlée de dunes moins hautes que ce[...] de la Gascogne (10 à 50 m.) et fixées par des plantation[...] joncs marins. Ces dunes protègent l'arrière-pays qu'elles enva[...] saient autrefois. Cette zone humide est celle des Wateringue[...] des Moëres, qui s'égoutte à l'aide de rigoles appelées waterga[...] **Dunkerque**, port de commerce, *Gravelines*, port de pêche, [...] les seuls mouillages accessibles.

Le **Pas-de-Calais** n'est guère large (33 km.): le petit Po[...] chaussant ses bottes de sept lieues le franchirait d'une [...] enjambée. Il n'est guère profond non plus (20 à 60 m.); [...] ses brouillards, ses courants, ses hauts-fonds rendent sa [...] versée pénible. Cependant près de 700000 voyageurs le franc[...] sent tous les ans entre Calais et Douvres, Boulogne et Folkes[...]

Le littoral de la **Manche** est élevé et taillé à pic dans le m[...] crayeux du Boulonnais (cap Gris-Nez), puis il s'abaisse e[...] creuse d'estuaires envasés. **Boulogne**, protégé par un ban[...] large (la Bassure de Bass), est un port de pêche, de comm[...] et de bains. Les autres villes maritimes ne comptent gu[...] **Montreuil-sur-Mer** est à 11 kilomètres dans les terres: **Ab**[...] ville, qui recevait 150 voiles au temps de Henri IV, **Saint**[...] lery qui abrita 900 vaisseaux, n'en reçoivent pas 40 par an[...] tant la baie de la Somme est peu praticable. *Ambleteuse*, *Étap*[...] *Berck*, *Le Crotoy* et *Cayeux* sont de simples stations balnéa[...]

11. **Géographie économique.** — Trois provin[...] Picardie, Artois et Flandre, se partageaient le nord[...] la France; trois départements, *Somme*, *Pas-de-Calais* et *N*[...] correspondent plus ou moins à leurs anciennes limites.

2e Lecture. — L'agriculture du Nord. — Ces trois dé[...] tements se distinguent par une admirable entente de la cult[...] Leur gras limon est remué par des labours profonds et on[...] prodigue les engrais de ferme, les phosphates et les engrais [...] miques. Jamais la terre ne se repose, aucun espace n'est per[...] et la culture a pris, surtout dans le Nord, un caractère scie[...] fique très marqué. Il en est de même pour les industries a[...] coles auxquelles de grands savants comme Pasteur, Violette et [...] mette ont donné leur concours. Le rendement moyen du bl[...] France est de 17 hectolitres par hectare; il atteint 20 hectoli[...] dans le Pas-de-Calais, 21 dans le Nord. Le rendement de l'av[...] (27 hectolitres en France) atteint 32 hectolitres dans la Somme[...] 37 dans le Nord. La *betterave à sucre* acquiert une de[...] quable, grâce à la sélection des graines: nos trois départeme[...] joints à celui de l'Aisne, en sont les premiers producteurs.

Ces produits, auxquels il faut joindre les *prairies artificie*[...] et la *betterave fourragère*, permettent de pousser très loin l'[...] vage : les *chevaux* boulonnais et flamands, animaux colos[...] que l'on utilise pour le transport de la bière et des laines, [...] *vaches laitières*, les *bœufs* de boucherie sont en nombre co[...] dérable. Moins nombreux sont les moutons, relégués dans [...] pays pauvres. Certaines cultures passent au second rang, com[...] le colza, l'œillette et le lin qu'on sème encore dans les lieux [...] mides (Marquenterre, pays de Clairmarais, Wateringues, com[...] la pomme de terre et les pois cultivés surtout dans les dun[...]

Mais, si grandes qu'elles soient, ces ressources agricoles [...] suffiraient pas à entretenir une population des plus dense[...] 85 habitants par kilomètre carré dans la Somme, 150 dan[...] Pas-de-Calais, 328 dans le Nord. C'est l'industrie et le comme[...] qui expliquent cette exceptionnelle prospérité.

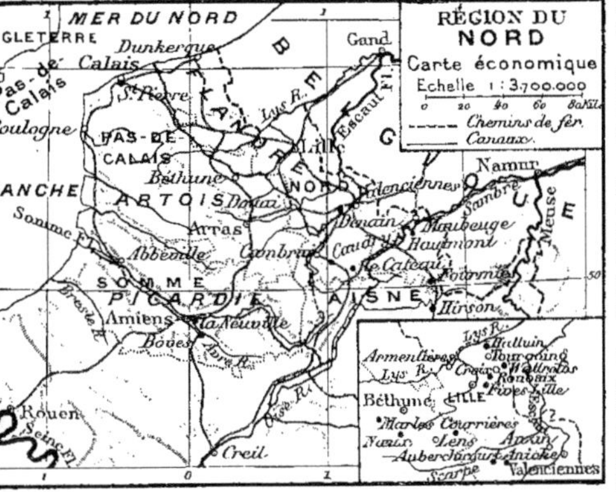

12. — La **Somme** a un foyer industriel très actif : est **Amiens** (90 900 hab.). Amiens depuis longtemps est ville du *velours*. Elle fabrique également les *tapis*, les *moquettes*, les *vêtements* et la *chaussure*. Ses environs sont humides : les paysans de **Boves**, sur l'Avre, extraient 4 000 tonnes de *tourbes*, et ceux de la **Neuville** occupent d'anciens marais devenus les « hortillons » ou petits jardins. Sur leur terreau, que des fossés coupent en rectangles, ils font pousser les *légumes* de toutes sortes que 150 barques portent au marché d'Amiens.

13. — **Abbeville**, condamné comme port, ne fait vivre ses 20 700 habitants que par l'industrie des *sucres* et des *serrureries*. Le **Vimeu**, situé entre la Somme inférieure et la Bresle, est un centre d'élevage pour le *cheval boulonnais* et un pays d'*industrie ferronnière*.

14. — Dans le **Pas-de-Calais**, **Arras** (24 900 hab.) n'est qu'un grand marché de céréales ; mais il y a trois centres industriels de premier ordre : **Béthune** (13 600 hab.), qui domine le plus riche *bassin houiller* de France (Lens, Courrières, Nœux et Marles) ; **Calais**, grossi de la turbulente ville de **Saint-Pierre**, qui est à la fois port de commerce, terminus de voie ferrée internationale (Calais-Ville-Brindisi) et centre de fabrication des *dentelles* (66 600 h.) ; **Boulogne** (51 200 hab.), port de commerce, plage fréquentée par la société anglaise, qui a deux industries prospères, celles des *biscuits* et des *plumes métalliques*. Boulogne, en outre, fournit 3 500 marins pour la pêche d'Islande et du Doggersbank.

15. — Le **Nord** réunit tous les genres d'activité, grâce à l'excellence de sa situation entre la Belgique et l'Angleterre, à l'abondance de ses *houilles*, à la richesse de son terroir, aux facilités de ses communications et à l'énergie tenace de ses habitants. On ne peut s'arrêter à chacune de ses villes : il suffit de les grouper par spécialités.

16. — Le groupe *lainier* comprend **Roubaix** (121 000 h.), **Tourcoing** (81 700 h.), **Wattrelos** (27 500 h.), **Croix**, **Halluin** et d'autres localités situées au nord de Lille ; **Le Cateau** et **Fourmies** dans le sud du département.

17. — Le groupe *linier* (toiles, fil à coudre, mouchoirs de batiste) a pour centres principaux : **Armentières** (28 600 hab.), **Lille** (205 600 hab.), **Cambrai** (27 800 hab.) et les environs de **Caudry**.

18. — Le groupe *houiller* et *métallurgique* est représenté par **Fives-Lille** (qui est le Creusot du Nord), **Valenciennes** (31 800 hab.), **Denain** (24 600 hab.), **Douai** (33 200 hab.), **Anzin** (14 400 hab.), centre principal des mines, **Hautmont**, sur la Sambre. Et l'on pourrait y joindre **Aniche** et **Auberchicourt**, dont la houille alimente les manufactures de *glaces* et les importantes *verreries*.

19. — Chacune de ces robustes cités ajoute à son industrie maîtresse des fabriques de *sucre* ou de *produits chimiques*, un *marché aux grains* ou aux *bestiaux*. Lille, Douai ont des *minoteries* puissantes et vendent des *graines de betteraves* ou du *blé de semence* à la France entière. Le port de **Dunkerque** (38 300 hab.), importe toutes les matières premières (laines, cotons, minerai, bois, houille et peaux) et met cette région manufacturière en relations avec l'Angleterre, l'Amérique et les pays du Nord. Dunkerque est en même temps une place de défense maritime.

3e Lecture. — **Les eaux du Nord.** — Les eaux douces sont si abondantes dans la France du Nord, et elles y jouent un rôle si important et si curieux, qu'il est bon de connaître leur origine et leur action.

Les hauteurs de l'Artois, dont le calcaire est à nu, renferment toutes les sources qui alimentent la Somme, l'Escaut et les fleuves côtiers. Leur sol éminemment poreux boit l'eau des pluies, mais la restitue à la plaine sous forme de rivières calmes et abondantes. Il semblerait qu'à son tour la plaine doive absorber ces eaux ; car elle est crétacée, elle aussi. Mais elle a conservé son revêtement limoneux, et elle retient à la surface l'eau qui la fertilise. C'est pourquoi les fleuves du Nord, dont la pente est à peine sensible, sont des modèles de constance et de régularité : ils marchent à la mer d'un pas paisible et lent, si lent que sur les bords de l'Escaut ou de la Sensée un pêcheur à la ligne voit à peine son flotteur se déplacer.

Un pareil calme a ses avantages : il a permis de creuser d'innombrables canaux qui communiquent entre eux, et qui unissent Paris aux centres manufacturiers et maritimes de la Flandre française et du pays belge. Ces eaux dormantes et presque mortes créent une vie intense. Elles nourrissent une population qui compte des milliers d'hommes, mariniers ou débardeurs, constructeurs de chalands ou loueurs de chevaux, éclusiers et logeurs. Le port fluvial de Saint-Omer reçoit 10 000 bateaux qui passent d'un canal à l'autre sur des plans différents. L'ascenseur des *Fontinettes*, vraie bascule hydraulique, s'empare de deux bateaux à la fois ; l'un monte, l'autre descend, et l'ascenseur épargne aux mariniers la traversée de cinq écluses et une semaine de retard. A Douai, passent 29 000 bateaux qui utilisent ses bassins à doubles écluses et le touage à vapeur fonctionnant jour et nuit. La prospérité agricole et industrielle du Nord serait irrémédiablement compromise sans ces voies fluviales qui transportent à peu de frais d'énormes chargements de houille, de minerais, de laines brutes, de betteraves et de blé.

Mais ce régime trop calme a ses défauts : mainte région souffre d'un excès d'humidité. Le bassin de la Somme et celui de l'Escaut sont comme des fonds lacustres : ils ont trop de caves inondées, de puits malsains, de sous-sols inconsistants et spongieux. Les palais de Lille et son nouveau musée sont bâtis sur un fond boueux ; Amiens est entouré de ses « hortillons » et de ses marais à tourbe. Enfin, bien que, depuis soixante ans, aucun lambeau de terre de Clairmarais ne se soit détaché et n'ait vogué à la dérive, Saint-Omer reste aux yeux des vieux Flamands « l'étrange ville aux îles flottantes ».

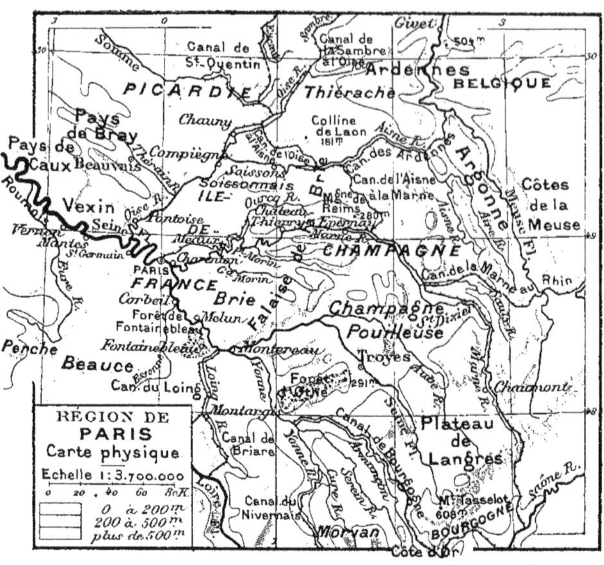

X. — RÉGION DE PARIS

1. — Le **Bassin de Paris** est très étendu : il va du Massif Central à la mer du Nord, et du Massif breton au plateau lorrain. Ses terrains dépassent la Manche, mer récente, et comprennent les bassins de la Tamise, de la Seine, de la Loire moyenne et de la Meuse.

2. — La **région de Paris** correspond au bassin supérieur et moyen de la Seine, et aux anciennes provinces de la **Champagne** et de l'**Ile-de-France** auxquelles il faut ajouter quelques lambeaux de la **Bourgogne** et de la **Picardie**.

1re Lecture. — Le Bassin géologique de Paris. — Rendez-vous sur un champ de foire au moment où le marchand de vaisselle déballe sa marchandise, et vous y verrez des plats de toutes dimensions emboîtés les uns dans les autres. Un seul plat se montre dans son entier ; c'est le plus petit qui occupe le centre de la pile ; il cache le fond des autres dont les rebords seuls sont apparents. Ces plats sont de nature diverse, les uns en porcelaine, d'autres en grès ou en terre poreuse. Leur pile vous donne une parfaite image du bassin de Paris.

Paris et les plaines qui l'entourent (Brie, Beauce, Ile-de-France, Vexin, Soissonnais) constituent la cuvette centrale, qui est la plus petite. Mais, quand on creuse au-dessous de la ville, comme on l'a fait pour forer les puits artésiens, on atteint tour à tour les fonds des autres cuvettes, celle de la *craie blanche* qui forme la Champagne dite *pouilleuse*, la Picardie et le pays de Caux ; — celle de la *craie argileuse*, qui forme la Champagne humide, l'Argonne et le pays de Bray ; — enfin le *calcaire jurassique* qui se trouve en Bourgogne, dans le plateau de Langres, dans les Côtes de la Meuse et le Boulonnais.

Ces terrains divers enveloppent Paris de leurs *bandes concentriques* et ils sont séparés les uns des autres par des rebords saillants, vraies falaises que les cours d'eau ont sciées pour se frayer un chemin vers la cuvette centrale et vers Paris. La Seine a franchi ces mêmes obstacles. Mais c'est pour elle labeur à recommencer : car le terrain se relève à l'o[uest] de la capitale ; et le fleuve « travailleur », avant de gagner la mer, doit se creuser un sillon de plus en plus profond dans les terrasses du pays de Caux et du Rou-mois où se multiplient les méandres et les détours.

3. **Relief**. — Le relief est un ensemble de plaines encadrées par les derniers épanouissements du Perche, du Morvan, de la Côte-d'Or, du plateau de Langres, de l'Argonne, enfin du plateau primaire des Ardennes qui culmine à 504 mètres.

4. — Il y a peu de hauteurs notables à l'intérieur, sauf la *forêt d'Othe* (291 m.) et une série d'éminences disposées en arc de cercle à l'ouest la Champagne pouilleuse. C'est la *falaise tertiaire de la Brie*, qui a pour points culminants la *colline Laon* (181 m.) et la *montagne de Reims* (280 m.).

5. — La **Seine** (776 km.) se forme en Bourgogne à 471 mètres d'altitude ; à Troyes, elle a descendu moitié de sa pente ; à Montereau, où conflue l'Yonne, c'est un grand fleuve. Elle passe en vue de Fontainebleau, dessert Melun, Corbeil, Charenton et Paris, puis, par une suite de détours, Saint-Germain, Mantes et Vernon, où elle entre en Normandie.

6. — A droite, elle reçoit l'*Aube*, la *Marne*, l'*Oise*. La **Marne**, issue du plateau de Langres, décrit une grande courbe par Chaumont, Saint-Dizier, Epernay, Château-Thierry et Meaux. Elle fait plus de chemin que la Seine, mais roule moins d'eau : la *Saulx*, l'*Ourcq* et les deux *Morins* sont de modestes tributaires. — L'Oise, belge à sa naissance, enrichit Chauny, Compiègne et Pontoise ; ses affluents sont le *Thérain* (Beauvais) et l'*Aisne* (Soissons) qui décrit une courbe comme la Marne. L'Oise est la rivière de France qui porte le plus de bateaux et de marchandises.

7. — A gauche, la Seine est grossie par l'**Yonne** qui descend, avec la *Cure*, le *Serein* et l'*Armançon*, les hauteurs granitiques du Morvan. Leur débit maximum peut atteindre 1500 m. cubes, mais on a vu l'Yonne réduit à un volume cent fois moindre. — Deux rivières beaucoup plus calmes atteignent la Seine : ce sont le *Loing* (Montargis) et l'*Essonne*.

8. — A Paris (26 m. d'altitude), la Seine a un débit moyen de 150 mètres cubes. C'est le plus constant et le plus utile de nos grands cours d'eau.

2e Lecture. — La Champagne. — On comprend sous ce nom deux zones de terrains très différentes et qui subissent depuis cent ans des sorts tout opposés.

La **Champagne humide** devait sa supériorité à de nombreuses *mines de fer*. Mais la plupart des forges champenoises, qui s'alimentaient avec le bois, ont éteint leurs feux, et en dix ans (1886-1896) le département de la Marne a perdu 27000 habitants. Malgré cette décadence industrielle, le pays garde une certaine activité, grâce à l'élevage des *moutons*, aux *forêts* de l'Argonne et du pays d'Othe, et aux *vignobles* des environs de Reims.

L'autre Champagne est une assise continue de craie que la mer secondaire a laissée à sec en se retirant. Poreuse, poudreuse, aride, la **Champagne pouilleuse** semblait vouée à une irrémédiable indigence. Son sol avait si peu de prix qu'il se vendait deux francs l'arpent, « à la condition qu'on pût y récolter un lièvre. » Ses seuls lieux habitables étaient les berges des rivières où les maisons s'alignaient sur une file unique derrière leurs petits jardins.

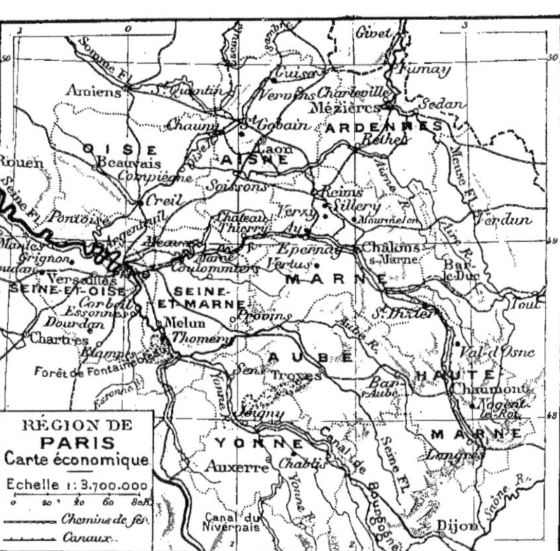

L'arbre transforme cette nature ingrate. C'est en 1815 qu'on planta les premiers pins, pauvres précurseurs qui moururent à la peine ; mais leurs racines avaient ameubli la croûte calcaire, et leurs aiguilles formaient une première couche d'engrais. D'autres plantations se sont succédé : pins noirs d'Autriche, pins laricio, bouleaux, trembles et chênes. Ils s'acclimatent : l'herbe croît sous leur ombrage, l'humus se forme, le gibier se multiplie, et déjà les moutons, moins nombreux, font place au gros bétail. Un quart de la Marne est boisé, et nos petits-fils trouveront une Champagne forestière coupée de champs labourables là où nos pères n'ont connu qu'une steppe sans verdure et une terre de désolation.

9. — La **Haute-Marne** n'a que 35 habitants par kilomètre carré, depuis la décadence de la métallurgie au bois. Langres vend des *couteaux* fabriqués à **Nogent-le-Roi** ; **Saint-Dizier** (14 700 hab.) conserve ses *forges*, et Val-d'Osne, ses *fonderies* d'art ; **Chaumont** (14 900 hab.) vit sans grandir avec ses *ganteries* et ses *mégisseries*.

10. — L'**Yonne** a des *vins* estimés à **Chablis**, **Sens** (15 000 h.) et **Auxerre** (20 900 h.) ; ses canaux du Nivernais et de Bourgogne et ses rivières transportent les *bois* et les *vins* ; mais la population n'est que de 42 habitants par kilomètre carré.

11. — L'**Aube** possède **Troyes** (53 400 h.), dont les foires attiraient jadis les marchands de toute la chrétienté. Cette ville de drapiers, de foulons et de tanneurs est devenu un centre de *bonneterie* fabriquant tous les tricots imaginables de coton et de laine, hormis les bonnets de coton. La *tannerie* s'est réfugiée à **Bar-sur-Aube**. — Population moyenne : 40 habitants par kilomètre carré.

12. — La **Marne** nourrit 53 habitants par kilomètre carré, grâce à son industrie *lainière* et à ses *vins*. Reims (109 900 h.) fabrique tous les tissus fins, *mérinos, flanelles* et *tissus légers*. Ses *vignobles* s'alignent le long de la falaise tertiaire, à **Sillery**, **Verzy**, **Ay**, **Vertus** ; les *vins de Champagne* ont leurs caves géantes et leurs centres d'expéditions à **Epernay** (21 600 h.) et à **Reims**. **Châlons-sur-Marne** (27 800 h.), chef-lieu, fait petite figure en face de Reims. Il a pourtant ses vastes caves à *bière* et son camp de **Mourmelon**.

13. — Le département des **Ardennes** emploie les charbons belges et les fontes de la Lorraine pour fabriquer la *quincaillerie* de **Charleville** (20 700 h.) ; Sedan (19 600 h.) produit les *draps* fins ; Givet, les *crayons* ; Fumay exploite des carrières d'*ardoises*. — Population moyenne : 60 habitants par kilomètre carré.

3e Lecture. — Ile-de-France et Picardie. — Elles se distinguent par leur fertilité naturelle et par l'importance de leurs cultures. Partout on traverse des champs de *betteraves* ou de *blé*, que cultivent une multitude de Belges et de « Camberlots » qui passent sur ces terres plantureuses deux et même trois saisons. En Brie, des attelages de six bœufs ou de cinq chevaux traînent la charrue. Les édifices caractéristiques de la campagne sont des fermes et des sucreries, ceux des villes, des fabriques d'instruments aratoires, des halles aux grains et des minoteries.

14. — L'**Aisne** (72 hab. par kilom. car.) est pastoral dans la **Thiérache** et industriel à **Saint-Quentin** (52 800 h.) qui tisse le *coton* et la *laine* ; à **Guise**, centre de *quincaillerie* et de *fourneaux* ; à **Vervins**, ville de *vannerie*, et à Chauny et Saint-Gobain, fabriques de *glaces*. Laon (15 300 h.), Soissons (14 300 h.) et Château-Thierry sont des marchés agricoles.

15. — L'**Oise** a trois villes industrielles : **Beauvais** (20 200 h.) qui tisse des *tapis*, Creil qui exploite des *pierres de taille* et Compiègne qui construit, avec le bois de sa forêt, 24 000 *bateaux* par an.

16. — La **Seine-et-Marne** se partage entre la *forêt de Fontainebleau* et les campagnes de la Brie. Cette dernière alimente les *minoteries* de **Meaux** (13 900 h.) et les *fromageries* de Coulommiers. Déjà l'approche de Paris se reconnaît aux *cultures fruitières* de **Provins** et de **Thomery** (*raisins de table*) et à la fabrication du *papier* à **Coulommiers**. Melun (13 900 h.) n'est qu'un grand centre d'expédition sur la Seine.

17. — Enfin le département de **Seine-et-Oise** appartient exclusivement à Paris qu'il enveloppe et qu'il alimente : **Pontoise**, **Etampes** ont des *cultures maraîchères* et des *moulins* ; Corbeil engouffre dans ses immenses *minoteries* les blés de la Brie et de la Beauce, et expédie 3 500 quintaux de farine par jour. Houdan engraisse la *volaille* ; Argenteuil cultive l'*asperge*, la *pêche* et les *arbres à fruits* ; Grignon, Dourdan, Versailles ont des écoles de culture. Essonnes livre 250 000 kilogrammes de *papier* par jour à la capitale. Tout est tourné vers elle, travaille pour elle, et Versailles lui-même (54 800 h.) n'est que le plus somptueux de ses faubourgs. — Population : 132 habitants par kilomètre carré.

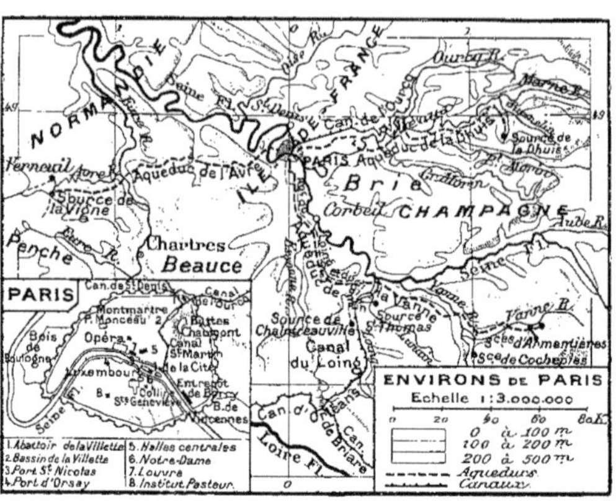

X. — RÉGION DE PARIS (*Suite*)

PARIS ET LE DÉPARTEMENT DE LA SEINE

1. — Paris est situé sur la Seine, au point où ce fleuve, grossi de l'*Yonne*, du *Loing* et de l'*Essonne* sur la rive gauche, de l'*Aube* et de la *Marne* sur la rive droite, va recevoir l'*Oise* et avoir son volume définitif.

2. — Les plaines qui l'entourent, **Beauce**, **Brie**, **Ile-de-France** et **Normandie**, toutes fécondes et bien cultivées, fournissent les *céréales*, les *betteraves*, le *lait* et les *bestiaux* nécessaires à une très grande ville.

1re Lecture. — Le fleuve et la ville. — Paris doit à la Seine ses origines et sa grandeur. Qu'on se reporte, par la pensée, au temps où l'on ne connaissait ni chemins de fer, ni routes, ni voies frayées d'aucune sorte, et où les rivières jouaient un rôle capital dans la vie des hommes. Tous les tributaires de la Seine convergeant presque au même point, ce point fut forcément le rendez-vous des voyageurs et des marchands. La Seine y était large; elle enveloppait de ses bras plusieurs îles. Ces îles furent le berceau de *Lutèce*, protégée sur ses deux rives par un pont fortifié. Lutèce grandit rapidement et sa population reflua au dehors : les collèges de l'*Université* escaladèrent la colline de Sainte-Geneviève et la *Cité* se bâtit à l'abri de Montmartre. Paris se forme de ces trois éléments.

La plus ancienne corporation connue dans notre pays est celle des bateliers de la Seine (*nautæ parisiaci*) auxquels on donna le nom de « marchands de l'eau »; le bateau gravé sur le sceau de cette corporation passa dans les armes de la Ville. Et le « prévôt des marchands », magistrat électif, fut un véritable maire de Paris, où il tint souvent en échec le « prévôt du roi ».

Les accroissements successifs de la capitale, la construction d'enceintes toujours plus étendues sous Philippe-Auguste, sous Charles V, sous Louis XIII, Louis XIV et Louis-Philippe ont toujours correspondu à un développement nouveau de la navigation fluviale qui s'étendit au bassin de la Seine tout entier, puis, par les canaux de jonction, à tous les bassins limitrophes, et, par eux, aux cours de la Garonne et du Rhin.

Aujourd'hui même, la situation n'a pas changé : six réseaux de voies ferrées ont à Paris leur administration centrale et leur terminus, et toutes nos routes nationales partent du pied des tours Notre-Dame. Mais la Seine reste l'artère principale du commerce parisien : coulant entre des quais superbes et dotée de barrages qui maintiennent les eaux à la hauteur normale de 3^m,20, rattachée à la Marne par les canaux de l'*Ourcq* et *Saint-*

Martin et complétée par le canal *Saint-Denis*, la Seine transporte la plus grande partie des denrées lourdes et encombrantes : sables et pierres de taille, fontes et houilles, farines et vins, bois de chauffage et bois de construction. Ces produits sont déchargés dans le *bassin de la Villette*, dans l'*entrepôt de Bercy*, ou sur les ports *Saint-Nicolas*, d'*Orsay*, etc. Le tonnage des marchandises débarquant à Paris dépasse celui de Marseille, et atteint celui de toutes les gares réunies. Quant aux voyageurs, si nombreux que soient les modes de locomotion de la capitale, la Seine transporte 25 millions d'hommes chaque année à l'aide de ses « bateaux-mouches » et de ses « hirondelles ».

On peut même dire que l'avenir commercial de Paris dépend de l'utilisation du fleuve. Comme son niveau n'est que de 25 mètres supérieur au niveau de la Manche, il est possible de transformer Paris en port de mer, et d'amener à quai les bâtiments de moyen tonnage, sans rompre charge et sans ajouter, aux frais de transport, les frais si lourds de transbordement. D'autres capitales, Bruxelles et Berlin, travaillent à réaliser ce rêve. Paris ne doit pas se laisser devancer.

3. La ville et son groupe suburbain. — Dans son enceinte actuelle, **Paris** renferme 2 763 400 habitants. Mais la vie n'est guère moins intense hors des murs. Cet astre puissant est entouré de puissants satellites. Ce sont : au nord, **Clichy** (41 800 hab.), **Saint-Ouen** (45 400 hab.), **Saint-Denis** (64 800 hab.), **Pantin** (36 600 hab.), et **Aubervilliers** (44 700 hab.); — à l'est, **Vincennes** (63 300 hab.) et **Charenton**; — au sud, **Ivry** et **Sceaux**; — à l'ouest, **Boulogne** (50 000 hab.), **Neuilly** (41 100 h.) et **Levallois-Perret** (61 900 hab.).

4. — Le département de la Seine est le plus petit de tous, mais il compte 3 848 600 habitants, 8 018 par kilom car., près du dixième de la population de la France.

Deux villes seulement l'emportent sur Paris, **Londres** (4 500 000 hab.) et **New-York** (3 700 000 hab.).

5. Hygiène et alimentation. — A maintes reprises, Paris a été ravagé par des épidémies. Il importe plus que jamais d'éviter le retour de ces fléaux; car, sur un espace grand comme un arrondissement ordinaire, l'agglomération parisienne est plus considérable que la population du Danemark, de la Norvège, de la Grèce et même de la Suisse.

6. — Pour aérer Paris, on a percé, depuis cinquante ans, de larges et belles avenues plantées d'arbres, on entretient 67 squares ombragés et fleuris, des jardins splendides (*Luxembourg, buttes Chaumont, parc Monceau*, etc.), auxquels il faut ajouter les *bois de Vincennes* et de *Boulogne*.

7. — Pour fournir à Paris de l'eau pure, on puise, partout un réseau de canaux souterrains et d'aqueducs, aux sources limpides de la *Vanne*, du *Loing*, du *Lunain*, de la *Dhuis*, de l'*Avre* et d'autres sources dont le tribut malheureusement ne suffit pas pendant l'été.

8. — Pour assainir Paris, on a creusé 850 kilomètres d'égouts qui constituent une des curiosités de Paris souterrain; l'épandage s'effectue, loin de la ville, dans la *presqu'île de Gennevilliers* et dans la plaine d'*Achères*, au delà de la forêt de Saint-Germain.

2e Lecture. — Nourrir et embellir Paris a été, de tous temps, l'occupation de la banlieue : les jardiniers, les pépiniéristes et les fleuristes pullulent autour de la ville : grands maîtres dans leur art, ils arrivent, à force d'engrais et de soins intelligents, à tirer jusqu'à six récoltes de légumes dans la même année et à produire, dans leurs serres, des fleurs aussi variées et aussi délicates que celles de la Côte d'Azur.

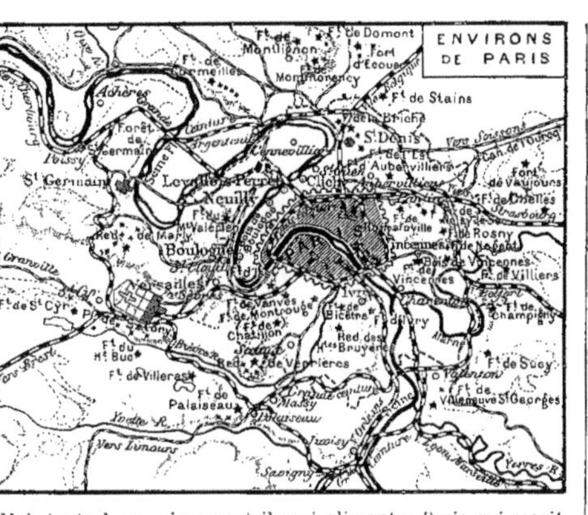

Mais toute la province contribue à alimenter Paris qui reçoit, en outre, les produits du monde entier. Les denrées, qui arrivent aux *Halles centrales* toutes les nuits, s'évaluent par millions de kilogrammes tous les ans : 38 pour la viande de boucherie, 25 pour le gibier et la volaille, 30 pour le poisson, 200 pour les légumes et les fruits. Et ce n'est encore là qu'une partie de la consommation faite dans la capitale : chaque quartier a ses halles particulières, chaque rue ses marchands ambulants et ses grands magasins de comestibles et de primeurs. L'*abattoir de la Villette*, un des grands égorgeoirs du monde, reçoit chaque année 3 millions de têtes de bétail.

9. Industrie. — Paris, tributaire de la province et de l'étranger pour la plupart des matières premières, est un de nos plus puissants foyers industriels. La grande industrie y est représentée par les *produits chimiques* et les *constructions mécaniques*, par les *raffineries de sucre* et les *minoteries*, par l'*imprimerie* et les *ateliers de confection*.

10. — Mais Paris excelle surtout dans les industries d'art et de luxe : *bronzes et orfèvrerie, meubles fins et porcelaine* (Sèvres), *objets céramiques, jouets d'enfants et maroquineries*. L'article de Paris se distingue toujours par son fini, sa commodité et son élégance : tout apprentissage industriel se termine à Paris pour les fabricants de la province et de l'étranger.

3e Lecture. — Instruction publique. — La supériorité de Paris tient à deux causes : l'une est l'attraction que Paris exerce sur tous les hommes de talent, l'autre est la réunion, dans la même ville, de toutes les ressources intellectuelles imaginables. Paris compte près de 500 écoles maternelles et primaires, 7 écoles primaires supérieures et professionnelles, plus de 400 cours d'adultes, 8 grands lycées dans la ville, 2 lycées suburbains et une foule de bibliothèques dont quelques-unes comptent parmi les plus riches du monde pour le nombre et la rareté de leurs ouvrages (Bibliothèques *Nationale*, de l'*Arsenal*, *Sainte-Geneviève*, *Mazarine*, *Archives nationales*, etc.). L'Université, qui a son siège au palais de la Sorbonne, et les grandes écoles, 8 merveilleux musées (*Louvre*, *Cluny*, *Luxembourg*, *Carnavalet*, etc.), 40 grands théâtres (*Opéra*, *Comédie-Française*, *Odéon*, *Opéra-Comique*) et une profusion de monuments, dont la plupart sont des chefs-d'œuvre, attirent les étudiants et les visiteurs de toutes les nations. Parmi les grandes écoles, il faut ranger les hôpitaux que Paris entretient pour près de 40 000 malades. Ils ont pour internes les étudiants les plus instruits pris au concours, et pour directeurs les médecins les plus illustres de France. Grâce à leurs cliniques, la *Faculté de médecine* de Paris est hors de pair en Europe. L'*Institut Pasteur* brille d'une gloire spéciale; c'est là que les disciples du grand maître poursuivent ses recherches sur les maladies microbiennes : et de tous les pays du monde les médecins affluent vers ces laboratoires, où la méthode pastorienne a renouvelé la médecine.

A toutes les époques de l'histoire et même aujourd'hui, dans tous les mouvements intellectuels, politiques et sociaux, Paris prend l'initiative et joue le rôle prépondérant : ses poètes, ses penseurs et ses savants sont au premier rang parmi les grands maîtres du monde civilisé.

4e Lecture. — L'esprit de Paris. — Tout provincial qui a de l'initiative ou du talent, et qui veut se faire un nom dans le monde des lettres, des arts, des sciences ou des affaires, quitte sa province et se jette dans le tourbillon parisien. Et Paris est une sorte de creuset dans lequel toute la matière intellectuelle de la France s'engouffre, bouillonne et s'affine.

Nulle part on ne travaille autant, avec plus de vaillance, d'allégresse et d'entrain. « Le travail de Paris n'est pas l'occupation calme et régulière, le train-train journalier qui constitue l'activité rythmée de la province. C'est un élan perpétuel. Les muscles, le cerveau et les nerfs du Parisien sont toujours en mouvement : ses nuits sont courtes et il dort mal, dans l'obsession du réveil à l'heure dite. Le Parisien s'éveille pour s'habiller et partir. Il est toujours en tenue et sur le pont. » (Gabriel Hanotaux.)

Mais, quoique sa dépense musculaire soit considérable et que les faubourgs ronflent jour et nuit au souffle de l'activité industrielle moderne, ce labeur ne lui suffit pas. « Le ressort qu'il met en jeu, c'est son cerveau. Il s'ingénie, il crée : l'invention est à Paris la recherche et l'ambition de tous. Combien de forces resteraient perdues et improductives au fond de la province, combien de minerais inertes, s'ils n'étaient mis en présence de ce puissant foyer! Mais aussi que d'efforts stériles, que de risques courus, de hasards tentés, d'entreprises avortées pour un triomphe si rarement obtenu ! »

Ces Français venus de tous les points de l'horizon se coudoient sans se connaître; mais ils ne tardent pas à se comprendre : l'atmosphère enfiévrée qu'ils respirent en commun leur donne un même esprit qui les distingue des autres Français : c'est l'*esprit parisien* à la fois subtil et naïf, sérieux et versatile, charitable et féroce, frondeur en face de toute autorité, dédaigneux de la province et animé d'un amour ardent pour Paris, que chaque Parisien regarde comme le centre du monde, et dont il salue toutes les gloires avec des explosions d'enthousiasme. On peut sourire de cette admiration que tout Parisien professe pour une ville dont il n'est souvent que le fils adoptif; mais on aurait tort de s'en moquer : Paris lui doit sa renommée, son charme et sa force.

11. Défense de Paris. — Au point de vue de la défense nationale, Paris est dangereusement placé, beaucoup trop près des frontières vulnérables du Nord et de l'Est. En quelques heures, un ennemi, maître des voies ferrées, atteint notre capitale : c'est la *principale de nos villes frontières*.

12. — L'enceinte, bâtie en 1840 (33 km. de tour), protège si peu Paris qu'on doit la considérer comme une barrière d'octroi, et qu'on songe à la démanteler pour la reculer au delà de Boulogne et de Neuilly.

13. — Avant 1870, il existait une *ceinture de forts*, à cinq kilomètres des murailles. Les progrès de l'artillerie moderne ont amené la construction d'une seconde ligne de forts éloignés de quinze kilomètres. Le camp retranché de Paris a 1 000 kilomètres carrés : il dépasse généralement le département de la Seine : ses ouvrages sont reliés entre eux par le chemin de fer de *grande ceinture*. Il faudrait 500 000 hommes pour l'investir, et il est presque impossible d'affamer la capitale.

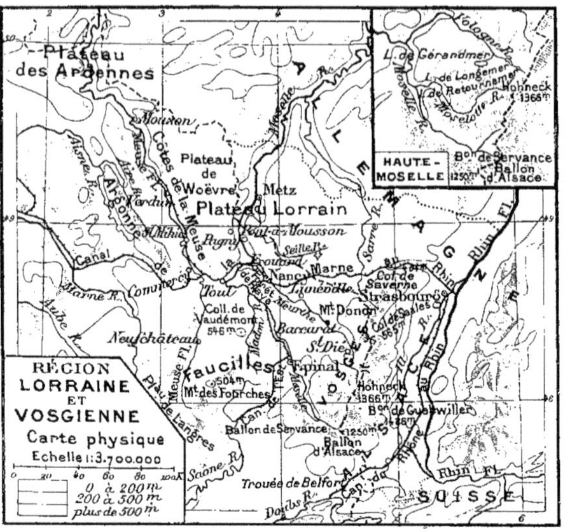

XI. — RÉGION LORRAINE ET VOSGIENNE

1. — La région du Nord-Est, depuis le traité de Francfort, comprend la majeure partie du **Plateau lorrain** et un minuscule fragment de l'Alsace.

2. — La Lorraine s'étend des **Vosges** à l'Argonne et du **plateau des Ardennes** aux **monts Faucilles**. Sa frontière septentrionale est purement artificielle.

1re Lecture. — Le relief. — Les Vosges s'alignent du sud au nord. Leur partie méridionale, qui domine la *trouée de Belfort*, est la plus large et la plus haute ; le niveau s'abaisse ensuite graduellement jusqu'au *col de Saverne* (404 m.). Toute la section du midi est *cristalline*; au nord du *mont Donon* commencent les Vosges gréseuses.

Les *Vosges cristallines* ont des sommets qu'on nomme « ballons », bien qu'ils ne soient pas tous arrondis : *ballons d'Alsace* (1250 m.), de *Servance*, de *Hohneck* (1366 m.) et de *Guebwiller* (1426 m.). Ce dernier est le géant des Vosges : il se dresse en dehors du système et domine la plaine alsacienne. Les cols sont hauts et malaisés; plusieurs d'entre eux s'élèvent à plus de 1000 mètres; celui de *Saales* (565 m.) est le plus accessible.

Le *mont Donon* (1013 m.) est actuellement notre borne frontière. Il marque le commencement des *Vosges gréseuses* formées de grès rouges, de grès bigarrés et de grès friables dont les sables sont utilisés par la cristallerie. Le meilleur col, aujourd'hui allemand, est celui de *Saverne* (404 m.) que franchissent le chemin de fer de Paris à Strasbourg et le canal de la Marne au Rhin.

L'aspect des Vosges varie avec les altitudes et les versants : les terrasses supérieures ou « hautes chaumes » forment des pâturages d'été. Les pentes sont revêtues de *forêts* magnifiques : pins, sapins, épicéas, mélèzes et chênes. Les plus vigoureuses se déploient sur le versant alsacien, à l'abri des vents froids. Le versant lorrain est soumis aux vents océaniques et aux grandes chutes de neiges qui rendent l'hiver long et rigoureux.

Les *monts Faucilles* manquent de relief : à l'ouest, on les distingue à peine du *plateau de Langres*, dont ils continuent les formations calcaires; à l'est, ils se soudent aux Vosges méridionales. Leur point culminant, *mont des Fourches*, a 504 mètres de hauteur.

Le *Plateau lorrain* se déroule vers le nord-ouest à une altitude moyenne de 200 mètres, mais avec quelques saillies plus élevées, comme la colline de *Vaudémont* (546 m.), les *côtes de la Meuse* (400 m.) et l'*Argonne*, marque la limite du bassin parisien.

3. **Les eaux.** — Les Vosges cristallines reçoivent annuellement 2 mètres d'eau et donnent naissance à des rivières nombreuses, abondantes et rapides. Moselle, tributaire du Rhin, naît à 700 mètres d'altitude et se grossit bientôt de la *Moselotte* et de la *Vologne*, déversoir des trois charmants lacs de *Retournemer*, *Longemer* et *Gérardmer*. Elle atteint Epinal, sert au canal de l'Est; le *Madon* lui apporte un tribut d'eaux généralement troubles, et la *forêt de Haye* l'oblige à décrire un coude et à arroser Toul. Près de Frouard, elle reçoit la *Meurthe* jalonnée de villes actives : Saint-Dié, Baccarat, Lunéville, Nancy. Au dessous de Pont-à-Mousson et de Pagny, la Moselle est tout à fait en plaine; mais elle est déjà en pays annexé. Elle roule avant Frouard 30 mètres cubes d'eau en moyenne et 50 après le confluent de la Moselle.

4. — La Meuse coule du sud au nord, encaissée entre les côtes de la Meuse et l'Argonne. Ces hauteurs marécageuses et boisées ne lui envoient aucun affluent notable. Le fleuve naît à la limite du plateau de Langres et des Faucilles, se perd quelque temps dans les calcaires oolithiques de Neufchâteau, et ne devient fleuve qu'à Commercy, après avoir été coupé par le *canal de Marne au Rhin*. Saint-Mihiel, Verdun lui doivent quelque animation. A Mouzon, il entre dans les Ardennes.

2e Lecture. — Géographie économique. — Contrairement au reste de la France, la région du Nord-Est a un sol assez pauvre, cachant un sous-sol des mieux dotés. Il ne faut pas oublier que la Lorraine n'est pas une plaine, mais un plateau constitution très curieuse : toute la partie située à l'est du Nancy appartient au *trias*, terre froide qui exige de riches amendements; tout l'ouest est formé de *roches jurassiques* plus propres à l'*élevage* qu'à la grande culture. Seule, une bande étroite de *lias* court de la source de la Meuse à Metz; cette bande produit le *houblon* et la *vigne*; le plateau de Woëvre, auquel elle confine, est un grand champ de *céréales*. Mais ce qui domine, c'est la *forêt* qui couvre le tiers du pays. Les forêts principales forment le revêtement des Vosges, de l'Argonne et du plateau de Haye qui s'étale entre Toul et Nancy. Une foule de Lorrains sont bûcherons, schlitteurs, ouvriers de scieries, tourneurs ou flotteurs de bois. Les *papeteries* utilisent beaucoup de bois mis en bûchettes et réduit en pâte à papier. Nancy était naturellement désigné pour posséder notre Ecole nationale des Forêts.

5. — Les hautes vallées de la Saône et du Madon cultivent les *cerisiers* et autres *arbres fruitiers* pour la fabrication du *kirsch* et des *liqueurs*.

6. — Les pâturages de l'ouest nourrissent de grands *chevaux* remarquables par leur endurance : ceux de l'est, *vaches laitières*. C'est le pays du « géromé » ou fromage de Gérardmer, très apprécié dans la Lorraine.

7. — L'étroite vallée de la Moselle est plantée de *houblon* au sud de Toul, de *vignes* au nord. Ces vignes produisent les « vins gris de la Moselle », dont la récolte est trop souvent compromise par les gelées tardives du printemps.

8. — Mais la Lorraine, réduite aux seules ressources

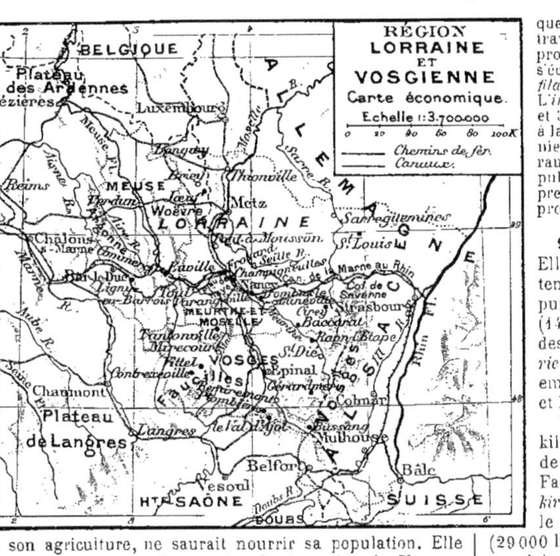

...e son agriculture, ne saurait nourrir sa population. Elle possède heureusement des *carrières de pierres* dans les Vosges ; des *eaux minérales* à Vittel, Contrexéville, Plombières et Bussang ; des *salines* dans la vallée de la Seille ; du *phosphate de chaux* dans l'Argonne, et surtout des *minerais de fer*. Ces mines ont pour centres Nancy, Longwy et Briey. Ces villes, auxquelles il faut joindre Champigneulles, Frouard, Jœuf, et Pont-à-Mousson, transforment en fonte 4 millions de tonnes de minerai français et 1 500 000 tonnes de minerai provenant des pays annexés et du Luxembourg. Les houilles sont importées de la Sarre et de la Belgique.

3ᵉ Lecture. — Progrès économique de la Lorraine. — Si la guerre franco-allemande a mis en deuil la nation entière, c'est le Nord-Est surtout qui a été éprouvé. L'invasion y avait ruiné des milliers de familles ; la paix se fit à ses dépens. Il fallut céder aux vainqueurs de précieuses richesses et des industries en pleine prospérité : les mines de fer de la Moselle, les charbonnages de la Sarre, les salines de la Seille, les cristalleries de Saint-Louis, la plaine opulente et les forêts de l'Alsace, Colmar, Mulhouse et leurs manufactures, Metz et ses forts inachevés, enfin Strasbourg et son Université toute rayonnante de science française.

Nos vaillantes populations de l'Est se sont sauvées par un prodige d'énergie. Tandis que l'État multipliait, derrière la nouvelle frontière, les travaux de défense, les voies stratégiques et les garnisons, chaque ville fit un effort admirable pour relever sa fortune. Des sondages méthodiquement conduits firent découvrir les *salines* nouvelles et de puissantes couches de minerai rattachant *le bassin métallurgique de Nancy* à celui du Luxembourg ; et présentement les quatre cinquièmes de la fonte que la France produit, les quatre cinquièmes du sel gemme qu'elle consomme viennent du département de Meurthe-et-Moselle.

Nombre de fabricants quittèrent les pays annexés pour se fixer dans la terre restée française, et l'on peut dire qu'avec eux l'Alsace industrielle se replia sur la Lorraine. L'un d'eux fonda cette fameuse brasserie de **Tantonville**, où Pasteur en personne vint appliquer ses découvertes. Les autres ouvrirent des manufactures dans toutes les villes et dans tous les bourgs qui possédaient quelque chute d'eau. Il n'y a pas de pays où les rivières travaillent autant qu'en Lorraine : dès qu'elles peuvent produire quelques chevaux de force, elles voient les usines s'échelonner sur leur cours : *scieries, papeteries, féculeries, filatures et tissage de lin, de chanvre et surtout de coton.* L'*industrie cotonnière des Vosges* compte 62 manufactures et 32 000 métiers : leur activité toujours croissante permet à la France d'être au troisième rang parmi les pays cotonniers de l'Europe, bien loin après l'Angleterre, mais serrant de près l'Allemagne. Depuis 1870, Nancy a vu sa population doublée, celle d'Épinal a triplé, celle de Belfort a presque quintuplé. Ces chiffres parlent : ils montrent les progrès accomplis par un constant et patriotique effort.

9. — La **Meuse** n'a que 45 hab. par kilom. car. Elle renferme quelques gisements de *fer* de médiocre teneur, et la plupart de ses forges se sont fermées depuis que la houille a détrôné le bois. Bar-le-Duc (14 700 h.) n'a que deux industries, celles des *corsets* et des *confitures* ; Verdun (21 700 h.) fabrique de la *lingerie* et vend les *phosphates* de l'Argonne. **Commercy** embarque sur la Meuse les *pierres de taille* d'**Euville**, et Ligny-en-Barrois fabrique des *compas*.

10. — Le département des **Vosges** (73 hab. par kilom. car.) rachète sa pauvreté naturelle par l'activité de ses habitants : toute une série de bourgs dans les Faucilles fabriquent les *couverts de fer*, d'autres le *kirsch* et les *liqueurs* ; d'autres, comme Gérardmer et le Val-d'Ajol, tissent la *toile des Vosges*. Épinal (29 000 h.) n'est plus seulement fameux par son *imagerie* populaire et par ses *féculeries* ; c'est aujourd'hui le marché régulateur des *cotons* et le siège d'un syndicat de 109 fabricants appartenant aux départements des Vosges, de la Haute-Saône et du Doubs. Remiremont (10 500 hab.), Saint-Dié (22 100 hab.) font partie du groupe manufacturier d'Épinal ; Raon-l'Étape a des *faïenceries d'art* ; à Mirecourt et dans le voisinage, les luthiers maintiennent la réputation des fabriques d'*instruments à cordes*, et 30 000 ouvriers vivent des *broderies, guipures* et *dentelles* faites à la main.

11. — Le **territoire de Belfort**, seule relique qu'on nous ait laissée de l'Alsace, n'a que 608 kilomètres carrés ; il compte 157 habitants par kilomètre carré et a pour chef-lieu Belfort (34 600 hab.). Son *industrie cotonnière* fait concurrence à Mulhouse.

12. — Le département de **Meurthe-et-Moselle** est hors de pair pour la variété et l'intensité de ses industries : *cristalleries* à Baccarat (7 000 h.), *glaces coulées* à Cirey, *faïences d'art* à Toul (13 600 h.) et à Lunéville (24 300 h.) qui fait en outre le commerce de *broderies* ; extraction du *sel gemme* et industrie de la *soude* à Varangéville et Dombasle ; *fonderies de fer* en aval de Nancy et de Toul ; *jardins d'horticulture* et *brasseries* partout.

4ᵉ Lecture. — Nancy. — Le chef-lieu du département de Meurthe-et-Moselle est Nancy (110 600 h.). Certains quartiers de cette ville gardent la majesté que voulut lui donner le roi Stanislas, et Nancy a remplacé dignement Strasbourg comme centre universitaire. Mais c'est, en outre, une ville industrielle de premier ordre : elle ajoute, à ses *forges* et à ses *ateliers de constructions mécaniques*, des fabriques de *chaussures* et de *chapeaux de paille*, des usines pour les *produits chimiques* et des *typographies d'art*. C'est à Nancy que les Gallé ont créé ces ateliers de *céramiques*, de *ciselure* et de *gravure sur verre* d'où sont sortis des émaux et des faïences incomparables.

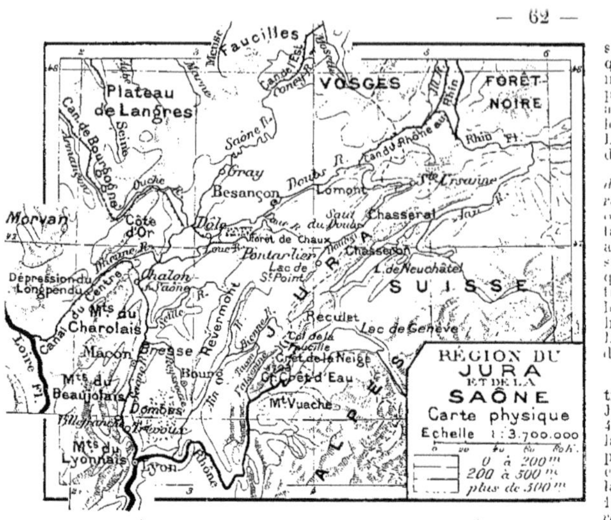

XII. — RÉGION DU JURA ET DE LA SAÔNE

1. — On appelle **Jura** le plateau calcaire qui se dresse entre la plaine suisse de l'Aar et la plaine française de la Saône, entre le coude du Rhône au sud et le confluent de l'Aar et du Rhin. En réalité, la bande des terrains jurassiques dépasse de beaucoup ces limites : elle va du cours de l'Isère aux monts de Bohême.

2. — Le Jura proprement dit forme un croissant ouvert du côté de la Suisse; sa surface est striée d'une multitude de chaînons parallèles dont les plus élevés sont à l'est. Ce sont : le *Chasseral*, le *Chasseron*, le *Reculet* (1 720 m.), le *Crêt de la Neige* (1 723 m.), et le *Grand Crêt d'Eau* que le cours du Rhône sépare du mont *Vuache*. Le Jura s'achève donc du côté de la Suisse par un talus abrupt. Vers la France, au contraire, ses gradins vont en décroissant : le *Lomont* et le *Revermont* peuvent même passer pour de modestes collines.

3. — Le Jura reçoit beaucoup de neiges et de pluies; les bois et le sol perméable en absorbent une partie. Cependant la *Valserine*, la *Bienne*, l'*Ain* et le *Doubs* sont à la fois pittoresques, abondants et très utiles : car leur force motrice remplace celle de la vapeur dans la plupart des industries.

1re Lecture. — **Origine et aspect du Jura.** — Le Jura a occupé un espace cinq fois plus grand que son aire actuelle, et il s'étalait en surface plane comme tous les fonds marins que la mer abandonne. Brusquement les Alpes surgirent: et leur masse irrésistible refoula tous les terrains qui leur faisaient obstacle. Le Jura, comprimé entre les Alpes, le Massif Central, les Vosges et la Forêt-Noire, se contracta, et ses calcaires plastiques prirent tout à coup le relief qui s'est conservé jusqu'à nos jours. L'orientation du système, la régularité du plissement et la hauteur des cimes maîtresses montrent avec quelle violence la poussée des Alpes s'est produite.

Quelques rares parties ont gardé leur forme tabulaire : tout le reste est froissé comme une pâte humide, et 160 arêtes parallèles se dressent entre des replis étroits et rectilignes. Les eaux qui descendent ces plis ou *vals* iraient droit au sud ou au nord-est, si elles ne forçaient parfois les murs de leur prison pour s'échapper dans la prison voisine : la brèche ainsi formée est une *cluse*. Il y a des cluses très larges dans lesquelles deux vallées se confondent: ce sont des *combes*. Les plus belles combes ont leurs amphithéâtres tapissés de bois, et leur cavité centrale remplie par un lac.

Dans ces calcaires poreux, *la circulation des eaux est double* : les torrents ruissellent à travers bois et pâturages, s'étranglent dans les cluses, enjambent des cascades ou se reposent parfois dans un des 60 lacs de la montagne. Mais ils ne représentent qu'une partie du tribut apporté par les nuages. Le reste est bu par les « emposieux » et entre dans le mystère d'un monde souterrain qui, lui aussi, a ses cascades et ses lacs, ses fissures tortueuses et ses couloirs obscurs, filtre gigantesque d'où les eaux sortent soixante ou quatre-vingts kilomètres plus bas, tantôt par des grottes fantastiques, comme celle de la Loue, tantôt par des sources plus modestes, mais abondantes et d'une admirable transparence.

2e Lecture. — **Le sol, les cultures, les industries.** — Les paysans distinguent trois étages dans le Jura : 1° le **vignoble** ou « bon pays », qui s'élève entre 400 et 700 mètres : c'est la lisière occidentale qui cultive la *vigne*, les *céréales* et les *arbres fruitiers*: ce pays comprend la superbe *forêt de Chaux*: 2° le « **plateau** », qui est surtout *pastoral* et *forestier*: c'est aussi la région des lacs: 3° la « **montagne** », qui s'élève au-dessus de 1 100 mètres et qui ne porte que des *conifères* et des *pâturages* d'été.

L'étendue considérable des *herbages* a fait naître l'*industrie laitière*. Elle se pratique dans les « fruitières » ou fromageries coopératives dans lesquelles chaque associé est payé, après la vente du gruyère, proportionnellement à la quantité de lait qu'il a fournie. Deux écoles de laiterie, établies à Mamirolle près de Besançon et à Poligny, enseignent aux fruitiers les procédés scientifiques de la fabrication. Le Jura vend chaque année plus de 10 millions de kilogrammes de gruyère.

Une culture dont le progrès est déplorable, celle de l'*absinthe*, se pratique aux environs de Besançon, de Pontarlier et d'Ornans. Enfin les *forêts*, très étendues, fournissent du bois de chauffage pendant l'hiver, et alimentent l'industrie des gros meubles et celle de la boissellerie.

Le sous-sol renferme du *minerai de fer*, du *sel gemme* et des *sources salines*, mais point de houille. Et les Francs-Comtois ont dû se créer des industries dont leur sol ne fournissait pas les éléments, comme le *tissage du coton*, la *taillerie des pierres précieuses* et surtout l'*horlogerie*.

4. — Le département du **Doubs** (57 hab. par kilom. car.) a, dans sa partie méridionale, tout un groupe métallurgique dont **Audincourt** (7 600 hab.), **Valentigney** (4 400 hab.) et **Montbéliard** (10 500 hab.) sont les foyers principaux. On y fabrique les *outils*, la *quincaillerie* et les *automobiles*. **Besançon** (56 200 hab.) doit son importance à l'industrie des *montres*: elle a aussi une usine de *soie végétale*. **Morteau** fabrique l'*horlogerie*.

5. — Le **Jura** (51 h. par kilom. car.) fabrique surtout des *horloges* à poids connues sous le nom de « comtoises ». Leur centre est **Morez**. On récolte des *vins* excellents à **Arbois** et on en prépare des mousseux à **Lons-le-Saunier** (13 100 hab.) qui a, en outre, un établissement thermal. **Saint-Claude** (11 000 h.) doit, aux eaux de la Bienne, du Flumen et du Tacon, la force motrice qui anime ses ateliers de *tabletterie* : elle tourne tous les articles de ménage, sculpte pipes et tabatières et fabrique des mesures linéaires. **Dôle** (14 800 hab.), à la jonction du Doubs et du canal de Bourgogne prolongé, entretient un grand commerce fluvial.

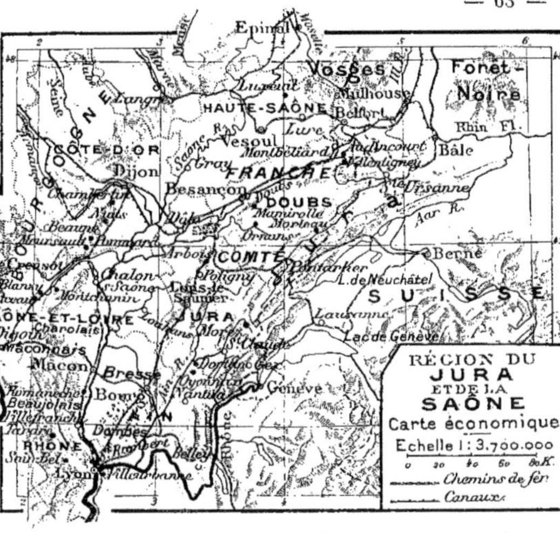

6. — L'**Ain** (59 hab. par kilom. car.) est un département mixte : par **Gex**, **Nantua** et **Belley**, il appartient au Jura ; il a des *horlogeries* et des *taulleries de diamants* ; **Oyonnax** et **Dortan** fabriquent mille objets de *bois tourné*, de *buis*, de *corne* et de *celluloïd*. Mais **Bourg** est en plaine ; et cette cité bressane, qui touche à la Dombes et au Jura, est un marché agricole de premier ordre (20 000 hab.).

7. Vallée de la Saône. — Le bassin de la Saône a des limites nettement marquées : **Jura** à l'est, **Vosges**, **Faucilles** et plateau de **Langres** au nord, **Côte-d'Or** et monts du **Charolais**, du **Beaujolais** et du **Lyonnais** à l'ouest.

3e Lecture. — La Saône et le Doubs. — C'est des Faucilles que sort la *Saône* (475 km.) ; et d'un bout à l'autre de son cours, par Gray, Chalon, Mâcon, Villefranche et Trévoux, cette rivière garde la même allure : elle est abondante, sinueuse et d'une régularité rare dans les cours d'eau français. La plupart de ses tributaires rendent de grands services comme voies navigables : l'*Ouche* sert au canal de Bourgogne, la *Dheune*, au canal du Centre, le *Coney*, au canal de l'Est, et le *Doubs*, au canal du Rhône au Rhin. La *Seille* est canalisée.

Le *Doubs* descend du Jura ; la ligne droite qui réunirait ses deux extrémités aurait 90 kilomètres de longueur, et le Doubs en a 430 ! Il glisse d'abord droit vers le Rhin par le *lac de Saint-Point*, Pontarlier, le Saut du Doubs et le défilé suisse de Sainte-Ursanne ; mais il est alors refoulé vers le sud-ouest, et il gagne la Saône par Besançon et Dôle. La plupart des eaux jurassiques sont égouttées par lui. Son principal tributaire est la *Loue*.

La Saône inférieure se grossit de la *Seille* et de la *Reyssouze* ; large de 250 à 300 mètres et très abondante, elle constitue, au nord de Lyon, une voie fluviale de première valeur. Sa vallée, composée de terrains tertiaires, est féconde : elle produit le *blé*, le *houblon* et le *maïs* ; les coteaux portent les riches *vignobles* de la Bourgogne, du Mâconnais et du Beaujolais ; les *pâturages* du Charolais nourrissent des bœufs de labour et de boucherie. Enfin la Bresse tire d'abondants bénéfices de l'engraissement de la *volaille*. Seul, le pays de Dombes est peu fertile. Moins riche est le sous-sol, sauf dans la vallée de la Dheune et la dépression du Longpendu, où abondent la *houille*, le *fer* et l'*argile à potier*.

4e Lecture. — Le pays de Dombes. — Entre l'Ain et la Saône, entre Bourg et Lyon, s'étend cette singulière plaine où la marne lacustre et les boues glaciaires forment deux couches superposées et imperméables. Il y eut là, jusqu'au quatorzième siècle, un ensemble confus de lacs et de forêts. Puis vinrent les guerres, la dépopulation, les incendies, et les bois disparurent laissant place aux seuls marécages. En 1810, la Dombes était émaillée d'étangs fiévreux : on en comptait 1 667 qui couvraient la cinquième partie de ses 112 000 hectares.

Dès la fin du second Empire, le pays avait été transformé par l'ouverture de la voie ferrée de Lyon à Bourg, par le percement de routes nombreuses et par le drainage de la moitié des étangs. Les terres ainsi conquises, amendées par les calcaires, produisent le *seigle*, les *prairies artificielles* et même le *froment*. La mortalité a diminué d'un tiers et la durée moyenne de la vie a augmenté de dix ans.

Mais comment convertir la Dombes aux idées nouvelles ? Les étangs font sa fortune ; souvent le même terrain a trois possesseurs : l'un, qui l'inonde pendant deux ans pour en faire un vivier ; l'autre, qui l'assèche une année pour en tirer quelques récoltes, et le troisième qui est propriétaire de la chasse. Or, les oiseaux aquatiques et les poissons (carpes, tanches, brochets et truites) rapportent beaucoup plus que la culture. Et le dessèchement de la Dombes n'est pas près de s'accomplir.

8. — La **Haute-Saône** (49 hab. par kilom. car.) est exclusivement agricole depuis la disparition des forges au bois. **Vesoul**, **Lure** et **Gray** ont des marchés aux *grains* ; **Luxeuil**, des *eaux minérales*.

9. — La **Côte-d'Or** (41 h. par kilom. car.) a des hauteurs crayeuses qui se dépeuplent, mais des coteaux célèbres par leurs *vignobles* : **Beaune** (13 500 hab.), **Nuits**, **Pommard**, **Meursault**, **Chambertin**, etc. Ses plaines sont plantées de *houblon*, et **Dijon** (74 100 hab.) est une grande ville de commerce et d'industrie comestibles (*biscuits*, *pain d'épice*, *cassis*, *liqueurs*, *moutarde* et *minoteries*).

10. — Le département de **Saône-et-Loire** (71 h. par kilom. car.) est le cinquième de France par son étendue, et un des plus variés pour ses productions. *Vins*, *céréales*, *chevaux* et *bœufs* alimentent les marchés de **Mâcon** (19 100 hab.) et de **Chalon-sur-Saône** (30 000 hab.) ; *volailles*, *porcs* et *bestiaux*, *beurre* et *œufs*, les marchés de **Louhans** (4 500 hab.). *Houille*, *fer* et *céramique* animent toutes les villes qui touchent au canal du Centre : **Montceau** (26 300 hab.), **Blanzy**, **Montchanin** et le **Creusot** (35 400 hab.). Cette dernière ville, simple hameau il y a cent ans, est une des premières cités du monde pour la métallurgie. Pour suffire aux commandes, elle a dû essaimer, et ses succursales se trouvent à Chalon-sur-Saône (*constructions fluviales*), à Champagne, en Seine-et-Marne (*constructions électriques*), au Havre (*constructions maritimes*) et à Cette (*traitement des minerais algériens*). On extrait le *manganèse* à **Romanèche**. Le canal du Centre transporte les produits du Creusot et des tuileries. Son mouvement est bien supérieur à celui du canal de Bourgogne.

11. — Le **Rhône** est exigu, mais surpeuplé (300 h. par kilom. car.). L'industrie des *soies* y prime toutes les autres. Elle fait la grandeur de **Lyon** (472 100 hab.) et des villes de sa banlieue, **Saint-Rambert**, **Villeurbanne** (33 900 h.), etc. **Tarare** (12 200 hab.) tisse les *rubans* et la *mousseline* ; **Villefranche** (16 000 hab.), la *soie* et le *coton*. Le Rhône récolte des *vins* renommés, et extrait les *pyrites de fer* à **Sain-Bel**.

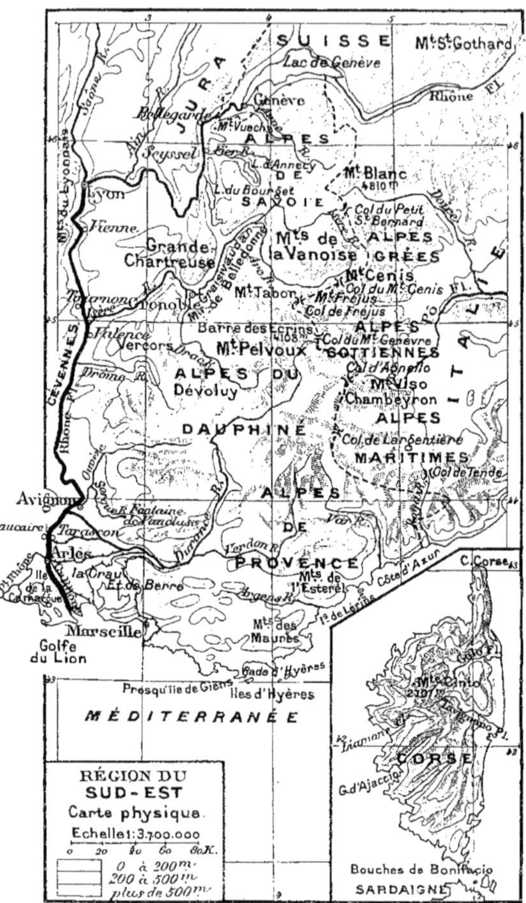

XIII. — RÉGION DU SUD-EST

1. — Encadrée entre la frontière suisse et italienne, le Rhône et la Méditerranée, la région du Sud-Est comprend un *haut pays*, les Alpes, une *plaine*, celle du Rhône, et une *façade maritime*.

2. — Les **Alpes** forment un massif très puissant, très élevé et entaillé de vallées profondes. Leur ligne de faîte court en zigzags entre la France et l'Italie et porte les noms d'Alpes Grées, d'Alpes Cottiennes et d'Alpes Maritimes. Leur sommet principal est aussi le plus haut de l'Europe : c'est le *Mont-Blanc* (4 810 m.) qui sert de borne à trois États, l'Italie, la Suisse et la France. Beaucoup de sommets, comme le *Tabor*, le *Viso* (versant italien) et le *Chambeyron*, dépassent la hauteur des neiges éternelles.

3. — A chaque section de la ligne de faîte, correspond un massif purement français. Ce sont : les **Alpes de Savoie** situées au nord de l'Isère et qui renferment les *monts de la Vanoise;* les **Alpes du Dauphiné**, situées au nord de la Durance et qui comprennent les monts de la *Grande-Chartreuse*, le *Pelvoux* (avec la Barre des Écrins 4 103 m.), le massif de *Belledonne* et le *Dévoluy* aride et croulant ; enfin les **Alpes de Provence**, qui épanouissent en promontoires pittoresques sur la côte d'Azur.

4. — Malgré l'altitude exceptionnelle de leurs sommets, les Alpes sont plus accessibles que les Pyrénées : de nombreux cols sont carrossables (cols du *Petit Saint-Bernard*, du *Mont-Cenis*, du *Mont-Genèvre*, d'*Agnello*, de *Largentière* et de *Tende*). Deux voies ferrées mènent de France en Italie, l'une dite du *Mont-Cenis* passe dans le tunnel de *Fréjus*, l'autre suit la côte de Nice à Gênes parallèlement à la route de la « Corniche ».

1re Lecture. — Le Rhône. — Le Rhône (813 km.) sort du *Saint-Gothard* à 1 700 mètres d'altitude et précipite ses flots boueux dans le lac de *Genève*, que ses atterrissements finiront par combler. Il en ressort calme et limpide : mais l'*Arve* le souille immédiatement et il reprend sa course folle à travers les défilés du Jura (cluses de *Bellegarde* et de *Seyssel*). A Lyon, il se heurte aux monts du Lyonnais, fait un coude et court droit au sud par Vienne, Tournon, Valence, Avignon, Beaucaire et Tarascon. Son delta commence en amont d'*Arles* où passe le grand Rhône qui emporte les neuf dixièmes des eaux. Entre le grand et le petit Rhône, s'étale la *Camargue*, plate, herbeuse, lacustre et presque déserte.

La navigation du Rhône est difficile ; celle de ses tributaires alpestres est impossible à cause de leur violence. L'*Arve*, en 12 heures, franchit les 100 kilomètres qui séparent le Mont Blanc du Rhône ; le *Fier* traverse en mugissant des gorges fantastiques ; l'*Isère*, grossi du *Drac* au régime torrentueux, bondit, de ravins en ravins, par cinq coudes successifs ; enfin la *Durance* (350 km.) s'élève parfois de 12 à 13 mètres entre ses rives, roulant un noir limon, des galets, des pierres et jusqu'à des quartiers de roche gros comme des maisons. La *Drôme* a aussi des colères redoutables. Le cours d'eau le plus régulier est la *Sorgue*, qui naît à la fontaine de Vaucluse.

2e Lecture. — Géographie économique. — La région des Alpes est la plus majestueuse, mais la plus pauvre de notre territoire. Non seulement l'hiver y a une rigueur et une durée exceptionnelles, mais nombre de cantons follement déboisés ont perdu graduellement leur humus, leurs prairies et leurs habitants. Au sud du Pelvoux, le Dévoluy et les hautes vallées de la Durance n'offrent aux regards que des montagnes en ruine et de sinistres solitudes.

Avant tout, la région des Alpes est *pastorale:* la Savoie, humide et herbagère, élève les *bêtes à cornes* et pratique les *industries laitières*. Le Dauphiné et la Provence, dans leurs maigres pacages, entretiennent 100 000 *moutons* et *chèvres* qui passent l'hiver dans la Crau.

Le *tourisme* et les *eaux minérales* attirent toute une riche clientèle à **Evian, Aix-les-Bains, Allevard, Uriage** et **Chamonix**. Mais, faute de houille et de communications faciles, l'industrie est peu active : *horlogerie* en Savoie, *ganterie* dans le Dauphiné, rien ailleurs. L'émigration temporaire ou définitive dépeuple les Hautes-Alpes (19 hab. par kilom. car.) et les Basses-Alpes plus pauvres encore (16 hab. par kilomètre carré).

La plaine du Rhône est étroite, mais beaucoup plus riche : *céréales* et *vignobles* au nord de **Pont-Saint-Esprit;** *oliviers, mûriers* et *chênes truffiers* au sud ; *maïs, sorgho, luzerne* et *cultures maraîchères* dans le Comtat-Venaissin.

L'élevage du *ver à soie* et l'*industrie textile* sont les principales richesses des villes rhodaniennes.

5. **Départements.** — La **Haute-Savoie** (57 h. par kilom. car.) n'a qu'une ville moyenne, Annecy (14400 h.), mais force bourgs comme **Cluses** et **Thônes**, dont la population partage son temps entre les travaux des champs et l'*horlogerie*.

6. — La **Savoie** (41 hab. par kil. car.) est moins riche, bien qu'elle possède **Chambéry** (23000 h.), ancienne capitale du duché, et **Aix-les-Bains**, près du lac du Bourget.

7. — L'**Isère** (68 h. par kil. car.) renferme la vallée du Grésivaudan qui fut un lac. Cette Limagne alpestre est très fertile, et Grenoble, sa capitale universitaire, militaire et industrielle, compte 73000 habitants, dont 20000 fabriquent des gants. Ce département appartient à la banlieue indus-trielle de Lyon : **Voiron** (12000 h.) et **Vienne** (24900 h.) ont des *tanneries* et des *tissages de toile* et de *soie*.

8. — Les **Hautes** et les **Basses-Alpes** se dépeuplent graduellement ; mais la **Drôme** (45 h. par kil. car.) a quelques villes actives : Valence (28100 h.), Romans et Montélimar ; et la **Vaucluse** (67 h. par kil. car.), qui cultivait jadis la garance, s'enrichit par le commerce des *truffes*, des *légumes* et des *fruits*. Avignon a 48300 hab.

3e Lecture. — Rivages de la Méditerranée. — Ce littoral présente deux sections qu'on pourrait distinguer en *pays sous le vent* et *pays du vent*. Dans la première section, les **Alpes maritimes**, les monts de l'Esterel et des Maures s'achèvent par de hautes falaises qui rutilent au soleil entre l'azur du ciel et l'azur de l'eau. Les montagnes arrêtent les vents froids, la brise de mer règne sans partage et l'hiver est presque inconnu. C'est le paradis des arbustes frileux *oranger, cédratier, citronnier, palmier* d'Afrique et des fleurs rares (*anémones, jasmins, tubéreuses* et *mimosas*). C'est aussi le rendez-vous des désœuvrés du monde élégant : toute cette côte, depuis Saint-Raphaël jusqu'à la Roya, est jalonnée de stations d'hiver, de fastueux hôtels, de villas et de palais féeriques : Cannes (29400 hab.), Antibes, Nice 134200 hab.. Monaco (principauté enclavée dans notre territoire), Cap-Martin et Menton sont peuplés d'étrangers richissimes. Nice et Grasse font le commerce des *parfums* et des *fleurs*. Le département des **Alpes-Maritimes**, complété par les îles de Lérins, compte 89 habitants par kilomètre carré.

Dans la deuxième section, de la presqu'île de Giens au petit Rhône, la côte est encore très découpée, mais plus basse et exposée aux fureurs du *mistral*. Ce vent abominable, dévalant des Cévennes, souffle et rugit des semaines entières, tord les arbres, dessèche les nappes d'eau, soulève des rafales de poussière et pénètre dans les maisons les mieux closes. C'est le fléau de la Provence qu'il harcèle pendant les deux tiers de l'année, et qu'il assainit aussi, comme le *cers* du Bas-Languedoc, en balayant les miasmes paludéens. La seule partie qui lui échappe est l'archipel des **îles d'Hyères**, qui rappellent la côte d'Azur par la douceur de leur climat.

En dépit du mistral, la population est nombreuse et active : le **Var** (54 h. par k. car.) est franchement maritime, grâce au port militaire de **Toulon** (103500 h.), aux *chantiers de construction* de la Seyne (19700 h.) et à la rade d'Hyères, champ de manœuvre pour notre escadre ; — le département des **Bouches-du-Rhône** (146 h. par k. car.) est agricole et pastoral dans la Crau fertilisée par le canal de Craponne, universitaire à **Aix-en-Provence**, maritime à la Ciotat, chantier des paquebots, industriel et commercial à **Marseille** (517500 h.). Cette grande cité doit une partie de sa fortune à ses *huileries*, à ses *savonneries*, à ses *tuileries*, à ses fabriques de *pâtes alimentaires* et de *sucre* ; mais c'est surtout notre *premier port de commerce*, et, malgré les progrès menaçants de Gênes, un des plus beaux ports et des plus actifs de la Méditerranée.

4e Lecture. — La Corse. — La Corse est un lambeau des Alpes qui émerge de la Méditerranée, une fois plus près de l'Italie que de la France : un simple détroit (bouches de Bonifacio) la sépare de la Sardaigne.

Sa masse de granit, coupée de cols escarpés, culmine au **Monte Cinto** (2707 m.), et ses fleuves, courts et capricieux, rappellent ceux de la Provence : les plus longs sont le *Golo* et le *Tavignano*. La côte occidentale a des falaises déchiquetées et de bons abris ; celle de l'est borde une plaine basse, lacustre et enfiévrée.

La Corse est un fouillis de verdure embaumée : au-dessus des *orangers, citronniers, vignes* et *amandiers* du littoral, la montagne disparaissait sous un manteau de *chênes*, de *hêtres*, de *châtaigniers* et de *pins laricios*, les plus beaux arbres de l'Europe. L'incurie des pâtres et les incendies volontaires ont diminué l'étendue des *forêts*; elles font place aux *maquis* à végétation naine, refuge ordinaire des mécontents et des bandits.

Le Corse déteste les travaux des champs : il est berger ou fonctionnaire, et il émigre, laissant la culture aux mains des mercenaires lucquois ou pisans. Ce beau département ne compte que 33 habitants par kilomètre carré ; et il n'a que deux villes actives, **Ajaccio** (22300 hab.) et **Bastia** (27300 hab.).

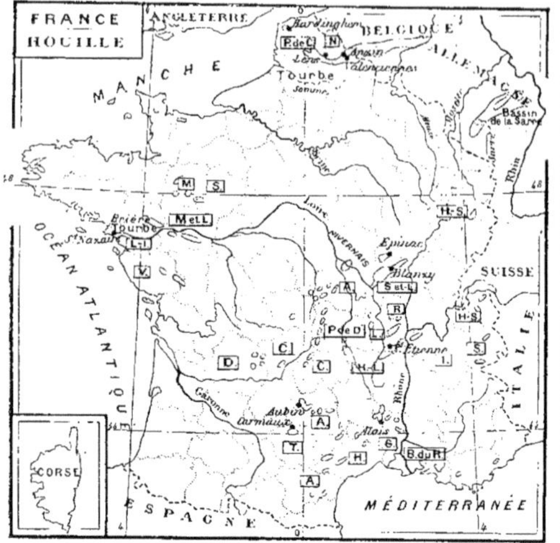

GÉOGRAPHIE ÉCONOMIQUE

1. — La **géographie économique** étudie : 1° les **minéraux** que le sol renferme et les produits de l'**agriculture** ; 2° les **industries** à l'aide desquelles l'homme transforme ces produits ; 3° le **commerce** qui lui permet de les transporter et de les échanger. *La géographie économique est intimement liée à la géographie physique.*

LES MINÉRAUX. — LA HOUILLE

2. — Le sous-sol de la France, appartenant à tous les âges géologiques, recèle des minéraux variés. Les uns sont extraits des *mines* et des *carrières ;* les autres jaillissent spontanément : ce sont les sources *thermales* et *minérales.*

3. — La **houille** provient des mines malheureusement trop peu nombreuses.

4. — Les **mines** du **Nord** et du **Pas-de-Calais** offrent des couches multipliées, mais qui ne dépassent généralement pas un mètre d'épaisseur. Ces mines font suite au bassin belge et produisent les soixante-trois centièmes de notre rendement national.

5. — Les **mines de Saint-Étienne** sont moins riches (10 p. 100 de la production française); leurs assises sont irrégulières et discontinues; mais les couches de houille atteignent parfois 15 mètres d'épaisseur.

6. — Les autres bassins houillers sont disséminés dans le *Nivernais* et dans les départements de *Saône-et-Loire,* de la *Haute-Loire,* de l'*Allier,* du *Gard,* du *Tarn,* etc.

7. — Les mines françaises sont trop profondes, ce qui rend leur exploitation coûteuse : elles sont, en outre, insuffisantes pour les besoins de l'industrie. Leur production annuelle n'a jamais dépassé 35 millions de tonnes. La France doit en acheter 10 ou 12 autres à l'Angleterre, à l'Allemagne et à la Belgique.

1re Lecture. — **La houille noire.** — La *houille* est un moyen de défense nationale, une marchandise et une source d'énergie.

Elle permet de forger le blindage des navires, de tremper les armes, de couler ou de forer les canons. Elle sert, en outre, à transporter le matériel de guerre, à hâter la mobilisation des troupes et à donner le mouvement aux bâtiments marins. Que deviendraient sans elle les torpilleurs, les garde-côtes et les monstrueux cuirassés dont les machines engouffrent le charbon par wagons entiers? Qu'une guerre éclate et que les puissances qui nous approvisionnent cessent leurs livraisons, et la France devra suspendre le travail de toutes ses usines pour assurer le salut de son territoire. Notre flotte surtout aurait à souffrir : elle devrait se cantonner dans les mers françaises, tandis que la marine britannique peut se ravitailler aux dépôts de charbons que les Anglais ont établis sur tous les points stratégiques dont ils disposent.

La houille est une *marchandise* cachée au fond du sol : 700 000 hommes sont occupés dans les mines d'Angleterre. La France n'emploie que 150 000 mineurs; tout vaisseau qui sort d'un port anglais a sa cale pleine de charbon. L'Angleterre en vend pour 670 millions de francs, l'Allemagne pour 260. Et nos vaisseaux, faute de houille à exporter, se lestent de sable et de pierres, fret indispensable, mais de nul profit.

Enfin, la houille est une *force industrielle* universellement employée ; et, parmi les objets qui nous entourent, on en trouvera bien peu que la vapeur — c'est-à-dire la houille — n'ait appropriés à notre usage. Un pays sera d'autant plus prospère qu'il aura cette force à meilleur marché. C'est le cas de l'Angleterre où la tonne extraite coûte 6f,25. L'Allemagne est déjà dans des conditions moins bonnes, puisque la houille lui revient à 9f,50. Mais que dire de notre pays où le prix du charbon s'élève à 12 ou 13 francs, et où la production est encore insuffisante! Chaque année, la France achète pour 258 millions de charbon au dehors, lourd tribut qui se joint à la main-d'œuvre pour accabler nos industries. La France en est réduite à exporter surtout les objets de luxe qui se vendent cher, parce qu'à leur valeur intrinsèque s'ajoutent l'habileté de l'artisan, l'invention, le « fini ». Or, ces produits sont justement ceux qui subissent les fluctuations de la mode et qui rapportent le moins. L'étranger cependant nous inonde d' « articles courants », médiocres en général, mais peu coûteux et toujours en usage.

Nos ingénieurs doivent rechercher tous les procédés qui économisent cet indispensable et onéreux combustible, et nos *ouvriers* doivent aussi conserver aux articles français les qualités de solidité et de goût qui ont assuré jusqu'ici leur réputation.

2e Lecture. — **La houille blanche.** — Si l'on avait promis à nos ancêtres de remplacer le charbon par la glace et le feu par l'eau, on aurait passé pour un mauvais plaisant ou pour un fou. Et pourtant cet étrange problème est aujourd'hui résolu, grâce à la *houille blanche.*

Rapide, cataracte ou torrent, toute chute d'eau renferme une force motrice d'autant plus puissante que la colonne liquide est plus abondante, et tombe de plus haut. Saisir cette colonne au passage, l'emprisonner dans des tuyaux de fonte ou de tôle rivée, transformer sa sauvage énergie en force motrice, en électricité, en lumière, en chaleur, en *houille blanche,* telle est la victoire qu'a remportée un ingénieur français, M. Bergès, après vingt ans d'efforts (1869-1889).

Découverte féconde entre toutes et d'une incalculable portée, l'âpre montagne, le sinistre glacier que fuyait l'homme sont devenus des foyers d'industrie. Les cités ouvrières qui s'y construisent échappent à la noire fumée et aux poussières malsaines des bassins miniers; elles gardent leur aspect riant et clair. La manufacture disparaît : car la force hydraulique est transportable, et se distribue entre les ateliers familiaux. L'avenir nouveau s'ouvre pour la France industrielle : car les forces vives de ses fleuves et de ses glaciers dépassent de beaucoup le rendement de ses charbonnages!

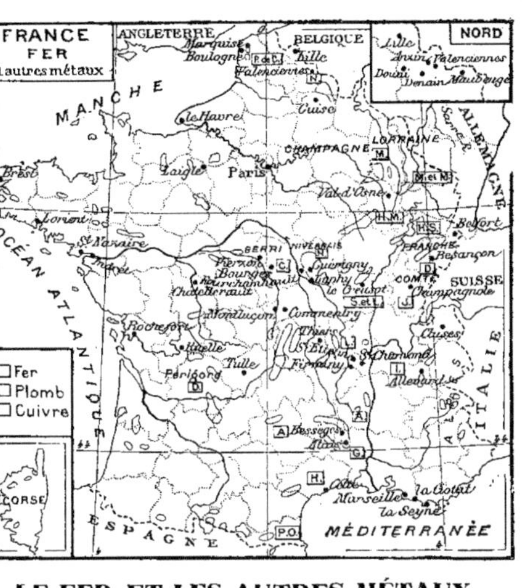

LE FER ET LES AUTRES MÉTAUX

1. — *La France est pauvre en minerais :* son sous-sol est
pourvu d'or, d'argent, de platine, de nickel et de mercure. Ses rares gisements de *plomb*, de *cuivre* et d'*étain* sont
presque épuisés.

2. — Le **fer** seul est assez abondant : on le trouve dans
Nivernais, le *Berri*, le *Périgord*, les *Pyrénées-Orientales*,
l'Ardèche, l'*Isère* et la *Franche-Comté*. Mais les deux provinces les mieux dotées sont la *Champagne* et la *Lorraine*,
qui fournissent à elles seules les deux tiers de la production
nationale : 5 500 000 tonnes. En outre, la France achète
1 00 000 tonnes de minerai à l'étranger.

3. — L'industrie métallurgique se concentre à proximité
des charbonnages, et chaque bassin houiller a ses hauts
fourneaux, ses fonderies et ses fabriques de machines et
d'outils : le **bassin du Nord et du Pas-de-Calais** à
Valenciennes, Anzin, Denain, Lille, Douai, Maubeuge et *Mar-
ise*; les **bassins de la Nièvre, du Cher et de l'Allier** à *Guérigny, Fourchambault et Imphy, Vierzon et Bourges,
Montluçon et Commentry*; celui de **Saône-et-Loire** au
Creusot; celui de la **Loire** à *Saint-Étienne, Saint-Chamond
et Firminy*; celui du **Gard** à *Bességes et Alais*, etc.

4. — Les *ports de mer* ont aussi des ateliers de construction et des fonderies de plomb et de cuivre.
Certaines villes doivent leur réputation à une spécialité :
Saint-Étienne, Tulle et *Châtellerault* à la fabrication des
armes; *Thiers* à la **coutellerie**; *Besançon* et *Cluses* à
l'**horlogerie**; le *Val-d'Osne* aux **fontes d'art**; *Guise*
aux **appareils de chauffage**; *Boulogne* aux **plumes
d'acier**; *Laigle* aux **aiguilles** et aux **épingles**. Enfin
Paris est sans rival pour l'**orfèvrerie** et les **bronzes
d'art**.

1re Lecture. — La métallurgie du fer a subi depuis un
demi-siècle des modifications très importantes qu'on peut résumer ainsi :

1° Toute forge ou haut fourneau fonctionnant au bois a éteint
ses feux : des 600 établissements que la France comptait en
1850, il en subsiste 113 qui traitent le minerai *par le coke ou
par la houille*.

2° Quand les mines de fer et de houille ne sont pas sur les
mêmes lieux, *c'est le fer qui se déplace*. Notre région du Nord
en offre un exemple caractéristique : ce puissant foyer d'industrie du fer manque de fer; il doit acheter ses minerais en Belgique, en Suède et surtout en Espagne. De même pour le
Creusot qui, outre le minerai de son voisinage, emploie celui
du Jura (Champagnole), des Alpes (Allevard), de l'Algérie et
même de Bilbao et de l'île d'Elbe. Le bassin du nord-est constitue une exception purement apparente : faute de houille française, il alimente ses hauts fourneaux avec les charbons de la
Sarre (Lorraine allemande). En cela, la métallurgie suit la loi
de toutes les industries qui se fixent là où elles trouvent le
combustible et la force motrice.

3° La métallurgie obéit à une autre attraction, *celle de la mer*.
Tous nos grands ports militaires ou marchands qui n'ont ni
houille, ni mines de fer, ont aujourd'hui des ateliers de construction et des fonderies. La mer leur fournit, à des prix de
transport très réduits, le charbon anglais, le cuivre chilien, le
fer et le plomb espagnols. Le Creusot même, si merveilleusement outillé, avait créé de toutes pièces des ateliers à Cette,
pour les constructions navales de la Méditerranée.

4° Enfin la production du fer fait des *progrès incessants* : de
1878 à 1900, en vingt-deux ans, elle a augmenté en France de
60 p. 100. Dans tous les édifices bâtis depuis vingt-cinq ans, le
fer a remplacé le bois, et il est maintenant remplacé lui-même
par l'acier, plus résistant et moins coûteux que lui grâce aux
procédés de Siemens-Martin et de Bessemer.

2e Lecture. — **L'aluminium.** — L'aluminium est une conquête de la science française; et, quand l'illustre Sainte-Claire-
Deville en exposa les premiers échantillons en 1855, on rangea
ce nouveau métal parmi les métaux précieux : il revenait alors
à 3 000 francs le kilogramme.

Il ne coûte plus que 4 francs; mais ce bas prix ajoute encore
à sa valeur : extrêmement léger, malléable, ductile, bon con-
ducteur de la chaleur et de l'électricité, il se prête à mille
usages. Une minime quantité d'aluminium accroît de 25 p. 100
la solidité du fer et donne au bronze un éclat comparable à
celui de l'or. Enfin et surtout, il est presque inaltérable; et
dans un avenir rapproché il détrônera le fer et le cuivre dans
la batterie de cuisine de tous les ménages.

Les alliages d'aluminium sont couramment employés pour la
construction des automobiles, grâce à leur grande légèreté.

Les États-Unis produisent 6 millions de kilogrammes d'aluminium, la France 1 500 000; à ce titre, elle occupe le premier
rang en Europe.

3e Lecture. — **Les montres françaises.** — En 1793, Besançon accueillit de pauvres ouvriers qui fuyaient la principauté
prussienne de Neuchâtel. Ce bienfait valut à la ville une industrie nouvelle.

Besançon, capitale de province aristocratique et compassée,
ne comptait que 20 000 habitants en 1800. Elle s'est animée,
étendue, embellie et elle a triplé d'importance grâce au commerce des métaux précieux, des outils d'horlogerie, des bijoux
et de 500 000 montres par an.

L'industrie bisontine est originale; elle ne connaît guère les
grandes usines : chaque ouvrier travaille à la maison. Encore
ne fait-il aucune des pièces qu'il emploie; elles viennent de la
montagne, des villes voisines ou de Genève. Mais, pour lui, il a
une spécialité : il est polisseur ou ajusteur, monteur ou régleur;
il « repasse » les pièces compliquées; il grave ou il émaille les
boîtiers. Une montre passe par plus de trente mains avant
d'être remise aux « établisseurs », qui sont les grands commerçants de la ville. Cette division du travail, poussée à son
extrême limite, assure aux « mouvements » de Besançon ce qui
fait leur valeur propre, la parfaite précision.

SEL. EAUX MINÉRALES. CARRIÈRES

1. Sel. — Les mines de la **Lorraine** à *Dombasle*, à *Varangéville*, à *Rosières* et les sources du **Jura** à *Salins* fournissent 340 000 tonnes de sel.

2. — Les « **marais salants** » de l'Atlantique, entre la Loire et la Gironde, et les « **salins** » de la **Méditerranée**, dans le *Bas-Languedoc* et les *Bouches-du-Rhône*, fournissent 360 000 tonnes.

3. — Le sel français suffit à la consommation nationale.

1re Lecture. — Sel gemme et sel marin. — En 1874, l'Océan, la Méditerranée et la Lorraine se partageaient à peu près également la production du sel. Mais dès lors on pouvait prévoir que l'équilibre serait bientôt rompu.

L'exploitation des marais salants était par trop défectueuse : l'évaporation s'effectue mal sous un ciel souvent voilé ; et, sur dix années, on en comptait trois bonnes, quatre faibles et trois nulles. Le sel médiocrement épuré n'est pas beau : il renferme toujours quelque peu de vase, de l'humidité et des sels de magnésie déliquescents. Enfin l'on rencontre, entre la Loire et la Gironde, bien plus de *marais gâts* (abandonnés par leurs propriétaires) que de bassins bien entretenus. L'industrie océanique fournit à peine 20 000 tonnes. Elle se meurt.

La Lorraine, au contraire, fait sans cesse de nouveaux progrès. Nancy est bâti sur un lit de sel qui se prolonge au sud-est jusqu'à Lunéville et bien loin au nord-est dans les pays annexés. A Varangéville, on extrait le sel gemme dans des galeries fantastiques que soutiennent des piliers de sel. Partout ailleurs, le mineur est devenu pompier : il noie la couche de sel sous une nappe d'eau qu'on épuise, quand elle est saturée, et qu'on soumet à l'évaporation des étuves. Une petite partie du sel lorrain est réservée au service de la table ; le reste, transformé en soude, sert à la fabrication du verre et de la cristallerie.

Les pompes élévatoires jouent aussi leur rôle sur les côtes du Languedoc et de la basse Provence : elles font passer l'eau de la Méditerranée dans les réservoirs du littoral. Le sel méditerranéen est fin et très blanc ; on le recherche pour les conserves de poissons, pour les produits chimiques et la savonnerie.

4. Eaux minérales. — Les sources thermales et minérales se localisent nettement dans les régions montagneuses : celles d'Enghien, de Forges et les boues [de] Saint-Amand font seules exception. Les eaux sont calmes et salines dans les *Vosges*, à Bussang, à Bourbonne-les-Bains, à Plombières, à Contrexéville et à Vittel ; sulfureuses et chlorurées dans le *Jura*, à Salins, et dans les *Alpes*, à Aix-les-Bains, à Evian, Uriage ; ferrugineuses dans le *Massif Central*, à Vichy, Royat, au Mont-Dore, à la Bourboule, à Saint-Galmier, à Vals ; sulfureuses et thermales dans les *Pyrénées*, aux Eaux-Bonnes, aux Eaux-Chaudes, à Cauterets, à Barèges, à Luchon, à Amélie-les-Bains, etc.

5. Carrières. — Si la France n'est pas riche en houille, si elle est très pauvre en métaux, sauf en fer, elle possède des carrières très nombreuses, abondantes et variées.

6. — Elle exploite le **granit** du *Cotentin* et des îles *Chausey* ; la **lave** du *Puy-de-Dôme* ; les **ardoises** de *Fumay* et de *Trélazé* ; les **grès** des *Vosges*, de *Fontainebleau*, et la **pierre de taille** de *Creil* et de *Chantilly*, de la *Bourgogne* et du *Jura* ; le **marbre** des *Pyrénées* (Saint-Béat, Campan), de la *Corse*, etc. ; le **plâtre** des *environs de Paris*, le **ciment** de *Vassy* et de *Boulogne* ; le **kaolin** de *Saint-Yrieix* ; le **sable**, l'**argile**, la **pierre à chaux** de maintes régions.

7. — Nos 36 000 carrières procurent aux architectes, aux ingénieurs une variété de matériaux qui donne caractère original aux constructions de chaque région ; elles fournissent des amendements à l'agriculture et des matières premières à l'industrie. Le sable et la soude tirée [du] sel alimentent les **verreries** d'*Anzin*, de *Saint-Etienne*, *Rive-de-Gier*, de *Carmaux*, etc. ; les **cristalleries** de *Baccarat*, de *Clichy*, etc. ; les manufactures de **glaces** de *Saint-Gobain*, de *Cirey*, de *Montluçon*, d'*Aniche*, etc. L'argile plastique est transformée en **faïence** fine à *Creil*, à *Montereau*, à *Briare*, à *Gien*, à *Vierzon* et le kaolin de *Saint-Yrieix* en **porcelaine** à *Limoges* et à *Sèvres*.

2e Lecture. — Saint-Gobain. — En 1692, Abraham Thévart reçut un brevet royal pour fabriquer des glaces à Saint-Gobain. Le lieu était d'un bon choix : on y trouvait du sable, des bois immenses et une population de verriers. L'un d'eux, Lucas Néhou, venait d'inventer l'art de *couler directement* les *glaces* au lieu de polir le verre préalablement soufflé.

Les débuts furent pénibles et la manufacture faillit sombrer, mais la réputation de ses produits la sauva. Et la courageuse « Compagnie de Saint-Gobain » a traversé victorieusement des siècles d'histoire industrielle et six révolutions.

Elle est plus riche et plus active que jamais : elle partage avec l'Etat la forêt qui porte son nom. Elle possède les manufactures de *Chauny*, de *Montluçon* et de *Cirey* ; plusieurs mines lui appartiennent, notamment celle de *Sain-Bel* (Rhône), dont elle exploite les pyrites de cuivre. Elle a des succursales en pays étrangers. Elle fabrique des produits chimiques, des tuiles, verre, des lentilles de phares et de télescopes et des cristaux de toutes formes. En un mot, elle est, pour la verrerie, ce que le Creusot est pour le fer.

Mais ce qui fait sa gloire dans le monde, c'est toujours l'industrie des glaces coulées. Colbert avait stipulé que les miroirs Saint-Gobain « dépasseraient soixante pouces de haut sur quarante de large ». Cette clause fait sourire. Saint-Gobain livre au commerce des glaces de trente-cinq mètres carrés qui émerveillent les connaisseurs par leur pureté, leur éclat et leur solidité.

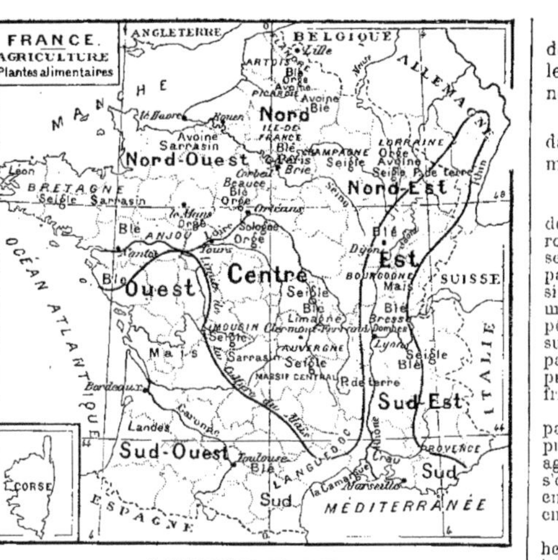

AGRICULTURE.

1. — Bien que la France soit en très bon rang parmi les puissances industrielles, sa richesse principale vient de **l'agriculture.**

2. — Son sol arable, déjà très étendu, s'est agrandi depuis un demi-siècle par de nombreux travaux : dessèchement graduel de la **Sologne**, de la **Bresse** et de la **Dombes**, irrigation de la **Crau**, plantation de pins dans la **Champagne pouilleuse** et dans les **Landes**, plantations de vignes dans la **Camargue** et sur les **bords sablonneux de la Méditerranée**. Actuellement, la surface inutilisable de la France représente à peine la *onzième partie* du territoire.

3. — Le climat océanique est doux, suffisamment humide et très favorable à l'élevage comme aux cultures des pays tempérés. Le versant méditerranéen, plus sec et plus chaud, se prête aux cultures semi-tropicales : *olivier*, *mûrier*, *oranger*, *citronnier*.

4. — La population est robuste, laborieuse et économe; elle compte 5 700 000 propriétaires étroitement attachés au sol et déployant, pour conserver ou pour agrandir leur patrimoine, une patience et une ténacité indomptables.

5. Plantes alimentaires. — Les plantes alimentaires : *céréales* et *légumes*, constituent avec la vigne, nos plus importantes ressources. Les céréales à elles seules couvrent 15 millions d'hectares.

6. — La céréale par excellence est le **blé**; il occupe 7 millions d'hectares, le treizième du pays entier. On le cultive avec succès dans la *Limagne* et dans la *vallée de la Garonne;* mais ses terres de prédilection sont les plaines limoneuses situées au nord d'Orléans et de Tours : *Beauce, Brie, Ile-de-France, Picardie* et *Flandre.*

7. — La France récolte plus de 110 millions d'hectolitres de blé; deux pays seulement produisent davantage; ce sont les Etats-Unis et la Russie. Mais, si considérable que soit notre récolte, elle ne suffit pas à nos besoins.

8. — L'avoine est une autre céréale d'élite qu'on cultive dans les mêmes lieux pour l'alimentation des animaux domestiques. Elle produit en France 90 millions d'hectolitres.

Lecture. — Le pain blanc. — L'émancipation du blé date de la Révolution française. Toute terre, auparavant, noble ou roturière, suivait la condition de son possesseur; la terre noble servait, avant tout, au plaisir du seigneur; elle comprenait des parcs, des étangs, des futaies, des garennes qui restreignaient singulièrement l'espace labourable. La terre roturière, beaucoup moins étendue, était grevée de dîmes, de redevances et d'impôts qui paralysaient le cultivateur : à quoi bon s'imposer un surcroît de frais et de peines, si le bénéfice obtenu est absorbé par autrui? L'indifférence des uns, le découragement des autres produisaient la même incurie : d'excellentes terres restaient en friche, et les meilleures manquaient de blé.

La Révolution de 1789 est un événement unique au monde par l'étendue de ses résultats. Six millions de paysans devenus propriétaires cultivent le sol avec douze millions d'ouvriers agricoles, de métayers et de fermiers. La production du froment s'est constamment accrue : elle était de 40 millions d'hectolitres en 1815, de 68 en 1830, de 75 en 1850. Elle a atteint 128 millions en 1903.

Les méthodes se perfectionnent : le rendement moyen par hectare ne dépassait pas 8 hectolitres et demi en 1815; il est aujourd'hui de 18 à 20.

Enfin, la consommation du blé, qu'on évaluait à 120 kilogrammes par tête en 1820, est aujourd'hui de 200 kilogrammes, cela marque un progrès de bien-être dont on doit se féliciter : car, si nos paysans renoncent presque partout à la bouillie de maïs, à la galette de sarrasin et au pain d'avoine, de seigle ou de méteil, ils consomment le froment généreux qui entretient leur santé et augmente leur énergie.

On parle souvent de crise agricole, et il est bon qu'on en parle, puisque cette crise existe, et qu'un certain mécontentement est nécessaire à tout progrès. Mais les voyageurs qui ont parcouru l'Europe et ses contrées les plus fécondes : Italie, Russie, pays danubiens, attestent que le paysan de France est le plus heureux qui existe et le seul qui ait à discrétion le produit de sa basse-cour, le pain blanc et le bon vin.

9. — La culture de l'orge est stationnaire (1 million d'hectares) et limitée aux pays qui ont la bière pour boisson principale.

10. — L'aire du maïs ne change pas : cette graminée, délicate et frileuse, exige des pluies mesurées et des étés chauds. Elle se cantonne dans le *sud-ouest* et dans la *Bresse* dont elle engraisse les volailles. Ailleurs, c'est un fourrage que les bestiaux consomment « en vert ».

11. — Le seigle diminue. Nulle céréale pourtant n'est plus accommodante: elle supporte également les sécheresses de la *Champagne*, les grands froids du *Massif Central* et l'extrême humidité du *climat breton*. Mais c'est aussi une céréale pauvre. Et on mesure le progrès de l'agriculture au recul du seigle en face de l'avoine et du blé.

12. — La **pomme de terre** réussit partout, principalement dans les terres légères. La culture des *légumes*, localisée autrefois autour des grandes villes, s'est répandue partout depuis que les voies ferrées les amènent rapidement sur les marchés de la capitale et des autres villes.

AGRICULTURE (Suite.)

1. La vigne. — La vigne est un arbuste qui supporte aisément les rigueurs de l'hiver, mais qui réclame des étés chauds, des automnes prolongés et une humidité modérée. Toutes les parties de la France lui conviennent, sauf les contrées montagneuses et les régions pluvieuses du nord-ouest.

2. — Des parasites dangereux ont attaqué la vigne au dix-neuvième siècle; les plus redoutables furent l'*oïdium*, en 1850, et le *phylloxera* en 1875. Ce dernier anéantit 500000 hectares de vignobles, et réduisit la récolte des vins au tiers de son importance. Le phylloxera n'a pas disparu; mais on échappe à ses atteintes en greffant les vignes françaises sur des plants américains.

3. — La vigne est cultivée dans soixante-dix départements. Elle fournit : 1° des vins très abondants, mais de qualité ordinaire, dans le *Midi* (Languedoc et Roussillon); 2° quelques crus plus délicats jouissant d'une réputation locale et consommés en France : vins d'*Arbois*, de *Vouvray*, de *Jurançon*, de *Lunel* et de *Frontignan;* 3° des *vins fins*.

4. — Ces derniers sont les grands crus de **Bordeaux** : *Château-Lafitte*, *Château-Margaux*, *Château-Yquem*, *Sauternes*, etc. ; de **Bourgogne** : *Chambertin*, *Clos-Vougeot*, *Nuits*, *Corton*, *Pommard*, etc., et de **Champagne**. L'exportation de ces vins illustres et des *eaux-de-vie* de **Cognac** atteint chaque année le chiffre de 220 millions de francs.

1re Lecture. — Les vins français. — Pendant de longs siècles, les vins furent le principal article de notre exportation. La récolte de 1875 atteignit le chiffre exceptionnel de 83 millions d'hectolitres. C'est alors que le phylloxera apparut.

Cet ennemi microscopique attaque les racines de la vigne : il porta ses ravages dans toutes les parties du vignoble français, depuis le Gard jusqu'à la Champagne. Savants et vignerons, également déconcertés, essayèrent vainement de tous les re-mèdes, et l'on fut réduit à arracher tous les plants contaminés qu'on ne pouvait sauver par la submersion. Finalement, on s'aperçut que les cépages américains ont une racine très résistante et que, greffés avec la vigne française, ils donnaient d'excellents produits. Grâce à eux, le vignoble est reconstitué presque partout; mais on évalue à près de dix milliards la perte infligée aux propriétaires par ce terrible fléau.

Les vignobles français eurent aussi à lutter contre le *mildiou* dont les dégâts furent également très importants.

Actuellement, la récolte annuelle est d'environ 40 millions d'hectolitres. Celle de 1904 s'est même élevée à 66 millions. Nos *vins fins* restent sans rivaux dans le monde des connaisseurs; l'Angleterre, la Russie, l'Amérique du Nord se disputent les grandes marques des Bourgognes, des Bordeaux et surtout des Champagnes français, dont 22 millions de bouteilles passent à l'étranger. Le mal que subissent encore nos *vins ordinaires* ne tient pas à leur qualité, mais à ce fait que nos voisins d'Espagne et d'Italie, privés des vins français pendant la crise phylloxérique, ont cultivé la vigne à leur tour et se suffisent aujourd'hui. Nos produits, faute de débouchés, sont consommés sur place, mais se vendent à des prix trop réduits pour assurer un bénéfice suffisant aux viticulteurs.

5. Les forêts. — Les défrichements, les incendies, les guerres et surtout l'exploitation immodérée des bois ont dépouillé la France du manteau de forêts qui couvrait la Gaule. Ce qui subsiste occupe à peine le sixième de notre territoire.

6. — C'est trop peu pour maintenir le bon régime des eaux, la régularité du climat et la salubrité de l'air : les marécages fiévreux de la Sologne, de la Brenne et du pays de Dombes ont pris la place des forêts dévastées.

7. — Nos plus belles forêts montagneuses sont celles de *Chaux* dans le Jura, de la *Grande-Chartreuse* et de l'*Esterel* dans les Alpes, de *Quillan* dans les Pyrénées. Mais les plaines en possèdent de plus étendues : celles de *Haba*, de *Compiègne*, de *Rambouillet*, de *Fontainebleau*, d'*Écouves*, d'*Orléans*, de *Tronçais*, etc.

8. — Les particuliers, pressés de réaliser des bénéfices, vendent le plus qu'ils peuvent de bois de chauffage et de produits industriels : liège, résines, essences résineuses, vernis. Les forêts domaniales, plus sagement aménagées, livrent des bois de construction : chênes, érables, sapins, mélèzes, épicéas.

9. — Mais la France doit encore acheter aux Antilles, au Canada et à la Norvège pour 200 millions de bois chaque année.

2e Lecture. — L'arbre et la montagne. — Le protecteur des monts, c'est la forêt : ses frondaisons attirent la pluie et la tamisent; l'herbe qui croît sous son ombrage forme un tapis feutré par où l'eau filtre et s'écoule en filets cristallins; les racines de ses arbres s'insinuent dans les profondeurs des roches qu'elles enlacent et soutiennent de leurs nœuds vivants. Enfin toute autre culture étant impossible dans les altitudes supérieures, c'est le pâturage forestier qui nourrit les troupeaux, richesse unique des montagnards.

La forêt disparue, la vie cesse : toute neige fondante se précipite en avalanche, tout cours d'eau se change en torrent, tout roc mis à nu se désagrège sous l'influence du soleil, de la gelée, des vents, et s'écroule dans la vallée. La dépopulation sévit avec une intensité désolante dans les cantons déboisés des Pyrénées, du Massif Central, de la Corse, et 25000 habitants, en moins de trente années, ont abandonné les Hautes et les Basses-Alpes.

Depuis quarante-cinq ans, l'État regazonne et reboise sans avoir accompli le tiers de son œuvre. Et plus d'un siècle s'écoulera avant que les plantations nouvelles rappellent les anciennes forêts.

AGRICULTURE (Suite.)

Arbres fruitiers. — Il y a de frileux arbustes, [com]me l'oranger, le citronnier, le grenadier qu'un [hive]r rigoureux tuerait : ils ne peuvent vivre en France que [sur] les côtes bien abritées de la Provence et du Comté de [Nice]. L'olivier et le **mûrier** blanc sont cantonnés dans [la v]allée du Rhône; le **figuier** et l'**amandier** produisent [d'ex]cellents fruits dans la région de la Garonne.

[2]. — Les autres arbres fruitiers se rencontrent dans tous [les j]ardins; mais chaque espèce a ses terres et son climat [de p]rédilection : aux **poiriers** et aux **pommiers à cidre**, [fau]t les prairies humides de la *Normandie*, de la *Bretagne*, [du] *Maine* et de l'*Anjou*; aux **châtaigniers**, conviennent [les] pentes escarpées et le rude climat du Massif Central [(ma]rrons dits de Lyon récoltés dans le *Vivarais*); les meil[leur]s **pruneaux** viennent dans l'*Agénois*, la *Touraine* et la [Prov]ence (Brignoles); les **cerisiers** donnent des fruits [exqu]is dans l'*Ile-de-France* (Montmorency), la *Limagne*, le [Lyon]nais et le *Dauphiné*; l'**abricotier** et le **pêcher** dans [l'Ile]-*de-France* (Montreuil), la *Limagne*, le *Languedoc* et la [Prov]ence; les **noyers** prospèrent dans le *Cher*, le *Périgord*, [la Dr]ôme et le *Jura*.

[3]. — La **culture fruitière** se développe à mesure que [les v]oies de communication se multiplient. La France im[port]e des oranges et des citrons; elle exporte pour 100 mil[lion]s d'autres fruits. Elle triplera sûrement cette vente, [qua]nd nos paysans sauront, comme les Allemands, sélec[tion]ner leurs plantations, perfectionner l'emballage des [frui]ts frais, et créer des fabriques de confitures.

[Horticul]ture. — Fleurs et fruits. — La culture des fleurs est [à la] fois un art et une science : elle exige un goût délicat et [la] minutieuse étude des terrains, des climats et du tempérament des plantes, des sélections qui conservent à chaque espèce sa pureté parfaite et des croisements qui créent des variétés nouvelles.

Les horticulteurs et les pépiniéristes français jouissent d'un juste renom : ceux du nord, sous un ciel maussade, font fleurir les orchidées, filles des montagnes et du soleil équatorial. Quand on pénètre dans leurs serres chaudes, quand on suit des yeux ces fleurs fantastiques auxquelles la nature a prodigué les couleurs les plus éclatantes et les formes les plus capricieuses, le regard est ébloui, et l'on se croirait dans un palais enchanté. D'autres serres sont réservées à la culture de la vigne dont chaque cep est planté dans un pot de terre : grâce à de savantes combinaisons de fumure, de lumière et de chaleur, l'horticulteur peut livrer, à n'importe quelle saison, des raisins frais et magnifiques.

Les roseraies d'Orléans et de Provins, les jardins de Versailles et de Sceaux, les champs de violettes de Toulouse assurent à leurs propriétaires d'importants revenus.

L'Anjou doit, à la douceur de son climat et à l'extrême variété de ses couches géologiques, le privilège de produire les arbres fruitiers, les légumes fins et toutes les plantes d'appartement : camélias, azalées, gardénias, dracénas. Les produits des pépinières d'Angers et les conserves alimentaires se répandent dans toute l'Europe et dans une partie du *Nouveau Monde*.

Mais le vrai paradis des fleurs, c'est le département des Alpes-Maritimes et surtout les environs de Nice, de Cannes et de Grasse. La plaine de Grasse est une mer d'oliviers; dans ses jardins, les orangers et les citronniers croissent en pleine terre et mûrissent parfaitement leurs fruits; les palmiers balancent leurs panaches au-dessus des bosquets de rosiers et de jasmins. Ailleurs, se déroulent des tapis de violettes, de résédas, des tubéreuses. Les fabriques d'extraits, d'essences, d'eaux de toilette et d'huiles parfumées utilisent au printemps un million de kilogrammes de roses et deux millions de kilogrammes de fleurs d'oranger. Et, grâce à la rapidité des communications par voies ferrées, les fleurs de Nice décorent, pendant tout l'hiver, les salons de Paris, de Berlin et même de Saint-Pétersbourg.

4. Plantes industrielles et oléagineuses. — Quelques cultures reculent et disparaîtront devant les progrès du commerce, de l'industrie et de la science. Tels sont : le **colza**, délaissé par l'éclairage moderne; le **safran** et la **garance**, que remplacent les teintures extraites de la houille; le **chanvre**, qui trouvait son emploi principal dans l'ancienne marine. On tisse beaucoup moins de toiles à voiles, et l'on utilise, pour fabriquer les cordages et les sacs, la fibre du jute venu de l'Inde.

5. — Le **lin** couvrait de grands espaces dans nos provinces septentrionales; on abandonne sa culture, parce que les filasses russes et hollandaises sont livrées à l'industrie française à meilleur compte.

6. — L'**œillette** se maintient péniblement dans le *Nord* et l'olivier est très apprécié dans le *Midi;* mais leurs produits subissent la redoutable concurrence des graines d'arachide et de sésame importées de l'Afrique occidentale.

7. — Le **houblon**, indispensable aux brasseurs de bières, se cultive en *Bourgogne*, en *Lorraine* et dans le *Nord*.

8. — La **betterave** à sucre occupe, dans le *Nord* et dans le *bassin de Paris*, tout l'espace laissé libre par les plantes oléagineuses et textiles. Elle couvre dix fois plus de terrain qu'au milieu du siècle dernier.

9. — Le **tabac** réussirait partout; mais dix-huit départements sont seuls autorisés à le cultiver sous la surveillance de l'Etat. Ils produisent pour 25 500 000 francs de feuilles; on en importe autant de l'étranger. Le monopole de la vente du tabac rapporte au Gouvernement 300 millions de revenus.

AGRICULTURE (Suite.)

1. Élevage. — L'élevage est, après la culture des plantes alimentaires et de la vigne, la principale ressource agricole de notre pays. La France est une des contrées qui élèvent le plus d'animaux domestiques.

2. Prairies. — Les **prairies naturelles** réclament un sol et un ciel humides. Telles sont la *Normandie*, la *Bretagne* et les pentes bien arrosées du *Massif Central*, du *Jura* et des *Vosges*.

3. — Les **prairies artificielles** (plantes fourragères) suppléent aux prairies naturelles et, comme elles, nourrissent surtout le gros bétail ; elles sont nombreuses dans le *bassin de Paris*.

4. — Les **races bovines** sont élevées : les unes, pour trait (*Béarn*, *Gascogne*, *Cantal*, *Nivernais*) ; les autres, pour la production du lait, du beurre et du fromage (*Flandre*, *Normandie*, *Bretagne*, *Franche-Comté*, etc.) ; d'autres enfin pour la **boucherie** (*Charolais*, *Maine*).

5. — Nos races de **chevaux** sont aussi nombreuses et aussi variées que les races bovines : cheval de **course** : *Normandie* ; de **trait léger** : *Perche*, *Limousin*, *Lorraine*, *Pyrénées*, etc. ; de **gros trait** : *Flandre*, *Boulonnais*, etc.

6. — Le *Poitou* et la *Gascogne* élèvent des ânes et des mulets renommés.

7. Pâturages. — Les pâturages des montagnes et des plaines calcaires produisent une herbe courte et maigre et conviennent aux **moutons**.

8. — Les **moutons mérinos** et **métis-mérinos** sont les plus répandus : *Champagne*, *Bourgogne*, *Beauce*, *Berri*, etc. ; les autres donnent une laine moins fine ou moins abondante : *Flandre*, *Picardie*, *Normandie*, *Sologne*, *Landes*, etc., et conviennent plutôt pour la **boucherie**. Les brebis du *Larzac* fournissent un lait qui sert à la fabrication fromage de *Roquefort*.

9. — Les **chèvres** vivent nombreuses dans les p montagneux et pauvres ; les **porcs** sont élevés partout notamment dans le *bassin de Paris*, la *Bretagne*, le *Périgo* etc. ; la *Bresse* et le *Maine* engraissent de fines volaill la *Bretagne*, le *Gâtinais* et le *Roussillon* élèvent des abeill

10. La chasse. — Le déboisement et le braconn ont bien appauvri la faune de la France. Néanmoins, il re encore beaucoup d'espèces d'animaux et d'oiseaux sa vages recherchés pour leur chair, leur peau, leur poi leurs plumes : *sangliers*, *chevreuils*, *lièvres*, etc. Les oisea utiles et **chanteurs** se font malheureusement de plus plus rares.

11. La pêche. — Nos *eaux douces* renferment enc une grande variété de **poissons** : *truites*, *saumons*, *b chets*, etc. ; mais elles se dépeuplent rapidement, et c'est fait regrettable : car le poisson se nourrit sans causer auc préjudice, et la pêche, qui est un plaisir pour les uns, un gagne-pain pour d'autres.

12. — La pêche en *eau marine* est une grande ressou pour nos populations côtières ; elle occupe 150 000 p sonnes et plus de 25 000 bâtiments à la **petite pêc** (*sardines*, *homards*, *soles*, etc.) et à la **grande pêche** (*rengs* et *morues*). Les **huîtres** sont élevées dans des pa (*Arcachon*, *Marennes*, *Cancale*, etc.), et les **moules** da les bouchots du *Poitou* et de l'*Aunis*.

Lecture. — **L'élevage français.** — Plus les fourrages s abondants, et plus l'élevage est prospère. En 1840, la surf occupée en France par les cultures fourragères était seulem de 25 000 kilomètres carrés ; elle dépasse actuellement 100 000 lomètres carrés.

Il n'en faudrait pas conclure que chaque espèce d'anima domestiques compte quatre fois plus de représentants. Le no bre des moutons (20 millions) a même diminué d'un tiers, pa que les sols conquis à la culture sont précisément les terra maigres de la Champagne, de la Sologne et des Landes qui f maient le domaine exclusif de la race ovine.

L'augmentation a porté principalement sur le *gros béta* chevaux (2 1/2 %), vaches et bœufs (5 %) et sur les *porcs*. porc gagne toujours à l'extension des cultures et à l'accroiss ment des industries agricoles : car il vit des débris de la fer et des résidus de fabrication (drêches, pulpes, son, légumes petit-lait) ; tous nos restes l'engraissent, quand ils sont prop ment préparés.

Le troupeau français a gagné plus en qualité qu'en nom par une alimentation plus rationnelle et par des croiseme mieux compris : l'Allemagne a plus de chevaux que la Fran et la Russie beaucoup plus de chevaux que l'Allemagne ; ma pour la science de l'élevage, nous n'avons d'autres maîtres q les Anglais ; nos chevaux *normands*, *percherons* et *tarbesans* fo prime sur le marché américain ; nos *mules* du *Poitou* sont cherchées par les marchands espagnols pour l'élégance de le formes, leur sobriété et leur endurance ; enfin, nous avons vaches *laitières* excellentes en *Normandie*, dans le *Charolais* le *Cantal*.

La vente des volailles grasses et des œufs rapportent 200 m lions à nos fermiers. Malheureusement, la *pêche d'eau douce* très insuffisante : la pisciculture, science française, n'a prof qu'aux peuples voisins. Les Anglais gagnent 4 millions par par la vente du saumon et de la truite, tandis que nos riviè sont en proie à un scandaleux braconnage. Et les Allema s'enrichissent en important chez nous leur *gibier*, quoique no territoire soit naturellement giboyeux. Nos lois sont aussi sag que les leurs ; mais chez eux on les respecte.

INDUSTRIES TEXTILES

. **La laine.** — Le travail de la laine, pratiqué en
...ce dès le moyen âge, est encore aujourd'hui notre in-
...rie la plus florissante : 115 000 ouvriers y sont employés.
...tilisent 35 000 tonnes de laine provenant de nos mou-
... et 250 000 tonnes de laines étrangères venues du *Nou-*
... *Monde*, du *Cap*, de l'*Australie* et de l'*Algérie*.

. — Le premier rang pour la production appartient à
...*égion du Nord*, riche en houille, en canaux et en ouvriers.
...*mies* avec ses **filatures**, *Roubaix* et *Tourcoing* avec les
...*peries*, les **tapis**, les **tissus d'ameublement**,
...t-*Quentin*, le *Cateau* et *Amiens* avec les **mérinos** font
... d'affaires que tout le reste de la France. *Dunkerque* est
...remier port lainier de l'Europe continentale.

. — L'activité est beaucoup moindre à *Reims*, à *Sedan*,
...*lbeuf* et à *Louviers* (**draps fins**), à *Mazamet* et à *Castres*
...aps communs) et à *Orléans* (**couvertures**).

. — L'exportation française représente 500 millions de
...cs, sans compter ce que valent les **tapis artistiques**
...*Beauvais*, des *Gobelins* (Paris) et d'*Aubusson*.

...**re Lecture.** — **La laine et la houille.** — On a dit bien
...gtemps : « Sans laine, on ne peut draper. » L'élevage était
... des premières richesses de l'État, et les souverains prenaient
...le précautions pour entretenir de grands troupeaux et pour
...der le monopole des races pures. Les moutons de l'Angle-
...e ont contribué à la guerre de Cent ans; et, à la Chambre des
...ds, le président est encore assis sur un sac de laine. Les rois
...spagne, grands maîtres de la Toison d'or, favorisaient les
...tons aux dépens de leurs sujets catholiques dont les champs
...ent dévastés deux fois l'an par les troupeaux de la « mesta ».
...ly et Colbert furent protecteurs des bergers et créateurs de
...ufactures. Louis XVI compta, parmi les grands actes de son
...ne, l'installation de béliers mérinos à la bergerie royale de
...mbouillet; enfin, Napoléon Iᵉʳ exigea de l'Espagne vaincue

C. SUP.

un tribut de moutons reproducteurs, tant l'élevage et l'industrie
étaient étroitement unis.

L'application de la vapeur à l'industrie et aux transports a
bouleversé notre ancien monde. Il faut dire aujourd'hui : « Sans
houille, on ne peut draper. » Les moutons sont plus nombreux
que jamais; mais l'Europe les engraisse pour la boucherie. Les
filatures et les fabricants s'approvisionnent de laine dans la
République Argentine, l'Uruguay, le Cap et l'Australie. Ils bâtissent leurs usines là où la houille abonde, et nos industriels
utilisent sept ou huit fois plus de laines que la France n'en
produit.

5. Soie. — L'industrie de la soie a un glorieux passé;
favorisée sous les rois François Iᵉʳ et Henri IV, et par Colbert,
elle continue à faire honneur à notre pays.

6. — Elle s'approvisionnait autrefois dans les **magnaneries** des bords du Rhône, dans l'*Ardèche*, dans le *Gard*,
dans l'*Isère* et dans la *Drôme*; elle fait venir aujourd'hui
les soies de la *Chine*, du *Japon*, de l'*Italie* et de l'*Orient*.
Lyon et *Aubenas* sont nos principaux marchés de soies
grèges.

7. — Les grands foyers industriels sont : *Lyon*, *Voiron*,
Saint-Étienne, *Nîmes*, dans le Midi ; *Saint-Pierre-les-Calais*
et *Roubaix*, dans le Nord.

8. — Malgré la concurrence de l'Allemagne à Crefeld et
à Elberfeld, de l'Italie à Milan et de la Suisse à Zürich, l'industrie française reste la première du monde pour la finesse
de ses tissus et pour le chiffre de sa production, plus de
500 millions par année.

2ᵉ Lecture. — **La soie et les soieries.** — Les plus belles
soies proviennent du bombyx nourri des feuilles du mûrier
blanc. Cet arbre précieux exige au moins trois mois par an de
chaleur douce et continue; l'élevage des vers à soie a donc un
champ assez limité; en France, on ne le pratique avec succès que
dans les départements riverains du Rhône.

Au plus beau temps de la sériciculture, vers 1850, la France
récoltait 25 millions de kilogrammes de cocons. Des maladies
attaquèrent le ver à soie (pébrine, flacherie), le marché national
fut envahi de soies chinoises et japonaises, les prix baissèrent et
les éleveurs découragés arrachèrent des milliers de mûriers
blancs pour cultiver la vigne. Notre production tomba à 6 et
même à 2 millions de kilogrammes (1876); elle s'est relevée ensuite, mais nous n'avons plus dépassé le chiffre de 9 millions
de kilogrammes; et, comme la soie grège représente à peu près
le quinzième du poids des cocons, la France, réduite à ses propres ressources, n'aurait que 600 000 kilogrammes de soie à
mettre en œuvre.

L'industrie en consomme 12 millions, et l'importation toujours
croissante était de 321 millions de francs en 1904.

Les opérations préparatoires, dévidage, moulinage et filature,
s'effectuent dans les départements producteurs. Le tissage est
plus disséminé : Saint-Pierre-les-Calais fabrique les blondes et
les tulles, et Roubaix, dans ses vastes usines, tisse les soies d'a-
meublement. La *région lyonnaise* pratique plutôt le travail à
domicile. Ses centres les plus actifs sont : Voiron, Romans, Bour-
goin, Avignon, où les papes eurent les premiers métiers à
tisser; Nîmes, Roanne et Saint-Étienne, qui comptent 70 000 ouvriers rubaniers. La capitale de cette province industrielle est
Lyon, qui fabrique relativement peu, mais qui est, après Milan,
le premier marché continental des soies grèges et la métropole
des soieries pour le monde entier. L'article purement lyonnais
est fait de soie française : ce sont ces teintures incomparables
pour la richesse du tissu, la finesse du dessin et la douceur des
coloris, destinées aux rois de la finance. Mais Lyon fabrique
aussi des articles plus modestes de soie pure et de soie mélan-
gée. La production totale de la France est évaluée à 600 millions
de francs, dont les deux tiers sont exportés en Angleterre et en
Amérique.

INDUSTRIES TEXTILES (Suite)

1. Lin et chanvre. — L'industrie linière occupe en France 62 000 ouvriers.

2. — La France autrefois produisait beaucoup de lin et de chanvre; mais, depuis cinquante ans, la surface consacrée à leur culture a diminué des deux tiers pour le lin et de la moitié pour le chanvre. Les filasses que notre industrie emploie viennent, pour les cinq sixièmes, de l'étranger.

3. — Un autre changement modifie l'industrie elle-même : les métiers à la main diminuent de nombre chaque année au profit des métiers mécaniques.

4. — Les trois quarts des usines sont situées dans la région du Nord : *Lille* a deux spécialités, celles du fil à coudre et des filés destinés au tissage, *Armentières*, *Amiens*, *Boulogne* tissent des toiles de toutes sortes; *Cambrai* est le principal centre des **batistes**.

5. — Les autres industries linières sont assez disséminées : *Gérardmer* produit la **toile des Vosges**; *Voiron*, la toile de Vichy, et *Cholet* fait concurrence à Cambrai pour les **mouchoirs de batiste**.

6. — Le chanvre que produisaient la Bretagne, le Maine, l'Anjou et le Graisivaudan a fait place en grande partie au chanvre russe. Il sert, avec le **jute** de l'Inde, la **ramie**, le chanvre de Manille et d'autres textiles, à confectionner la **toile à voiles**, la **toile à sacs**, les cordes et les ficelles de tous calibres. Comme centres industriels, il faut citer *le Mans* (toiles), *Lille* (emballage), et tous nos *grands ports de mer*.

7. — La production totale est de 600 millions de francs; l'exportation est insignifiante.

1re Lecture. — Lin et chanvre. — Voilà deux vénérables plantes dont les peuples de la Méditerranée connaissaient l'emploi bien avant la période historique : car non seulement momies égyptiennes étaient enveloppées de lin blanc, mais a retrouve dans les cités lacustres des débris de tissu grossier pareil à celui des sacs et qui, d'après les savants, étaient étoffes de chanvre et de lin.

Ces plantes sont très utiles : la graine du lin contient une huile siccative que rien ne saurait remplacer pour la peinture et les vernis; sa fibre fournit les tissus les plus appréciés comme linge de table, de corps et de toilette; et ses fils les plus ténus, transformés en dentelles, ajoutent un charme exquis à la parure féminine. Le chanvre est plus rustique : il convient à la toile forte, aux voiles de navires et aux cordages. Sa graine ou chènevis est un bon aliment pour les oiseaux domestiques.

Cependant on restreint tous les ans la surface réservée à la culture dans l'Europe occidentale. Et cela tient aux exigences de cette culture : le lin réclame un sol léger, beaucoup d'engrais, beaucoup de soins, un soleil modéré et pas trop d'eau. Le chanvre est de même nature, mais veut un peu plus de chaleur. Et, comme les céréales et la betterave sont moins exigeantes pour un résultat plus certain, on se tourne de préférence vers la betterave et les céréales.

Au reste, le monde industriel ne manque pas de matière première : toute la Russie centrale est une mer de chanvre et de lin qui ondule au souffle du vent. Et les filasses russes embarquées à Riga, débarquées à Dunkerque, au Havre ou à Saint-Nazaire constituent la majeure partie de notre approvisionnement. Le reste vient de Belgique, de Hollande, d'Irlande et enfin de France.

On peut se demander si le tissage du lin a un avenir bien assuré. Certains économistes prédisent sa décadence, ou le menacent au moins de devenir une industrie de luxe : le coton, un peu moins beau, mais tout aussi solide et beaucoup moins cher, est le textile préféré de la classe moyenne et surtout de la classe pauvre.

8. Le coton. — Le coton est aujourd'hui le textile le plus répandu dans le monde. On l'emploie soit à l'état pur, soit mélangé à la laine, au lin ou à la soie.

9. — Le cotonnier ne croît que dans les pays chauds. La France importe tout le coton qu'elle transforme. Ses grands fournisseurs sont les planteurs des *États-Unis*, de l'*Inde*, de l'*Égypte* et de la *Chine*. Le *Havre* est notre grand port cotonnier.

10. — Le coton fait vivre en France 100 000 ouvriers qui emploient 5 500 000 broches, et la quantité importée annuellement vaut 367 millions.

2e Lecture. — Production du coton dans le monde. — Le coton n'est pas, comme le lin et le chanvre, une plante herbeuse qu'on sème et qu'on arrache chaque année, mais un arbuste persistant. Ses fruits sont des capsules renfermant quelques graines et un flocon de bourre neigeuse qui est le coton.

Il faut au cotonnier un sol alluvial très riche, des saisons bien tranchées, et surtout des étés très chauds. C'est le textile des tropiques; et ses terres de prédilection s'étendent dans l'hémisphère boréal entre l'équateur et le 40e parallèle. On le cultive dans le *Turkestan russe* et en *Égypte*. La *Chine* lui consacre partie des vallées du l'Yang-tsé Kiang et du Hoang-ho. L'*Inde* a planté de cotonniers toute la vallée du Gange, toute celle de l'Indus et les plateaux du Dekkan. Sa récolte égale celle de la Chine et de l'Égypte réunies; mais elle cède le pas à celle des *États-Unis*. La s'étale, entre les Alleghanys et les Rocheuses, entre le confluent du Missouri et le golfe du Mexique, une plaine grande comme la France et qui appartient à la France sous le nom de Louisiane. C'est un interminable champ de cotonniers; c'est la patrie des planteurs milliardaires servis par des milliers de travailleurs noirs. Nulle part le coton n'est si abondant, aussi fin et aussi soyeux. L'article principal de l'exportation américaine est le coton brut, qui l'emporte beaucoup sur les viandes et les pétroles : la production atteint près de deux millions de tonnes, dépassant celle du reste du monde.

11. — Les filatures et tissages de coton ont subi trois ...ractions diverses : celle de la houille, celle des autres ...dustries textiles et celle des ports de mer.

12. — Le **groupe normand** s'est constitué aux ...ords de la Manche et du Havre, centre d'importation. ...uen et sa banlieue; *Darnétal. Sotteville* et *Maromme; le* ...vre, *Yvetot* et *Dieppe; Evreux, Falaise* et *Flers* ont en-...mble 2 millions de broches, et fabriquent toutes les va-...tés de **rouenneries**.

13. — Le **groupe flamand et picard** (1 300 000 ...oches) comprend les filatures de *Lille, Roubaix* et *Tour-*...ng, les fabriques de *Saint-Quentin* (guipures) et d'*Amiens* ...elours).

14. — Le **groupe lorrain** (800 000 broches) trouve ...ns les rivières des Vosges une force motrice très peu coû-...se. Il s'est constitué après l'annexion de Mulhouse à ...llemagne. Ses manufactures les plus nombreuses sont ...les d'*Epinal*, de *Remiremont*, de *Lunéville*, de *Saint-Dié*, ...*Senones* et du *Val-d'Ajol*, auxquelles il faut joindre celles ...*Belfort*.

15. — Le **groupe lyonnais** comprend *Tarare* (mous-...lines), *Thizy, Roanne* et *Villefranche-sur-Saône.*

16. — En dehors de ces grands centres, il faut nommer ...oyes, vieille cité champenoise prédestinée aux industries ...xtiles : les sombres ateliers, où travaillaient jadis les fou-...ls, les cardeurs de laine et les drapiers, subsistent encore; ...appartiennent aux bonnetiers dont les métiers produisent ...us les **tricots de coton** imaginables.

17. — L'exportation des cotonnades atteignait, en 1904, ...0 millions de francs; un cinquième des étoffes françaises ...coule en Algérie.

3e Lecture. — Avenir de notre industrie cotonnière.
L'exportation de nos tissus a constamment grandi depuis ...t ans. Cette progression fait honneur aux manufactures fran-...ses, mais elle ne doit pas nous faire illusion. Car l'industrie ...onnière est exposée à deux dangers.
Certaines nations qui comptaient pour beaucoup dans notre ...ntèle commencent à produire à leur tour. Et leurs progrès ...bits sont inquiétants. Ceux de l'Angleterre sont formidables : ...moitié du coton qui se consomme en Europe passe par Liver-...ol dans les usines de Manchester et du Lancashire, et l'expor-...ion des cotonnades britanniques vaut dix fois la nôtre; elle ...eignait, en 1904, deux milliards de francs. On évalue à 41 p. ...0 l'accroissement de l'industrie cotonnière dans le monde, et ...tre augmentation apparente cache un recul relatif.
L'autre danger est plus grave encore, puisqu'il aurait pour ...et de tarir pour nous les sources mêmes de l'industrie : les ...ys producteurs de coton, las de leur vie purement agricole, se ...cent à leur tour dans la voie de l'industrie. Et, comme ils ...t à leur disposition d'immenses charbonnages, des millions ...bras et la matière première dégrevée des frais de transport, ...produisent à des conditions exceptionnelles de bon marché. ...nde anglaise compte déjà 5 490 000 broches; les Etats-Unis ...en ont 22 millions! L'Amérique, ...on les principes de Monroë, doit se suffire en toutes choses; ...sa fiévreuse ambition ne sera satisfaite que quand la dernière ...lle de coton américain sera peignée, filée et tissée en Amé-...que. Que deviendra alors l'industrie de notre vieux monde ...opéen?
...Sans doute, l'hégémonie économique de l'Amérique n'est pas ...core un fait accompli. Mais on la redoute à bon droit : chaque ...at cherche à s'ouvrir dans ses colonies des débouchés nou-...aux, et à planter le cotonnier partout où il peut réussir. Le ...rkestan devient une petite « Amérique russe ». l'Egypte, une

« Amérique anglaise ». Quelle sera notre Amérique? L'Indo-Chine paraît trop humide et l'Algérie trop sèche. C'est dans le Sénégal et l'Afrique équatoriale que les essais ont eu le plus de succès, et que les fabricants de Rouen, d'Epinal et de Lille fini-ront par trouver des champs de culture et des comptoirs d'approvisionnement.

18. **Dentelles et tulles.** — Le coton, le lin, la laine et la soie sont employés aussi à la fabrication des den-telles et des tulles. Les dentelles fines : point d'*Alen-çon. Chantilly, Valenciennes,* etc., faites entièrement à la main, ne se fabriquent presque plus.

19. — Les dentelles des Vosges et du Puy, faites au carreau, occupent, dit-on, 250 000 ouvrières.

20. — Mais les **dentelles à la machine** se vendent plus que jamais et à un bas prix qui les rend accessibles à toutes les classes sociales : une machine à vapeur boucle 60 000 mailles à la minute et fait le travail de 12 000 ou-vrières : *Calais, Caudry* (Nord), *Saint-Quentin* et *Lyon* sont les principaux centres de fabrication.

4e Lecture. — Dentelles mécaniques et dentelles à la main — Les artistes déplorent la perte d'un art devenu tout à fait national et que l'industrie contemporaine n'a pas remplacé. Mais quiconque a pénétré chez les pauvres dentellières, si mal payées de leur exténuant labeur, souscrira au jugement d'un savant académicien qui fut aussi un homme de cœur : « Quand » on voyage, dit M Charles Blanc, dans les Flandres, dans le » Brabant, en Normandie, en Auvergne, quand on voit aux » fenêtres d'un rez-de-chaussée de jeunes filles courbées sur » leur coussin manier d'innombrables fuseaux autour d'innom-» brables épingles, les tordre, les croiser, les enlacer sans erreur » les uns dans les autres, les prendre, les laisser pour les re-» prendre et les laisser encore, veiller à ce qu'ils soient toujours » garnis de fil, piquer des épingles, dégarnir les endroits qui en » ont trop pour les placer aux endroits qui en manquent, » opérer, en un mot, jusqu'à cent cinquante-deux mille évolu-» tions pour un dessin de dix centimètres, ce qui revient à faire » soixante-dix-sept mouvements à la minute, on demeure » effrayé, consterné du travail que la pauvreté impose à ces » machines palpitantes dont l'intelligence semble nouée par » des fils et emprisonnée à jamais dans le réseau de leur ou-» vrage. On se demande si la vie de ces créatures doit être sacri-» fiée tout entière pour rendre plus attrayantes et plus aimables » d'autres créatures, et l'on veut espérer que les machines qui » avaient paru tout d'abord un instrument d'esclavage pourront » devenir quelque jour un moyen de soulagement et de li-» berté. » *(L'Art dans la parure.)*

5e Lecture. — Tissus d'Afrique et pour l'Afrique. —
Sur les boulevards de Paris, aux abords des expositions et des gares de chemins de fer, on rencontre des colporteurs arabes chargés de tissus aux tons éclatants, tapis de table et de jeu, étoffes pour tentures et pour ameublement. Ces mêmes tissus se vendent dans les bazars africains : à Fez, à Alger, à Tunis et à Kairouan. Ils sont tous de fabrication française : ils viennent de la région de Tarare et spécialement de *Thizy, Cours* et *Amplepuis.* Les industriels de ce pays emploient toutes sortes de déchets : bourre de soie, de coton et de laine, poils de chèvre et poils de veau. Toutes ces balayures d'usines et de mégisseries, lavées, tissées et teintes, se transforment en étoffes moelleuses, burnous, écharpes, pagnes et couvertures de lit à vingt sous. On expédie cette marchandise multicolore par milliers de ballots chez les Marocains, les Arabes, les nègres du Soudan et les nègres du Brésil.
L'industrie normande s'est fait une autre spécialité, celle des cotonnades bleues guinées que la Société « Flers-Exportation » répand dans les pays du Niger et du Congo. Et, comme une vente ne va jamais seule, les agents de cette société exportent dans les mêmes comptoirs les épingles de Laigle, la quincail-lerie de Tinchebray, l'eau-de-vie de cidre et même le beurre de Normandie!

VOIES DE COMMUNICATION

1. — Les principales **voies de communication** sont : les routes, les cours d'eau navigables, les canaux, les chemins de fer et la mer. On peut y ajouter les *postes*, les *télégraphes* et les *téléphones*.

Ire Lecture. — Il est bon qu'un peuple ait des moyens de communication rapides, commodes et peu coûteux. Par là, il échappe aux horreurs de la famine, échange avec ses voisins les produits du sol et de l'industrie, profite des inventions nouvelles et augmente en un mot son *bien-être matériel*.

Le *gain moral* n'est pas moins grand : tout peuple isolé est un peuple arriéré. Les idées s'échangent comme les marchandises et fructifient en s'échangeant : quand deux nations entrent en contact, elles sont bien près de s'entr'aider. Leurs préjugés

r sot orgueil font place à la sympathie. et l'émulation qui
[é]t entre leurs savants, leurs artistes et leurs législateurs étend
[le] domaine de la science et contribue au progrès de l'humanité.
[Le]s chemins de fer sont, avec l'imprimerie, le meilleur instru-
[me]nt de la civilisation.

2. Routes. — La France possède le réseau de routes le
[pl]us complet qui existe. Son développement atteint près de
[60]0 000 kilomètres. Ces routes appartiennent à trois caté-
[go]ries :

3. — Les **routes nationales** (38 000 kilomètres) sont
[co]nstruites et entretenues par l'Etat. Elles réunissent Paris
[au]x grandes villes de la province et à la frontière.

4. — Les **routes départementales**, comme leur nom
[l']indique, ont un intérêt régional, et elles sont à la charge
[de]s départements dont elles desservent les centres agricoles
[et] manufacturiers (48 000 kilomètres).

5. — Les **routes vicinales** sont de beaucoup les plus
[no]mbreuses (603 000 kilomètres) et, suivant leur impor-
[tan]ce, on les nomme **chemins de grande communication, chemins d'intérêt commun et chemins
vicinaux.** Elles sont à la charge des budgets communaux.

6. — La construction et l'entretien des routes sont confiés
[au] corps des *Ponts et Chaussées* et coûtent annuellement près
[de] 300 millions.

2e Lecture. — Nos routes. — Le relief de la France se
[prê]te d'une façon merveilleuse à leur établissement : tout le
[No]rd, tout l'ouest, c'est-à-dire la plus grande moitié du pays,
[for]me une plaine continue ; et les dépressions qui se creusent
[au] sud des Vosges et autour du Massif Central sont autant de
[por]tes ouvertes entre le bassin du Rhône et les bassins fluviaux
[vois]ins.
[L']histoire aussi leur fut favorable : les hommes d'Etat qui ont
[go]uverné la France ont tous compris qu'un réseau complet de
[voi]es terrestres était indispensable à la prospérité de l'agricul-
[tur]e, à la richesse publique et privée, à l'affermissement de
[l'au]torité centrale et à la défense du pays. Brunehaut donna
[l'ex]emple en réparant les voies romaines ; Louis XI créa les
[po]stes royales ; Henri IV et Sully, Louis XIV et Colbert,
[Lou]is XV et Orry, enfin Napoléon Ier ont ouvert un grand nom-
[bre] de routes nouvelles.
[C]omme grand voyer de France, Sully s'est acquis une gloire
[par]ticulière. C'est lui qui a inventé la *route moderne*, large,
[dro]ite, légèrement bombée au centre et pavée de grès ou de silex
[dur]s au rouleau, plantée de grands arbres et bordée de
[fos]sés parallèles qui facilitent l'écoulement des eaux. On voit en-
[co]re, çà et là, sur nos collines, de grands ormes isolés qui ont
[ser]vi de jalons à Cassini pour dresser la carte de France. Le
[peu]ple continue à les appeler des *rosnys* sans savoir que le ba-
[ron] de Rosny n'était autre que Sully lui-même.
[C]olbert et Orry furent ses continuateurs ; ce dernier constitua
[le] corps des *Ponts et Chaussées* auquel nous devons 2 000 ponts
[mo]numentaux et 200 000 ponceaux qui franchissent les ravins et
[les] rivières. Orry avait de grandes vues : la carte routière qu'il
[a t]racée n'a été exécutée complètement que de nos jours.
[D]epuis cent ans, l'effort de nos gouvernants s'est porté tout
[en]tier vers les *chemins vicinaux*, que l'ancien régime avait
[lai]ssés entièrement à la charge des paroisses. Si les routes
[roy]ales faisaient l'admiration des étrangers. les chemins ruraux
[é]taient, en 1789, dans un état lamentable. En bien des régions,
[les] fondrières étaient si nombreuses, que les rouliers voyageaient
[par] groupes pour se prêter mutuellement leurs chevaux. « Les
[r]ues et les abords de la plupart des villages, écrivait Turgot,
[s]ont impraticables ; et les laboureurs sont obligés de multi-
[p]lier inutilement et dispendieusement leurs animaux de trait
[p]our les charrois qu'exige leur exploitation. » La misère et
[l']incurie des habitants condamnaient bien des campagnes à un

dangereux isolemnet. L'œuvre du gouvernement de Juillet, du
second Empire et surtout de la troisième République a été de
conquérir, à l'unité nationale, les pays pauvres et les massifs
montagneux.

3e Lecture. — Napoléon et les routes des Alpes. —
Napoléon fut forcément un grand constructeur de routes : pré-
occupé sans cesse d'étendre son empire et de déjouer les coali-
tions, il voulut être le maître des Alpes. Il gouverna despoti-
quement l'Italie et la Suisse, annexa le Valais, la Ligurie, et
répandit, dans tous les passages des Alpes, une armée de terrassiers militaires et civils commandée par ses ingénieurs. C'est
ainsi que s'ouvrirent les grandes voies du Simplon, du Saint-
Gothard, du Mont-Cenis, de l'Argentière et de la Corniche. En
une seule année (1810), les travaux des routes absorbèrent cinquante millions.
La grande Corniche exigea dix ans d'efforts : elle court au
pied des crêtes suprêmes des Alpes ; et, taillée en pleine roche,
elle domine, à une hauteur vertigineuse, les rivages de la Côte
d'Azur. De ses points culminants, Eza et la Turbie, le regard
s'étend sur Nice, Monaco et Menton, sur les côtes de la Ligurie
et les montagnes de la Corse. « La vue des Alpes et de la mer,
» la variété des aspects, des caps, des golfes, des villes et des
» villages, la végétation tropicale de quelques points, tout con-
» court à faire de la grande Corniche une des routes les plus
» pittoresques du monde. »
Le commerce a largement profité de ces voies militaires. Après
un siècle d'activité intense, il les délaisse pour utiliser les
grandes percées alpestres du Simplon et du Mont-Cenis ou la
voie de la petite Corniche qui épouse tous les contours du littoral. Les guerres ont pris fin ; mais la menace des invasions
subsiste ; sur l'un et l'autre versant des Alpes, se dressent des
travaux de défense que gardent les bersaglieri et les bataillons
alpins ; et il passe toujours comme un souffle guerrier sur ces
voies qui ont repris leur destination première. Quant au tou-
riste qui suit à pied la voie napoléonienne de la Corniche, il
reste saisi d'admiration et emporte de sa traversée un souvenir
inoubliable.

4e Lecture. — Voies de terre et voies ferrées. — On
croyait communément, au milieu du dernier siècle, que les
voies ferrées allaient porter aux routes un coup fatal. Et cette
prédiction s'est en partie réalisée : depuis 1842, on vit successivement disparaître les grandes auberges rurales, les diligences
et le roulage à grande distance. Personne à coup sûr ne songerait aujourd'hui à faire en voiture le voyage de Paris à Marseille,
à Bordeaux et même à Lille.
Mais, si la quantité de gros charrois circulant sur les routes
est moindre qu'autrefois, le nombre des colliers est bien plus
considérable, et *le cinquième des transports s'effectue encore par
voies de terre.* Il s'est produit là une révolution bien curieuse :
les grandes routes, parallèles aux voies ferrées, ont été désertées
en partie ; mais les chemins vicinaux ont acquis une vie des plus
actives : sans cesse, ils sont parcourus par les voyageurs qui
vont d'une ville à l'autre pour traiter leurs affaires les jours de
marché et par les chariots qui transportent les produits du sol
aux meuneries ou aux usines et les produits de l'industrie aux
gares ou aux ports fluviaux. Comme l'a dit excellemment Elisée
Reclus, « le mouvement commercial des routes n'a pas dimi-
» nué ; il a changé de direction : tandis qu'il suivait autrefois
» les chemins principaux de grande ville à grande ville, il s'est
» reporté maintenant sur les chemins de second ordre, qui se
» dirigent de droite et de gauche vers une voie ferrée comme
» les tributaires coulent vers un fleuve. »
Loin d'être délaissées et inutiles, nos grandes routes ont maintenant un avenir assuré : nombre d'entre elles sont suivies par
des chemins de fer à voie étroite. Les bicyclettes et les automobiles les parcourent constamment, et, bientôt sans doute, de nombreux services d'omnibus automobiles prendront la place des
diligences. Enfin, il faut se souvenir qu'en temps de guerre, la
rapide mobilisation des troupes, le service des vivres et le transport du matériel roulant réclament le plus grand nombre possible de voies carrossables. Et nos routes pourraient jouer un
rôle précieux dans la défense nationale.

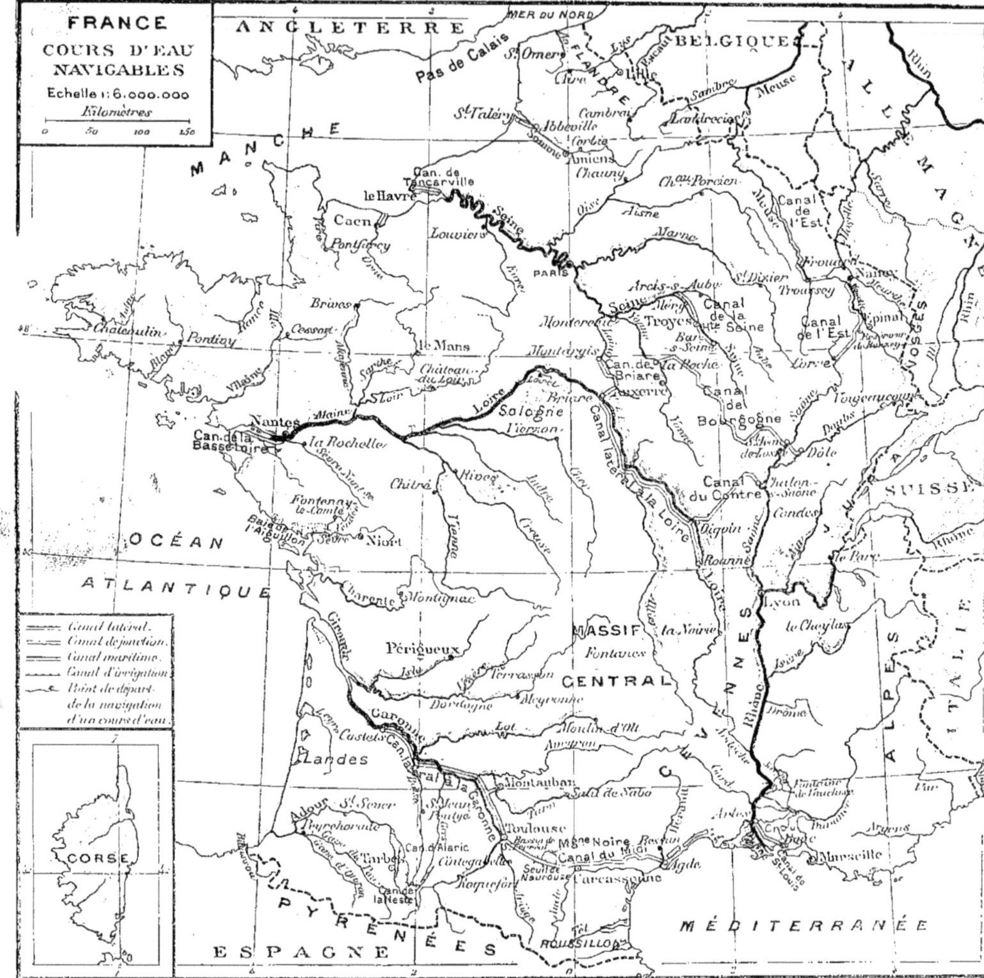

VOIES DE COMMUNICATION (Suite)

1. Cours d'eau navigables. — Les voies navigables sont de deux sortes : 1° les **fleuves** et les **rivières** capables de porter bateaux; 2° les **canaux** creusés par la main des hommes.

2. — Les transports par eau sont *lents* et ne conviennent pas aux marchandises qui peuvent se détériorer en chemin

3. — Mais ils sont très *économiques* : sur une bonne route de terre, deux chevaux traînent environ 3.000 kilogrammes attelés à une péniche, ils en transportent mille fois plus; et généralement, la même péniche descend le courant d'un fleuve sans cheval de halage : il suffit de deux hommes pour la gouverner.

4. — Voilà pourquoi les *denrées lourdes* : houille et bois, minerais et pierres de taille, vins, céréales et betteraves empruntent le plus possible les voies fluviales.

5. — La France compte 7 249 kilomètres de fleuves et de rivières navigables, dont 1 000 seulement ont la profondeur normale de 2ᵐ,20 nécessaire à la batellerie.

6. — Nos cours d'eau les plus fréquentés sont : l'*Escaut*, la *Somme* en amont d'Amiens, la *Seine* en aval de Monte-reau, l'*Oise*, la *Marne*, la *Loire inférieure*, la *Garonne* (canal latéral) et le *Rhône*.

1ʳᵉ Lecture. — **Aptitude** naturelle de nos cours d'eau. — Les trois vertus cardinales d'un fleuve navigable sont l'abondance, la régularité et la lenteur. En France, comme ailleurs, ces vertus se trouvent rarement réunies.

On ne peut pas reprocher aux rivières alpestres de manquer d'eau ; mais les terrasses qu'elles descendent sont tellement raides que l'embarcation la plus solide y serait mise en pièces par la violence des flots. Le Rhône est le *premier de nos torrents* : ses bateliers ont constitué longtemps une classe à part qui devait avoir autant d'habileté et d'intrépidité que les vrais marins.

Le Massif Central et les Pyrénées donnent naissance à des torrents d'une autre espèce, indigents pendant la saison sèche et démesurément gonflés quand les neiges fondent dans les montagnes. Alors tous les riverains tremblent en songeant aux sinistres débordements de la Loire (1836, 1846, 1856) et à la terrible inondation de la Garonne (1875) qui engloutit une partie de Toulouse.

Dans notre système hydrographique, la Seine et ses tributaires forment une heureuse exception. Issues de collines modestes et boisées, ces rivières traversent des zones de terrains alternativement imperméables et poreux, et elles cheminent sans hâte vers la mer. Aussi, bien que les villes de la Loire soient plus centrales, la capitale de la France devait-elle être située sur la Seine, au point où nos rivières les plus raisonnables se sont, pour ainsi dire, donné rendez-vous.

Enfin, parmi nos fleuves côtiers, beaucoup sont courts et capricieux, mais quelques-uns se distinguent par les mêmes qualités que la Seine : ce sont l'*Escaut*, l'*Aa*, la *Vilaine* et la *Charente*, navigables sur presque toute leur étendue.

2ᵉ Lecture. — Comment on aménage une voie fluviale. — À l'état de nature, peu de cours d'eau se prêteraient à une navigation constante. Les Allemands ont résolu la difficulté à leur façon : ils emploient des bateaux de fer très longs, très plats, rachetant par leurs dimensions horizontales ce qu'ils perdent en profondeur, et ils utilisent ainsi des rivières qui n'ont qu'un mètre d'eau.

En France, on *canalise la rivière* elle-même. Pour cela, il faut, suivant les lieux, supprimer les bras morts, draguer les sables mouvants, creuser certaines parties du chenal, consolider les berges, protéger les champs voisins à l'aide de digues et de accries, construire des quais d'embarquement, et surtout maintenir le niveau liquide à une hauteur suffisante, grâce aux barrages et aux écluses. Œuvre grandiose, maintes fois reprise, dans laquelle il est souvent impossible aujourd'hui de distinguer la part de l'homme et celle de la nature.

Quand les obstacles semblaient insurmontables, on a doublé le lit du fleuve d'une voie artificielle communiquant avec lui par des prises d'eau qu'on ouvre et ferme à volonté. Ces canaux latéraux sont nombreux ; ils préservent la batellerie de longs chômages et du danger des grandes crues. Ils existent le long de la *Meuse*, de la *haute Seine*, de la *Loire moyenne* et de la *Garonne*. Le plus important de tous est encore en projet : c'est celui qui doit longer le Rhône sur sa rive gauche en aval de Lyon.

Enfin, les grands fleuves charrient tant d'alluvions que leurs cours inférieurs sont parfois inaccessibles aux bateaux. Et, d'autre part, dans les meilleurs estuaires le flot de marée roulait comme de simples futailles nos lourds chalands construits pour les eaux douces. C'est pourquoi on a construit des **canaux maritimes** comme ceux de *Tancarville* (Seine inférieure), de la *Basse-Loire*, d'*Arles à Bouc* (près du grand Rhône) et de *Saint-Louis*. Ce dernier permet aux bâtiments marins d'éviter la barre du Rhône et de remonter jusqu'à Lyon. Les canaux maritimes sont de création récente, mais d'une extrême importance. Par eux, nos ports de mer sont de grands centres de batellerie fluviale, et les matières premières, comme la houille, le coton brut, les minerais et la laine, arrivent aux villes industrielles dégrevées des frais d'un transbordement inutile. La fortune d'Épinal est liée à l'existence du canal de Tancarville qui est notre premier canal cotonnier.

3ᵉ Lecture. — **Canaux de jonction.** — Canaliser les cours d'eau et faciliter la circulation des marchandises entre toutes les parties d'un même bassin depuis ses sources jusqu'à la mer, c'est accomplir une œuvre utile, mais insuffisante. L'idéal est de rattacher les bassins entre eux.

Comment y parvenir ? L'eau ne remonte jamais son cours : pour passer d'une rivière à la rivière opposée, il faut franchir un *bief de partage* plus ou moins large, plus ou moins haut, mais toujours à sec. C'est là que les ingénieurs doivent amener et retenir dans des bassins toutes les sources environnantes ; un canal s'en détache sur chaque versant ; et, pour modérer la descente des eaux, on construit des écluses à double porte dont on ferme alternativement l'entrée et la sortie.

Un **canal de jonction** n'est donc pas, à proprement parler, un cours d'eau, mais une sorte d'escalier liquide dont les gradins sont les différents biefs qui se superposent d'écluse en écluse jusqu'au réservoir supérieur. Si toutes les portes étaient ouvertes en même temps, les eaux s'écouleraient de part et d'autre et les communications seraient interrompues. Un autre danger menace le bas pays, quand les réservoirs sont mal entretenus : en 1895, celui de Bouzey (canal de l'Est) creva son barrage ; 7 000 000 de mètres cubes d'eau s'abattirent dans la plaine, emportant les maisons et leurs habitants. Et il fallut construire un réservoir nouveau, plus vaste encore (12 000 000 de mètres cubes) et surtout plus solide.

L'*écluse à sas*, dont on attribue l'invention à Léonard de Vinci, était connue en France dès 1480. Mais notre premier canal de jonction ne date que de 1605 : c'est celui de Briare dont le bief supérieur dépasse de 38 mètres le niveau de la Loire.

On s'enhardit promptement : Riquet (1666-1681) porta à 187 mètres le canal des Deux-Mers (ou du Midi) qui compte 100 écluses, 26 du côté de la Garonne et 74 sur le versant de la Méditerranée. Et, pour alimenter cette voie nouvelle, il fallut capter toutes les sources de la Montagne Noire sur une étendue de 50 kilomètres. Le bassin de Saint-Ferréol, qui est son chef-d'œuvre, contient six millions et demi de mètres cubes d'eau.

Le canal du Centre s'élève plus haut encore (300 m.) et celui de Bourgogne atteint 375 mètres à son bief supérieur qu'il franchit par un passage souterrain de 3 333 mètres de longueur.

4ᵉ Lecture. — **Canaux d'irrigation et de dessèchement.** — Une certaine humidité est nécessaire aux plantes ; trop d'eau les tue. Aménager les cours d'eau en vue de la culture, c'est, suivant les lieux, irriguer les terres ou les assécher.

Un canal d'irrigation est un bras de rivière détourné dans la plaine et ramifié en une foule de rigoles qu'on remplit et qu'on vide à l'aide de clapets. Nos canaux d'irrigation les plus nombreux sont creusés au pied des *Pyrénées* (canal d'Alaric dans la plaine de Tarbes, canal de la Neste, canaux du Roussillon) et sur le *cours inférieur du Rhône* (canaux dérivés de la Sorgue, de la Vaucluse et de la Durance). L'irrigation est surtout favorable à la culture maraîchère et herbagère. Quand la moisson est achevée et que le soleil brûle tous les prés environnants, la prairie irriguée garde sa fraîcheur printanière et déroule le tapis vert tendre de son gazon fin et serré.

Il a fallu débarrasser certaines régions de leurs eaux surabondantes : on a égoutté ainsi la Flandre maritime, la vallée inférieure de la Seine, la baie de l'Aiguillon, la Sologne et les Landes. Les **canaux collecteurs** de dessèchement peuvent devenir des voies navigables : telle la *Leyre*, que gonflent en tous temps les « crassats de dessèchement » landais.

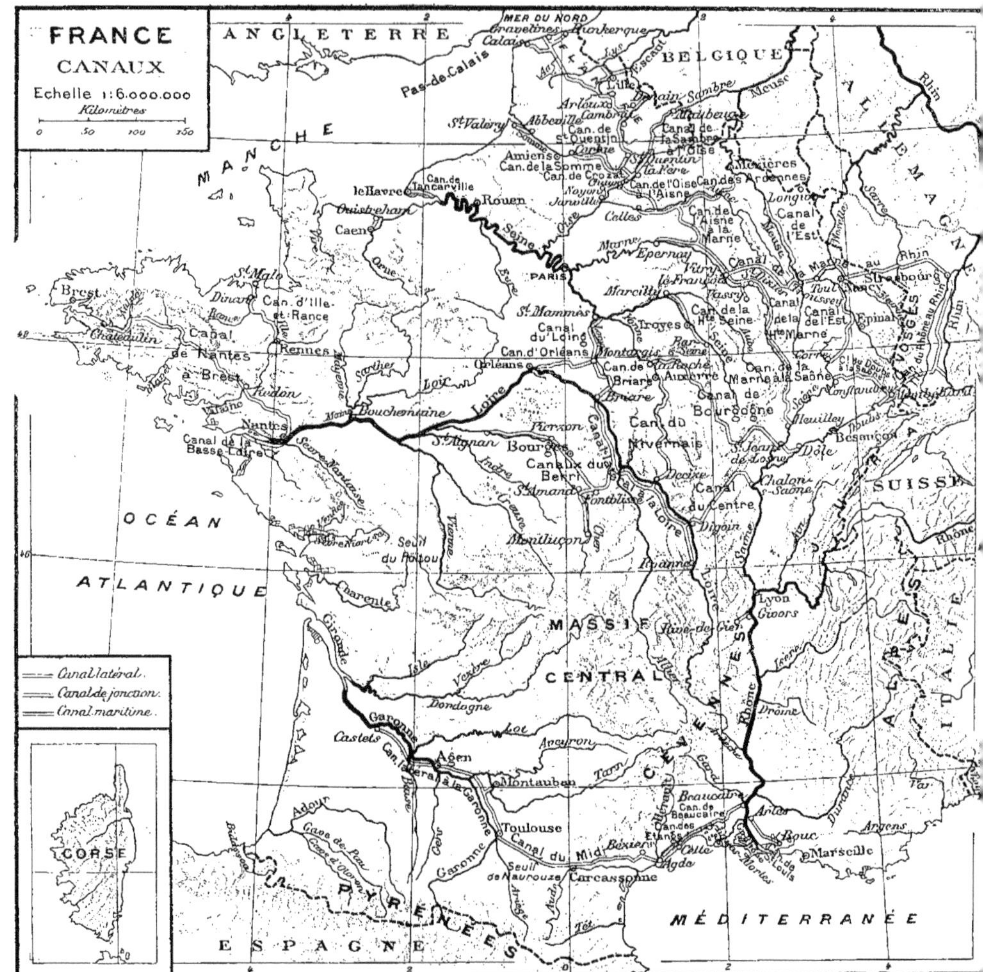

VOIES DE COMMUNICATION (Suite)

1. Canaux de jonction. — Les canaux de jonction sont de deux sortes : les uns relient entre elles des régions fluviales limitrophes ; les autres font communiquer les rivières d'un même bassin.

2. — Les premiers constituent trois groupes : celui de la Seine, celui du Rhône et celui de la Bretagne.

3. Groupe de la Seine. — Paris et la Seine sont rattachés aux régions voisines par les canaux suivants :

A. — **Canaux de Crozat** et de **Saint-Quentin** (de l'Oise à la Somme et de la Somme à l'Escaut) ;

B. — **Canal de la Sambre**, de l'Oise à la Sambre ;

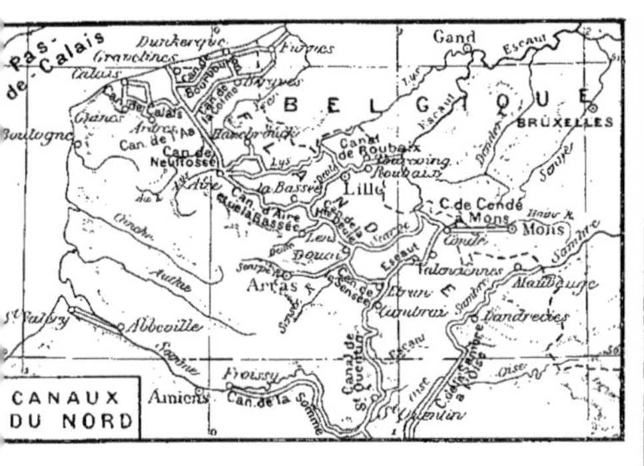

C. — **Canal des Ardennes**, de l'Aisne à la Meuse;

D. — **Canal de la Marne au Rhin**;

E. — **Canal de la Marne à la Saône**;

F. — **Canal de Bourgogne**, de l'Yonne à la Saône;

G. — **Canal du Nivernais**, de l'Yonne à la Loire;

H. — **Canal du Loing**, partagé en deux bras : **canal** e Briare et canal d'Orléans, de la Seine à la Loire.

4. Groupe du Rhône. — Outre les canaux de Bourogne et de la Marne à la Saône qui l'unissent au bassin de Seine, le Rhône possède les canaux suivants :

A. — **Canal du Rhône au Rhin**, par la Saône, le oubs et l'Ill;

B. — **Canal du Doubs à la Saône**;

C. — **Canal de l'Est**, de la Saône à la Moselle;

D. — **Canal du Centre**, de la Saône à la Loire;

E. — **Canal du Midi**, du Rhône à la Garonne, par les anaux de Beaucaire et des Étangs.

5. Groupe de la Bretagne. — Il comprend deux oies qui suivent, l'une la dépression longitudinale par le **anal de Nantes à Brest**, l'autre la dépression transersale par le **canal d'Ille-et-Rance**.

6. — Parmi les canaux qui réunissent les rivières d'un ême bassin, on peut nommer : le **canal de l'Oise à** Aisne, et de l'Aisne à la Marne; les **canaux du Berri** les **canaux de la Flandre**.

7. — Les **canaux du Nord** constituent un réseau très ompliqué en apparence, mais dont il est facile de distinuer les lignes maîtresses. Ce sont les suivantes :

1° Les *cours d'eau du Nord* : Sambre, Escaut, Sensée, carpe, Deule et Lys, qui dirigent vers le nord-est leurs six ssés parallèles et canalisés;

2° Une *suite ininterrompue de canaux* qui réunit tous ces ssés entre eux. Ce « grand tronc du Nord », qui rattache s cours d'eau précédents à l'Oise et à la mer, porte autant noms qu'il forme de sections distinctes : canal de l'*Aa*, anal d'*Aire et de la Bassée*, canal de la *Haute Deule*, canal la *Sensée* et canal de *Saint-Quentin*;

3° Le *Canal de Roubaix* qui unit directement le groupe industriel de Lille, Roubaix et Tourcoing à l'Escaut;

4° Le canal de la *Sambre à l'Oise*;

5° Les canaux de la *Flandre maritime*.

Toutes ces voies navigables desservent un pays plat, mais fertile et très industriel; elles manquent de beauté, mais sont couvertes de bateaux.

1re Lecture. — Canaux et chemins de fer. — L'ouverture des premières voies ferrées excita en France un tel engouement que tout autre moyen de locomotion fut regardé comme caduc et voué à l'abandon. À l'égard des routes, on se contentait de sinistres prédictions; pour les canaux, l'hostilité fut poussée jusqu'à l'ingratitude : non seulement on suspendit tous les travaux en cours d'exécution, mais on parla sérieusement de combler le canal du Midi qui avait fait l'admiration de Vauban et que Fourcroy signalait encore en 1805 comme une des « merveilles du monde ». Le Gouvernement se fit le complice de l'opinion publique : il traita avec la Compagnie des chemins de fer du Midi qui, devenue propriétaire du canal latéral à la Garonne et locataire du canal du Midi, fit tout pour anéantir leur trafic.

En somme, pendant une trentaine d'années, les Compagnies de chemins de fer eurent, pour ainsi dire, le monopole des transports à l'intérieur et réalisèrent d'énormes bénéfices en imposant au commerce des tarifs exorbitants.

En 1860, Napoléon III reconnaissait enfin la faute commise. Mais ce n'est seulement en 1878 que, sur l'initiative de M. de Freycinet, on rendit aux voies fluviales le rang qui leur était dû. L'État abolit tous les droits prélevés sur les transports par eau, donna aux canaux qui lui appartenaient une profondeur uniforme 2m,20, et aux écluses les dimensions qu'exige la péniche flamande (38m,50 de longueur sur 5m,75). Enfin il reprit possession du canal du Midi en 1898.

Aujourd'hui, bien que les Compagnies aient abaissé leurs tarifs, les voies navigables transportent le *tiers des marchandises*, et leur mouvement ne peut que s'accroître : car la tonne kilométrique, qui coûte trois et quatre centimes par chemin de fer, revient à un demi-centime sur les cours d'eau.

2e Lecture. — Lacunes et projets. — Si l'on examine attentivement la carte des canaux, trois faits sautent aux yeux :

1° La région parisienne et flamande est admirablement desservie. Son réseau fluvial est celui dont les mailles sont les plus serrées et dont chaque canal fait le plus grand transit. Le courant principal se dirige vers Paris qui est notre premier port, même avant Marseille, pour le tonnage des marchandises.

2° La Saône, qui projette cinq bras vers le nord et vers l'ouest, relie, dans d'heureuses conditions, le Rhin, la Seine, la Loire et le Rhône.

3° Mais partout ailleurs le commerce fluvial languit faute de cohésion : la navigation du Rhône n'est pratique qu'à la descente; le tonnage de la Garonne est insignifiant en amont d'Agen, impraticable entre Briare et Bouchemaine, n'est, au point de vue commercial, qu'un tributaire de la Seine. Enfin les canaux bretons, isolés du reste de la France, rendent de médiocres services dans une contrée maritime qui préfère le cabotage à la batellerie. Aucun lien n'existe à l'ouest entre la Seine et la Garonne, quoique le seuil du Poitou soit bas et largement ouvert.

Entre les deux moitiés de la France, il n'y a pas d'équilibre. Le Nord l'emporte de plus en plus par l'accroissement de la population et l'activité des affaires. Aussi, parmi les trois grands canaux projetés, y en a-t-il deux qui intéressent le Nord. Le premier : canal du Nord, d'Arleux à Noyon et Paris, doublera le canal de Saint-Quentin pour alimenter de houille la capitale; le second : canal du Nord-Est, par Longwy, Mézières et Denain, transportera les minerais lorrains aux forges et hauts fourneaux de la Flandre. La troisième voie projetée est un canal maritime unissant le Rhône à Marseille et peut-être à Cette.

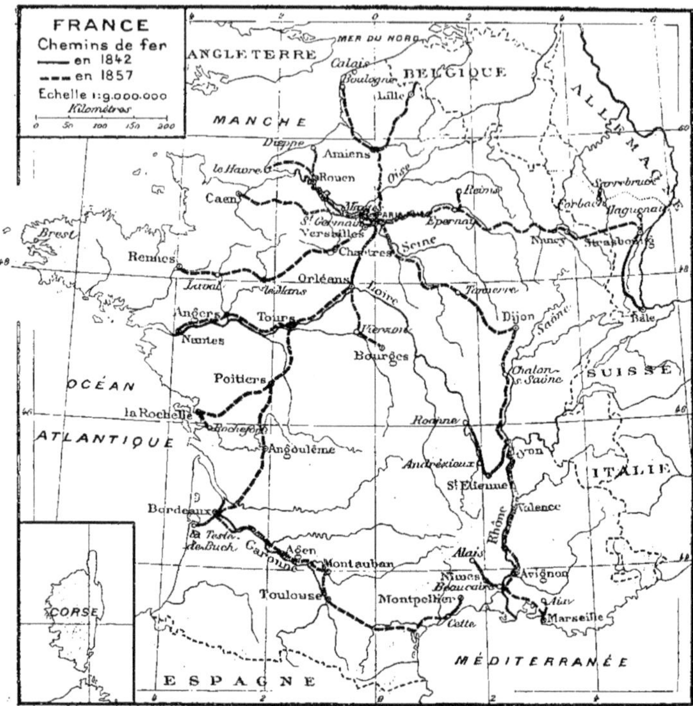

VOIES DE COMMUNICATION (Suite)

1. Chemins de fer. — Les voies ferrées, à cause de leur rapidité et de leur bon marché relatif, sont le mode de locomotion préféré des **voyageurs**.

2. — Elles transportent aussi toutes les **marchandises de prix**, toutes les marchandises légères et toutes celles qu'une longue traversée empêcherait d'arriver en bon état (*légumes, fruits, fleurs, viande, poisson et gibier*).

3. — Une partie même des **denrées lourdes** utilise les voies ferrées. Et les Compagnies de chemins de fer s'attirent la clientèle des mines de *houille* et de *fer* en accordant à leurs produits des tarifs privilégiés. Les bénéfices réalisés par les Compagnies dépendent beaucoup moins du nombre des voyageurs que des transports en petite vitesse.

4. — La *moitié du commerce intérieur* de la France et presque tout le *commerce de transit* s'effectuent par voies ferrées.

5. — Il existe des relations très étroites entre le relief du pays et le tracé des voies ferrées. Les constructeurs avaient intérêt : 1° à réunir par voie de fer les villes les plus importantes et Paris ; 2° à éviter les travaux d'art (ponts, viaducs, tunnels et grandes tranchées) ; 3° à desservir les pays de grande production, c'est-à-dire les centres miniers et les plaines agricoles. Pour ces raisons ils ont utilisé les tranchées naturelles qui sont les *vallées fluviales* et les *dépressions* creusées entre les montagnes. Une carte des chemins de fer et une carte routière se ressemblent de fort près, parce que leurs grandes lignes sont souvent parallèles aux cours d'eau : Seine, Oise, Saône, Rhône, Garonne, Loire, etc.

6. — La première voie ferrée a été ouverte en 1828, entre *Saint Étienne* et *Andrézieux*, puis *Lyon* ; les travaux d'ensemble datent de la loi de 1842. Au 1er janvier 1907, le réseau français comptait 40 000 kilomètres de grandes voies et 7 370 kilomètres de voies d'intérêt local, sans compter 7 170 kilomètres de tramways sur routes. Comme chiffre absolu, l'Allemagne et la Russie nous dépassent ; mais, proportionnellement à l'étendue du territoire, la Belgique, l'Angleterre, la Hollande, l'Allemagne et la Suisse sont mieux desservies.

7. — Les voies ferrées jouent un grand *rôle économique* : elles accroissent dans des proportions inouïes le mouvement des voyageurs et des marchandises ; elles contribuent aux *progrès de l'industrie* en facilitant les voyages vers les écoles de grandes villes, vers les grands ateliers et les musées ; elles contribuent aux *progrès de l'agriculture* en transportant grains, engrais, machines agricoles et produits récoltés. Mais, en augmentant l'attraction exercée par les villes, elles contribuent à la *désertion des campagnes*.

1re Lecture. — Les voyages autrefois. — Le bien-être rend exigeant. Que de voyageurs se plaignent, quand ils doivent quitter l'express et terminer en train omnibus une traversée de quelques heures ! Cet « omnibus », dont ils maudissent la lenteur, eût émerveillé nos grands-pères.

Le premier service des voitures publiques qu'on ait organisé en France date de 1647 ; il reliait Paris aux quarante-trois principales villes du royaume. Les départs étaient à peu près réguliers ; mais, pour les arrivées, il fallait compter avec les saisons, l'état des chemins et les incidents de voyage ; car, dans ce temps de désordre intérieur, on avait parfois à se défendre contre une attaque à main armée. Comme toute ville fermait ses portes à la nuit tombante, on ne voyageait que de jour ; et même dans le jour les interruptions étaient innombrables : il fallait s'arrêter à chaque pont pour acquitter le péage, descendre de voiture à chaque barrière de douane et d'octroi pour se sou-

des Messageries royales (1829) fournit des chiffres curieux : le voyage de Paris à Bordeaux ne demandait plus alors que cinq jours; celui de Toulouse, huit; celui de Marseille, treize; celui de Calais, deux et demi. Et même, en 1832, ou gagnait Calais en vingt-huit heures et Lille en vingt-deux. Jamais les diligences n'ont dépassé cette vitesse de 12 kilomètres à l'heure.

2ᵉ Lecture. — Les voyages aujourd'hui. — Actuellement, les trains ordinaires franchissent 60 kilomètres par heure : mais les rapides et les express internationaux accomplissent d'autres tours de force : l'Orient-Express, entre Paris et Nancy, file à raison de 83 kilomètres, l'express de Bordeaux en fait 82, celui de Lille, 85; et le train de Calais à Marseille parcourt 98 kilomètres à l'heure entre Paris et Amiens! Bien peu de lignes au monde peuvent rivaliser avec celle-là.

Les distances se sont abrégées comme par enchantement : un Lillois atteint Paris en 2ʰ,55; un Brestois, en 10ʰ,20; un Marseillais, en 13 heures. Paris n'est plus qu'à 6ʰ,30 de Londres, à 18 heures de Berlin, à 33 heures de Madrid, à 18 heures de Saint-Pétersbourg. Il fallait, en 1650, sept ou huit jours pour atteindre Dijon, et il n'en faut pas trois (61 heures) pour débarquer maintenant en gare de Constantinople.

Cette rapidité excite aux voyages et fait affluer la foule dans les grandes villes. « Il fallait autrefois quatre jours
» pour venir de Brest à Paris et la
» diligence y apportait par jour seize
» voyageurs. Il en était ainsi sur les
» autres routes nationales, et les voi-
» tures publiques ne pouvaient pas
» amener à Paris et, par conséquent,
» remmener plus de 150 à 200 personnes
» dans les vingt-quatre heures. Aujour-
» d'hui les chemins de fer en enlèvent les jours de fête plus de 300 000. Au lieu de
» passer des journées entières enfermés dans des boîtes étroites
» et pressés les uns contre les autres, les voyageurs sont à l'aise
» dans des voitures confortables et arrivent en quelques heures
» à destination. » J. ROCHARD).

Pareille au violon des légendes germaniques qui obligeait tous les auditeurs à danser, la locomotive met en mouvement tous les pays où elle pénètre. L'humanité retourne à la vie nomade, et tout le monde voyage par nécessité, par goût ou par mode, les uns pour faire fortune, les autres pour voir le monde et s'instruire, d'autres par désœuvrement, pour se distraire, pour voyager.

...ttre à la visite, aux auberges pour manger, aux relais pour
...nger de chevaux, et souvent, en pleine campagne, pour sou-
...ger l'attelage, quand il avait une côte à gravir. La vitesse
...oyenne des voitures publiques était alors de quatre kilomètres
...'heure.
...Un voyage durait des semaines et comptait parmi les grands
...énements de la vie. On a trouvé dans certains cimetières de
...ovince des pierres tumulaires portant cette inscription signi-
...ative : « Ci-gît X.... qui fit deux fois le voyage de Paris. » Ces
...versées étaient onéreuses : car les frais de transport se dou-
...aient des frais d'auberge. Elles étaient surtout très pénibles.
...l'on ne saurait trop admirer des hommes comme Vauban dont
...vie a été une perpétuelle chevauchée.
...Turgot réalisa un progrès considérable en créant les « turgo-
...nes » qui circulaient nuit et jour avec des relais rapprochés.
... satirique Mercier a beau prétendre, dans son « Tableau de
...ris en 1782 », que ces voitures étaient mal suspendues, « qu'on
...gardait comme un tourment d'y entrer et comme un bonheur
...en sortir »; les étrangers, mieux informés, ne marchandaient
... leurs éloges à Turgot. « Bons chevaux, bonnes routes, voi-
...res commodes, tout est réuni, dit l'Allemand Storch, pour
...ndre un voyage en France agréable au possible. » Une grande
...rtie des trajets se faisait au galop et leur durée se trouvait
...ins longue de moitié.
...C'est à la fin de la Restauration que les « diligences » mises
... rivalité acquirent leurs derniers perfectionnements, au mo-
...ent même où elles allaient disparaître. Le tableau des départs

Tableau comparatif des voies ferrées exploitées en 1907

LONGUEUR TOTALE		NOMBRE DE KILOMÈTRES par myriamètre carré	
Etats-Unis	342.000 km.	Luxembourg	21
Allemagne	57.000	Belgique	15.5
Russie d'Europe	54,000	Angleterre	11.7
France	47.300	Allemagne et Suisse	10.5
Indes Anglaises	46.000	France, Hollande	9
Autriche-Hongrie	42,000	Autriche-Hongrie	6.7
Angleterre	37,000	Etats-Unis	3,6

VOIES DE COMMUNICATION (Suite)

1. Grands réseaux de chemins de fer. — A l'exception de quelques lignes secondaires, les chemins de fer français forment sept grands réseaux dont six sont exploités par des *Compagnies* et un par l'*État*. Tous ces réseaux, sauf celui du Midi, ont leur tête de ligne à Paris.

2. — Les lignes principales de chacun de ces réseaux sont

I. — **Réseau du Nord** (3760 kilomètres) : Paris à Calais et vers l'Angleterre ; — Paris à Lille et vers Gand et Anvers ; — Paris à Maubeuge et vers la Belgique et l'Allemagne du Nord ; — Paris à Hirson.

II. — **Réseau de l'Ouest** (5900 kilomètres) : Paris à Dieppe et vers l'Angleterre (Newhaven) ; — Paris à

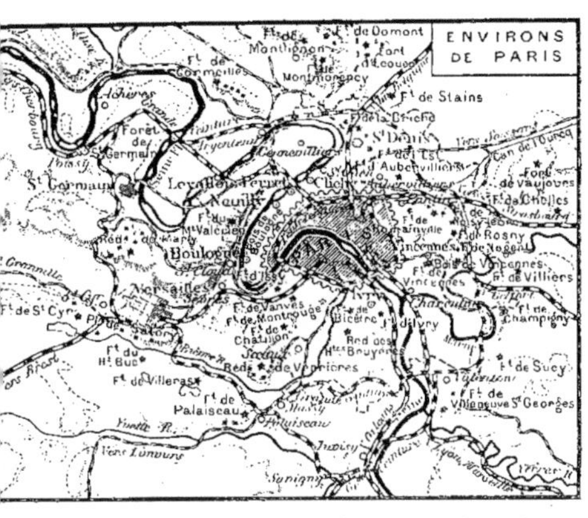

avre et vers l'Amérique du Nord; — **Paris à Cher-**
bourg; — **Paris à Granville**; — **Paris à Brest**. —
a ligne de Paris au Havre fait autant d'affaires que toutes
s autres réunies.

III. — **Réseau d'Orléans** (7 310 kilomètres) : **Paris**
Nantes, Saint-Nazaire et vers l'Amérique centrale;
— Paris à **Bordeaux** et vers l'Amérique du Sud; —
aris à **Toulouse**.

IV. — **Réseau du Midi** (3 830 kilomètres). Il fait suite
celui d'Orléans : **Bordeaux** (tête de ligne) à **Bayonne**
vers Madrid; — **Bordeaux à Cette**, avec embranche-
ent de Narbonne sur Perpignan et l'Espagne (Barcelone).
Notre plus longue ligne internationale emprunte une
artie de ce réseau : c'est celle de Lisbonne, Madrid, Ba-
onne, Bordeaux, Paris et Saint-Pétersbourg.

V. — **Réseau de Paris-Lyon-Méditerranée**
500 kilomètres) : **Paris à Dijon**. Lyon, Marseille,
ice et vers l'Italie; Paris à **Nîmes** par la ligne du
ourbonnais. De la première de ces lignes se détachent celles
e Dijon à **Pontarlier** et Lausanne; de **Mâcon** et de
yon à **Genève** et à **Turin** par le Mont-Cenis; de **Ta-**
ascon à **Cette**.

VI. — **Réseau de l'Est** (4 970 kilomètres) : **Paris à**
vricourt et Strasbourg; — **Paris à Belfort** et Bâle.

VII. — **Réseau de l'État** (2 910 kilomètres) : **Paris**
Bordeaux; — Bordeaux à **Nantes**.

1re Lecture. — **Voies isthmiques.** — Les trois réseaux du
ord, de l'Est et de Paris-Lyon-Méditerranée sont étroitement
olidaires, parce qu'ils desservent l'isthme le plus fréquenté de
Europe, celui qui réunit l'Angleterre et la Belgique à la Mé-
iterranée et aux Indes.

Nos législateurs de 1842 ne s'en doutaient guère, et ils se sou-
iaient peu de géographie. Ils partagèrent la France en six sec-
eurs de cercle qui avaient chacun sa Compagnie propre, avec
aris pour centre commun. Et chaque Compagnie tissa sa toile,
omme les araignées, en tendant pour commencer les grands fils
ayonnants. Si bien que, pendant des années, les grandes villes
urent toutes en relations directes avec Paris; mais, d'une ligne à
autre, elles ne pouvaient communiquer entre elles que par
intermédiaire de Paris.

Le commerce ne peut s'accommoder de conceptions si enfan-
tines : pour lui, le temps est de l'argent et la meilleure voie
commerciale est la plus économique et la plus courte. Les trois
Compagnies du Nord, de l'Est et de Paris-Lyon-Méditerranée,
ayant à satisfaire les Anglais, qui sont les voyageurs les plus
actifs et les plus grands expéditeurs de lettres et de marchandises, durent concerter leurs efforts, et lancèrent leurs plus
grands express sur trois lignes internationales : celle de *Calais
à Paris et Marseille* par Dijon; celle de *Calais à Turin* par le
Mont-Cenis (malle des Indes) et, plus récemment, celle de *Calais
à Bâle*, par Châlons-sur-Marne; cette dernière évite Paris et
mène, par le Saint-Gothard, à Brindisi; c'est la voie préférée
des voyageurs anglais. Une dernière voie, actuellement à
l'étude, mènera de Calais au tunnel du Simplon par le col de la
Faucille, ce sera la plus rapide entre Londres et Bombay.

2e Lecture. — Quelques remarques sur nos voies ferrées. — Les voies anglaises ont un mouvement quatre fois supérieur au nôtre, et les voies allemandes transportent un peu
plus de voyageurs et deux fois plus de marchandises. Cette supériorité tient à l'abondance du fer et de la houille qui constituent
le principal élément du commerce intérieur de ces deux pays.

C'est pour cette même raison que nos pays plats et miniers
ont les voies les plus nombreuses et les plus actives qui sont
aussi les plus anciennes. Dans les vingt dernières années, les
Compagnies ont construit, à travers les contrées montagneuses,
des voies très intéressantes pour leurs travaux d'art; mais elles
se sont imposé des sacrifices excessifs pour recueillir peu de
profits. Elles ont gagné davantage à rattacher, par des services
directs, les villes de province qui restaient isolées : *Dijon et
Bordeaux, Lyon et Nantes, Dijon et Nancy*. Ces grandes voies
transversales ont acquis une valeur internationale, et font, de
nos ports océaniques, les centres d'émigration de l'Allemagne du
Sud et de la Suisse.

Actuellement, la France est un des pays les mieux pourvus de
voies ferrées; elle a presque atteint son « maximum de satura-
tion ». Mais son commerce souffre des rivalités qui divisent les
Compagnies et le service des canaux. Ces derniers ne jouent pas,
à beaucoup près, le rôle qu'on peut attendre d'eux. Les voyageurs cherchant avant tout la rapidité des parcours, la voie
ferrée gardera le monopole des voyageurs, et le « coche d'eau »
est mort comme la diligence et la berline. Il en est autrement
pour les transports de marchandises dans lesquels on recherche
surtout le bon marché. *Ce bon marché ne peut être assuré que par
les voies navigables*. A tort nous les avons dédaignées pendant un
demi-siècle, et aujourd'hui les nations dont la concurrence nous
menace le plus : Belgique, Angleterre et Allemagne, sont celles
qui tirent le meilleur parti de leurs rivières. Tôt ou tard nous
les imiterons : nous aurons notre *flotte fluviale*, nos *gares d'eau*;
et une collaboration sagement comprise entre les canaux, les
chemins de fer et les ports maritimes allégera les taxes de transport qui pèsent sur les matières premières au détriment de
l'industrie.

3. — Les **postes**, purement royales sous Louis XI et
devenues publiques sous Henri IV, ont pris un développement considérable depuis la création des voies ferrées.

4. — Les **télégraphes** comptent actuellement
157 000 kilomètres de lignes et 595 000 kilomètres de fils;
mais, pour le chiffre des correspondances et la régularité
des services, l'Angleterre, les États-Unis et l'Allemagne
l'emportent encore sur nous.

5. — La **télégraphie sans fil** permet de transmettre
des télégrammes aux navires en mer et commence à rendre
de précieux services.

6. — Les **téléphones** ont pris une énorme extension;
toutes les grandes villes ont des réseaux téléphoniques
urbains et sont réunies entre elles. On comptait, en 1904,
133 000 stations téléphoniques, et le nombre en augmente
constamment.

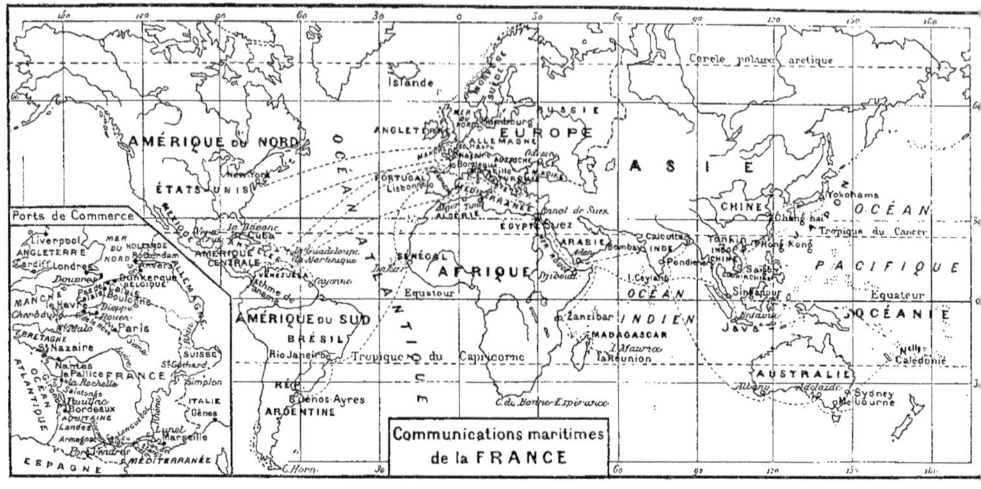

RELATIONS INTERNATIONALES DE LA FRANCE

1. Commerce extérieur. — Les grandes nations industrielles produisent plus qu'elles ne consomment et doivent trouver dans le commerce extérieur l'écoulement de leurs produits. Depuis 1892, la France, pour protéger son industrie, a augmenté ses tarifs de douane; les autres États ont fait de même; et notre commerce extérieur a diminué.

2. — Il est d'environ 9 milliards de francs. L'Angleterre (21 milliards) et l'Allemagne (14 milliards) l'emportent sur la France qui est, en outre, serrée de près par la Hollande.

3. — Les **importations** et les **exportations** tendent de plus en plus à s'équilibrer; la France toutefois achète plus qu'elle ne vend. Malgré sa richesse agricole, elle doit, pour nourrir sa population, importer des **grains** et des **bestiaux**, surtout dans les années mauvaises. Mais elle importe principalement les *matières premières* indispensables à ses industries : **laines, cotons, soies, minerais, pétrole** et **bois de construction.** L'extraction de la houille étant insuffisante, la France dépense annuellement 258 millions pour compléter ses approvisionnements de combustible.

4. — La France exporte des **tissus de soie et de laine**, des **vêtements confectionnés**, des **modes**, des **articles de Paris** et une grande quantité de **vins**, de **liqueurs** et de **produits de ferme** ou de **basse-cour.**

5. — Ses *clients* principaux sont, par ordre d'importance : l'Angleterre, la Belgique, l'Allemagne, les Etats-Unis, l'Algérie, etc.

6. — L'Angleterre (1 800 millions) nous achète des produits alimentaires : *beurres, œufs, volailles grasses, vins, liqueurs et céréales.* Elle ne demande à nos industries que des *tissus.* — Elle nous vend de la *houille*, des *métaux*, des *machines*, les *cotons* et *laines brutes* de ses entrepôts, et les produits variés de ses colonies.

7. — **La Belgique**, féconde mais surpeuplée, nous demande des *grains* et des *vins;* elle nous vend ses *minerais* et son *charbon* (900 millions).

8. — **L'Allemagne** (800 millions) est moins acheteuse (*vins, huiles, fruits*) que vendeuse : ses *houilles*, ses *bières,* ses articles de *quincaillerie* envahissent notre marché.

9. — **Les Etats-Unis** (680 millions), grands fournisseurs de *coton*, de *minerais*, de *pétrole* et de *machines;* l'**Espagne** qui écoule chez nous ses *métaux* et ses *fruits;* la **Suisse** qui nous vend *bœufs, soies* et *fromages;* la **Russie**, qui expédie des *céréales* et du *lin*, achètent de moins en moins.

10. — C'est aux colonies que nous devons trouver nos clients les plus fidèles; et déjà notre chiffre d'affaires avec l'**Algérie** représente un demi-milliard de francs.

11. Moyens de transport. — Les grandes voies du commerce extérieur sont les chemins de fer et la mer.

12. — La France a 47 370 kilomètres de voies ferrées. Comme chiffre absolu, elle vient au troisième rang en Europe, après l'Allemagne et la Russie; proportionnellement à son étendue, elle est dépassée par la Belgique, l'Angleterre, la Suisse et l'Allemagne.

13. — Les voies ferrées jouent un rôle capital dans le *commerce spécial* ou de *transit* qui transporte les produits d'un pays étranger dans un autre en traversant notre territoire. Ce commerce décline légèrement, mais atteint encore 2 milliards et demi. Pour le conserver, nos Compagnies doivent, par d'ingénieuses combinaisons, rendre les transports aussi rapides et aussi économiques que possible.

1re Lecture. — Les ports modernes. — Les deux tiers notre commerce extérieur s'effectuent par voie maritime. Il [e]st donc intéressant de chercher les conditions que doit remplir [un] port de mer actuel et de voir dans quelle mesure les ports [de] notre pays réalisent ces conditions.

La marine marchande a fait, depuis un demi-siècle, des progrès [ex]traordinaires : pour atteindre le maximum de vitesse et de [bo]n marché dans les transports, les constructeurs lancent des [va]isseaux d'un tonnage toujours grandissant. Toute la flotte qui [tra]nsporta les Grecs au siège de Troie tiendrait à l'aise dans [un] de ces paquebots qui font l'orgueil des Compagnies de na[vi]gation. Les plus grands dépassent 200 mètres de longueur, 27 [de] largeur et ont la hauteur d'une maison de trois étages. [Le]ur cale est un gouffre où s'entassent toutes sortes de mar[ch]andises, et leurs cabines s'alignent dans des rues éclairées par [l']électricité ; elles peuvent contenir 3 000 et 4 000 passagers, toute [la] population d'une petite ville. De tels colosses exigent des [po]rts spacieux qui aient 9 et 10 mètres d'eau.

Le temps est pour eux d'un grand prix : un paquebot emploie [un] personnel fixe de 300 matelots, chauffeurs, mécaniciens, cui[si]niers et domestiques ; et il consomme 400 kilogrammes de [ch]arbon *par minute*. Pour réaliser des bénéfices, il doit multi[pl]ier ses voyages, abréger les escales, et opérer ses réparations [et] son chargement avec une fiévreuse rapidité. Un port moderne [re]ssemble à une immense gare de marchandises et à une usine [mé]tallurgique, tant il est hérissé de machines qui sifflent et qui [gr]incent : locomotives et grues à vapeur, glissières et siphons, [él]évateurs et bigues géantes soulevant d'un coup un wagon [com]plet... Et son outillage se complète par une file interminable [de] hangars, de docks, de réservoirs et de bassins.

Et cela ne suffit pas encore : il faut que les marchandises à [ch]arger soient toutes prêtes. Le port le plus profond et le plus [che]r est condamné à végéter, s'il n'est à la fois un grand foyer [in]dustriel et un centre de rayonnement, où aboutit le triple ré[se]au des voies de terre, des voies ferrées et des voies fluviales.

Ces conditions sont rarement réunies. On les rencontre, hors [de] France, à *Londres, New-York, Anvers, Hambourg, Liverpool, C[a]rdiff* et *Rotterdam*. Marseille vient juste après ces sept mer[ve]illes du monde maritime.

2e Lecture. — Nos ports marchands. — L'activité mari[ti]me d'un pays ne se mesure plus au nombre de ses ports ou à [l']étendue de son littoral, mais au mouvement de quelques ports [he]ureusement situés et dotés d'un outillage tout à fait moderne. Nos voisins l'ont compris : l'Allemagne a consacré 375 millions [a]u seul port de Hambourg, et la Belgique fait porter tous ses [e]fforts sur l'amélioration d'Anvers. La France disposait de [5]0 millions ; elle a commis la faute d'émietter ce trésor entre [ci]nquante-quatre villes maritimes. Nous avons trop de ports [m]oyens pour une seule place de premier ordre qui est Marseille.

Dunkerque est bien placé, doté de bassins récents et [p]ourvu d'une rade qu'un banc de sable protège vers la haute [m]er. Son port approvisionne les nombreuses industries fla[m]andes de fer, de bois, de cotons et de laines brutes. Dunkerque, [p]ar son mouvement, est la troisième de nos villes maritimes, et [p]ourtant une partie des produits du Nord prend le chemin [d']Anvers.

Calais doit son développement maritime à la proximité de [l']Angleterre. Quatre services quotidiens rattachent Calais à [D]ouvres, transportent la correspondance des colonies anglaises [d']Asie et d'Australie (Malle des Indes) ainsi qu'une foule de [7]00 ou 800 000 voyageurs. C'est également le commerce anglais [q]ui anime les ports de **Boulogne**, de **Dieppe** et de **Saint-Malo**. Cette dernière ville ajoute, à l'exportation des produits [a]gricoles de la Bretagne, l'exercice si pénible de la grande pêche : [s]es morutiers sont parmi nos meilleurs marins. **Cherbourg** est [une] escale des transatlantiques allemands.

Mais les vrais ports de la Manche sont ceux de la Seine infé[r]ieure : **Rouen** a plus d'avenir comme centre de l'industrie [c]otonnière que comme place maritime. Situé à 125 kilomètres [d]e la mer, il est inaccessible aux gros vaisseaux. C'est **le Havre** qui est le port de Paris, l'entrepôt des cafés, des épices, [d]es bois précieux, des cotons et des vins d'Algérie. Déjà ses [n]euf bassins à flot ne suffisent plus ; on va en creuser un di-

xième au pied du cap de la Hève ; et ses jetées arrondies comme deux bras abriteront, à toute heure de la marée, les steamers les plus grands du monde. Le Havre est notre second po[rt] ; son tonnage, sans doute, est bien inférieur à celui de Marseille, mais il augmente d'année en année.

Du côté de l'Atlantique, **Nantes**, obstrué naguère par les apports de la Loire, se ranime grâce à des dragages incessants et au percement d'un canal maritime. Mais Nantes doit chercher surtout son salut dans l'industrie. Le commerce naval se détourne vers **Saint-Nazaire**, dont l'excellente rade sert de port d'attache à plusieurs Compagnies de navigation.

Le bassin de la **Pallice**, qu'on a creusé pour remplacer le port impraticable de *la Rochelle*, a des profondeurs de 12 à 15 mètres. Mais l'arrière-pays manque d'industrie et la Pallice fait un commerce trop restreint pour les 50 millions qu'il a coûté.

Bordeaux, au contraire, fait un trafic considérable : les vins de la Gironde, les bois et résines des Landes, les eaux-de-vie de l'Armagnac et de la Saintonge, les grains et fruits de l'Aquitaine affluent sur ses superbes quais. Et le port de Bordeaux, sur la Garonne, a 7 mètres de profondeur ; mais la Garonne est redoutée à cause de ses sables mouvants ; et les grands bâtiments de mer sont contraints de faire escale aux appontements de *Pauillac* pour alléger leur chargement à l'entrée ou pour le compléter à la sortie.

Cette, sur la Méditerranée, ne subsiste que grâce aux dragages qui la débarrassent chaque année de 100 000 mètres cubes de sable. Le canal du Midi et celui des Étangs lui apportent les vins de Lunel et du Bas-Languedoc ; une succursale du Creusot devait y développer l'industrie métallurgique ; mais la Compagnie du Creusot hésite, et Cette jusqu'à présent n'exporte que des vins et du sel.

Marseille est incontestablement notre métropole maritime : ses bassins ont 8, 9 et 10 mètres de profondeur, ils couvrent 232 hectares, et, situés loin du delta du Rhône, ils n'ont aucun ensablement à redouter. De tous temps, Marseille a joué un rôle considérable ; mais l'expansion de la France dans l'Afrique du Nord, l'ouverture du canal de Suez, la conquête de l'Indo-Chine et de Madagascar ont largement profité à son commerce. C'est, en outre, une capitale industrielle dont les huileries, les savonneries, les fabriques de produits chimiques et céramiques transforment sur place la majeure partie des denrées que la marine importe. Le percement du Saint-Gothard et du Simplon détournera vers Gênes une partie du commerce européen. Mais jusqu'ici Marseille reste le huitième port du monde et le premier de la Méditerranée.

3e Lecture. — Notre marine marchande. — La marine française subit une crise redoutable : les frais de construction navale, les frais d'entretien et de réparations, enfin le salaire des matelots sont plus élevés en France que partout ailleurs. En outre, nos produits d'exportation sont surtout des marchandises de luxe, légères, de petit volume, peu propres à former des cargaisons. Les vaisseaux étrangers s'en chargent à bon compte et nos armateurs ne peuvent soutenir la concurrence des prix. Aussi notre marine se développe-t-elle moins vite que celle des autres puissances maritimes : Angleterre, États-Unis et Allemagne. Elle reste stagnante avec ses 1 400 vapeurs et ses 15 000 voiliers, trop nombreux comparés aux vapeurs.

Chose plus grave : les *deux tiers de notre commerce naval* se font sous pavillon étranger ; et l'on évalue à 300 millions le fret de transport que la France paie aux marines étrangères. Cette situation est surtout *dangereuse pour l'avenir*. Suivant la remarque faite par les économistes, « la marchandise suit le pavillon » ; nos clients d'au delà des mers, qui voient de moins en moins nos nationaux et nos couleurs nationales, se détachent de nous, renoncent à nos produits et préfèrent ceux de nos concurrents, dont les vaisseaux sillonnent toutes les mers. Les primes que l'État alloue aux Compagnies de navigation ne sauraient conjurer leur décadence. C'est aux négociants qu'il appartient de se sauver eux-mêmes, en apprenant les langues étrangères, en voyageant comme les Anglais et les Allemands, et en se rendant compte des besoins, des goûts et même des caprices de leur clientèle.

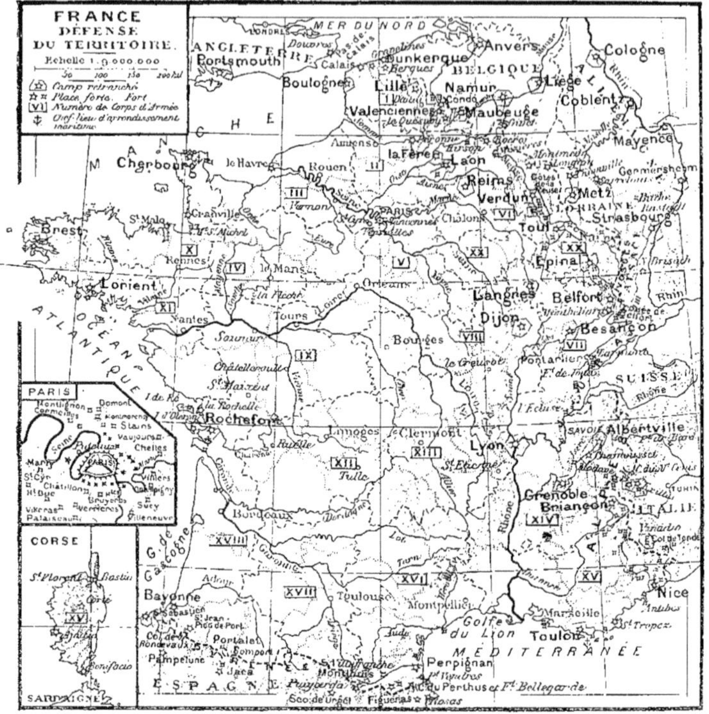

DÉFENSE DU TERRITOIRE

1. — La défense de notre territoire est une de nos grandes préoccupations : les obstacles que la nature oppose à l'invasion sont insuffisants ; il a fallu les compléter par des obstacles artificiels sur nos frontières de mer et de terre.

2. — Les **frontières maritimes** sont défendues principalement par nos grands ports militaires : **Cherbourg, Brest, Lorient, Rochefort et Toulon**, et par des forts et des batteries installés sur tous les points de notre littoral où l'ennemi pourrait aborder, notamment aux estuaires des fleuves.

3. — La défense mobile est confiée à la marine de guerre, comprenant 457 navires (cuirassés, grands croiseurs, garde-côtes, torpilleurs, etc.) montés par 45 000 marins, 20 000 hommes d'infanterie de marine et 6 000 hommes d'artillerie.

1re Lecture. — L'inscription maritime. — Les équipages de la marine militaire se recrutent de la façon suivante : tout marin de 18 ans, qui a déjà fait deux voyages au long cours ou 18 mois de navigation ou 2 ans de pêche côtière et qui s'engage à continuer la navigation ou la pêche est *inscrit comme matelot*.

Cinq ans durant, il est considéré comme soldat et appelé à servir sur la flotte de guerre. Passé ce délai, il ne peut être rappelé qu'en cas de danger national. Quand il a 25 ans de navigation — même sur des vaisseaux marchands — et 50 ans d'âge, le matelot reçoit une pension de demi-solde.

Tel est le système connu sous le nom d' « inscription maritime ». A la flotte de guerre, il assure des marins toujours exercés ; et aux marins il garantit, après leur rude et hasardeuse existence, une vieillesse plus enviable que celle des soldats de terre.

4. — Pour défendre nos colonies, on a créé une *armée spéciale* formée de 24 régiments d'infanterie tirés de la métropole et de 15 régiments de tirailleurs annamites, tonkinois, congolais, malgaches, sans compter un bataillon cochinchinois et un bataillon cambodgien.

5. — En *Algérie* et en *Tunisie*, la défense du territoire et la surveillance des indigènes sont confiées à des troupes spéciales : 4 régiments de zouaves, 4 de tirailleurs algériens, 2 de légion étrangère et 10 de cavalerie (chasseurs d'Afrique et spahis).

6. — Les **frontières de terre** sont protégées au sud par les *Pyrénées*, rempart infranchissable, sauf aux extrémités défendues, à l'ouest par **Saint-Jean-Pied-de-Port** et **Bayonne**, et, à l'est, par **Bellegarde, Montlouis** et **Perpignan**.

7. — Les *Alpes* sont plus élevées, mais plus ouvertes que les Pyrénées ; elles sont défendues par les places de **Nice, Briançon** et **Albertville**, et, en arrière, par les camps retranchés de **Grenoble** et de **Lyon**. — La *Savoie* ayant été déclarée neutre par les traités de 1860, la France ne peut y élever aucune forteresse.

8. — La *Suisse* est un pays neutre, et le *Jura* est peu accessible à l'est. Mais la neutralité de la Suisse peut être violée et le Jura tourné. En cas d'invasion, l'ennemi serait arrêté par **Belfort** et **Besançon**, et, plus loin, par **Dijon** et **Langres**.

9. — La **frontière du nord-est** est la plus menacée ; aucun obstacle naturel n'arrêterait notre puissant voisin, et nous ne pouvons trop compter sur la neutralité de la Belgique. La France, qui a perdu la frontière du Rhin, a dû multiplier les places fortes et les forts, depuis la *trouée de Belfort* jusqu'à la mer du Nord.

10. — **Belfort** et **Toul**, reliés par les **forts de la Moselle**, les forts des côtes de la Meuse, **Verdun, Montmédy, Hirson, Maubeuge, Lille** et **Dunkerque** forment la première ligne de défenses ; **Dijon,**

ngres, **Reims, Laon, la Fère et Calais** constituent
econde; enfin **Paris** est un immense camp retranché.

1. — Mais la meilleure défense est encore le *patriotisme*
a *discipline* de notre armée. Elle compte plus de 300 000
ames sur le pied de paix et 4 millions d'hommes sur le
d de guerre. Tous les Français valides, sans exception, sont
eints au service militaire pendant vingt-cinq ans (de 20
5 ans), dont deux années seulement dans l'armée active.

2. — Ces troupes sont réparties en vingt corps d'armée,
t un en Algérie; à chaque corps d'armée, correspond une
ion territoriale. *Paris* et *Lyon* forment des gouvernements
itaires spéciaux. En outre, sur nos frontières sont ins-
és des divisions de cavalerie indépendantes, des bataillons
chasseurs pour les Vosges et les Alpes (chasseurs alpins),
nfin des bataillons d'artillerie à pied pour nos forteresses.

3. — Au centre de la France, à *Bourges*, une fonderie
ique les obus, les projectiles, les moyeux métalliques,
fusées nécessaires à l'artillerie. Quant aux pièces de
on, elles sont produites par l'industrie privée dont le
s important établissement est *le Creusot*; celles de la ma-
e viennent de l'usine de *Ruelle* (Charente).

4. — Les manufactures nationales de *Saint-Etienne* et
Tulle fabriquent les fusils, et celle de *Châtellerault* les
es blanches.

5. — Les *arsenaux* tiennent en réserve, pour les temps
guerre, les armes portatives et le matériel des parcs de
ge. Ils sont installés à **Bourges, Grenoble, Toulon,**
Toulouse, Versailles, Vincennes, la Fère et
Douai. A *Vernon* (Eure), fonctionnent des ateliers de cons-
ction pour le matériel du train des équipages. Enfin, les
blissements de *Puteaux* (près Paris) construisent du maté-
de toute espèce pour l'artillerie.

e Lecture. — Ville forte de Vauban et camp retran-
é moderne. — La « frontière de fer » qui protégea la France
dant deux siècles fut créée de toutes pièces par Vauban. A
époque où la vraie guerre était la guerre de sièges, elle
ait briser l'élan de l'ennemi, arrêter l'envahisseur à chaque
: c'était un cordon de places fortes rapprochées les unes des
res, véritable chaîne d'obstacles barrant la route de l'intérieur.
s compliqué était alors le siège d'une de ces forteresses. On
t s'en faire une idée en visitant celles qui subsistent encore :
kerque dans le Nord, Montlouis dans les Pyrénées.
ujourd'hui, il s'agit moins d'arrêter une invasion que de la
aliser : il faut, par une habile stratégie, déterminer à l'avance
oint où devra se produire entre les deux adversaires la rentre inévitable, fatale. Le rôle décisif n'appartient plus aux
teresses, mais aux armées. La guerre de siège a fait son
ps; la guerre moderne est la lutte en rase campagne. Dès
, le *camp retranché* servira de point d'appui à l'armée, per-
tra de renforcer et de « flanquer » les batteries qu'elle aura
ées à la hâte, de renouveler les approvisionnements en cas
victoire, de soutenir et de protéger la retraite en cas d'in-
cès. S'il voulait, non plus en faire le siège, mais seulement
vestir, l'ennemi serait tenu d'immobiliser pendant des mois
grandes masses d'hommes qui lui feraient défaut ailleurs.
vestissement de Paris exigerait un demi-million de soldats,
i de Lyon, 200 000 hommes. Car la ceinture du *camp retran-*
é déterminée par des forts détachés émergeant à peine
s la plaine, moins visibles encore que les remparts de Vau-
, et armés de canons à tir rapide. Plus de terrassements, ni
uvrages compliqués surplombant des fossés remplis d'eau;
is de robustes maçonneries en béton de ciment à l'épreuve
puissants explosifs modernes, précédés d'un réseau de fils de

fer. En quelques heures, la citadelle de Vauban ne serait plus
qu'un amas de ruines. Le *camp retranché* moderne résisterait
des semaines et des mois, car toutes les parties en sont indépendantes les unes des autres : un fort détruit ou enlevé, il en reste
encore pour prolonger la résistance. Et cet ensemble est pourvu
de tout le matériel nécessaire à la protection et aux communications des différentes parties entre elles : casemates bétonnées,
coupoles en acier pour les canons, chemins de fer à voie étroite,
télégraphie optique, téléphone, sans compter le ballon militaire.
Le gouverneur du camp retranché, soit qu'il attaque, soit qu'il
se défende, a sous la main tous les éléments d'une action efficace. *Lille, Maubeuge, Verdun, Toul, Epinal, Belfort* sont autant
de régions fortifiées qui jalonnent nos frontières.

3e Lecture. — Les voies ferrées et la mobilisation. —
La *mobilisation* est l'ensemble des opérations qui permettent à
l'armée de faire face à l'ennemi, c'est-à-dire de passer du « pied
de paix » sur le « pied de guerre ». Les effectifs relativement res-
treints au « temps de paix » s'augmentent alors dans de notables
proportions. Régiments, divisions, corps d'armée, tous les organes
de la défense nationale se dédoublent par l'afflux des réserves;
l'armée entière ouvre ses rangs et reçoit les renforts venus de
tous les points du territoire. De partout, de la grande ville
comme du plus humble hameau, tous les hommes valides quittent
leurs foyers pour rejoindre les corps de troupes : exode général
donnant lieu à d'importants mouvements de soldats et de matériel qui doivent s'exécuter dans les délais les plus courts.

Les chemins de fer jouent un rôle capital. Rapidement, ils
amènent aux différentes unités combattantes les hommes qui leur
sont affectés; puis, ils les transportent sur la frontière avec leur
matériel et leurs approvisionnements. On a constitué des trains
spéciaux, dits « trains militaires », dont les éléments correspondent à des unités tactiques (bataillons d'infanterie, escadrons
de cavalerie, batteries d'artillerie) et dont la marche a été réglée
à l'avance. Le matériel et la voie ferrée ont été au préalable mis
à l'épreuve : des exercices répétés, une surveillance incessante,
particulièrement aux points principaux de la ligne, écartent
toute éventualité d'accident ou de retard.

Avec ordre et méthode, se fait l'embarquement des hommes,
chevaux et voitures. Dans les gares importantes, ont été mé-
nagés des quais spéciaux d'une étendue correspondant à la longueur des trains militaires et permettant d'accéder de plain-pied
aux wagons; on se sert même, dans certains cas, de rampes
d'embarquement, sortes de plans inclinés mobiles. Enfin, de loin
en loin, sont échelonnées des stations toutes militaires réservant
aux troupes, dans des locaux spéciaux, des repas tout préparés :
ce sont les « haltes-repas ».

Sur le théâtre des opérations, l'armée a encore des chemins
de fer. La masse énorme des effectifs ne permet pas aux troupes
de vivre sur le pays ainsi que le faisaient les armées bien moins
nombreuses d'autrefois. Il faut des vivres, des munitions, des
armes pour remplacer les vivres et les munitions consommés,
le matériel détruit. C'est de l'intérieur que tout cela doit venir,
grâce à un mouvement ininterrompu de trains apportant aux
armées les moyens de vivre et de combattre.

Une autre question très importante est le ravitaillement des
armées, après une grande bataille, lorsqu'on poursuit un ennemi vaincu. Si le ravitaillement n'était pas assuré, les combattants,
privés du nécessaire, ne pourraient continuer les opérations.
Par leur puissance de transport et la rapidité de leur allure, les
chemins de fer répondent à ces besoins. Bien plus, les trains
sont poussés le plus loin possible sur le théâtre de la guerre, et
les troupes peuvent s'y ravitailler dans les délais les plus courts.
D'où la nécessité d'entretenir les voies ferrées, de réparer celles
que l'ennemi a détruites, de rétablir les ponts qu'il a coupés. A
cet effet, des troupes spéciales, dites « troupes de chemins de
fer », forment le 5e régiment du génie, en garnison à Versailles.
Les travaux qu'on leur demande, ayant pour objet le passage
des trains, doivent être exécutés très vite. Dans la suite, des
troupes de deuxième ligne viennent compléter ces travaux, et
assurer une circulation régulière et permanente. Ces éléments
nouveaux venus de l'arrière sont fournis par le personnel des
Compagnies de chemins de fer : on les appelle les « sections
techniques de chemins de fer de campagne ».

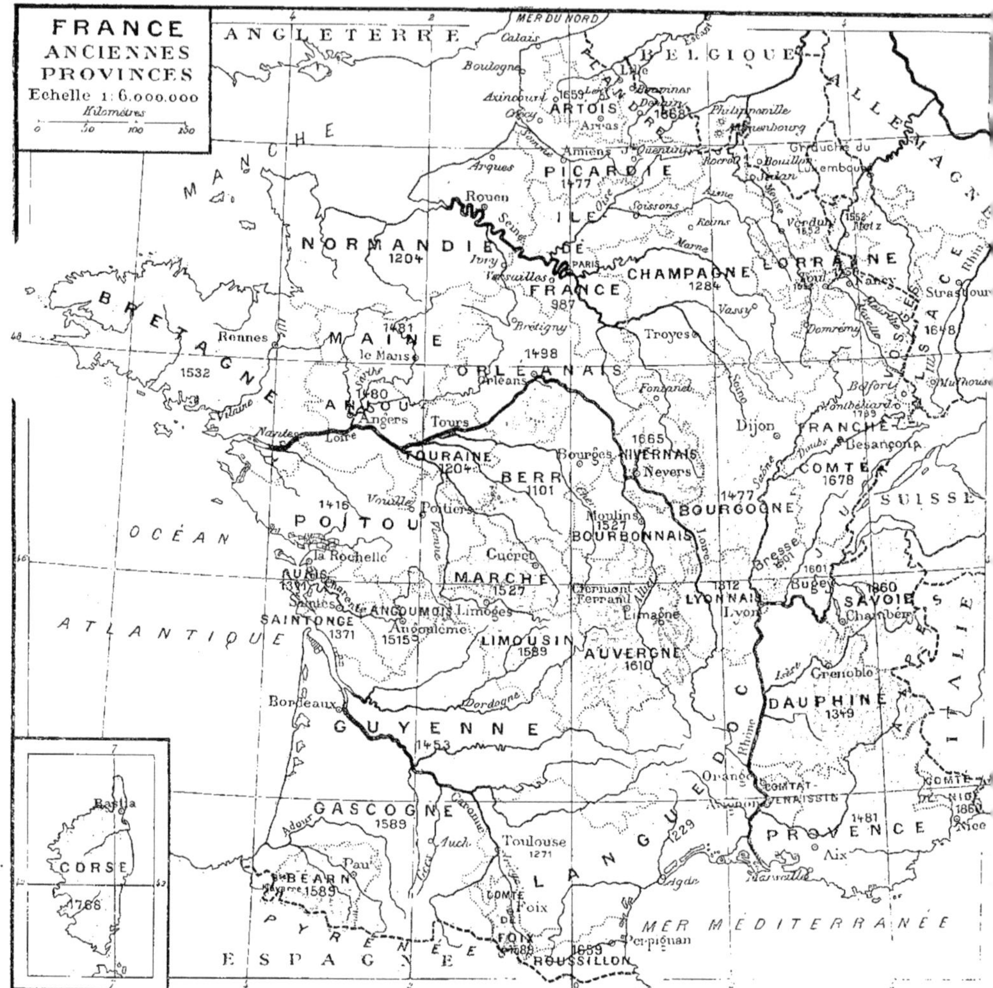

GÉOGRAPHIE HISTORIQUE
ET ADMINISTRATIVE

1. La nation française. — On donnait le nom de Gaulois aux différents peuples qui habitaient notre pays au temps de Jules César. Parmi les Gaulois, on distinguait les *Celtes*, les *Belges* et les *Aquitains*. Le littoral de la Méditerranée possédait des comptoirs et quelques grandes villes fondées par des marchands grecs, comme Nice, Agde et Marseille.

2. — César conquit la Gaule, un demi-siècle avant notre ère; et Rome, pendant 500 ans, répandit sa civilisation

ns ce pays dont les habitants furent désormais les **Gallo-**
omains.

3. — La Gaule romaine subit plus tard une série d'inva-
ns, celles des **Germains** au cinquième siècle, des
rabes au huitième siècle, des **Normands** au dixième
cle; et elle prit le nom de **France,** parce que la tribu
rmanique des *Franks* lui imposa ses rois.

4. —La fusion de ces peuples a formé la *nation française*.

1re Lecture. — **La nationalité française.** — Notre pays,
é au carrefour des grandes voies européennes, a été le point
rencontre des peuples migrateurs. La Méditerranée et la
lée du Rhône ont conduit César au cœur même de la Gaule;
plaine du Nord. largement ouverte, a livré passage aux hordes
maniques des *Wisigoths*, des *Burgondes* et des *Franks;* enfin
céan et les estuaires océaniques ont porté maintes fois les
ques normandes au pied de nos cités fluviales.
Chaque invasion a laissé sa trace et modifié, dans une certaine
sure, la population primitive. Mais on aurait tort d'exagérer
fluence des *Germains* et des *Normands*. Les premiers, moins
mbreux et surtout moins cultivés que les Gallo-Romains, ont
t peser sur eux une domination purement politique. Quant
x Normands, c'étaient des écumeurs de mer qui regagnaient
large, quand ils étaient chargés de butin. Dès le jour où ils
ssédèrent une province, ils s'y vouèrent à la vie agricole, ou
ntinuèrent hors de France le cours de leurs aventures.
Les vrais instituteurs de la Gaule ont été les Romains : ils la
vrirent d'un réseau complet de routes militaires; ils y bati-
t de nombreux et puissants édifices. arènes et temples. arcs
triomphe et aqueducs; ils y importèrent leurs institutions
litiques, leur droit civil, leurs croyances et surtout leur lan-
e, puisque, sur six mille mots que compte notre vocabulaire
uel, près de quatre mille sont des mots latins.
Il n'y a pas de race française proprement dite, parce que
p de peuples se sont installés, combattus et finalement mêlés
notre territoire. Mais il existe une *nationalité* française dans
quelle on reconnaît aisément la civilisation romaine greffée
le tronc gaulois.
Et cette nationalité est assez vigoureuse pour absorber les
ments qui la menacent : chaque recensement révèle une in-
ration croissante d'Allemands, de Belges et d'Italiens dans
s provinces frontières et dans la capitale. Mais ces étrangers
blient bientôt leur langue, perdent leurs caractères ethniques;
leurs enfants, naturalisés ou non, ne se distinguent plus des
tres Français.

5. **Formation territoriale.** — Les limites natu-
les de la Gaule étaient le *Rhin*, la *mer*, les *Alpes* et les
rénées. Charlemagne les dépassa; mais son empire fut
membré.

6. — Hugues Capet se trouva réduit à ne posséder qu'un
tit domaine comprenant l'Ile-de-France et l'Orléa-
nis. C'est autour de ce *domaine royal* que les différentes
ovinces se groupèrent peu à peu, par une série de mages, de guerres, de confiscations et d'héritages.

7. —La France atteignit ses frontières naturelles pendant
Révolution (1797). Mais, après les folles conquêtes de
poléon, elle fut ramenée aux limites de l'ancienne mo-
rchie.

8. — En 1860, la **Savoie** et le **Comté de Nice** se
nnèrent à la France. Mais la guerre de 1870 entraîna la
rte de l'**Alsace** et d'une grande partie de la **Lorraine.**
puis lors, la situation n'a plus changé : la France a
8 000 kilomètres carrés.

2e Lecture. — **Frontières naturelles et frontière his-
rique.** — César assignait comme limites à la Gaule : la Man-
e, l'Océan, la Méditerranée, les Pyrénées, les Alpes et le cours
du Rhin. Et il est remarquable qu'après deux mille ans de négo-
ciations et de guerres, qu'après tant d'invasions tentées ou subies, la France moderne ait à peu près les mêmes limites que
la Gaule ancienne.
La nature nous a imposé ces frontières : toute acquisition
faite en deçà a été définitive; toute conquête entreprise au delà
a été précaire et suivie de recul. On a chassé, sans espoir de retour. les Anglais de la Guyenne, de la Normandie et de Calais,
et les Espagnols du Roussillon, de la Franche-Comté et de la
Flandre; les habitants de la Savoie et du comté de Nice ont
opté spontanément pour la nationalité française. Mais nos rois
les plus ambitieux et nos conquérants les plus hardis n'ont rien
fondé de stable au delà des Pyrénées, des Alpes ou du Jura.
Seule, la frontière du nord-est est restée indécise et flottante.
Depuis le jour où l'empire de Charlemagne fut partagé par le
traité de Verdun (843) entre trois souverains. les rois de Neus-
trie, puis de France, ont constamment lutté pour atteindre la
limite du Rhin. Louis XIV y parvint pour la partie alsacienne,
et la Révolution française pour la totalité du cours fluvial : depuis 1870, la France ne touche plus au fleuve historique par
aucun point. Que deviendra cette « part de Lothaire » que des
centaines de batailles ont ensanglantée? Elle semble destinée,
comme la plupart des zones contestées, à échapper aux contes-
tants. Elle forme déjà une série d'États indépendants ou neutres,
les Pays-Bas, la Belgique, le grand-duché du Luxembourg et la
Suisse. La Prusse y possède bien une province et des principautés vassales : mais elle n'a pas osé transformer l'Alsace-Lorraine en province prussienne. Ce territoire annexé est désigné
sous un nom spécial (Reichsland) et il est soumis à un régime
spécial, comme si les vainqueurs comprenaient que tôt ou tard
ces pays conquis par la force retourneront à leur patrie d'élection
où renaîtront à la liberté.

9. **Population.** — La France compte 39 millions
d'habitants, 74 par kilomètre carré. Sa population est moins
dense que celle de la Belgique (243), de la Hollande (169),
des Iles-Britanniques (132), de l'Allemagne (112) et de
l'Italie (118).

10. — Elle s'accroît très lentement par le bénéfice des
naissances; elle émigre peu (5 000 ou 6 000 habitants par
an), et elle déserte imprudemment la campagne pour chercher fortune dans les grandes villes et dans les centres manufacturiers.

11. — La richesse naturelle du pays attire un nombre
considérable d'étrangers. On en compte 1 052 000 : *Belges* au
nord, *Italiens* au sud-est, *Allemands* à l'est et à Paris.

12. **Langues.** — La plupart des habitants parlent le
français, langue d'origine latine et qui fut le dialecte du domaine royal des Capétiens. Le français s'est étendu à toutes
les provinces par suite de l'extension du pouvoir royal. Cependant d'autres langues se sont conservées jusqu'à nos
jours : le *flamand* dans le Nord (160 000 hab.), le *bas-breton*
en Bretagne (1 200 000 hab.), le *basque* dans la Basse-Na-
varre (120 000 hab.) et l'*italien* en Corse et dans le comté
de Nice.

13. **Divisions administratives.** — La France,
avant la Révolution, comptait 32 gouvernements. Elle est
divisée aujourd'hui en 86 *départements* et un *territoire*, celui de Belfort.

14. — Elle forme une **République** gouvernée par un
président assisté de ministres, et par deux Assemblées : le
Sénat et la *Chambre des députés*. La capitale est **Paris**, où
siège le Gouvernement.

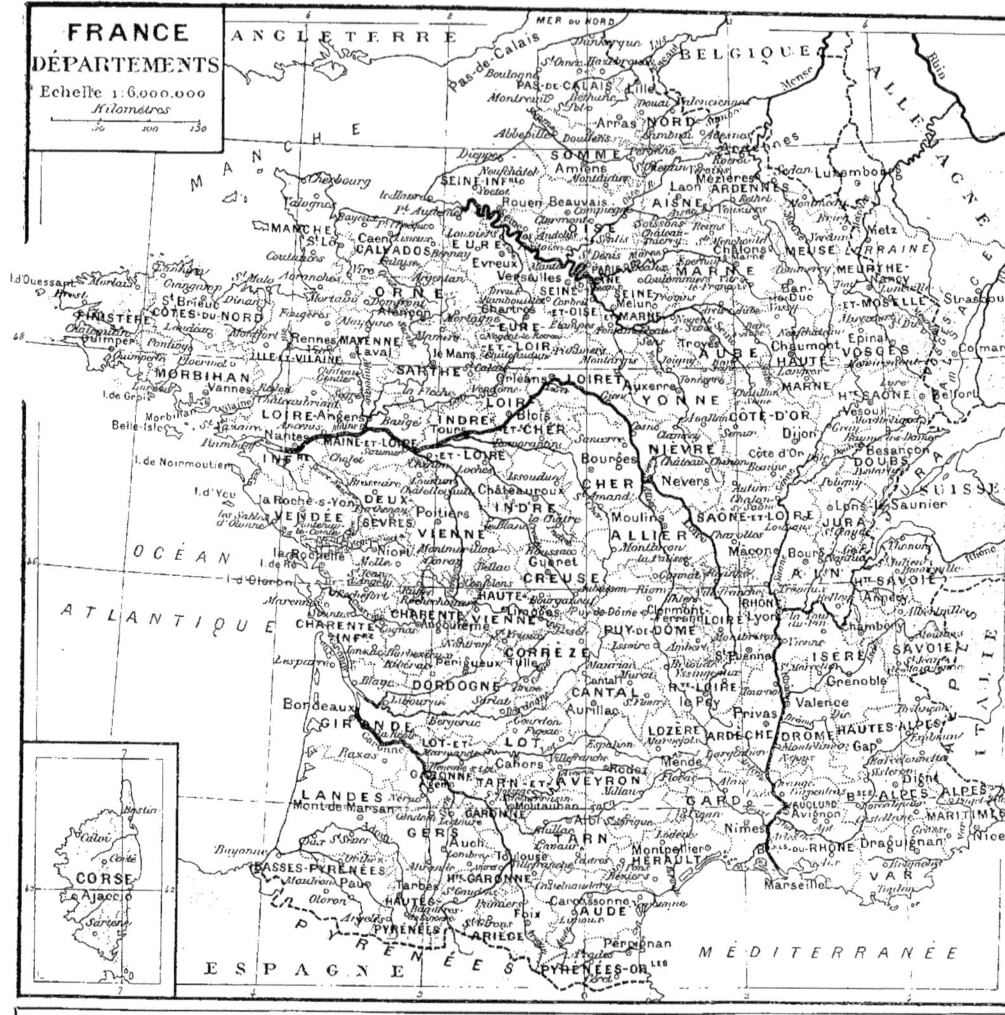

DÉPARTEMENTS	POPULATION		CHEFS-LIEUX		SOUS-PRÉFECTURES
	totale	par kil. carré		population	
I. — RÉGION DU MASSIF CENTRAL (13 départements).					
CANTAL	228 700	40	Aurillac	17 800	Mauriac, Murat, Saint Flour.
PUY-DE-DÔME	535 400	67	Clermont-Ferrand	58 400	Riom, Thiers, Ambert, Issoire.
HAUTE-LOIRE	314 800	63	le Puy	21 400	Brioude, Yssingeaux.
ARDÈCHE	347 100	62	Privas	7 000	Tournon, Largentière.
LOZÈRE	128 000	25	Mende	7 000	Marvejols, Florac.
AVEYRON	377 300	43	Rodez	15 500	Espalion, Villefranche, Millau, Saint Affrique.

LOT	216 600	41	Cahors	13 200	Gourdon, Figeac.
CORRÈZE	317 400	54	Tulle	17 200	Ussel, Brive.
HAUTE-VIENNE	385 700	70	Limoges	88 600	Bellac, Rochechouart, Saint-Yrieix.
CREUSE	274 100	49	Guéret	8 100	Boussac, Aubusson, Bourganeuf.
ALLIER	418 000	87	Moulins	21 000	Montluçon, la Palisse, Gannat.
NIÈVRE	314 000	46	Nevers	27 000	Cosne, Clamecy, Château-Chinon.
LOIRE	644 000	134	Saint-Etienne	146 800	Roanne, Montbrison.

II. — RÉGION DES PYRÉNÉES (4 départements).

PYRÉNÉES-ORIENTALES	213 200	51	Perpignan	38 900	Prades, Céret.
ARIÈGE	205 700	42	Foix	6 700	Pamiers, Saint-Girons.
HAUTES-PYRÉNÉES	209 400	46	Tarbes	25 900	Bagnères-de-Bigorre, Argelès.
BASSES-PYRÉNÉES	426 800	55	Pau	35 000	Bayonne, Orthez, Mauléon, Oloron.

III. — RÉGION DE LA GARONNE (8 départements).

HAUTE-GARONNE	442 100	69	Toulouse	149 100	Villefranche, Muret, Saint-Gaudens.
TARN	330 300	37	Albi	23 300	Gaillac, Lavaur, Castres.
TARN-ET-GARONNE	188 600	51	Montauban	28 700	Moissac, Castelsarrasin.
GERS	231 100	35	Auch	13 500	Condom, Lectoure, Mirande, Lombez.
LOT-ET-GARONNE	274 600	51	Agen	23 100	Marmande, Villeneuve-sur-Lot, Nérac.
DORDOGNE	447 100	48	Périgueux	31 400	Nontron, Ribérac, Sarlat, Bergerac.
GIRONDE	823 900	77	Bordeaux	251 900	Lesparre, Blaye, Libourne, la Réole, Bazas.
LANDES	293 400	31	Mont-de-Marsan	11 900	Saint-Sever, Dax.

IV. — RÉGION DU BAS-LANGUEDOC (3 départements).

AUDE	308 300	48	Carcassonne	31 000	Castelnaudary, Narbonne, Limoux.
HÉRAULT	482 800	77	Montpellier	77 100	Lodève, Saint-Pons, Béziers.
GARD	421 200	71	Nîmes	80 200	Alais, Uzès, le Vigan.

V. — RÉGION DE LA LOIRE MOYENNE (9 départements).

LOIRET	365 000	54	Orléans	68 600	Pithiviers, Montargis, Gien.
EURE-ET-LOIR	273 800	46	Chartres	23 200	Dreux, Nogent-le-Rotrou, Châteaudun.
LOIR-ET-CHER	276 000	43	Blois	24 000	Vendôme, Romorantin.
CHER	313 500	47	Bourges	44 100	Sancerre, Saint-Amand.
INDRE	290 200	42	Châteauroux	28 400	Issoudun, le Blanc, la Châtre.
INDRE-ET-LOIRE	337 900	55	Tours	67 600	Chinon, Loches.
MAYENNE	305 500	69	Laval	29 800	Mayenne, Château-Gontier.
SARTHE	421 600	67	le Mans	65 800	Mamers, Saint-Calais, la Flèche.
MAINE-ET-LOIRE	513 800	71	Angers	82 900	Segré, Baugé, Saumur, Cholet.

VI. — RÉGION DE L'OUEST (5 départements).

VIENNE	333 600	47	Poitiers	39 300	Loudun, Châtellerault, Montmorillon, Civray.
DEUX-SÈVRES	339 500	56	Niort	23 300	Bressuire, Parthenay, Melle.
VENDÉE	442 800	83	la Roche-sur-Yon	13 700	les Sables-d'Olonne, Fontenay-le-Comte.
CHARENTE	351 700	59	Angoulême	37 500	Ruffec, Confolens, Cognac, Barbezieux.
CHARENTE-INFÉRIEURE	453 800	62	la Rochelle	33 900	Rochefort, Marennes, Saint-Jean-d'Angély, Saintes, Jonzac.

VII. — RÉGION DE LA BRETAGNE (5 départements).

ILLE-ET-VILAINE	611 800	88	Rennes	73 600	Saint-Malo, Fougères, Montfort, Vitré, Redon.
CÔTES-DU-NORD	611 500	84	Saint-Brieuc	23 000	Lannion, Guingamp, Dinan, Loudéac.
FINISTÈRE	793 100	109	Quimper	19 300	Morlaix, Brest, Châteaulin, Quimperlé.
MORBIHAN	573 200	79	Vannes	23 600	Pontivy, Ploërmel, Lorient.
LOIRE-INFÉRIEURE	666 700	93	Nantes	133 200	Châteaubriant, Ancenis, Saint-Nazaire, Paimbœuf.

VIII. — RÉGION NORMANDE (5 départements).

MANCHE	487 400	76	Saint-Lô	12 200	Cherbourg, Valognes, Coutances, Avranches, Mortain.
CALVADOS	403 400	70	Caen	45 400	Bayeux, Pont-l'Evêque, Lisieux, Falaise, Vire.
ORNE	316 000	51	Alençon	17 800	Argentan, Domfront, Mortagne.
EURE	330 100	54	Evreux	19 000	Pont-Audemer, les Andelys, Louviers, Bernay.
SEINE-INFÉRIEURE	863 900	133	Rouen	118 300	Dieppe, Neufchâtel, Yvetot, le Havre.

IX. — RÉGION DU NORD (3 départements).

NORD	1 895 900	328	Lille	205 600	Dunkerque, Hazebrouck, Douai, Valenciennes, Cambrai, Avesnes.
PAS-DE-CALAIS	1 012 500	150	Arras	24 900	Saint-Omer, Boulogne, Béthune, Montreuil, Saint-Pol.
SOMME	532 600	83	Amiens	90 900	Abbeville, Doullens, Péronne, Montdidier.

X. — RÉGION DE PARIS (10 départements).

AISNE	534 500	72	Laon	15 300	Vervins, Saint-Quentin, Soissons, Château-Thierry.
OISE	410 000	69	Beauvais	20 200	Compiègne, Clermont, Senlis.
SEINE-ET-MARNE	361 900	61	Melun	13 900	Meaux, Coulommiers, Provins, Fontainebleau.
SEINE-ET-OISE	749 800	132	Versailles	54 800	Pontoise, Mantes, Rambouillet, Corbeil, Etampes.
SEINE	3 848 600	8018	Paris	2 763 400	Saint-Denis, Sceaux (anciennes sous-préfectures).
ARDENNES	317 500	60	Mézières	9 400	Rocroi, Sedan, Rethel, Vouziers.
HAUTE-MARNE	221 700	35	Chaumont	14 900	Vassy, Langres.
MARNE	434 200	53	Châlons-sur-Marne	27 800	Reims, Epernay, Sainte-Menehould, Vitry-le-François.
AUBE	243 700	40	Troyes	53 400	Arcis-sur-Aube, Nogent-sur-Seine, Bar-sur-Aube, Bar-sur-Seine.
YONNE	315 200	42	Auxerre	20 900	Sens, Joigny, Tonnerre, Avallon.

XI. — RÉGION LORRAINE ET VOSGIENNE (3 départements — 1 territoire).

VOSGES	429 800	73	Epinal	29 100	Neufchâteau, Mirecourt, Saint-Dié, Remiremont.
MEURTHE-ET-MOSELLE	517 500	98	Nancy	110 800	Briey, Toul, Lunéville.
MEUSE	280 200	45	Bar-le-Duc	14 700	Montmédy, Verdun, Commercy.
TERRITOIRE DE BELFORT	95 400	137	Belfort	34 600	

XII. — RÉGION DU JURA ET DE LA SAONE (7 départements).

HAUTE-SAÔNE	263 900	49	Vesoul	10 200	Lure, Gray.
DOUBS	298 400	57	Besançon	56 200	Montbéliard, Baume-les-Dames, Pontarlier.
JURA	257 700	51	Lons-le-Saunier	13 100	Dôle, Poligny, Saint-Claude.
CÔTE-D'OR	358 000	41	Dijon	74 100	Châtillon-sur-Seine, Semur, Beaune.
SAÔNE-ET-LOIRE	613 400	71	Mâcon	19 100	Autun, Chalon-sur-Saône, Louhans, Charolles.
AIN	345 900	59	Bourg	20 000	Gex, Nantua, Trévoux, Belley.
RHÔNE	858 900	300	Lyon	472 100	Villefranche.

XIII. — RÉGION DU SUD-EST (11 départements).

HAUTE-SAVOIE	260 600	57	Annecy	14 400	Thonon, Saint-Julien, Bonneville.
SAVOIE	253 300	41	Chambéry	23 000	Albertville, Moûtiers, Saint-Jean-de-Maurienne.
ISÈRE	562 300	68	Grenoble	73 000	la Tour-du-Pin, Vienne, Saint-Marcellin.
HAUTES-ALPES	107 500	19	Gap	10 800	Briançon, Embrun.
DRÔME	297 300	43	Valence	28 100	Die, Montélimar, Nyons.
VAUCLUSE	239 200	67	Avignon	48 300	Orange, Carpentras, Apt.
BOUCHES-DU-RHÔNE	765 900	146	Marseille	517 500	Arles, Aix.
BASSES-ALPES	113 100	16	Digne	7 500	Barcelonnette, Sisteron, Forcalquier, Castellane.
VAR	324 600	54	Draguignan	9 800	Brignoles, Toulon.
ALPES-MARITIMES	335 000	89	Nice	134 200	Puget-Théniers, Grasse.
CORSE	291 200	33	Ajaccio	22 300	Bastia, Calvi, Corté, Sartène.

COLONIES FRANÇAISES

1. — A mesure que l'industrie se développe, le besoin d'étendre les relations commerciales se fait sentir. Cette extension se fait par les **comptoirs**, les **colonies**, les **protectorats**, les **zones d'influence**.

2. — Les possessions lointaines ne sont donc pas seulement des extensions de territoires : quand elles sont pacifiées, organisées et mises en valeur, elles deviennent pour la métropole de précieuses auxiliaires.

3. — Elles lui fournissent, dans des conditions particulièrement avantageuses, des produits alimentaires et des matières premières nécessaires à son industrie; elles lui achètent des produits manufacturés; elles accroissent l'activité de la marine marchande et fournissent à la marine militaire des points d'appui, de ravitaillement et de refuge; enfin, elles ajoutent à la grandeur politique et à l'influence morale de la métropole qui y propage ses idées et sa langue.

4. — La France a été déclarée longtemps incapable d'une œuvre de colonisation hardie, intelligente et suivie. Les pertes énormes subies au dix-huitième siècle au Canada et dans l'Inde et le peu d'efforts qu'elle a fait pour les réparer semblaient justifier cette appréciation. Il n'en était rien : depuis 1830, elle s'est reconstitué un empire colonial couvrant 10 millions de kilomètres carrés (surface de l'Europe) et peuplée de 45 millions d'habitants.

5. — Cet empire comprend des colonies d'exploitation et des colonies de peuplement : dans les premières, le climat, trop chaud ou insalubre, ne permet pas au Français de s'installer à demeure : il n'y fait que séjourner et diriger le travail de l'indigène; dans les secondes, un climat plus tempéré et plus sain lui permet de s'établir définitivement.

6. — Les possessions françaises les plus prospères sont celles d'Afrique et d'Asie; la France travaille plus à les organiser et à les mettre en valeur qu'à en acquérir de nouvelles.

Lecture. — **Les progrès des colonies françaises.** — la période d'extension et de conquêtes territoriales, a succédé celle de la colonisation et de la mise en valeur des régions définitivement placées sous notre domination. Après les explorateurs, les missionnaires, les guerriers, sont venus les colons, les mineurs, les ingénieurs, les industriels, les commerçants. La pacification s'est faite ou se fait peu à peu, et partout, avec la main-d'œuvre des indigènes, se poursuit l'œuvre des grands travaux publics. Sous la direction du gouvernement et des sociétés privées, la France a créé des ports, ouvert des routes, des chemins de fer, des canaux d'irrigation, des barrages, des ponts, des réservoirs, des puits, défriché des steppes et des brousses, introduit des cultures nouvelles, comme celle du coton, engagé des sommes énormes pour ces entreprises fécondes d'amélioration, de protection, d'assainissement qui font reculer la barbarie, repeuplent et affranchissent le continent noir, et enrichissent la métropole. On a calculé que plus de quatre milliards de capitaux représentaient déjà les placements faits dans notre domaine africain, et que la presque totalité venait de France. En vingt ans, le commerce des colonies s'est élevé de 400 millions à un milliard environ : celui de l'Indo-Chine a triplé; dans l'Afrique occidentale, il a grandi de 80 p. 100; à Madagascar, il s'est élevé, en quinze ans, de 8 à 50 millions. Les échanges de la France avec ses colonies ne représentent encore que la moitié du total de ce commerce : les étrangers absorbent le reste. Il est désirable que des marchés nouveaux plus actifs s'ouvrent en France pour les produits coloniaux. C'est pour susciter et diriger cette œuvre de colonisation que nous avons, à l'imitation de la Hollande et de l'Angleterre, créé les *jardins d'essais coloniaux* où l'on étudie et cultive les espèces végétales propres aux diverses colonies en vue de la consommation locale et de la vente. Les plus beaux de ces établissements sont ceux des Antilles, de Cayenne, de Saïgon, de Hanoï, de Tananarive, de Libreville au Congo, ceux du Soudan et du Sénégal, et surtout les merveilleux jardins botaniques d'Alger et de Tunis. Nous n'avons pas hésité, en 1899, à installer, en France même, à Nogent-sur-Marne un grand jardin colonial destiné à servir de trait d'union et de modèle à tous ceux qui prospèrent déjà dans nos colonies.

L'*Office colonial*, créé à Paris, dans les galeries du Palais Royal, est un bureau qui centralise tous les renseignements, éléments d'information utiles aux émigrants et à l'œuvre d'expansion et de propagande coloniales. Sous une direction active et bien informée, il est devenu en même temps un musée, une bibliothèque et un grand magasin qui offre aux visiteurs intéressés ou curieux, une rare et précieuse collection de documents, de souvenirs, d'objets variés se rapportant à l'histoire, à la géographie, à l'industrie, à la vie économique des colonies françaises de tous les âges, et, en particulier, du temps présent.

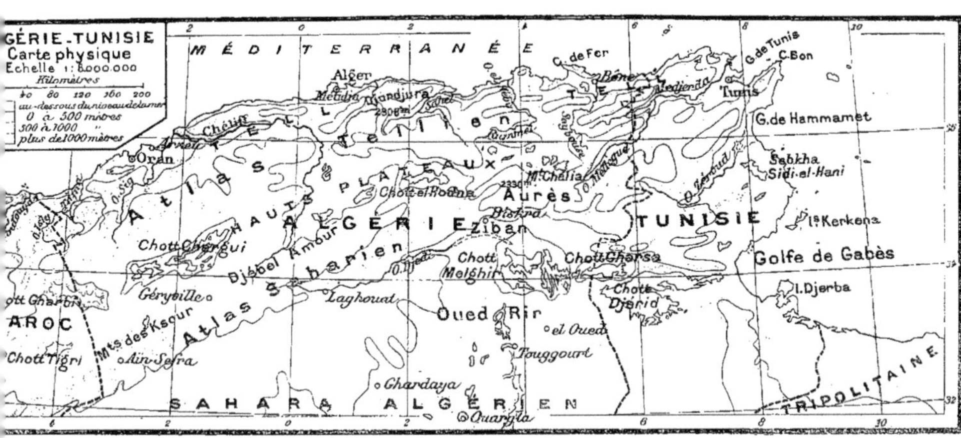

ALGÉRIE. — TUNISIE

Géographie physique. — L'**Algérie** et la **Tunisie** forment une seule région physique entre la Méditerranée au nord et le Sahara au sud.

— La côte abrupte est peu hospitalière; les golfes rares et mal abrités; les ports principaux : Oran, Arzeu, Alger, Tunis, etc., ont été créés par la France.

— Les chaînes calcaires de l'Atlas sillonnent le pays de l'ouest-sud-ouest à l'est-nord-est. et le divisent en trois régions : le Tell, les **Hauts Plateaux**, le **Sahara**.

— Le **Tell**, tourné vers la Méditerranée, se compose de hautes plaines, découpées par des ravins, et adossées à des massifs gazonnés ou boisés (*Djurdjura*, 2 308 m.). C'est le pays bien cultivé et fertile : mais les *ouadis* qui l'arrosent : *Tafna, Chéliff, Sahel, Seybouse, Medjerda*, sont maigres, souvent desséchés, et non navigables.

— Les **Hauts Plateaux** (700 à 1 000 m.), région de pâturages accidentés, sont jalonnés de dépressions ou *chotts*, lacunes d'eau salée dont le niveau varie suivant les saisons.

— Le **Sahara** s'étend au sud de l'Atlas : le sol est formé de plateaux pierreux (*hammadas*) et de dunes de sable mobiles (*ergs*); il a aussi ses chotts : *Melghir, Gharsa, Djérid*, inférieurs au niveau de la mer. Les pluies sont rares, et les ouadis se perdent dans le sol en nappes que les puits artésiens ramènent à la surface.

Agriculture. — Les oasis du Sahara algérien. — Le Sahara est devenu, dans la plus grande partie de son étendue, une terre française, explorée presque exclusivement depuis vingt ans par des voyageurs français.

Toute la zone de déserts qui confine aux hauts plateaux algériens a été peu à peu transformée par nos efforts : les indigènes, soumis ou résignés à notre domination bienfaisante, occupent une double ligne d'oasis florissantes qui sont comme les ports avancés et les centres de défense de notre puissance africaine, en même temps que les points de surveillance et d'appui de notre marche en avant. Biskra, Laghouat, Géryville, Aïn-Séfra, el-Oued, Touggourt, Ghardaya, Ouargla, plus loin el-Goléa, et d'autres établissements du sud gardent les routes d'accès qui mènent au Niger, à Tombouctou, à Zinder, au lac Tchad. La plupart ont été créés ou multipliés par le forage des puits artésiens, les travaux d'irrigation et les plantations de palmeraies.

Les plus prospères et les plus renommées de ces oasis sont celles des Ziban, dont la reine est Biskra, tout embaumée du parfum des orangers, et la longue chaîne des oasis du Rir, à cent kilomètres au sud, qui allonge ses anneaux de verdure dans une étroite vallée bordée de marécages salés (les *chotts*).

« Cette charmante palmeraie, dit M. de Beaumont, créée de toutes pièces dans le sable par des Français, est d'un singulier repos pour l'œil, après le long ruban de kilomètres desséchés qui se déroule depuis Biskra. » Elle renferme plus de 700 000 palmiers : les Ziban en comptent un million.

Suivant le proverbe arabe, le palmier ne peut vivre « que le pied dans l'eau et la tête dans le feu du ciel ». Peu lui importe la nature du sol, mais il ne saurait, sous peine de mort, se passer de la source (en arabe, *aïn*).

Sous son apparence desséchée, le Sahara cache des rivières souterraines qui roulent leurs eaux mystérieuses à des profondeurs de cinquante à soixante-dix mètres, sous d'épaisses couches de marnes recouvertes d'une masse perméable de sables fluides. Parfois, comme à Biskra, la veine d'eau bouillonne à la surface en sources naturelles; le plus souvent, comme dans l'oued Rir, elle jaillit en colonne d'abord trouble, puis bientôt limpide, par l'orifice d'un puits artésien.

Autrefois, les plongeurs berbères et arabes creusaient péniblement ces puits et les protégeaient intérieurement par du bois de palmier. Le bois pourrissait rapidement, et les puits s'éboulaient vite. Quand la France, en 1854, occupa le pays, les palmeraies se mouraient faute d'eau : plusieurs oasis avaient disparu; la corporation des plongeurs ne se recrutait plus; le Rir était menacé de disparaître dans les sables.

Les Français sauvèrent le pays du Rir. L'ingénieur Jus fit, d'un coup de sonde, jaillir une nappe d'eau, à la grande surprise et à la joie des indigènes. Bientôt les puits artésiens se comptèrent par centaines; la région vit une oasis quintupler de valeur et sa population doubler; le débit des nappes artésiennes fournit plus de cent millions de mètres cubes d'eau par an, autant qu'une belle rivière comme le Cher ou l'Indre. Nos ingénieurs, nos planteurs firent sortir des sables des oasis nouvelles et des villages entiers : la valeur de ce coin de désert monta à plusieurs millions. Le palmier-dattier est pour le Sahara ce que le pommier est pour la Normandie : la datte joue dans le désert le rôle du blé en Europe ou du riz dans les Indes.

ALGÉRIE. — TUNISIE (Suite)

1. **Algérie économique**. — Dans le *Sahara algérien*, les oasis seules représentent le règne végétal : elles produisent des **dattes** en abondance, des **fruits**, des **céréales** et des **légumes**.

2. — Les *Hauts Plateaux* ont des **pâturages** qui nourrissent des troupeaux nomades; l'**alfa** est utilisé comme fourrage ou vendu pour la fabrication du papier.

3. — La région agricole par excellence est le *Tell* et surtout la *plaine de la Métidja*. Le Tell produit en abondance des **céréales**, du **tabac**, des **primeurs** et des **fruits** (*oranges, citrons, figues* et *olives*); la **vigne** occupe 150 000 hectares et produit 5 millions d'hectolitres de vin.

4. — L'Algérie possède aussi de beaux **massifs forestiers** où domine le *chêne-liège*. Malheureusement les sécheresses prolongées, les invasions de sauterelles et les incendies détruisent trop souvent les récoltes et les forêts.

5. — Le sous-sol renferme un excellent **minerai de fer** à *Aïn-Mokhra*, du **cuivre** et du **plomb** près de *la Calle* : des **marbres** et des **phosphates**; le sel abonde dans les chotts, et les **sources minérales** sont nombreuses.

6. — Mais la houille fait défaut, et l'industrie se réduit à la fabrication des tapis, des tissus (*Mascara, Ouargla, Ghardaya*), des bouchons (*Philippeville*) et des armes.

7. — Bien que depuis 1830 on ait amélioré le réseau des routes, il reste encore bien à faire. Une voie ferrée parallèle à la mer dessert les principales villes du Tell, et des lignes de pénétration partent des principaux ports.

8. — Ces ports sont en relations régulières avec Marseille, Cette et Port-Vendres. Le commerce extérieur de l'Algérie s'est élevé en 1904 à 640 millions de francs. Sur ce chiffre, la France compte 311 millions de francs d'importations et 215 millions d'exportations.

1ʳᵉ Lecture. — Les forêts en Algérie. — Longtemps notre domaine forestier algérien, faute de surveillance et de protection, a été livré au gaspillage, à la dévastation, à l'incendie. En 1903, on avait déploré 388 cas d'incendie et un dommage de plus de 5 millions de francs, sans parler des ravages causés aux plaines par les éboulements, les érosions, les crues résultant du déboisement des crêtes et des pentes. Contre ces sinistres, on prit enfin des mesures rigoureuses: d'une année à l'autre, les accidents diminuèrent de moitié, et les recettes s'accrurent de près d'un tiers. Les forêts de l'Aurès fournissent de précieux bois de cèdres pour la charpente et le pavage; les régions de la Kabylie et de l'Est algérien, des massifs de chênes pour traverses, la construction et la tonnellerie, et des provisions de chênes-liège qui s'élèvent à près de 3 millions de francs par an.

9. **Algérie politique**. — L'Algérie est administrée par un gouverneur général assisté d'un Conseil de gouvernement, d'un Conseil supérieur et de délégations financières.

10. — Elle est divisée en trois provinces : provinces d'Alger, d'Oran et de **Constantine**. Chacune comprend un territoire civil ou département et, au sud, un territoire militaire placé sous l'autorité d'un général.

11. — La population s'élevait, en 1906, à 5 232 000 habitants dont 4 502 000 indigènes (*Kabyles, Berbères, Arabes*). Les Kabyles et les Berbères habitent les villes et les villages du Tell; ce sont d'excellents agriculteurs et de précieux auxiliaires pour les colons; les Arabes vivent par tribus sous la tente, sur les Hauts Plateaux et dans les oasis.

12. — Les principales villes appartiennent à la région du Tell, qui est de beaucoup la plus riche et la plus peuplée. **Alger** (145 000 hab.), capitale de la colonie, exporte les produits du Tell; **Blida** et **Miliana** sont au milieu des plus riches plantations d'orangers et d'oliviers; **Oran** (101 000 hab.), second port de l'Algérie, commerce surtout avec l'Espagne, Bordeaux et l'Angleterre; **Tlemcen**, vieille ville arabe, et **Sidi-bel-Abbès** sont au centre de plaines fertiles et salubres; **Constantine** (54 000 hab.), très ancienne place forte sur un rocher escarpé, est un marché agricole et un centre industriel; son port est **Philippeville**; **Bône** (41 000 hab.) exporte les minerais de la région; **Bougie** est le meilleur abri du littoral algérien.

2e Lecture. — La colonisation en Algérie. — La population de l'Algérie était, en 1896, de 4 359 000 habitants et, en 1901, 4 774 000; elle est, en 1906, de 5 232 000 habitants, armée comprise. Sur ce total, on compte 4 502 000 indigènes et 730 000 Européens environ. L'élément français représente environ 60 p. 100. La colonisation en Algérie a été surtout officielle, c'est-à-dire organisée par le Gouvernement. Il concédait gratuitement des lots de terres de quarante hectares au plus à des pères de famille qui s'engageaient à les mettre en valeur; certains de ces lots étaient vendus aux enchères. Lentement s'est formé un noyau de population française en Algérie; et presque partout, sauf quelques villages d'alfatiers, de forestiers et de mineurs, tous les centres de population ont été créés par une décision administrative. Il en est résulté que les immigrants d'Espagne et d'Italie, qui sont les plus nombreux parmi les étrangers (il y a près de 180 000 Espagnols), s'entassent surtout dans les villes et dans la banlieue, où ils vivent de petits métiers, ou comme journaliers; la campagne est surtout française : sur une population rurale de 210 000 individus, il y a plus de 110 000 Français. En vingt-cinq ans, de 1871 à 1895, l'administration a créé des villages et livré 643 000 hectares de terre à la colonisation. La plupart de ces terres étaient des steppes ou des broussailles : aujourd'hui elles sont transformées en champs de céréales, en vignobles, en vergers et en jardins. Les instruments agricoles y représentent une valeur de 19 millions; les constructions, une valeur de 67 millions de francs. Un grand nombre de colons venus de France, les uns avec quelques milliers de francs, les autres avec rien, possèdent aujourd'hui de 100 000 à 250 000 francs de propriétés. Et cependant la population agricole européenne ne figure encore que pour les deux cinquièmes dans le total. Cependant, dit le gouverneur général, il y a un point noir dans la situation. Pendant que le peuplement français ne s'opère que par un effort administratif, les étrangers peuplent spontanément. Espagnols, Italiens et Maltais accourent sans que nous les appelions, et nous ne pouvons pas les repousser; ils sont aussi nombreux que nos nationaux. S'ils arrivaient à nous dépasser en quantité, l'Algérie serait en danger de voir l'esprit français s'altérer chez elle.

13. Tunisie économique. — La Tunisie est le prolongement de l'Algérie; mais elle subit davantage l'influence de la mer; elle est mieux arrosée, et le climat est plus doux.

14. — Son sol est très fertile dans le *Tell* et dans la zone du *Sahel*. Les **céréales** et toutes les cultures méditerranéennes y prospèrent, surtout la **vigne** et l'**olivier**.

15. — La Tunisie possède de belles **forêts** et pratique l'**élevage** en grand; les *oasis* du désert fournissent des **dattes** excellentes, et la mer du **corail** et des **éponges**.

16. — Elle a des **phosphates** et des **marbres**; mais la houille manque et la grande industrie n'existe pas.

17. — Depuis que la Tunisie est placée sous le protectorat de la France (traité du Bardo, 1881), elle est entrée dans une ère de grande prospérité grâce aux mesures prises pour assurer l'ordre et la sécurité dans le pays, à la bonne gestion des finances et à la facilité des relations commerciales. De grandes améliorations ont été apportées au réseau des routes; une voie ferrée relie Tunis à l'Algérie, et les ports de mer aux villes importantes de l'intérieur.

18. — Le commerce est passé de 20 millions, en 1880, à 9 millions, en 1905, et la Tunisie se suffit à elle-même.

19. — La population s'élève à 1 900 000 habitants, dont 000 Français et 70 000 Italiens. Le littoral, le Tell et la plaine du Sahel possèdent les principales villes : **Tunis** (0 000 hab.), capitale, au fond d'une baie rendue navigable et reliée à **Bizerte**, admirable port militaire;

Sousse, port de **Kairouan**, ville sainte des Arabes; **Sfax**, port relié par une voie ferrée à l'oasis de **Gafsa**.

3e Lecture. — La plaine de la Medjerda. — La rivière Medjerda, longue de 360 kilomètres, naît en Algérie, dans le département de Constantine, et sillonne en Tunisie une longue vallée agricole capable de nourrir une population nombreuse. Traversée dans toute sa longueur par le chemin de fer qui relie Tunis à Alger, cette région, florissante dans l'antiquité, était devenue stérile jusqu'au temps de l'occupation française : elle manque de pittoresque; son uniformité est fatigante et triste.

Le voyageur qui la traverse l'été, quand « le dur soleil darde ses flammes subtiles et blanches, quand la campagne vide et rase se déroule comme un immense paillasson d'alfa, ne peut se douter que là, au printemps, naissent et mûrissent de merveilleuses cultures, couvrant la moitié de la vallée d'un tapis bizarrement bariolé de chatoyantes couleurs. Au printemps, c'est la Beauce; en été, c'est le Sahara. » (E. Violard.)

Grâce aux pluies régulières de l'hiver, au voisinage des forêts, la Medjerda roule, pendant huit mois, des eaux abondantes et limoneuses qu'il serait possible d'aménager pour l'irrigation par des barrages-réservoirs. Les centres de la colonisation de la vallée sont très disséminés : on y voit de grandes propriétés de plusieurs centaines d'hectares; les colons, français et italiens, y cultivent la vigne et les céréales, y élèvent des chevaux, des mulets et des bœufs; les indigènes y vivent du produit de leurs oliviers, de leurs vergers et de leurs troupeaux.

La vallée de la Medjerda est jalonnée de ruines. Les fouilles pratiquées mettent à jour des restes de temples, arcs de triomphe, forts, aqueducs, bains, moulins, pressoirs, citernes, tombeaux de l'époque romaine; ce sont les débris des cités somptueuses qui marquaient les étapes de la voie de l'Afrique du nord.

4e Lecture. — L'industrie des mines et les transports. — La Tunisie ne doit pas seulement sa résurrection à sa richesse agricole, mais aussi à ses pêcheries florissantes, pêcheries de poissons et pêcheries d'éponges, et à ses immenses ressources minières plus récemment exploitées sous le protectorat de la France. Dans le nord, les Romains nous avaient précédés; les fouilles démontrent qu'ils avaient tiré le plomb et le fer des montagnes des Nefzas et des Mogods, situées entre Mateur, Bizerte et la côte de la Méditerranée. Un chemin de fer construit dans cette région va faciliter le transport des minerais. Dans le sud, dès 1896, a commencé l'exploitation des phosphates de Gafsa et des gisements qui, de proche en proche, ont été reconnus, encore plus puissants et inépuisables, à Thala, à Kalaa-Djerda, à Moularès.

Ces richesses minières, jointes aux produits des dattiers, des oliviers, des forêts, des champs de céréales, n'ont pas seulement accru le trafic; elles ont permis à la Tunisie de construire rapidement un réseau complet de chemins de fer (environ 1 800 kilomètres) qui, tout en rattachant les gisements miniers aux grands ports créés ou aménagés par la France : Sfax, Sousse, Tunis, Bizerte, ouvriront à la colonisation des terrains de plantations et des cultures, là où les indigènes, en détruisant les forêts et les sources, avaient laissé s'étendre la sécheresse et le désert.

5e Lecture. — Le peuplement de la Tunisie. — Ce n'est pas assez que de planter des vignes et des oliviers, de créer des oasis, d'aménager des fermes, d'exploiter des mines et de verser des capitaux par millions dans une colonie; il faut encore la peupler. Tandis qu'en Algérie, on compte environ 365 000 Français contre 212 000 étrangers, venus surtout de l'Espagne, nous voyons en Tunisie 100 000 Européens en face de 29 000 Français, soit un Français pour quatre étrangers. Ces étrangers en Tunisie sont pour la plupart originaires de l'Italie. Le courant d'émigration, qui porte chaque année des milliers de Français des campagnes vers les villes, ne fournit pas à la Tunisie les ouvriers ruraux et les cultivateurs ou petits propriétaires qu'elle réclame, pour lutter contre l'influence chaque jour plus forte de la population italienne et maltaise, et pour occuper, sur les routes, les chemins de fer, et dans les administrations de l'État et des compagnies, des emplois aujourd'hui confiés à des nomades ou à des intrus suspects.

AFRIQUE OCCIDENTALE FRANÇAISE

1. — L'**Afrique occidentale française** est comprise entre l'Atlantique, le Sahara, le Soudan égyptien et le golfe de Guinée. Dans ce vaste territoire, sont enclavées des possessions portugaises, anglaises et allemandes et la République de Libéria.

2. — L'intérieur se compose de plateaux séparés par de larges plaines ou d'étroites vallées. Le plus important des plateaux, celui du **Fouta-Djalon**, se dresse entre la côte et le haut et le moyen Sénégal.

3. — Le littoral présente peu de saillies (*cap Vert*) et les îles sont rares (*île Gorée*). Les côtes peu découpées sont basses, marécageuses et bordées de lagunes.

4. — Le climat comprend deux saisons : l'une, sèche, commence en septembre avec les vents qui soufflent du nord-est; l'autre, humide, débute fin février avec les moussons du sud-ouest qui amènent des pluies dont l'abondance et la durée diminuent du sud au nord et de l'ouest à l'est. A l'intérieur la température subit des écarts considérables (4° à 44°); sur la côte, elle ne s'écarte guère de 27°; mais l'humidité de l'air la rend accablante et malsaine.

5. — En hiver, le lit des cours d'eau est presque à sec et les barques plates des indigènes ne peuvent effectuer que de faibles parcours; pendant la saison humide, les eaux s'élèvent au-dessus des rochers, et la navigation, bien que contrariée par les rapides, peut utiliser en grande partie les fleuves les plus importants, **Sénégal** et **Niger**.

6. — Le **Sénégal** (1 800 kilom.) est encombré de rochers dans son cours supérieur; pendant la saison sèche, les navires s'arrêtent au banc de *Mafou* à 330 kilomètres de Saint-Louis; au moment des crues, ils le remontent jusqu'à Ka…

7. — Le **Niger** décrit, du Fouta-Djalon au golfe de Guinée, un immense arc de cercle de 4 150 kilomètres. Ta… il est resserré entre de hautes falaises et forme des rap… qui ne peuvent être franchis que pendant les crues : ro… de *Sotuba*, défilé de *Tosé* et rapides de *Boussa*: tantôt il s'… largement dans la plaine; au-dessous de *Ségou*, il se di… en bras nombreux (marigots) qui forment une sorte de d… donnant, suivant la saison, du riz ou une pêche abonda…

8. — Dans la zone humide et chaude du littoral, s'éte… derrière les lagunes, une large bande d'épaisses **forêts** trecoupées de **brousses** et de **cultures** (*arachides, sorgho, maïs, cotonniers*). A mesure qu'on s'avance vers… et le nord, les forêts disparaissent, et, peu à peu, on e… dans une région de *steppes*, vestibule du grand désert.

9. — L'Afrique occidentale française comprend : 1… *Sénégal*; 2° la *Guinée française*; 3° la *Côte d'Ivoire*; 4° le … homey; 5° les *territoires de la Gambie et du Niger* et les te… toires militaires du Soudan.

10. — Ces territoires sont administrés directement… un gouverneur général qui réside à **Dakar** et par son se… taire général en résidence à **Kayes** Le gouverneur gén… est assisté, pour les autres colonies, par un lieutenant-g… verneur. Chaque colonie forme une unité administra… et financière, et jouit d'une certaine autonomie.

11. — La population indigène s'élève à environ 6 milli… d'habitants appartenant à la *race blanche* et à la *race no…* Les blancs : *Touareg, Berbères, Maures* et *Peuhis*, domin… dans le nord; ce sont des musulmans fanatiques qui viv…

de pillages et d'élevage. Les *nègres*, païens ou gagnés à l'islamisme, deviennent des agriculteurs laborieux, et fournissent d'habiles piroguiers, des tirailleurs très braves et fidèles à la France.

12. — Les Français, peu nombreux, s'établissent dans les principales villes : **Dakar** (18 000 hab.), résidence du gouverneur général et port de relâche des paquebots, est relié par une voie ferrée à **Saint-Louis** (25 000 hab.), capitale du Sénégal ; **Konakry**, port actif relié au Niger ; **Bingerville**, nouvelle capitale de la Côte d'Ivoire ; **Porto-Novo**, capitale du Dahomey. A l'intérieur, **Tombouctou** est la tête de ligne des caravanes du Sahara et du Soudan ; **Bammako**, capitale des territoires de la Gambie et du Niger, est en même temps un poste militaire, ainsi que **Kayes**, **Zinder**, etc.

1re Lecture. — **Les routes et les chemins de fer de la mer au Niger.** — L'accès du Niger ou du Soudan ne s'ouvre que par des régions longtemps réputées infranchissables : le désert du Sahara le fermait au nord ; les lagunes et les plateaux hérissés de forêts et de brousses, sans parler des indigènes inhospitaliers, le fermaient à l'ouest et au sud ; les rapides du bas Niger arrêtaient la navigation. — Le passage par le Sahara a été ouvert par nos explorateurs, malgré le climat et les Touareg : la mission du capitaine Lenfant a franchi les rapides de Boussa ; des routes et des chemins de fer ont été tracés et se construisent du Sénégal au Niger, du Dahomey au Soudan.

De Kayes, la dernière escale du fleuve Sénégal, la porte du Soudan français, la locomotive, suivant d'abord la vallée supérieure du fleuve, monte à travers des tranchées d'argile ferrugineuse et des bas-fonds de marécages desséchés et malsains jusqu'à la station de Kita, encadrée d'arbres et de plantations de coton et de mil. Puis la voie s'engouffre à la descente entre les parois abruptes de falaises de silex, où l'argile jaune et l'argile rouge mêlées forment une mosaïque étrange ; et, suspendue à des viaducs, surplombante et sinueuse, de courbes en courbes, elle glisse aux flancs d'une gorge où jaillit une cascade dans un fouillis de palmiers, de bambous, de dattiers ; puis la gorge s'ouvre et, soudain, le majestueux Niger apparaît dans sa splendeur.

(D'après PONT-FINET.)

En 1900, sur les plans du capitaine de génie Salesse, fut commencée la construction du chemin de fer de Konakry au Niger. Cette ligne, qui atteindra le fleuve à Kouroussa, sera longue de 680 kilomètres. Son point de départ est **Konakry**, petit bourg de l'île de Toumbo, créé en 1888, et devenu le chef-lieu actif, vivant et populeux de la Guinée française. C'est le poste le plus salubre du littoral, le sanatorium recherché pour ses bosquets de palmiers, de manguiers et de fromagers, et pour ses jardins de fruits et de légumes qui s'étendent jusqu'au sable fin du rivage. La ville, reliée à la côte par un pont métallique, renferme 7 000 à 8 000 habitants : elle est le centre d'importantes factoreries. Le chemin de fer rattache ce marché de grand avenir au massif du **Fouta-Djalon** qui, par sa structure, son altitude, l'abondance de ses sources, la salubrité de son climat, la fertilité de ses vallées, est le réservoir et le régulateur des rivières de l'Afrique occidentale, un centre de colonisation, de culture et d'élevage, et le poste stratégique le plus sûr de notre domaine colonial du Soudan, du Sénégal et de la Guinée.

13. **Congo français.** — Le **Congo français** est limité, à l'ouest, par le Cameroun, la Guinée espagnole et l'océan Atlantique ; au sud et à l'est, par le Cabinda, possession portugaise, l'État belge du Congo et le Soudan égyptien ; au nord, la région du lac Tchad le prolonge jusqu'au Soudan central. Le Congo est plus grand que la France.

14. — Il est divisé en *deux régions* par un massif de formation ancienne, parallèle à la côte et formé de plateaux et de chaines qui atteignent 1 200 à 1 500 mètres.

15. — La région occidentale est très accidentée ; elle se termine par une côte bordée de marécages et de lagunes insalubres que des cordons de sable séparent de la mer.

16. — Cette région, fortement arrosée de septembre à mars, est sillonnée de cours d'eau nombreux et abondants, mais dont le lit est raboteux. Le principal, l'Ogooué (1 200 kilom.), naît à 200 kilomètres du Congo ; les barques le remontent toute l'année jusqu'à *Ndjolé*, et son delta de 4 800 kilomètres carrés a des passes de 4 à 20 mètres de profondeur. Le **Niari-Quillou** (600 kilom.) est une voie de pénétration plus directe vers l'intérieur ; les chaloupes utilisent 60 kilomètres de son cours inférieur.

17. — Les principaux établissements sont : **Libreville**, bon port sur la *baie du Gabon* ; **Loango**, d'où part la route de Brazzaville, et **Franceville**, sur un affluent de l'Ogooué.

18. — La seconde région s'étend sur la partie septentrionale de la cuvette formée par le bassin du Congo. Le grand fleuve limite notre colonie, depuis le confluent de l'Oubangui jusqu'à *Manyanga*, et passe à **Brazzaville**.

19. — L'*Oubangui* est une rivière navigable aux pirogues sur une longueur de 700 kilomètres ; elle sert en partie de limite, ainsi que son affluent, le *Mbomou*, entre le Congo français et le Congo belge. La *Sangha*, autre tributaire du Congo, est une excellente voie de pénétration vers l'*Adamaoua*.

20. — La France possède la partie sud-orientale, orientale et septentrionale du lac **Tchad**. Ce lac (25 000 kilom. car.) est parsemé d'îles qui occupent le tiers de son étendue ; par son tributaire, le **Chari**, grossi du **Logone**, il est en communication avec la **Bénoué**, affluent du Niger.

21. — Le Congo possède une végétation superbe : des *forêts* immenses et impénétrables couvrent en grande partie la zone équatoriale ; vers le sud et dans la région du Tchad, les bois s'éloignent de moins en moins des cours d'eau et cèdent la place aux *savanes*. Les vallées se prêtent à toutes les cultures des pays chauds : *riz, manioc, mais, mil, bananes, huile de palme, caoutchouc, gommes, café et cacao.*

22. — Le Congo est administré par un commissaire général qui réside à **Brazzaville** ; il compte 10 millions d'habitants, nègres groupés en tribus indépendantes et vivant à l'état primitif. Leur religion est un fétichisme grossier.

2e Lecture. — **Le lac Tchad.** — Il faut se défier des peintures lyriques du Tchad tracées par les voyageurs qui en vantaient « le charme, la richesse, la magnificence », au sortir des terres désolées du désert. « Mon impression sur les paysages tchadéens, écrit le capitaine Tilho, est très nette. Cette région est laide, morne et triste : quelque implacable malédiction semble peser sur ces vastes plaines. » Le mot *Tchad* a le sens de vaste amas d'eau ; le lac a, en effet, l'étendue de la Sicile ; mais il est, en réalité, un immense marais presque sans profondeur (au plus six mètres), encombré de bancs de vase molle, d'îles à pâturages, de roselières, séparées par des lagunes sinueuses, presque infranchissables. Il va de tous côtés se desséchant ; ses rives instables ont, au nord et à l'est, l'aspect saharien ; ailleurs, elles sont bordées de steppes, excepté à l'ouest, où une large bande de forêts, peuplée d'arbres de haute futaie, s'étale le long du cours inférieur de la rivière Komadougou. Les eaux sont partout saumâtres et souvent non potables : des efflorescences de sel se voient parmi les herbes de la rive et sont recueillies par les indigènes des îles. « De ce qui fut autrefois la grande mer du centre africain, dit M. Tilho, il ne reste plus qu'un immense marécage pestilentiel, quelque chose comme un cadavre de lac en pleine corruption. »

AFRIQUE ORIENTALE FRANÇAISE

1. — L'**Afrique orientale française** comprend l'île de Madagascar et ses dépendances, l'île de la Réunion, et les établissements d'Obok et de Djibouti.

2. **Madagascar**. — L'île de Madagascar est située dans l'océan Indien; le canal de Mozambique la sépare de l'Afrique. Elle a une superficie de 590 000 kilomètres carrés, supérieure à celle de la France.

3. — L'île est parcourue, du nord au sud, par des chaînes de montagnes qui encadrent les plateaux de l'Imérina et des Betsiléos, hauts de 1 000 à 1 500 mètres.

4. — Les côtes, sauf au nord-ouest, sont généralement basses et insalubres, et offrent peu d'abris : *baies de Majunga*, de *Diégo-Suarez*, de *Tamatave*.

5. — Le relief et le climat, qui est très varié, divisent l'île en trois régions.

6. — Le versant oriental, très étroit, reçoit, de novembre à avril, des pluies diluviennes qui entretiennent de superbes *forêts* et favorisent les *cultures tropicales*, mais qui rendent le climat meurtrier pour les Européens.

7. — Les plateaux sont moins arrosés et la température y oscille entre 6° et 29°; leur sol ferrugineux est impropre à la culture; mais, dans les vallées et les fonds des anciens lacs, le *manioc* et le *riz* prospèrent, et la *canne à sucre*, le *café*, les *céréales*, le *cotonnier*, l'*oranger* et le *citronnier* donnent des produits encourageants; les *herbages* nourrissent de grands troupeaux de bœufs expédiés en masse dans l'Afrique du Sud.

8. — La région occidentale souffre de la sécheresse. Le Betsiboka, navigable jusqu'au confluent de l'*Ikopa*, rivière de Tananarive, et le **Mangoki** sont deux maigres cours d'eau qui descendent des terrasses abruptes et plaines au sol sablonneux et peu fertile. La végétation n'est active que dans le fond des vallées et dans la *zone forestière* qui borde la côte.

9. — Le sous-sol renferme du *cuivre*, du *fer*, du *plomb*, de l'or et de riches *gisements houillers*. L'industrie n'a encore fait de grands progrès; mais le commerce a quintuplé depuis 1890. En 1905, les importations ont été 31 200 000 francs et les exportations de 22 554 000 francs, se décomposant ainsi : *bœufs*, 1 076 000 francs; *peaux*, 3 710 000 francs; *caoutchouc*, 4 840 000 francs; *raphia*, 2 377 000 francs; *poudre d'or*, 6 874 000 francs.

10. — La population s'élève à 3 millions d'habitants : *Hovas* (plateaux de l'Imérina), *Betsiléos* (plateaux du sud), *Sakalaves* (nord-ouest), *Betsimisarakas* (est).

11. — La capitale, **Tananarive** (59 550 hab.), bâtie sur le plateau de l'Imérina : une voie ferrée doit relier au port de **Tamatave** (15 260 hab.). La baie de **Diégo-Suarez** est une excellente station sur la route des Indes.

12. **Dépendances**. — A Madagascar se rattachent l'île marécageuse de **Sainte-Marie**, l'archipel de **Nossi-Bé**, l'île **Mayotte** et les trois autres **Comores** (protectorat).

13. — Ces îles, d'origine volcanique, ont un climat chaud, humide et malsain; elles produisent le *café*, la *vanille*, le *coton* et surtout la *canne à sucre*. Elles ont une superficie de 3 000 kilomètres carrés et comptent 60 000 habitants.

1re Lecture. — La région orientale. — Tamatave. Tamatave, port de débarquement de la côte orientale de Madagascar, est situé sur un promontoire de sable long de 2 000 mètres et large de 600; au nord, la baie de Tanio constitue la rade, au sud, s'ouvre celle d'Ivondro. « Vue du large, la ville offre un aspect riant dû à la belle végétation tropicale et aux grands cocotiers qui, émergeant des jardins, balancent dans le ciel un panache de verdure. » Avant 1896, Tamatave n'était qu'une agglomération de paillottes et de masures construites avec des débris de caisses à farine, et jetées au hasard, sans tracé et sans alignement sur la dune de sable. Elle manquait d'eau potable, s'alimentait à des puits peu profonds et souillés. Les exhalaisons des marais stagnants du voisinage entretenaient l'insalubrité de l'air. La mortalité des Européens était terrible. Dix ans après, la ville était assainie, purifiée, embellie; des égouts avaient été construits pour l'écoulement des eaux, des maisons confortables édifiées, et des avenues et squares plantés d'arbres en faisaient une coquette cité tropicale.

De Tamatave à Tananarive, la région comprend plusieurs zones. La première étape à franchir, jusqu'à Andévoranto, un pays plat, humide, insalubre, jalonné de lagunes, parallèles à la mer. Puis le pays devient plus accidenté à l'ouest, et se garnit de *ravenales*, plante originale et précieuse qui étale un large éventail de verdure. « C'est l'arbre du voyageur, dont on fait couler, en incisant l'écorce, un liquide frais et sucré, boisson désaltérante, très appréciée pendant les heures chaudes de la journée. » Général GALLIÉNI.

Vient ensuite la région de la grande forêt, aux pentes abruptes et glissantes, garnie de beaux arbres, de bambous, de lianes à caoutchouc, de fougères majestueuses; le soleil ne pénètre pas à travers ce fouillis de végétation, le sol ne sèche jamais, et, hors de la route, le voyageur ne peut que très difficilement se frayer un passage dans les fourrés et les mares de boue.

Au sortir de la forêt, apparaît une immense plaine dénudée

u bout de laquelle se dresse une immense muraille de rochers
aute de 600 mètres. Au sommet de la muraille, s'étend le vaste
,lateau accidenté de l'Émyrne, sur lequel est bâtie la capitale.
utrefois, pour faire cette ascension, il fallait gravir des sentiers
u lacets, escarpés, cailloutoux; aujourd'hui, par la route car-
ossable que les Français ont taillée dans la falaise, l'escalade
st rapide et facile; et bientôt la locomotive franchira, en quelques
eures, cette région autrefois presque inaccessible entre Tanana-
ive et la côte.

**2ᵉ Lecture. — Les voies de communication. — Auto-
mobiles et chemin de fer.** — Dans l'œuvre de colonisation
oursuivie depuis la conquête, avec une science, un esprit de
ustice et une énergie admirables par les gouverneurs qui se sont
uccédé dans l'île, les routes de communication et de transport
omptent parmi les travaux les plus utiles et les plus hardis.
usque-là, on circulait dans la grande île, en allant de Majunga
côte occidentale) ou de Tamatave (côte orientale) à la capitale,
ananarive, en *filanzane*, c'est-à-dire par le portage à dos
'homme, « institution de la barbarie primitive ». Puis, après
nnexion de l'île, les Français utilisèrent les convois par mu-
els, et successivement avec des charrettes à bras, des voitures à
bœufs et à chevaux, sur les sentiers ou les routes qu'ils avaient
onstruits.

Le général Galliéni osa introduire dans l'île un service d'automobiles en 1903. En 1900, il avait lui-même essayé avec succès
e suivre les deux routes de Majunga et Tamatave à Tananarive
environ 500 kilom.). Le capitaine Grüss réussit en quelques
ois à organiser cette entreprise difficile. « Le service des automobiles, précurseur des chemins de fer, a fonctionné régulièrement depuis, par tous les temps, malgré les orages et les
cyclones, en raccourcissant de deux à trois jours les transports
de la côte orientale à la capitale, et en procurant aux voyageurs
un confortable auquel le filanzane et les voitures à mulets ne
les avaient guère habitués. » (Général Galliéni.)

Les travaux du chemin de fer, grâce à un emprunt de 60 mil-
ions, furent conduits avec une grande activité, après la pacifi-
ation de l'île. Le tracé avait été étudié par des officiers du
énie sur le projet établi par le commandant Roques. Le chemin
e fer part de la station de Brickaville, sur la rivière Vohitra,
ù aboutit la navigation des lagunes ou le *canal des pangalanes*,
arallèle à la mer, entre Tamatave ou Ivondro et Andevorante.
a voie contourne ou perce, dans des tunnels, les massifs et les
alaises, remonte les vallées et débouche sur le plateau central
e l'Émyrne. En 1905, la moitié de la ligne était construite
ur 125 kilomètres.

On a surnommé la ligne de Tananarive à la côte le *chemin de
er du riz*, parce que cette céréale sera de beaucoup le principal
lément du trafic. Mais, de l'Émyrne et des autres régions, s'ex-
orteront les bestiaux, la soie, les fibres, la cire, les produits
orestiers et miniers, et, par la voie ferrée, seront importés, en
uantité de plus en plus grande, les tissus, draps, machines et
utres produits des manufactures européennes.

« Dans la pittoresque région que traverse la ligne, dit le général Galliéni, on rencontre, à chaque instant, de magnifiques
chutes d'eau, inépuisables réservoirs de houille blanche, que
l'activité humaine ne peut laisser longtemps sans emploi et
qui, avant peu, feront naître la vie industrielle dans cette
contrée montagneuse jusqu'alors déserte et inexplorée. »

14. La Réunion. — L'île de la **Réunion** mesure
2512 kilomètres carrés. C'est une terre volcanique comprenant deux grands massifs et des plateaux accidentés dont le
plus étendu est la *plaine des Cafres*. Le massif occidental
porte la cime culminante : le *piton des Neiges* (3069 m.); le
plateau oriental renferme le *piton de la Fournaise*, le seul
volcan en activité. Les côtes sont basses et pauvres en baies.

15. — Le climat est chaud et sain; l'année comprend
une saison de pluies abondantes et de violents ouragans
(de novembre à avril), et une saison sèche où règnent les
vents alizés du sud-est.

16. — Malgré le déboisement, les régions élevées portent
encore de belles *forêts*; les plateaux produisent surtout des
céréales; la zone maritime est couverte de riches plantations de *café*, de *vanille*, de *géraniums* et surtout de *canne à
sucre*.

17. — En 1903, les importations se sont élevées à
21509000 francs et les exportations à 19192000 francs
(*sucre :* 11771000 francs; *essence de géraniums :* 1296000
francs; *vanille :* 1286000 francs; *rhum :* 1055000 francs,
etc.).

18. — La population compte 173000 habitants dont
120000 Français. Les principales villes sont situées sur la
côte et reliées entre elles par une voie ferrée : **Saint-
Denis** (30000 hab.), chef-lieu; **Saint-Paul** (28000 h.);
Saint-Pierre (25000 hab.), bon port.

19. Obok et Djibouti. — A la sortie de la mer
Rouge et sur la route des Indes, **Djibouti**, qui a supplanté
Obok, dans la baie de **Tadjoura**, est un port d'une valeur inestimable. Ce port, relié à Harrar par un chemin de
fer qui doit se prolonger jusqu'à la Didessa, affluent du Nil
Bleu, est appelé à devenir un des grands débouchés de l'É-
thiopie et du Soudan égyptien.

3ᵉ Lecture. — La côte française des Somalis. — C'est
à l'esprit d'initiative et à l'énergie persévérante de nos agents
consulaires, et, en particulier, à M. Lambert, représentant de la
France à Aden, que furent dues l'occupation et la cession d'Obok,
en 1862, dans le temps où l'Angleterre et l'Italie s'étendaient
ou prenaient pied dans la mer Rouge et sur la côte des Somalis.

Après la guerre de 1870, les territoires cédés à l'Europe
furent délimités par des conventions spéciales : le percement
de l'isthme de Suez et les relations, de jour en jour plus actives,
avec l'Abyssinie réveillaient l'attention et les défiances, en
même temps que les convoitises des puissances méditerranéennes.

En 1884, la France obtint du sultan de Tadjoura la cession
de nouveaux territoires, et la baie de Tadjoura tout entière
ne tarda pas à passer sous notre domination. En face d'Obok,
au sud du golfe, était une rade excellente, profonde, où les
grands navires pouvaient mouiller en toute sécurité. Elle fut
vite préférée à la station d'Obok, créée d'abord par nécessité, où les approvisionnements étaient difficiles et coûteux,
l'eau saumâtre et rare, et qui ne pouvait devenir, pour les
paquebots, un point de ravitaillement et d'escale. Le plus grave
inconvénient de la colonie d'Obok était sa situation à la base
d'une montagne qui interdisait tout espoir d'une voie de communication ou de pénétration vers les plateaux abyssins. Au
contraire, le fond de la baie de Tadjoura était un des points
où aboutissait une route des caravanes venant du Harrar, route
longue et désolée, il est vrai, sur une partie de son parcours, mais
coupée de quelques puits, de distance en distance, et jalonnée de
quelques bassins naturels et de quelques ruisseaux où les caravanes trouvaient de l'eau pour leurs besoins.

Le gouvernement français prit possession de Djibouti; c'était
le nom indigène du plateau qui domine la baie. Cette prise de
possession eut lieu en 1888. Depuis ce temps, en dépit des in-
certitudes et des obstacles de toute nature, s'est fondée et
développée une colonie de 15000 habitants environ, grâce à la
situation *géographique* qui fait de Djibouti un port de ravitaillement et d'escale, un dépôt de charbon pour la flotte et
un port de transit pour l'Abyssinie. Elle est la rivale de Périm
et d'Aden, et le point terminus du chemin de fer qui doit relier
la baie de Tadjoura au Harrar et aux plateaux populeux et
fertiles de la forteresse abyssine jusque-là fermée aux entreprises de la civilisation européenne.

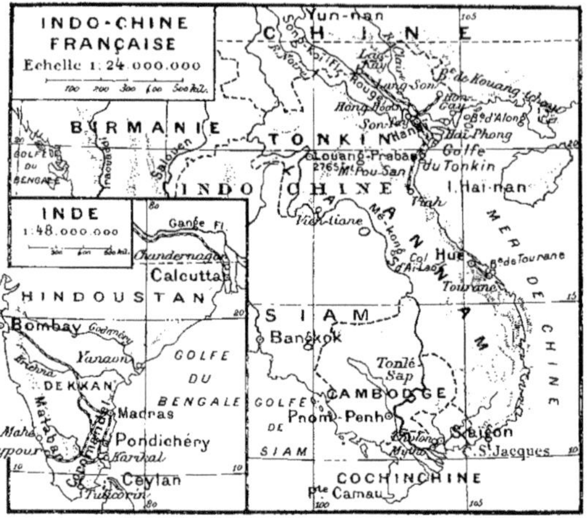

ASIE FRANÇAISE

1. — L'**Asie française** comprend l'Inde française et l'Indo-Chine française.

2. Inde française. — La France n'a conservé de ses vastes possessions dans l'Hindoustan que cinq villes, huit comptoirs ou loges et quelques centaines de villages. Tous ces établissements et territoires sont dispersés et enclavés dans les possessions anglaises; ils ont une superficie totale de 509 kilomètres carrés qui ne peut s'étendre et une population de 273 000 habitants.

3. — La capitale, **Pondichéry** (43 000 hab.), et les quatre autres villes : **Chandernagor, Yanaon, Karikal** et **Mahé** sont surtout des entrepôts de commerce. En 1904, leurs importations se sont élevées à 5 630 000 francs et leurs exportations au chiffre total de 30 535 000 francs : *arachides* (11 390 000 francs); *riz* (2 970 000 francs); *fils écrus* (1 163 000 francs); *tissus de coton* (1 565 000 francs); *tissus de toile* (7 060 000 francs), etc.

1re Lecture. — Pondichéry. — Le territoire de Pondichéry n'occupe guère qu'une étendue de 29 000 hectares. C'est tout ce qui nous reste, avec les dépendances voisines ou lointaines de Karikal et Yanaon, Mahé et Chandernagor, du vaste empire de l'Inde ébauché ou rêvé par le grand Dupleix. L'imposante statue du gouverneur-conquérant s'élève tout près de la plage, où il est difficile de mettre pied à terre, quand on débarque. Parfois, la mer est si mauvaise que le paquebot de Calcutta à Colombo ne peut communiquer avec la ville, et se voit contraint de continuer sa route avec ses passagers et sa cargaison. La communication avec la plage se fait par des bateaux à fond plat appelés *chelingues*. On accoste à l'extrémité d'un long appontement de plus de 250 mètres. « Si la mer est houleuse, il faut l'adresse de l'acrobate pour tenir son équilibre, en saisissant la corde qui permet d'atteindre l'échelle. (VESCHEUR.)

Dans cette petite bande de territoire français, les Anglais, en nous la restituant en 1816, ont découpé avec adresse et maintenu en leur possession des enclaves de sol dans toutes les terres hautes propres à l'établissement de batteries. « Ici, la route appartient à l'Angleterre, tandis que les fossés sont sous la juridiction française; plus loin, un étang dépend de Madras, tandis que les terres irriguées ressortissent à Pondichéry. » La France n'a pas le droit de bâtir la moindre fortification et ne peut entretenir d'autre force armée que celle de la police.

Sur ce territoire déchiqueté et sur ses dépendances, vivent environ 272 000 indigènes de mœurs douces, de caractère sociable, et à peine 1500 Européens, fonctionnaires ou commerçants, qui se renouvellent incessamment.

La colonie commence à cultiver la vanille; mais ses productions importantes sont le riz, l'indigo, le coton, et surtout les arachides qui s'exportent sous la forme de tourteaux par milliers de sacs, malgré les difficultés de la douane. La ville blanche de Pondichéry, sillonnée de petits canaux, est alimentée d'une eau pure par sept puits artésiens; ses promenades, ses parcs, ses monuments et ses écoles, ses villas multicolores, ornées de jardins et enfermées dans les cocotiers, les tamaris, les palmiers, font d'elle la plus coquette et la plus salubre des villes de l'Inde méridionale. Les Anglais la comparent à « un petit Paris ». Mais, au dire des touristes, il y manque encore des hôtels propres et bien aménagés, capables d'en faire une résidence attrayante pendant les mois d'hiver, alors qu'en Europe tant de personnes cherchent en quel coin du monde on peut jouir d'un séjour charmant sous une température clémente.

4. Indo-Chine française. — L'Indo-Chine française occupe la partie orientale et méridionale de la grande presqu'île asiatique qui s'avance entre le golfe du Bengale et la mer de Chine; elle mesure 664 000 kilomètres carrés.

5. — Elle est couverte, au nord, par les ramifications de l'Himalaya et parcourue, du nord-ouest au sud-est, par un plateau étroit surmonté de massifs et de chaînes qui atteignent 2765 mètres au mont *Pou-San*. Ce plateau s'abaisse en pente douce vers le Mé-kong et se termine par un talus escarpé à 40 ou 100 kilomètres de la mer de Chine; plusieurs passages, comme le col d'*Aï-Lao*, établissent les communications entre les deux versants.

6. — La côte est basse et bordée de nombreuses petites îles; ses meilleures baies sont celles d'*Along* et de *Tourane*.

7. — L'Indo-Chine est située dans la zone torride, mais en raison de sa grande étendue et de l'inégalité de son relief, son climat varie suivant les régions : le sud est très chaud et n'a que deux saisons; le Tonkin en a quatre qui rappellent celles du midi de l'Europe; les côtes sont humides et malsaines.

8. — La grande presqu'île est arrosée par deux grands fleuves : le *Song-koï* ou *fleuve Rouge* et le *Mé-kong*.

9. — Le **fleuve Rouge**, né dans le Yun-nan, traverse d'abord une région montagneuse; arrivé à la frontière, il coule dans une région forestière jusqu'à Hong-Hoa, reçoit la *rivière Claire* et la *rivière Noire*; dans la plaine, il passe à Son-Tay; à Hanoï, il est déjà dans son delta. Malgré ses rapides, le fleuve Rouge est la meilleure voie de pénétration vers le Yun-nan et, par suite, le futur principal débouché de cette riche province chinoise.

10. — Le **Mé-kong** mesure 2400 kilomètres de la frontière birmane à la mer. Il sort du Tibet et décrit des détours énormes; ses îles, ses bancs de sable, ses rapides et ses cataractes le rendent impropre à la grande navigation. À l'époque des grandes crues, il inonde ses rives et s'épanche dans les lacs; celui de *Tonlé-Sap*, qui lui restitue en par...

es eaux qu'il a reçues, devient, à la saison sèche, l'un des viviers les plus poissonneux du monde.

11. — L'Indo-Chine française comprend une colonie : la Cochinchine, et quatre protectorats : le **Tonkin**, l'**Annam**, le **Laos** et le **Cambodge**.

12. **Tonkin**. — Le **Tonkin** (120000 kilom. car. et 6 millions 1/2 d'hab.) a les neuf dixièmes de sa surface couverts par des montagnes garnies de riches *forêts* et dont le sous-sol renferme du *fer*, du *cuivre*, de l'*antimoine* et de puissants gisements d'une *houille* excellente à Hon-Gay et à Lao-Kay. Le delta, terre d'alluvions, produit d'énormes quantités de *riz*, la *canne à sucre*, le *coton*, les *légumes* et les *fruits*.

13. — Il renferme le tiers de la population (54 hab. par kilom. car.) et les principales villes : **Hanoï** (103000 hab.) est la capitale et un grand centre commercial relié par une voie ferrée à **Lang-Son** et à **Vinh**; **Haï-Phong** est le port de la baie d'**Along**.

14. **Annam**. — L'**Annam** (135000 kilom. car. et 7 millions d'hab.) s'étend sur un plateau étroit et allongé, et sur une zone maritime d'alluvions large de 40 à 100 kilomètres.

15. — La région élevée porte des *forêts* et renferme de l'*or* et de la *houille*; le littoral est chaud et insalubre, mais très fertile; il produit le *cocotier*, le *bambou* et surtout le *riz*.

16. — C'est là que se trouve la presque totalité de la population et la seule grande ville, **Hué** (50000 h.), capitale, qu'un chemin de fer en construction reliera à **Tourane**, le meilleur port annamite.

17. **Laos**. — Le **Laos**, grand comme la moitié de la France, s'étend sur la rive gauche du Mé-kong. Ses ressources sont variées, mais encore peu exploitées : forêts fournissant le *bois de teck* employé pour la construction des vaisseaux, le *benjoin*, le *caoutchouc*; plantations de *riz*, de *maïs*, de *cotonniers*, de *canne à sucre* et de *café*; sous-sol riche en *fer*, en *étain*, en *cuivre*.

18. — La population (912000 hab.) est clairsemée, sauf sur le fleuve où sont les principales villes : **Louang-Prabang**, capitale; **Vien-tiane**, ville sainte et centre administratif.

19. **Cambodge**. — Le **Cambodge** est entouré par le Siam et son golfe, la Cochinchine, l'Annam et le Laos; il a une superficie de 97000 kilomètres carrés.

20. — On y distingue trois régions. Les *rives du fleuve* et la *plaine des lacs*, inondées chaque année, sont en partie *boisées*, en partie marécageuses et converties en *rizières* pendant la saison sèche. Le lac Tonlé-Sap, réduit alors de 1600 kilomètres à 260, fournit des quantités prodigieuses de *poissons*. Les collines qui encadrent cette région ont un sol peu fertile et sont couvertes d'une maigre végétation. Le littoral et ses îles ont un climat chaud, humide et malsain, mais favorable aux cultures tropicales, *riz*, *caféier*, *poivrier*, etc.

21. — La population (3000000 d'hab.) occupe surtout les régions basses. Pnom-Penh (50000 hab.) est la capitale et la seule ville importante.

22. **Cochinchine**. — La Cochinchine (57000 kilom. car.) est presque entièrement constituée par le *delta du Mé-kong*. L'humidité rend le climat malsain et pernicieux pour les Européens, mais favorise admirablement la végétation et, en particulier, celle du *riz*, qui est la grande richesse du pays.

23. — Le commerce est presque exclusivement exercé par les Chinois; nos nationaux, qui ne peuvent lutter contre eux, dirigent leurs capitaux vers l'agriculture et les entreprises industrielles : fabrication de *chaux hydraulique* et de *briques*, *filatures de soie* et de *coton*, etc.

24. — La Cochinchine comptait 2973128 habitants en 1904. La capitale, **Saïgon**, compte 50900 habitants dont 5420 Français; elle est reliée par une voie ferrée à **Cholon** et à **Mytho**.

25. — A l'Indo-Chine française se rattache **Kouang-tchéou**, cédé à bail à la France par la Chine en 1898 et déclaré port franc.

26. — La Cochinchine est administrée par un lieutenant-gouverneur, représentant du Gouvernement; les résidents supérieurs placés dans les pays de protectorat sont sous sa direction.

27. — Le commerce extérieur de l'Indo-Chine a atteint, en 1905, le chiffre de 224 millions aux importations et de 122 millions aux exportations : *riz* (68), *poissons secs* (11), *houille* (4), *poivre* (5), *nattes* (2), *cannelle* (2,8), *coton* (2), *peaux* (3,4), *soie* (1,6), *maïs* (1,6).

2ᵉ Lecture. — Le riz. — La culture par excellence de l'Indo-Chine française tout entière est le *riz*, qui est la nourriture presque exclusive de la grande majorité des habitants. Tous les deltas, les plaines inondées, les vallées sont des rizières. Ces rizières sont entourées ou sillonnées de digues en terre, hautes de 40 à 50 centimètres, qui servent de passages, et permettent de régler l'irrigation et l'inondation des champs de riz. Les meilleures terres à riz sont inondées, une grande partie de l'année, par les pluies ou les cours d'eau; elles sont les plus engraissées par le limon, et produisent 30 hectolitres de riz à l'hectare. En second lieu, viennent les rizières inondées pendant la saison des pluies seulement : une autre catégorie comprend les champs de riz arrosés artificiellement par les eaux des canaux ou *arroyos* : ceux-là sont disposés en étages : on élève l'eau d'étage en étage à l'aide de roues munies de godets, ou au moyen de paniers, de seaux, de pelles creuses. Le rendement à l'hectare n'est guère que de 10 à 12 hectolitres. Enfin, certaines rizières sont établies par les tribus sauvages sur les flancs des montagnes ou dans les forêts. On pratique une éclaircie en incendiant la forêt : on sème le riz qu'on recouvre de terre et de cendres. Au bout de deux ans, le riz est remplacé par du maïs ou du millet, puis on abandonne un certain temps le sol épuisé. Le rendement n'est que de 3 à 4 hectolitres par hectare. Sur 2 millions d'hectares de terres cultivables, plus de 200000 sont occupés par les rizières : la Cochinchine et le Bas-Tonkin sont les régions les plus favorisées pour cette culture.

Le poisson constitue aussi un élément important de la nourriture en Indo-Chine. Les pêcheries des cours d'eau sont florissantes, et les pêcheurs d'une adresse consommée. Ceux du grand lac Tonlé-Sap, au nombre de plus de 30000, pour la plupart Annamites, viennent s'établir chaque année, dès les premiers jours de décembre, dans les arroyos, dressent leurs séchoirs, leurs palissades, leurs filets, et pendant plusieurs mois se livrent à leur industrie. On a compté jusqu'à 62 espèces de poissons dans le grand lac. Il en est qui mesurent plus d'un mètre; quelques espèces remontent avec la marée par le Mé-kong et s'acclimatent dans les eaux légèrement saumâtres des arroyos. Les poissons qui ne sont pas consommés dans le pays ou transformés sur place sont exportés par le fleuve. On évalue à 130000 *piculs* ou plus de 8 millions de tonnes la quantité annuelle qui passe devant la douane.

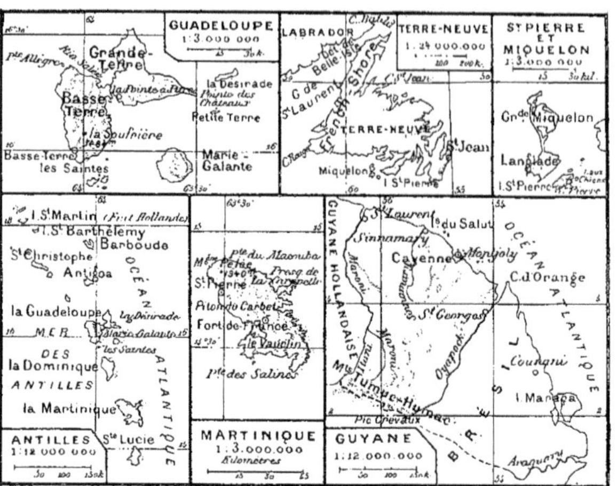

AMÉRIQUE FRANÇAISE

1. — Les colonies françaises en Amérique se réduisent aux îlots de **Saint-Pierre et Miquelon**, à quelques petites Antilles et à la Guyane française.

2. Saint-Pierre et Miquelon. — Ces îles, situées au sud de Terre-Neuve, ont respectivement 8 000 et 20 000 hectares. Elles ont un climat âpre et sont presque toujours enveloppées d'épais brouillards. Leur sol rocheux ne produit que quelques *légumes* et de maigres *pâturages*.

3. — Mais Saint-Pierre et Miquelon ont une grande ressource. Au sud de ces îles, s'étend un plateau sous-marin long de 900 kilomètres et large de 300 à 400 kilomètres où le poisson abonde pendant tout l'été. Des pêcheurs de tous les pays et surtout de Bretagne, de Normandie, de Picardie et de Flandre y capturent chaque année 350 millions de *morues* valant de 70 à 80 millions de francs.

4. — La population indigène est d'environ 6 000 habitants. Le chef-lieu, **Saint-Pierre**, possède une rade excellente protégée par l'*Ile aux Chiens* et accessible aux gros vaisseaux.

5. — Le traité d'Utrecht avait accordé à la France le privilège exclusif de la pêche sur le *French-Shore* et le droit d'installer sur la côte occidentale de Terre-Neuve des établissements temporaires pour la manutention du poisson. Nos droits furent contestés par les Terre-Neuviens soutenus par les Anglais. Par la convention du 8 avril 1904, les Terre-Neuviens obtiennent la jouissance du French-Shore; mais la France conserve le droit d'y pêcher la morue et le homard et de s'approvisionner de boëtte.

1re Lecture. — **Les Terre-Neuvas.** — Sous ce nom on désigne les dix mille marins environ, qui, chaque année engagés par les capitaines de pêche, partent des ports de Bretagne et de Normandie pour les lieux des grandes pêches à Terre-Neuve.

Saint-Malo, Fécamp et Granville sont les quarti[ers] principaux d'embarquement. A Saint-Malo, se tient [la] foire du Vieux-Bourg où viennent deux ou trois m[il]-*gars* de Cancale, Saint-Coulomb, Miniac et autres v[il]-lages; ces *mathurins*, novices ou déjà *loups de m[er]* coiffés du béret et vêtus de la chemise de laine, forme[nt] les équipages des goélettes qui armeront à Sai[nt]-Pierre, et qui partiront de Saint-Malo sur deux gran[ds] steamers, quand le marché d'enrôlement sera con[clu] entre eux et les capitaines et patrons.

Les Terre-Neuvas s'en vont pour 8 ou 9 mois. Av[ec] leur modeste équipement, ils emportent une paillas[se] bourrée de paille fraîche et un coffre où sont rang[és] leurs chemises, gilets, tricots de laine rouge, des bott[es] énormes, quelques bouteilles de cidre du pays, quel-ques souvenirs de famille et des images de piété. Log[és] à l'étroit, surtout quand le voilier remplace le stea-mer, ils arrivent à Saint-Pierre après une longue, fa-tigante et périlleuse traversée, qu'ils essaient d'égay[er] par le jeu et l'absorption de rations d'alcool.

Alors commence la campagne de pêche. C'est, [en] effet, un vrai champ de bataille que ce site mariti[me] du grand banc de Terre-Neuve, à 4 000 kilomètres [de] la France, à 500 de la terre la plus rapprochée, jalon[né] d'écueils, secoué par la vague souvent furieuse et par-fois perdu dans un impénétrable brouillard. Chaq[ue] navire pêcheur est muni d'un certain nombre de pe-tites embarcations appelées *doris*. Le doris est un pe[tit] canot plat, très léger, presque insubmersible. Il [est] monté par deux hommes, muni d'une boussole [et] d'une provision d'eau et de biscuit. Chaque doris reç[oit] à 2 500 mètres de lignes, sur lesquelles sont fixées d'aut[res] dites *empèques* armées d'hameçons. Les hameçons so[nt] d'appâts ou de *boëtte*, et tendus tous les soirs. Ce trav[ail] demande deux ou trois heures. A la première heure le mat[in] le doris repart pour relever les lignes. Le travail est plus lo[ng] et plus pénible encore. « En temps ordinaire, il ne demande p[as] d'efforts excessifs. Mais tirer à pied cette longueur de lign[e] par une marée de hâle, c'est-à-dire quand il vente, quand [la] mer est grosse, et qu'au poids des lignes et du poisson il fa[ut] ajouter le remorquage de l'embarcation contre le vent, cont[re] la lame, contre le courant, c'est un travail exténuant, et, penda[nt] cette opération, il ne faut pas songer à se reposer une secon[de] il faut lutter. » Sur la frêle embarcation qui, sous la lame, fa[it] des bonds prodigieux, la relève des lignes peut durer, par le gr[os] temps, jusqu'à 10 et 12 heures. Les marins rentrent les mai[ns] en sang, crispés par le froid, les reins brisés. Au retour, [ils] prennent un petit déjeuner, arrosé d'un *boujaron* d'alcool, et [se] mettent à la préparation du poisson. Il faut enlever aux moru[es] la tête, les intestins, les laver, les saler, etc. Parfois, les jours [de] bonne pêche, il y a jusqu'à 4 000 morues à « décoller » et « ouailler » et saler; le travail dure 18 à 20 heures; si le mar[in] se plaint ou s'arrête, un coup de bâton bien asséné lui four[nit] de « l'huile de bras ».

Pour un pareil labeur, qui exige tant d'endurance, d'énergi[e] de sang-froid en face du péril incessant, le Terre-Neuva q[ui] rentre ayant échappé au péril de l'écueil, de la vague, de [la] brume, de l'ivresse, reçoit en moyenne pour sa part 360 à 4[00] francs.

Malgré ces misères, ces tortures payées d'un si maigre salair[e] les effectifs des Terre-Neuvas ne diminuent pas. C'est que, [té]-moin de leur vie, les gars de la côte « ont dans le sang [la] mer et ses dangers. » D'après E. Herpin et l'abbé Cramillo [dans] *Chron. du Tour du Monde.*)

6. Antilles françaises. — La France ne possèd[e] plus, dans les Antilles, que **Saint-Barthélemy**, la part[ie] septentrionale de **Saint-Martin**, la **Guadeloupe** et se[s] dépendances : *la Désirade, Marie-Galante, les Saintes,* et l[a] **Martinique.**

7. — Ces îles sont pour la plupart montueuses et volca-niques; elles ont un climat doux et salubre, la chaleur étant tempérée par les brises alternatives de terre et de mer. Mais elles sont souvent dévastées par des ouragans et des tremblements de terre.

8. — Elles produisent le *cacao*, le *coton*, la *vanille*, le *café*, les *bois précieux*, et surtout la *canne à sucre*.

9. **La Guadeloupe.** — La Guadeloupe (1 603 kilom, car.) est formée de deux îles séparées par la *rivière Salée*. La *Grande-Terre* est basse et faiblement ondulée; la *Basse-Terre*, mal dénommée puisqu'elle est montagneuse, est dominée par le volcan de la *Soufrière* (1 484 mètres).

10. — La Guadeloupe et ses dépendances comptent environ 1 600 000 créoles, noirs et mulâtres ; elle a pour chef-lieu **Basse-Terre** (8 000 hab.); mais sa principale ville et son meilleur port est **la Pointe-à-Pitre** (15 000 hab.).

11. **La Martinique.** — Comme Basse-Terre, la **Martinique** (988 kilom. car.) est couverte de montagnes volcaniques; la plus élevée est la *montagne Pelée* (1 340 m.).

12. — La population qui s'élevait, avant la catastrophe de 1902, à 207 000 habitants n'était plus que de 187 000 en 1905. Depuis la destruction de **Saint-Pierre, Fort-de-France** (29 000 hab.) est le grand port commercial de la colonie.

2e Lecture. — La Martinique. — C'est en 1635 que deux Français, de l'Olive et du Plessis, prirent possession de l'île de la Martinique; mais les Caraïbes entravèrent la colonisation pendant un demi-siècle, et les invasions anglaises interrompirent souvent ses progrès. C'est aux nègres de l'Afrique, amenés par les navires de l'abominable traite, que les cultures de la canne à sucre, du café, du cacao, du tabac, du coton étaient imposées. On en comptait 80 000 à la fin du dix-huitième siècle contre 10 000 blancs. L'abolition de l'esclavage ruina les blancs; on remplaça difficilement les noirs devenus libres, qui refusaient le travail, par des coolies hindous, dont à la longue les Anglais interdirent l'immigration. L'île, privée d'une partie de sa main-d'œuvre, déclina : la culture du café peu à peu décrut, puis disparut presque ; la canne à sucre et la fabrication du rhum sont restées florissantes; mais les cacaoyers, dont les plantations étaient concentrées au nord de l'île, ont été presque entièrement détruits dans la catastrophe qui a englouti Saint-Pierre et sa campagne sous les cendres et les laves du volcan de la montagne Pelée (8 mai 1902).

La Martinique a été une de nos colonies les plus éprouvées par les éruptions volcaniques, les tremblements de terre, les cyclones, les raz-de-marée, les incendies : on compte ces sinistres par douzaines depuis trois siècles. Le dernier a coûté la vie à 30 000 personnes. La cité de Saint-Pierre, fondée en 1635, par le capitaine d'Esnambuc, était le grand débouché, le port commercial de l'île, l'entrepôt des marchandises, le centre de ravitaillement. C'est là que le nouveau débarqué pouvait observer de près la variété des échantillons qui composent la mosaïque des races de la « perle des Antilles ». A côté de quelques milliers de blancs, métropolitains ou insulaires, créoles, il y avait un bariolage d'individus de toutes origines, des métis de toutes nuances, mulâtres et quarterons, des jaunes et des blancs.

Saint-Pierre a disparu. Renaîtra-t-elle de ses cendres? En attendant, la capitale, Fort-de-France, placée sur une baie superbe, d'un accès facile, offre aux navires un mouillage et un abri commodes et peut devenir, à la place de la ville morte, le grand marché et l'entrepôt naturel de l'île.

13. **Guyane française.** — La **Guyane française** est située dans l'Amérique du Sud, entre l'océan Atlantique, la Guyane hollandaise et le Brésil ; elle a une superficie de 121 000 kilomètres carrés.

14. — Elle comprend un *littoral marécageux* bordé de quelques îles, des *plaines* herbeuses et des *plateaux* boisés dominés, au sud-ouest, par les *monts Tumuc-Humac*.

15. — Son climat, très chaud et très humide, lui a valu le surnom de « cimetière des Blancs ». Les pluies qui tombent avec une extrême abondance de décembre à juin alimentent de nombreux torrents coupés de rapides : le *Maroni* dont la moitié des biefs appartient à la France et l'autre à la Hollande, le *Sinnamary* et l'*Oyapock* entre la Guyane et le Brésil.

16. — Le sous-sol renferme de grandes richesses minérales : *or, argent, fer, cuivre* et *plomb*, et la végétation est superbe. Mais la Guyane est une colonie pénitentiaire, et l'insalubrité du climat et le manque de voies de communication, plus encore que la présence des déportés, sont des obstacles sérieux à la mise en valeur du pays. Les mines d'or sont les seules exploitées; les *forêts* gardent leurs bois précieux, et les cultures tropicales : *canne à sucre, riz, caféier*, sont peu développées.

17. — La population est évaluée officiellement à 32 000 âmes sans compter les Indiens qui habitent surtout les plateaux boisés. Mais elle est de plus de 100 000 si on y ajoute la population flottante des chercheurs d'or. La capitale, **Cayenne** (8 000 hab.), est située dans un îlot et ne peut recevoir dans son port que des navires moyens; **Saint-Laurent** et **Sinnamary** sont des centres de déportation.

3e Lecture. — La Guyane. — « La Guyane », « Cayenne », ces noms sinistres ne représentent dans l'opinion publique qu'une terre inhabitable, des marais malsains, un climat meurtrier, le bagne, les travaux forcés, la souffrance et la mort. Depuis trois siècles, toutes les ébauches de colonisation libres, tentées par l'Etat ou par les particuliers, ont misérablement échoué sur cette terre en apparence maudite. Les rigueurs et les atrocités de la déportation officielle ont achevé de discréditer cette contrée vouée aux forçats. Et pourtant, depuis que quelques grandes explorations, celle de Bouyer, de Crevaux, de Coudreau, de Deydier, etc., l'ont fait mieux connaître, elle apparaît comme une merveilleuse contrée agricole et forestière, et comme un Eldorado.

« La Guyane, écrit M. Deydier, est une immense nappe verte. A la vue du voyageur émerveillé se fondent, se mélangent en gradations successives, ou s'y heurtent en oppositions violentes, des nuances de vert sans équivalents dans nos climats : vert foncé des frondaisons des hauteurs, vert pâle des *pris-pris* (les lagunes), vert bistré des cours d'eau, vert-olive de la brousse, sous laquelle disparaît la terre jaune-rougeâtre du sol ferrugineux. »

Dans la montagne, des arbres gigantesques, des lianes grimpantes, des orchidées magnifiques ; une merveilleuse variété de bois de charpente, d'ébénisterie, de carrosserie, de fibres pour la vannerie ; dans le sous-sol, fait de granit et de gneiss, des filons d'or, de platine, de nickel, de cuivre, de fer, de pierres précieuses ; dans les forêts, une faune infiniment variée, une collection de plantes industrielles et médicinales. Tant de richesses naturelles sont encore presque inutilisées.

La Guyane française n'attire guère que les aventuriers de toute race, chercheurs d'or et maraudeurs qui passent et ne colonisent pas. L'industrie aurifère absorbe la plus grande partie de la main-d'œuvre locale, et fournit à l'exportation les neuf dixièmes du total. La capitale, Cayenne, faute de travaux d'assainissement, est exposée aux émanations insalubres des marécages de l'intérieur: elle manque de voies de communication, de marché, d'industrie, de confort ; la vie est hors de prix ; les nouvelles directes de France n'arrivent qu'une fois par mois. On a commencé des travaux de dessèchement aux environs. Le village de Montjoly a été créé et sert de refuge à de malheureuses victimes de la catastrophe de la Martinique. Une centaine de cases ont été construites, sur de longues et larges avenues, et un riant village apparaît, entouré de cultures prospères, là où régnaient la brousse, le marais et la fièvre. Cet essai est encourageant : mais combien timide ! comparé surtout à l'œuvre accomplie par les colons de la Guyane britannique voisine.

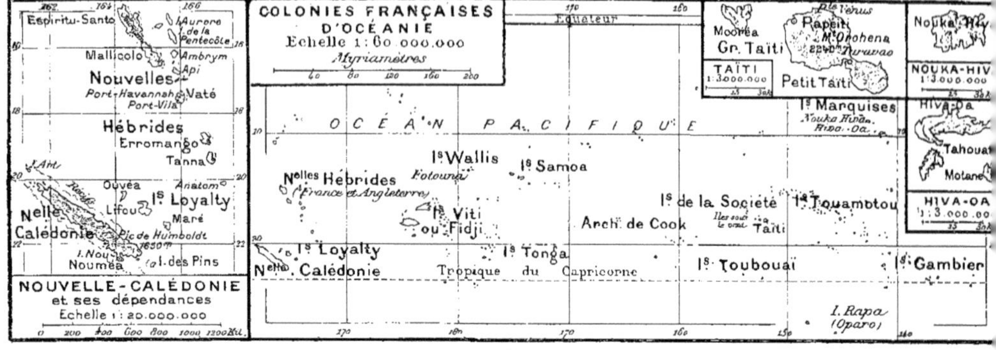

OCÉANIE FRANÇAISE

1. — La France possède en Océanie plusieurs archipels dispersés dans l'océan Pacifique et comprenant 120 îles et îlots mesurant 25 000 kilomètres carrés et peuplés de 90 000 habitants : **Nouvelle-Calédonie** et ses dépendances, les **îles Marquises**, les **îles de la Société**, les **îles Touamotou**, les **îles Toubouaï** et les **îles Gambier**.

1re Lecture. — **Les îles françaises de l'Océanie.** — On connaît peu, on néglige trop le groupe des îles merveilleuses que nous possédons dans l'hémisphère sud de l'océan Pacifique. Éparses sur une étendue de plus de 21 000 kilomètres carrés, elles apparaissent comme les oasis de la vaste mer. Leur nom éveille le souvenir des légendes transmises par les aventuriers qui les découvrirent, le printemps éternel, la beauté du ciel, les plantes parfumées... Sans exagérer les dons de ces terres privilégiées, elles jouissent d'une température tiède; leur sol est favorable à tous nos légumes d'Europe; il produit en même temps la noix de coco, la banane, l'orange, l'ananas, la canne à sucre, le coton, le café, le tabac, la vanille, qui est, avec le coprah tiré de la noix de coco, le produit d'exportation par excellence. Les oiseaux sont rares dans les îles, mais le poisson y abonde. Il forme une part de l'alimentation des indigènes, qui sont de mœurs douces et faciles, rêveurs, paresseux, incapables de résister à l'invasion étrangère, et qui tendent peu à peu à diminuer et sont destinés à disparaître.

De ces archipels, les uns, comme les îles de la Société : Taïti, Mooréa et les îles Marquises, sont d'origine volcanique; Taïti renferme le plus beau massif à 2 210 mètres de hauteur; les autres, comme les îles Touamotou et Gambier, sont d'origine corallienne, c'est-à-dire formées par le travail de certains polypes accumulés sur des plateaux et sommets volcaniques sous-marins. Parfois ces bancs de coraux s'élèvent près des côtes et forment des récifs de barrière extrêmement dangereux pour les navires; parfois ils sont disposés en forme d'anneaux ou de cratère submergé, et s'appellent des *atolls* : la lagune intérieure de l'atoll, qui souvent est ouvert par un ou plusieurs passages, est un *lagon*. Rien n'est plus pittoresque que les îles volcaniques dont les escarpements déchiquetés reposent dans la verdure luxuriante des jardins; rien de plus triste et de plus monotone, au contraire, que les îles madréporiques, presque dénuées de tout, privées de sources, et où les habitants rares n'ont que l'eau du ciel et ne vivent que du produit de la pêche et des huîtres nacrières, métier pénible et dangereux, dont ces plongeurs, malgré leur habileté et leur vigueur, sont souvent les victimes.

2. Nouvelle-Calédonie. — Le plus important archipel est celui de la **Nouvelle-Calédonie**. L'île principale s'allonge du nord-ouest au sud-est ; elle a une superficie 20 000 kilomètres carrés (Corse : 8 747 kilom. car.).

3. — Un plateau surmonté au sud de cimes volcaniqu (*pic de Humboldt*, 1 650 m.) la parcourt dans toute sa lo gueur et s'abaisse en pente raide vers une côte très découpé surtout au sud-ouest. L'île est entourée d'une ceinture *récifs coralliens* dont les anneaux sont séparés par de larg passes que peuvent franchir les gros navires.

4. — Le climat est doux et très sain. Le versant su ouest reçoit toute l'année des pluies abondantes et se pré à l'*élevage*; l'autre est moins bien arrosé: son sol, général ment peu fertile, produit surtout du *maïs*, du *café* et d *fruits*. Le plateau est peu boisé; mais il renferme de pr cieuses richesses minérales : de la *houille*, du *fer*, du *cuivr* du *plomb*, du *chrome*, du *cobalt* et des mines très riches nickel. La pêche du *poisson* et des *coquillages* constitue u autre ressource importante.

5. — En 1904, les importations se sont élevées 12 478 000 francs et les exportations à 11 041 000 francs *nickel* : 3 161 000 francs; *cobalt* : 2 189 000 francs; *chrome* 1 134 000 francs; *café* : 1 037 000 francs; *coquillages* 750 000 francs; *fruits* : 486 000 francs.

6. — La Nouvelle-Calédonie ne compte plus que 27 00 *Canaques*, indigènes intelligents, mais paresseux, fourbes cruels. Les 21 000 *blancs* comprennent 7 000 forçats, d condamnés politiques, des libérés et des colons libres. Il fa ajouter environ 3 200 individus immigrés de couleur (Tonk nois, Hindous, Javanais, etc.). La capitale est **Noumé** (7 000 hab), située sur une rade admirable et bien abrit par l'île *Nou*.

7. — A la Nouvelle-Calédonie se rattachent :

1° L'île des **Pins**, résidence forcée des récidivistes;

2° Les îles **Loyalty**, îles basses peuplées de 2 000 habitants ,

3° Les **Nouvelles-Hébrides**, qui forment, depuis 27 février 1906, un territoire d'influence commune entre France et l'Angleterre et où les nationaux des deux pay jouissent de droits égaux.

2ᵉ Lecture. — **La Nouvelle-Calédonie.** — En 1853, le contre-amiral Febvrier-Despointes prit possession, au nom de la France, de l'île des Pins et de la Nouvelle-Calédonie. Le gouvernement français voulait faire de l'archipel un point d'appui pour sa marine militaire, ses intérêts commerciaux et sa propagande catholique dans les mers du Pacifique : il voulut aussi plus tard, en 1863, utiliser cette terre salubre et habitable pour les blancs comme lieu de déportation et de transportation, à la place de la Guyane, reconnue malsaine. En 1862, la colonie ne comptait que 420 Européens libres. L'exploitation des pénitenciers, la découverte de riches gisements de nickel, le succès des premières plantations de caféiers y attirèrent une population plus nombreuse. En 1897, sur la demande des colons, qui rêvaient alors d'une colonisation exclusivement libre, remplaçant la colonisation pénale, le gouvernement cessa de diriger des convois vers la Nouvelle-Calédonie. En 1901, on y comptait 12 253 colons libres et 10 586 transportés, relégués ou libérés.

Deux opinions contraires se sont formées sur le principe de la colonisation : l'une réclame la colonisation libre et vise surtout la mise en valeur des terres agricoles ; l'autre défend la colonisation pénale et fait dépendre l'avenir de la Nouvelle-Calédonie de l'exploitation de ses richesses minières : le nickel, le chrome, le cobalt. L'expérience prononcera entre les deux systèmes : la main-d'œuvre est indispensable à l'exploitation des mines, et la race des indigènes canaques paraît incapable de la fournir. Elle dépérit d'ailleurs et se montre rebelle à un travail soutenu.

En 1906, un revirement d'opinion se produisit dans l'île. Les pétitionnaires semblèrent regretter l'arrêt de la déportation et de la relégation, et, dans une pétition nouvelle, ils affirmèrent que cette transportation, humaine aux condamnés, avantageuse pour les finances de l'État, constitue pour la colonie un élément capital de prospérité, et que la colonisation libre ne pouvait lui être substituée que dans un avenir éloigné.

8. Taïti. — **Taïti**, la principale des îles de la Société (1 042 kilom. car.), est formée de deux terres d'inégale étendue, réunies par un isthme étroit de 14 mètres d'altitude. A l'intérieur, se dressent de hautes montagnes (mont *Orohena*, 2 240 m.) ; la côte est bien découpée et offre de bons abris.

9. — Le climat est délicieux ; les pluies font déborder les torrents en novembre, décembre et janvier, mais entretiennent une végétation superbe : *cotonniers, canne à sucre, vanille, cocotiers* et autres *arbres fruitiers* des pays chauds.

10. — Les importations se sont élevées à 4 millions en 1903, et les exportations, *fruits* et *graines oléagineuses, nacre de perles, vanille,* etc., à 4 378 000 francs.

11. — L'île est peuplée de 9 000 indigènes, doux et affables, mais indolents et paresseux, de 1 500 Européens et de 300 Chinois. La capitale **Papéiti** (4 000 hab.) possède un des meilleurs ports de l'Océanie.

12. — De Taïti, dépendent **Mooréa**, sa voisine peuplée de 1 500 habitants, et les **îles Sous-le-Vent**, qui ont 300 kilomètres carrés et 4 500 habitants.

13. — Les autres petites îles sont d'origine volcanique ou beaucoup plus souvent de formation madréporique. Elles ont un climat sain et agréable, et produisent, partout où s'est amassé un peu de terre arable, le *cocotier*, le *cotonnier*, la *canne à sucre*, le *bambou*, etc.

14. — Par leur peu d'étendue et leur faible population, nos possessions en Océanie sont peu importantes ; mais elles sont appelées à jouer un rôle considérable, lorsque sera percé le canal de Panama.

3ᵉ Lecture. — **Les Nouvelles-Hébrides.** — L'archipel des Nouvelles-Hébrides forme un ensemble d'îles dont les principales sont, du nord au sud : *Espiritu-Santo, Mallicolo, Vaté*. La première est la plus étendue ; Vaté est la plus petite, mais la plus importante, à cause des centres de Port-Vila (Franceville) et Port-Havannah. Le tout, moins étendu que la Nouvelle-Calédonie, a une superficie de 1 320 000 hectares (13 200 kil. car.), soit à peu près une fois et demie la Corse.

La distance qui sépare Vaté, au nord-est de la Nouvelle-Calédonie, de Nouméa est de 360 milles, qu'un navire, marchant à la vitesse de 15 nœuds, peut franchir en 24 heures.

Le climat de l'archipel est tropical et la végétation luxuriante. Il produit en abondance des bois précieux ; les cocotiers s'y voient en masse et forment le produit principal. Les acheteurs de *coprah* (noix de coco séchée) viennent de loin chercher dans l'île cette marchandise qu'ils ne payent pas toujours scrupuleusement : de là, des conflits fréquents et parfois sanglants entre les indigènes et ces trafiquants de mauvaise foi.

Un de nos compatriotes, M. F. Ollivier, dit que l'île Espiritu-Santo présente un bel avenir agricole et économique. La plus grande partie est cultivable, le climat en est chaud et humide, une partie de la main-d'œuvre peut se recruter sur place, les rivières peuvent fournir une force motrice ; dans le sud, les cours d'eau sont navigables jusqu'au pied des plateaux. Le cacaoyer prospère dans les plaines et les vallées basses, le caféier sur les plateaux de l'est et du sud ; enfin, il serait facile de transformer la plaine du Jourdain en une vaste rizière.

Les indigènes sont des Canaques, comme ceux de la Nouvelle-Calédonie. Ils sont plus laborieux, plus dociles et très recherchés comme ouvriers dans toutes les îles voisines. Un assez grand nombre sont employés dans les travaux agricoles et autres par les colons français et anglais des archipels. Mais il arrive trop souvent que ces coolies, dupés par les recruteurs professionnels, qui les retiennent malgré eux et les maltraitent, ou les entraînent par fraude et violence, se vengent cruellement sur les blancs. Longtemps, l'absence de toute police et de toute autorité dans l'archipel, en dehors des navires de guerre, n'a pas permis de réprimer ces pratiques criminelles.

Les Nouvelles-Hébrides, découvertes en 1604, par l'Espagnol Quiros, visitées par les Français Bougainville (1768), d'Entrecasteaux (1793), Dumont d'Urville (1817), furent lentement colonisées par les colons de la Nouvelle-Calédonie, après 1870. Il eût été facile peut-être, en ce temps, d'en prendre possession, alors que la fédération des colonies anglaises d'Australie n'existait pas. On eut le tort de trop attendre, et, à la suite de pourparlers diplomatiques en 1878 et en 1883, il fut décidé, entre la France et l'Angleterre, que cet archipel qui était, par ses colons et par sa situation, une dépendance naturelle de notre colonie néo-calédonienne, resterait affranchi de l'autorité française ou anglaise : en cas de conflit, c'était l'anarchie.

Un des hommes qui ont le plus contribué à la prospérité des Nouvelles-Hébrides, M. Higginson, entreprit d'acquérir de grands terrains dans l'archipel, d'y fonder des établissements, d'y appeler des colons français et de tenir tête aux ambitions britanniques.

Des conflits éclatèrent ; la France fit occuper militairement l'archipel, puis l'évacua sur les réclamations de l'Angleterre. Enfin, en 1906, après de longues discussions, et à la suite des protestations renouvelées du gouvernement australien, fut signé entre la France et l'Angleterre un protocole aux termes duquel « l'archipel des Nouvelles-Hébrides formera un territoire d'influence commune, sur lequel les sujets et citoyens des deux » puissances signataires jouiront de droits égaux de résidence, » de protection personnelle et de commerce, chacune des deux » puissances demeurant souveraine à l'égard de ses nationaux, » et ni l'une ni l'autre n'exerçant une autorité séparée sur l'ar- » chipel. » Le gouvernement et le tribunal mixte, et les deux représentants des gouvernements de ce *condominium* sont établis à Port-Vila, dans l'île de Vaté.

Ainsi la France cédait encore une fois ses droits d'occupation exclusive sur un archipel où, en 1905, les sujets français étaient au nombre de 404, les sujets anglais, de 141, où le commerce d'échange avec Nouméa s'élevait à 1 300 000 francs, et avec Sydney à 800 000 francs.

LES CINQ PARTIES DU MONDE

ILES BRITANNIQUES

1. — L'**Archipel britannique** comprend deux grandes îles : la **Grande-Bretagne** et l'**Irlande**, et une série d'îles plus petites : *Wight, Aurigny, Guernesey, Jersey,* les *Sorlingues, Anglesey, Man,* les *Hébrides,* les *Orcades,* les *Shetland.* L'ensemble a 315000 kilomètres carrés.

2. — L'archipel britannique forme un lambeau de l'Europe que la violence des marées a détaché du continent. Ce fait est prouvé : 1° par l'insignifiante profondeur de la *mer du Nord*, de la *Manche* et du *Pas-de-Calais* ; 2° par la géologie : la plaine anglaise fait exactement suite à notre « bassin de Paris », et les hauteurs du sud-ouest et du nord ont la même origine et le même aspect que les collines bretonnes et les Alpes scandinaves.

3. — Physiquement et politiquement, la Grande-Bretagne est divisée en deux parties : l'Angleterre et l'Éc

4. — L'**Angleterre** est montagneuse au et à l'ouest : monts **Cheviots**, chaîne *Penni* monts du *pays de Galles.* Ces derniers ont pour culminant le *Snowdon* (1094 m.).

5. — Le *climat est maritime*, c'est-à-dire d très humide et peu variable. Les fleuves sont cal courts et abondants : *Tyne* ; *Trent* et *Ouse* forma **Humber** ; **Tamise**, *Severn* et **Mersey** qui des bras de mer et s'achèvent en vastes estua

6. — Le centre et le sud de l'Angleterre for une *plaine alluviale et calcaire* remarquable pa *prairies* et ses magnifiques *cultures.* Le reste est tout minier : la prodigieuse abondance de la *ho* y favorise toutes les industries : celle du *fer* à mingham (530000 h.) et **Sheffield** (430000 celle du *cuivre* à **Swansea** (96000 h.), cell la *porcelaine* et des *poteries* à **Stoke** ; le *ti* des cotons à **Manchester** (550000 h.), de la à **Leeds** (450000 h.) et à **Bradford**, de la à **Nottingham** (250000 h.) et à **Coventry**

7. — La Grande-Bretagne est, avec la Norv la contrée de l'Europe qui offre le plus magni développement côtier. A l'ouest et au sud, l'o a sculpté une frange merveilleuse de presqu de caps et de promontoires abritant d'innom bles mouillages. La côte orientale, moins artic a cédé cependant sous le double effort des cours et des marées ; elle est aussi creusée d'estuaires gnifiques qui favorisent singulièrement la vie m time. C'est dans les estuaires que se sont étab principaux ports : **Newcastle** (Tyne) (22500 et **Cardiff** (Severn) exportent le *charbon* ; **Li** **pool** (Mersey) (720000 hab.) reçoit les cotons mérique et les laines brutes d'Amérique et d' tralie. **Londres** (Tamise) est à la fois la capit plus peuplée, le port le plus actif et le plus g marché de l'univers. Avec ses 4650000 habita elle l'emporte sur l'Écosse tout entière.

1re Lecture. — L'Angleterre et le pays de Galles r couvriraient à peine le quart de la France ; mais, toute p qu'elle est, cette contrée présente des aspects différents su qu'on la parcourt à l'est ou à l'ouest d'une droite allant du *Flamborough* à *Exeter.*

La *région du sud-est* tient de la Normandie et de l'Île France : plate ou faiblement vallonnée, arrosée de pluies fréquentes, elle est sillonnée de cours d'eau paisibles coul pleins bords. Un ciel souvent voilé, mais merveilleusement d assure à ce sol une fécondité régulière : ses champs d'av d'orge et de blé, ses prairies peuplées de moutons et de be désignaient cette plantureuse contrée comme berceau de la nationale. Là se fondèrent les deux Universités (Oxford et C bridge), les deux archevêchés (York et Cantorbéry), le port taire (*Portsmouth*) et la capitale, ville formidable, mais touj inquiète, épiant du fond de la Tamise les entreprises colon et la politique de l'Europe et du monde.

Depuis un demi-siècle, la grande activité s'est détourné l'Angleterre pastorale vers la « noire contrée » que Napo appelait « un bloc de fer et de houille ». La région du n ouest mérite ces surnoms : 700000 mineurs y fouillent le jusque sous les flots de la mer et en tirent la moitié du charbon qui se consomme dans le monde. Un million d'ouvriers tissent le coton, la laine et la soie, forgent tous les métaux, chargent et déchargent les navires. Sur un espace très restreint se pressent vingt villes de 100 000 âmes. Trois d'entre elles, presque voisines, *Liverpool*, *Manchester*, *Birmingham*, dépassent 500 000 habitants.

L'Angleterre comptait 9 millions d'âmes en 1800; sa population avait plus que quadruplé en 1905. Nulle part la vapeur et l'industrie n'ont accompli de tels prodiges.

8. — L'Ecosse, hérissée de monts, renferme dans les **Grampians** le plus haut sommet de la Grande-Bretagne (*Ben Nevis*, 1 341 m.). Ses côtes, généralement rocheuses, sont tailladées de golfes étroits nommés *firths* et bordées d'îles basaltiques.

9. — Le pays présente deux dépressions dont l'une donne passage au *canal calédonien* accessible aux vaisseaux. L'autre est beaucoup plus large; elle est parcourue par deux fleuves importants, le *Forth* et la **Clyde**. Cette dépression est celle des « Basses-Terres » qui renferment **Edimbourg** (316 000 h.), capitale officielle et intellectuelle, et **Glasgow**, métropole industrielle et navale. Glasgow (760 000 h.) est la seconde ville de la Grande-Bretagne.

2ᵉ Lecture. — L'Ecosse. — « Hautes-Terres ». « Basses-Terres », ces mots résument toute la *géographie* de l'Ecosse. Les Basses-Terres sont les vallées de la *Clyde*, du *Forth* et la plaine littorale qui finit à *Aberdeen*. Elles réunissent tous les avantages : richesses agricoles, richesses minières, métallurgie, constructions navales et commerce extraordinaire. Toute l'Ecosse semble s'être donné rendez-vous autour de *Glasgow*, puissante fourmilière humaine où travaillent 400 habitants par kilomètre carré.

Quel contraste quand on gravit les Grampians! Les monts succèdent aux monts, les granites aux basaltes, nus, noirs, fantastiques, tout couturés de crevasses où dorment des lacs profonds. C'est le pays du silence et des sinistres légendes contées par des bardes gaéliques; c'est la terre des grands domaines inféconds et brumeux. De rares habitants la parcourent (4 ou 5 par kmq), pêcheurs de saumons ou pâtres misérables sous l'éclatant bariolage de leur costume national.

10. — L'Irlande a peu de montagnes, et ces montagnes se dressent sur son pourtour (*Carrantuohill*, 1 037 m.). L'ensemble de cette île forme une plaine imperméable et très faiblement inclinée vers l'Atlantique.

11. — La pluie tombe en moyenne 2 1 0 jours par an. Les lacs sont très nombreux; le principal fleuve est le *Shannon*.

12. — L'élevage des *chevaux* et des *bœufs*, la culture des *pommes de terre*, quelque industrie linière à **Belfast** (350 000 h.) constituent les occupations des habitants.

13. — Dublin (370 000 h.), capitale, et **Cork**, port de mer, sont deux grands centres d'émigration.

3ᵉ Lecture. — L'Irlande. — Tous les voyageurs se récrient sur la verdure de l'Irlande. La « verte Erin », l'île d' « Emeraude » comme ils la nomment, reçoit du Gulf-Stream des ondées presque quotidiennes que le sol ne boit pas et que le soleil, souvent caché, n'évapore pas. Cette eau croupit dans des *bogs* ou bas-fonds, forme des lacs prolongés en d'autres lacs et retourne lentement à la mer par des fleuves qui sont eux-mêmes moitié lacs et moitié cours d'eau. Toute l'Irlande intérieure est un pâturage où paissent sous la pluie force chevaux, 4 millions de moutons et 4 millions de bœufs.

Un peuple pourrait y vivre largement; mais le peuple irlandais est misérable : il n'a ni forêts ni mines; son seul combustible est la *tourbe*, sa seule nourriture la pomme de terre. Le champ qu'il laboure, le troupeau qu'il garde sont la propriété d'un lord qui paie maigrement et qui dépense tout son revenu en Angleterre. L'état normal de l'Irlande est la disette qui se change en horrible famine quand la récolte des pommes de terre vient à manquer. Dans le cours d'une seule année (1847) l'Irlande a perdu 3 millions d'habitants morts de faim ou émigrés.

14. Géographie politique. — L'archipel britannique ou **Royaume-Uni de Grande-Bretagne et d'Irlande** compte 42 millions d'habitants. La densité kilométrique est de 53 en Irlande, 56 en Ecosse et 215 en Angleterre.

15. — L'Angleterre doit en partie sa supériorité à sa situation insulaire et au double réseau de canaux et de voies ferrées qui réunissent toutes ses villes intérieures à ses grands ports.

16. — Le pouvoir législatif est exercé par un *Parlement* formé de la Chambre des Lords et de la Chambre des Communes; le pouvoir exécutif appartient à un souverain héréditaire assisté de ministres responsables.

17. — L'*armée* est assez restreinte; mais sa flotte marchande vaut *dix fois* la nôtre pour le nombre des unités, onze fois pour le tonnage; et sa flotte de guerre, la plus formidable qui existe, égale à peu près celle de toutes les autres nations réunies.

18. — L'Angleterre possède en Europe *Gibraltar* et *Malte*; et son domaine colonial compte 390 millions de sujets. C'est avec ses colonies et avec la France qu'elle fait son plus grand commerce.

4ᵉ Lecture. — Rang de l'Angleterre dans le monde. — La Grande-Bretagne jointe à ses colonies constitue le plus vaste et le plus riche empire qui ait jamais existé. Son influence toujours grandissante et que le monde entier redoute ou subit tient à des causes diverses, économiques, géographiques et morales.

Depuis longtemps déjà l'Angleterre comptait parmi les grands Etats. Elle devait sa fortune à une *culture* admirablement comprise, à l'*élevage* perfectionné de ses troupeaux et à l'habileté traditionnelle de ses tisserands. C'est l'invention de la machine à vapeur qui a mis l'Angleterre à la tête des nations manufacturières : elle trouvait dans son sein toutes les matières premières (*fer, cuivre, étain, sel, argile plastique*) et surtout la houille nécessaire à les mettre en œuvre. Ce que l'Angleterre doit à ses mines de charbon est incalculable. Non seulement elle alimente des industries métallurgiques, céramiques et textiles sans rivales, mais elle entretient une flotte immense et construit des navires pour le monde entier. Bien plus, elle a encore assez de charbon pour en vendre : Cardiff et Newcastle l'expédient par vaisseaux entiers dans tous les pays européens qui en manquent, et même dans les contrées qui en regorgent, comme les Etats-Unis et la Chine.

La nature a marqué d'une manière saisissante la destinée de certains peuples. Que pouvait être le peuple anglais? Né au centre même de l'hémisphère continental, dans un pays prodigieusement riche, mais trop petit, dans une île dont la mer pénètre les mille replis, fouille les estuaires et anime les ports par centaines, l'Anglais est fatalement marin et marchand. Homme d'Etat ou simple particulier, il est convaincu que la domination de la mer revient de droit à son pays. Il occupe ou surveille tous les détroits, toutes les îles, toutes les forteresses qui ouvrent ou ferment les Océans. Aucun peuple ne voyage aussi facilement, aussi loin. Il promène partout son pavillon et se trouve partout chez lui. Aucun peuple n'exploite d'une façon plus habile et plus pratique ses propres colonies et n'occupe une plus large place dans les colonies des autres. La race anglaise se distingue par son génie éminemment patriotique et personnel, entreprenant et réfléchi, par son audace sans scrupule et par une foi imperturbable dans sa supériorité.

BELGIQUE

1. — La **Belgique** est le plus petit royaume de l'Europe (29 000 kmq); mais c'est un des Etats les plus florissants.

2. — Son relief est peu marqué : de la *Baraque Michel*, 675 mètres, il descend en pente douce vers la *mer du Nord*.

3. — La **Haute-Belgique** comprend le plateau des **Ardennes** et le pays de **Condroz** au climat rude et au sol infertile. Cette région est sillonnée par la **Meuse** grossie de la *Sambre*, de la *Lesse* et de l'*Ourthe*. Elle renferme des mines très importantes de *houille*, de *fer*, de *zinc* et des carrières de *marbre*.

4. — **Mons** (27 000 h.), **Charleroi** (26 000 h.), **Namur** (32 000 h.), **Seraing** (40 000 h.), **Liège** (170 000 h.), sont les centres des *charbonnages*, des *forges* et des *verreries*. **Verviers** (49 000 h.) tisse les *draps*.

5. — La **Basse-Belgique** appartient au bassin de l'Escaut ; elle est humide et extrêmement féconde : on y cultive les *céréales*, la *betterave*, le *houblon*, le *lin* et le *chanvre*, le *tabac* et les *fleurs*. On y élève dans les *polders* de la mer du Nord d'excellentes races de *chevaux* et de *bœufs*.

6. — L'*industrie textile* et la *brasserie*, le *commerce* fluvial et maritime font la fortune des villes flamandes :

Bruxelles (590 000 h.) est la ville la plus élégante et la capitale du royaume ; **Malines** est la grande manufactur[e] de *dentelles* ; **Ostende**, port de pêche et station balnéaire entretient quatre services quotidiens de paquebots avec l'Angleterre ; **Gand** (160 000 h.), au confluent de l'Escaut et de la Lys, est le nœud de la navigation fluviale ; **Anvers** (290 000 h.), sur l'estuaire de l'Escaut, est la métropole maritime du royaume et l'un des plus grands ports du monde.

1re Lecture. — Les trois aspects de la Belgique. — Dans ses étroites limites, la Belgique renferme trois régions dissemblables à tous les points de vue.

I. — Au sud-est se dresse le *plateau des Ardennes* qui se continue également en France et en Allemagne, terrasse de 400 à 600 mètres de hauteur que couvraient jadis d'épaisses et giboyeuses forêts. C'est la patrie de saint Hubert, qui fut un grand chasseur avant d'être un grand saint. Il reste quelques beaux bois ; mais ce qui domine ce sont les broussailles, les genêts, les maigres prairies à moutons, et les *fagnes*, espaces unis et maussades où croupissent les eaux stagnantes. En certains lieux où la roche est fissurée, les pluies s'accumulent dans de fantastiques cavernes (grottes du Han), et les rivières décrivent mille détours pour gagner la plaine : la Semoy, la Meuse et la Sambre glissent dans une étroite rainure qui se creuse à 100 et 300 mètres de profondeur.

II. — La *plaine belge* comprend le littoral et tout le bassin de l'Escaut. C'est un pays uniformément plat et bas, si bas que bon nombre de ses communes sont au-dessous du niveau de la mer. Les cours d'eau qui sillonnent cette plaine ont beau alimenter une foule de canaux, ils sont toujours pleins. Mais ils sont laids, bourbeux, souillés par l'industrie et couverts de lourds bateaux. Par lui-même, le sol serait affreusement stérile puisqu'il est fait de galets et de sables abandonnés par les flots. Mais le paysan belge est le plus intrépide des travailleurs ; comme la charrue ne plongeait pas assez loin, c'est à la main avec sa bêche au manche court et au fer allongé que le Flamand est allé chercher le lit d'argile qui formait le fond du terrain. Et on peut dire qu'il a littéralement retourné son pays. Il a créé ces grasses **Flandres** où aucun pouce de terre n'est perdu pour la culture, où tout est *pâturage*, champ de *céréales* ou de *betterave*, *pépinière*, *parterre* de fleurs ou *jardin potager*. Qu'on ajoute à ces richesses la *brasserie*, la *filature*, le *tissage du coton* et du *lin*, et l'on comprendra que la Flandre nourrisse jusqu'à 346 habitants par kilomètre carré, une des populations les plus pressées du monde.

III. — La *Haute* et la *Basse-Belgique* ont pour limite commune une bande de terrain qui longe la rive gauche de la Sambre et de la Meuse. Cette mince lisière, qui a 10 ou 15 kilomètres de largeur au plus, est d'une importance exceptionnelle : sa surface est formée du limon de la **Hesbaye** qui porte le plus beau blé de l'Europe. Et ce limon couvre de puissants amas de *houille*, de *fer* et de *zinc*. Toute cette bande est jalonnée de grosses villes et de hautes cheminées fumantes, puits de *mines*, *hauts fourneaux*, *fonderies* de fer et de cuivre, fabriques de *machines* et fabriques de *draps*. C'est le *pays noir* de la Belgique.

7. — Le commerce de la Belgique est alimenté à l'*exportation* par les produits surabondants de son industrie minière, métallurgique et textile, et à l'*importation* par les céréales, les denrées coloniales et les matières brutes.

8. — Ce commerce est énorme ; il atteint 4 milliards et demi de francs ; il équivaut à la moitié de celui de la France qui est dix-huit fois plus étendue.

Il s'effectue par deux réseaux très importants de canaux et de voies ferrées et par le port d'Anvers. D'immenses travaux sont entrepris pour transformer en ports de mer Gand, Bruges et même Bruxelles.

9. — La population est très dense (243 h. par kmq); les

7 000 000 d'habitants, presque tous catholiques, parlent la langue flamande et la langue française.

10. — La Belgique est un royaume constitutionnel.

11. — Elle n'a pas de colonies ; mais le roi des Belges possède le Congo indépendant.

2e Lecture. — Le port d'Anvers. — Aux bourrasques de la mer du Nord, la Belgique oppose une côte de 67 kilomètres sablonneuse, rectiligne et mal abritée. Ce serait un pays perdu pour le commerce naval, si l'Escaut, avant de s'engager en territoire hollandais, n'offrait le plus bel estuaire de l'Europe continentale.

A Anvers, cet estuaire a 450 mètres de large, 9 mètres de profondeur, et la marée élève encore de 4 ou 5 mètres le niveau liquide. Les transatlantiques les plus puissants accostent directement les quais de la ville : privilège unique en Europe où Brême et Hambourg ne reçoivent les gros navires que quand ils se sont allégés dans les avant-ports de Bremerhafen et Cuxhafen.

Anvers est muni d'un outillage tout à fait moderne. L'Escaut lui sert de rade avec 4 kilomètres de quais ; 8 bassins maritimes sont ouverts aux vaisseaux de moyen tonnage ; 6 cales sèches servent aux réparations, et un bassin de 6 hectares est réservé à la batellerie fluviale. Deux gares desservent le port : celle d'Anvers-Bassins a 50 kilomètres de rails ; celle d'Anvers-Sud aligne sur le bord de l'Escaut ses 8 voies parallèles.

La vapeur, l'électricité et la force hydraulique accomplissent tous les grands travaux : 80 grues roulantes font mouvoir leurs bras de fer au-dessus des bassins. Il y en a cent autres sur l'Escaut avec une bigue monstrueuse qui enlève les wagons chargés de houille et les vide d'un seul coup dans la cale des navires. L'homme dirige ces manœuvres, accroche et décroche les grappins, range les marchandises dans les magasins et roule les tonneaux sous les hangars.

Le plus grand ordre règne dans cette apparente confusion. Tout ce qui n'est pas immédiatement transbordé dans les wagons, les camions et les chalands a sa place fixe et son poste d'attente : les balles de café, de coton et de laine, les masses de caoutchouc et les caisses de conserves se rangent en longues files sous des hangars qui couvrent 260 000 mètres carrés ; le blé s'entasse dans des silos qui contiennent 350 000 hectolitres, et le pétrole, aspiré par d'énormes siphons, passe des vaisseaux pétroliers dans 35 tanks ou réservoirs en tôle qui peuvent renfermer 70 millions d'hectolitres.

Anvers jouit de bien des avantages : à 88 kilomètres de la mer, il ne redoute point les tempêtes ; appartenant à un pays neutre, il n'est point exposé aux atteintes militaires. Son port, où aboutissent tant de canaux et de voies ferrées, fait les neuf onzièmes du commerce de la Belgique et en partie celui de la Suisse, des provinces rhénanes, de la Hollande méridionale et de la France du nord. Son mouvement quotidien comprend 30 grands navires, 4 500 wagons et des centaines de bateaux venus par les canaux intérieurs.

Par malheur, l'Anversois est commerçant plutôt que marin. Et, si tous les pavillons du monde sont représentés dans sa rade, ceux de l'Angleterre et de l'Allemagne l'emportent singulièrement sur les couleurs belges et françaises.

PAYS-BAS

12. — Les **Pays-Bas** (ou royaume de **Hollande**) sont un peu plus étendus que la Belgique (33 000 kmq).

13. — Ils font suite à la plaine allemande. Le sol est très plat, très bas et même inférieur au niveau de la mer dans la partie occidentale.

14. — Le **Rhin**, la **Meuse** et l'**Escaut** se divisent en larges bras qui enveloppent les îles côtières ou se jettent dans le *Zuiderzee*.

15. — La douceur du climat, l'humidité du sol conviennent aux prairies des *polders*, aux cultures industrielles (*betterave*, *tabac*) et à la culture des fleurs.

16. — Faute de houille et de fer, l'industrie se borne à la fabrication des *fromages*, à la distillerie des *alcools* et *liqueurs* (Schiedam) et à la taille des *diamants* (Amsterdam). Le Hollandais est surtout éleveur, cultivateur et marin.

17. — Le commerce doit beaucoup aux nombreux fleuves et *canaux* qui sillonnent le pays. Il s'alimente en grande partie dans les riches *colonies de la Sonde*.

18. — La Hollande compte 5 300 000 habitants (169 par kmq). La capitale est **La Haye** (235 000 h.) : mais, les centres du grand commerce sont **Amsterdam** (550 000 h.) et **Rotterdam** (370 000 h.).

19. — On peut citer encore **Utrecht** (110 000 h.), marché de *grains* et de *bétail*, *velours* ; **Groningue** (72 000 h.), marché de *denrées agricoles* ; **Harlem** (68 000), *jardins* et *fleurs* magnifiques ; **Arnhem** (60 000 h.), ville de plaisance ; **Dordrecht** (43 000 h.), *scieries* ; **Nimègue** (49 000 h.), ville de commerce.

20. — Les Pays-Bas forment un royaume constitutionnel.

3e Lecture. — L'Océan et le waterstaat. — La Hollande, depuis qu'elle existe, est en péril de mort. Ses provinces littorales les plus opulentes, les plus peuplées, sont au-dessous du niveau des grandes marées. Qu'une tempête éclate, et l'Océan, se ruant sur des centaines de villages, noie les récoltes, les hommes et les animaux. Ainsi se sont creusés le *Dollart*, le *Zuiderzée* et les marais du *Biesboch*. Le sol manque d'épaisseur et de consistance : c'est une alluvion du Rhin reposant sur un lit de tourbe. Creusez n'importe où et vous atteignez l'eau à une faible profondeur. Ce sol s'affaisse sous le poids des constructions : il a fallu détruire des forêts entières pour donner aux palais d'Amsterdam les pilotis et madriers qui les supportent. Et l'on a comparé la Hollande à une vieille embarcation qui plonge peu à peu avec son équipage. Enfin les fleuves mêmes qui ont créé la terre hollandaise se gonflent démesurément et menacent de l'inonder.

La Hollande ne subsiste que par des prodiges d'héroïsme et de constance. Aux assauts de la mer, on oppose le bourrelet des dunes consolidées par des plantations de pins : quand la dune fait défaut, on la remplace par des digues géantes qui ont cent mètres d'épaisseur à la base et dix mètres de hauteur. Chaque île de la *Zélande* est une citadelle ceinte de hauts remparts : ceux de *Walcheren*, maintes fois abattus et relevés, ont coûté aussi cher que si on les avait coulés en bronze ou blindés de lames d'argent. D'autres digues longent les canaux et les fleuves pour parer aux dangers des crues exceptionnelles.

Aux infiltrations souterraines qui couvraient le pays de marais et de lacs, on oppose la force du vent : neuf ou dix mille *moulins à pompes* fonctionnent nuit et jour, vident les marécages et rejettent leur contenu dans la mer.

Voilà trois cents ans que dure cette lutte défensive dans laquelle les Hollandais ont eu quelquefois le dessous. Depuis cinquante ans, ils emploient une arme d'attaque, la *pompe à vapeur*. Grâce à elle, ils ont vidé jusqu'à la dernière goutte la *mer de Harlem* (1848-1853), et ils s'apprêtent à supprimer le Zuiderzée lui-même. Dans quarante ans peut-être, sa nappe liquide sera changée en un tapis de verdure. Et la Hollande comptera une province de plus. L'honneur de ces victoires revient aux ingénieurs du service hydraulique, au *waterstaat*, vigilant et pacifique état-major qui, non content d'assurer le salut de son pays, étend chaque jour ses limites et fait reculer l'Océan.

21. **Luxembourg.** — Le grand-duché du **Luxembourg**, grand comme la moitié d'un département français, compte 236 000 habitants, près de 100 par kmq. C'est un pays neutre, riche en *bois*, très riche en *mines de fer*. Ses industries sont florissantes ; la capitale est **Luxembourg** (21 000 h.).

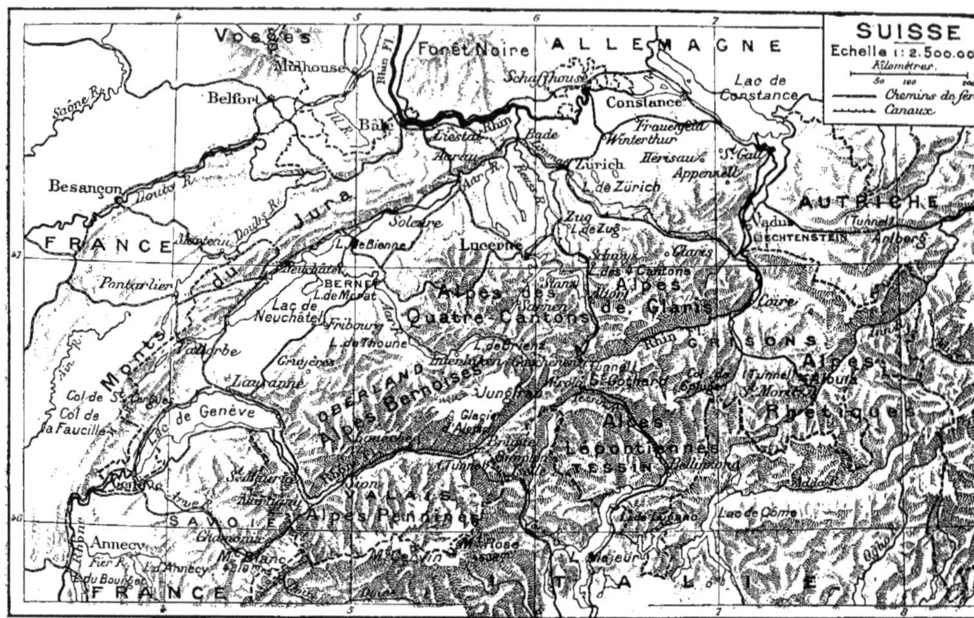

SUISSE

1. — La **Suisse** est treize fois plus petite que la France : 41 000 kmq.

2. — Elle est dominée au sud par la puissante ossature des Alpes, dont le mont *Saint-Gothard* forme le nœud central.

3. — Du Saint-Gothard se détachent : vers l'ouest, les **Alpes Pennines** et les **Alpes Bernoises** ou *Oberland* ; au nord, les **Alpes de Glaris** et des **Quatre-Cantons**; à l'est, les **Alpes Lépontiennes** suivies des **Alpes Rhétiques**.

4. — Ces massifs portent les sommets géants de l'Europe : le **mont Blanc**, 4 810 mètres ; le *mont Rose*, 4 638 mètres ; le *Cervin*, et la *Jungfrau* voisine du glacier d'*Aletsch*.

5. — La *plaine suisse*, haute de 400 mètres, est comprise entre les Alpes et les monts du **Jura** (1 600 à 1 700 m.).

6. — Le **Saint-Gothard** a été surnommé le « père des eaux de l'Europe ». Les fleuves auxquels il donne naissance vont vers trois mers opposées. Ce sont : le **Rhin**, qui traverse le lac de **Constance**, se grossit de l'*Aar* et finit dans la mer du Nord ; le **Rhône**, qui traverse le **lac de Genève**, et finit dans la Méditerranée, et le *Tessin*, tributaire du Pô qui se répand dans l'Adriatique. — Quant à l'*Inn*, qui naît plus à l'est, elle se rend, par le cours du Danube, dans la mer Noire. En Suisse, tous ces cours d'eau sont des torrents; mais les lacs subalpins régularisent leur débit.

7. — Le *climat* varie avec l'altitude et l'exposition. Dans l'ensemble il est *continental*, très rude pendant l'hiver, subitement radouci quand souffle le *fœhn* qui hâte la fon des neiges. Les rives septentrionales du lac de Genève, bie protégées, offrent un séjour délicieux.

8. **Productions et villes.** — Un tiers du sol e impropre à la culture, un quart convient aux *céréales* aux *pommes de terre ;* quelques coteaux portent la *vigne*. L reste appartient aux *pâturages* et à l'élevage des *bestiau:* La grande industrie agricole est la *laiterie* et la fabricatio des *fromages de Gruyère*.

9. — Le sous-sol renferme des *marbres* (Oberland), d *pierres meulières* (Valais), des *salines* (Jura) et des *eau minérales* (Louèche et Bade), mais peu de houille et de fe

10. — Cependant, la Suisse est un pays industriel d premier ordre : **Zürich** (175 000 h.) est la métropole de *cotons ;* **Bâle** (124 000 h.), des *soieries ;* **St-Gall** (30 000 h. des *dentelles ;* **Genève** (112 000 h.), des *instruments de pre cision* et de l'*horlogerie :* **Berne** (70 000 h.) est la ville offi cielle et lettrée ; **Lausanne** possède une Université célèbre

1re Lecture. — **Prospérité de la Suisse**. — La Suisse oc cupe en Europe une place bien supérieure à celle que sa petitess et son peu de ressources naturelles semblent devoir lui assigner Au point de vue agricole, elle manque de terre arable : le tier du pays se compose de hauts monts inhabitables et de onze cent champs de glaces déserts comme ceux du pôle. La dépressio qui s'étend entre les lacs de Constance et de Genève n'est pa une plaine, mais une terrasse trop élevée et trop froide pour l plupart des cultures alimentaires. La Suisse doit donc achete

trois quarts du blé qu'elle consomme et presque tout le vin
qu'elle boit ; et la plupart des paysans se nourrissent de pommes de
terre et de laitage. Mais elle possède dans le Jura et dans les
Alpes des *pâturages* splendides qui gardent leur humidité, leur
frais gazon et leurs fleurs embaumées alors que tout est brûlé
dans la plaine. On y élève un million et demi de *bêtes à cornes ;*
la Suisse est, avec la Hollande, le pays qui exporte le plus de
lait, de *beurre*, de *lait condensé* et de *fromage* exquis.
Au point de vue industriel, elle n'a pour ainsi dire ni fer ni
houille : et les matières premières utilisées dans ses manufactures,
laine, coton, métaux précieux, traversent à grands frais les océans,
l'Italie, la France ou la région du Rhin avant d'arriver dans ses
ateliers. Mais la Suisse est un pays neutre, c'est-à-dire affranchi
du lourd tribut qu'impose l'entretien des armées permanentes ;
de plus, elle trouve dans ses chutes d'eau et dans ses glaciers
une réserve inépuisable de force motrice, et dans sa population
ouvrière un trésor non moins précieux d'endurance et de sobriété jointes au sens inné de la mécanique. Et c'est ainsi qu'un
pays qu'on croirait voué à la petite industrie locale a pris le
quatrième rang dans le monde pour la fabrication des *coton-*
nades, le troisième pour les *soieries* et le premier pour *l'horlo-*
gerie. Zürich et Winterthur construisent des *machines* industrielles qui, pour la puissance et la précision, valent celles de
l'Allemagne et de l'Angleterre.

11. Commerce, population, gouvernement.
La Suisse n'a ni mers, ni colonies, ni fleuves navigables.
Les grands lacs servent surtout aux bateaux de plaisance.
12. — Mais elle possède 4 800 kilom. d'excellentes routes
qui mènent aux cols des Alpes, et 4 500 kilom. de voies
ferrées qui sillonnent la plaine et traversent les monts par
d'importants tunnels : *Arlberg* en Autriche, *Albula*, *Saint-*
Gothard et *Simplon*.
13. — Le commerce extérieur dépasse 2 milliards de
francs.
14. — La population est de 3 300 000 hab., 80 par kilomètre carré. Plus des deux tiers parlent l'*allemand* et pratiquent le protestantisme ; les autres parlent le *français*,
l'*italien* (canton du Tessin) et la langue *romanche* (pays des
Grisons).
15. — La Suisse est une *république fédérale* de 22 cantons ; la capitale est **Berne**.

2e Lecture. — Le peuple suisse et l'étranger. — Il faut
vivre. Et, quand un pays est à la fois pauvre et surpeuplé,
c'est au dehors qu'il doit chercher ses moyens d'existence.
L'émigration suisse a pris différentes formes. Longtemps les
cantons montagneux louèrent leurs enfants comme soldats aux
souverains étrangers. Force princes eurent leur garde suisse qui
paradait dans les revues et se lançait avec une sombre furie dans
les combats en rase campagne. Ces marchés d'hommes devaient
cesser avec l'avènement des armées nationales, et la dernière
capitulation » a été conclue il y a cinquante ans (1855).
Cependant 4 ou 5000 Suisses quittent encore annuellement
leur pays pour chercher fortune dans l'Amérique du Sud ou
les grandes villes de l'Europe. Chaque vallée a ses spécialités : les hommes du Nord et de l'Ouest sont horlogers, dessina-
teurs et mécaniciens ; ceux du Tessin sont vitriers, peintres ou
mouleurs de statuettes ; ceux de l'Oberland vendent les châlets, les
bucous et les bergeries en bois sculpté ; ceux des pays romanches,
moins affinés, se livrent aux petits métiers : ils sont colporteurs,
terrassiers, remouleurs, charbonniers, domestiques, grilleurs de
marrons... Tous se signalent par leur solidité, leur ténacité au
travail et leur esprit d'économie. Tous caressent le même rêve,
amasser quelque pécule et finir leurs jours dans la terre natale.
Beaucoup réussissent ; et tel qui était parti misérable rapporte
dans sa montagne de quoi se bâtir un château.
A mesure que le tourisme se développe, l'émigration diminue.
La mode est aux montagnes : on les recherche pour leurs majestueux paysages, pour leur air pur, pour les saines joies de l'alpi-
nisme, pour le repos de l'esprit. Les Suisses ont profité de cette
tendance nouvelle. Ils excellent à parler toutes les langues, à se
plier à tous les goûts, à mettre en valeur leurs glaciers, leurs cascades, le miroir de leurs lacs et les panoramas des grands monts.
Des milliers d'auberges, de refuges, de sanatoria, de somptueux
hôtels se sont élevés à toutes les altitudes et sollicitent les voyageurs de toutes les conditions. La Suisse a des « écoles d'hôte-
liers » ; elle est devenue l'hôtellerie de l'univers ; et l'exploitation
des touristes lui rapporte chaque année de 50 à 60 millions.
Enfin, elle prélève un ample bénéfice sur les voyageurs et les
marchandises qui traversent son territoire. Située au carrefour
des pays les plus riches de l'Occident, elle attire à elle une grande
partie du transit européen qui utilise ses belles routes et ses
merveilleuses voies ferrées. Les produits français empruntent
le réseau suisse et le tunnel de l'*Arlberg* pour gagner Vienne et
Buda-Pesth ; le tunnel du *Saint-Gothard* unit Rotterdam, Hambourg et la vallée du Rhin avec Milan et l'Italie ; et le tunnel du
Simplon sera la voie préférée des Anglais et des Français du
Nord vers Milan, l'Egypte et l'Extrême-Orient. Les monts comme
les hommes ont leurs destinées : l'impénétrable rempart des
Alpes a sauvé l'indépendance de la Suisse ; aujourd'hui les
grandes percées alpestres font sa fortune.

3e Lecture. — Le tunnel du Simplon. — Quand Napoléon
eut achevé la route postière qui unit Paris et Milan au-dessus du
Simplon, il put croire que son chef-d'œuvre ne serait jamais sur-
passé. Trente mille hommes y avaient travaillé pendant six ans ;
ils avaient creusé huit tunnels, lancé 611 ponts sur les abîmes et
aménagé dans la montagne vingt refuges où voyageurs et équipages trouvent un abri contre les avalanches. Pendant un siècle
(1805-1905), la voie napoléonienne a fait l'admiration de l'Europe
et rendu de signalés services. Douze ou quinze mille voyageurs la
parcouraient chaque année. Désormais elle sera presque déserte :
une autre merveille la remplace. C'est le tunnel du Simplon.
Ce tunnel est le plus long qui existe dans le monde. De *Brigue*
où il commence, en Suisse, à *Iselle* où il débouche sur le versant
italien, la distance est exactement de 19 770 mètres : le Saint-
Gothard compte 5 kilomètres de moins et ses travaux de percement ont exigé neuf années. Sept ans ont suffi pour ceux du
Simplon : tant la science des ingénieurs avance et perfectionne
les outillages.
On a attaqué la montagne par les deux versants à la fois et avec
un nombre d'hommes très restreint (1 600 au sud, 2 000 au nord),
mais avec un ouvrier incomparable, l'*eau des torrents*. Qu'on
songe au travail que peut fournir un bras du Rhône transmet-
tant sa force furieuse à des centaines de turbines ! Son courant
assure tous les services : il actionne les perforatrices et rafraîchit
les mèches d'acier qui rougiraient en mordant le gneiss ; il balaye
les sciures des roches, porte la lumière et refoule des flots d'air
froid dans les galeries les plus profondes. L'homme se contente
de régler les machines, de poser les rails et de déblayer le tunnel
encombré de pierres après chaque explosion de dynamite.
Le percement, ainsi conduit, allait très vite ; il fut de onze
mètres par jour, tandis qu'il n'avait pas dépassé trois mètres
pour le Saint-Gothard. Mais deux obstacles faillirent ruiner l'entreprise : ce fut d'un côté la chaleur qui atteignit 40 degrés au
centre du tunnel, et d'autre part un déluge d'eaux quasi bouillantes qu'on ne put ni évacuer ni refroidir. Les ouvriers prirent
la fuite, et il fallut interrompre tout travail dans la galerie nord
qu'on ferma hermétiquement par des portes de fer. Même au sud,
les opérations étaient gênées et ralenties ; et c'est seulement le
24 février 1905, à 7 h. 20 du matin, qu'un dernier coup de mine
abattit la cloison naturelle qui séparait les deux sections du
tunnel. L'eau s'écoula pendant deux heures, et la voie fut libre.
Cette nouvelle percée des Alpes va augmenter la prospérité de
Milan et des villes suisses (Genève, Berne et Bâle) ; elle unit l'Italie
à toute l'Europe du nord-ouest, met Paris à 14 heures de Milan
et fera le service de la « Malle des Indes ». (On donne ce nom aux
trains rapides qui assurent la correspondance postale de l'Angleterre avec ses colonies asiatiques.) Mais, pour que la France en
tire un réel profit, il faut qu'elle se hâte d'ouvrir une voie ferrée
nouvelle entre Dijon, Genève et le Simplon : et le tunnel de la
Faucille joint à d'autres travaux indispensables coûtera deux fois
plus que celui du Simplon.

ALLEMAGNE

1. — L'Allemagne s'étend des Alpes bavaroises et des monts de Bohême à la mer du Nord et à la Baltique. On peut, d'après son relief et ses productions, la partager en trois zones : montagnes et plateaux du sud, hauteurs du centre et plaines du nord.

2. — L'**Allemagne du Sud** va des Alpes au cours du Main. Son relief comprend le *plateau Bavarois* et les *Jura Souabe* et *Franconien* que longe le Danube ; enfin les **Vosges** et la **Forêt-Noire**, montagnes parallèles entre lesquelles se creuse la magnifique vallée du Rhin.

3. — La région danubienne est surtout agricole et pastorale. Elle renferme deux grandes villes, **Munich** (500 000 hab.), capitale politique, artistique et littéraire de la Bavière, et **Nuremberg** (260 000 h.), célèbre par ses fabriques de *jouets*.

4. — Les pays qu'arrosent le **Rhin** et ses affluents (*Ill, Moselle, Neckar* et *Main*) ont des richesses très variées : *forêts* dans la montagne, *vignes* sur les coteaux, *céréales, houblon, betteraves*, dans la plaine ; *fer, houille* et *sel* dans la région de la Sarre ; *industrie sucrière* et *cotonnière* en Alsace, *brasseries* partout.

5. — Aussi est-elle très peuplée : on compte 118 hab. par kmq. en Alsace, 124 dans le pays de Bade et 146 dans la Hesse. De là l'importance des villes : **Strasbourg** (150 000 h.), **Mulhouse, Mannheim** (140 000 h.), Carls-
ruhe (100 000 h.), Stut-
gart (176 000 h.), M[a]-
yence (84 000 h.), en[fin]
Francfort-sur-le-Mai[n]
grand centre de voies ferré[es]
de commerce et de banqu[e]
(290 000 h.).

6. — L'**Allemagn[e]
centrale** est parcour[ue]
dans toute sa largeur par u[ne]
zone de hauteurs. Ce sor[t]
le *plateau schisteux du Rh[in]*,
les hauteurs gréseuses de [la]
Hesse dominées par des m[on]-
tagnes volcaniques (le Rho[n]
et le Vogelsberg), l'ép[ais]
talus de la **Forêt de Th[u]-
ringe** suivi du massif is[olé]
du **Harz** (1141 m.), l'E[rz]
Gebirge et les monts de [la]
Lusace, enfin les colli[nes]
de la **Haute Silésie**.

1re Lecture. — Sous-s[ol]
et industries de l'Allema[a]-
gne centrale. — Si var[iés]
qu'ils soient de relief et d'[as]-
pect, tous ces monts ont [des]
traits communs. L'ancienn[eté]
de leur origine (la plupart so[nt]
formés de terrains primitifs [ou]
de terrains primaires), la p[au]-
vreté de leurs cultures (pâ[tu]-
rages maigres ou grandes forêts) et l'extrême richesse de leu[rs]
gisements miniers. Dans leurs flancs et dans leurs replis [se]
cachent tous les métaux usuels, *fer, cuivre, zinc, plomb arge[n]-
tifère*, avec des *sources thermales* et des mines très abondan[tes]
de *sel* et de *kaolin*.

La **houille**, excellente et située à des profondeurs moyenn[es]
permet de traiter sur place tous ces minerais. Le bassin de [la]
Ruhr à lui seul fournit bien plus de houille que toutes [les]
mines : il faut y ajouter les bassins d'*Aix-la-Chapelle*, de la *Sa[rre]*
et de la *Silésie*. La production annuelle de l'Allemagne entiè[re]
116 millions de tonnes, est trois fois et demie supérieure à ce[lle]
de la France.

Comme les vallées sont extrêmement fertiles, l'Allemag[ne]
centrale réunit toutes les industries à la fois. Grâce à cette zo[ne]
privilégiée, l'empire allemand occupe le troisième rang dans [le]
monde pour la production de la *fonte* et du *cuivre*, le seco[nd]
pour l'*acier*, le premier pour le *zinc*, et il rivalise avec l'Angl[e]-
terre et la France pour le *tissage du coton* et de la *soie*. Ce[r]-
tains districts sont surpeuplés : la densité kilométrique est [de]
214 habitants dans la Westphalie et de 280 en Saxe! La Belgiq[ue]
elle-même ne compte que 240 habitants.

7. — Des trente-six villes de l'Empire qui dépasse[nt]
100 000 âmes, quinze appartiennent à l'Allemagne central[e].
Elles se groupent de la manière suivante :

8. — **Bassins houillers de la Ruhr et d[u]
Rhin** : Essen (180 000 h.), Bochum et Dortmun[d],
hauts fourneaux, forges et *fonderies de canons*; Barme[n]
(142 000 h.); Elberfeld (157 000 h.) et Crefeld, *colo[n]-
nades et tissus de soie*; Aix-la-Chapelle (135 000 h.)
Dusseldorf (213 000 h.), *draperies*; Duisbourg-Ruhr-
ort et Cologne (372 000 h.), grands ports sur le Rhi[n]

9. — **Bassin Hessois :** Cassel (106 000 h.), centre commercial de la région du Harz et fabrique de *produits chimiques.*

10. — **Bassin Saxon :** Chemnitz (214 000 h.), *filatures* ; Zwickau, *métallurgie* ; Meissen, *porcelaines fines* ; Dresde (480 000 h.) et Leipzig (456 000 h.), *industries chimiques, papeteries* et grands centres commerciaux.

11. — **Bassin Silésien :** Breslau (426 000 h.), *produits chimiques, sucreries, distilleries* et entrepôt des *industries métallurgiques* de Beuthen et Kœnigshütte.

12. — L'**Allemagne du Nord** forme une plaine ininterrompue que parcourent du S.-E. au N.-O. les grands fleuves allemands.

13. — Quatre d'entre eux aboutissent à la mer du Nord : le Rhin (1 300 km.), qui s'achève en Hollande ; l'Ems, la Véser grossie de l'*Aller* et l'Elbe grossie de la *Saale* et du *Havel.*

14. — Trois autres versent leurs eaux dans la Baltique : l'Oder grossi de la *Wartha,* la Vistule et le **Niémen.** La Baltique a une côte basse et creusée de lagunes à moitié fermées par des flèches de sables.

2ᵉ Lecture. — La plaine du nord est naturellement déshéritée : c'est une suite de tourbières, de landes et de vastes espaces sablonneux émaillés d'eaux croupissantes. Beaucoup de ces mauvaises terres ont été améliorées par le labeur obstiné des paysans et par la science agricole des propriétaires : leurs prairies nourrissent le *mouton,* le *bœuf* et le *cheval de guerre* ; leurs jardins, voisins des grandes villes, se prêtent à la *culture maraîchère* ; les vastes plaines produisent des *seigles* et des *avoines* ; mais presque partout la *pomme de terre* est l'aliment à peu près unique des campagnards.

Aussi les provinces du nord, Prusse et Poméranie, Mecklembourg et Oldenbourg, fournissent-elles le principal contingent à l'émigration allemande. Mais depuis une trentaine d'années cette émigration a cessé de porter les Allemands vers l'Amérique : ils se tournent plutôt aujourd'hui vers les mines et manufactures de l'Allemagne centrale. Et tous ceux qui bénéficient d'une instruction plus complète et qui parlent les langues étrangères se répandent en Europe comme chimistes, comme électriciens et surtout comme voyageurs de commerce. Et ils disputent aux négociants anglais tous les marchés du continent.

15. — Le **commerce allemand**, alimenté par une industrie très puissante, est notablement supérieur à celui de la France : il dépasse 14 milliards de francs.

16. — Il s'effectue à l'intérieur par 56 000 kilom. de voies ferrées et par 14 000 kilom. de voies fluviales. Berlin, situé au centre de la plaine, est le nœud principal de toutes ces voies ; c'est la capitale du commerce, comme celle du royaume de Prusse et de l'Empire allemand (1 700 000 h.).

17. — Le tonnage de sa flotte marchande (4 060 000 tonneaux) est trois fois plus élevé que celui de la France, et ses paquebots passent pour les plus beaux du monde et pour les plus rapides. Leurs principaux ports d'attache sont : 1° sur la mer du Nord, Hambourg (705 000 h.), qui vient pour le tonnage immédiatement après Londres et New-York, et Brême (163 000 h.), situé comme Hambourg au fond d'un estuaire. Ces deux ports sont protégés au large par l'île jadis anglaise de *Helgoland* : 2° sur la mer Baltique, Dantzig, Stettin et surtout Lubeck.

3ᵉ Lecture. — **La navigation fluviale en Allemagne.** — L'Allemagne, depuis 1870, a déployé une activité prodigieuse. L'ivresse de la victoire, funeste à d'autres peuples, a excité chez les Allemands un élan unanime, et les forces que la paix rendait disponibles se sont tournées vers les entreprises économiques. Une des plus considérables, la mieux conduite peut-être, a été l'établissement d'un double réseau de voies navigables.

Le Rhin parcourt l'Allemagne occidentale depuis la frontière suisse jusqu'à la frontière hollandaise. Les glaciers de son cours supérieur et le grand nombre de ses tributaires en font le fleuve germanique le plus riche en eaux. Mais ces eaux se prêtaient mal à la navigation : de *Bâle* à *Mannheim,* elles gardaient l'allure d'un torrent, vagabondaient autour des îles et se dispersaient en plusieurs bras : et si, dans la traversée du plateau schisteux, elles se resserraient en un seul lit, c'était pour regagner en violence ce qu'elles perdaient en superficie. Une seule partie du Rhin était utilisable en toutes saisons, c'est le cours inférieur entre *Bonn* et *Emmerich.*

Il a fallu rectifier les méandres, isoler les bras morts, fixer les graviers errants, draguer les fonds sablonneux, raser les saillies rocheuses, en un mot réduire à une marche régulière ce fils des Alpes capricieux et indompté. L'Allemagne est justement fière de son œuvre herculéenne qui a coûté un demi-siècle d'efforts et 338 millions. Aujourd'hui le Rhin porte 8 500 navires dont 750 bâtiments à vapeur. *Duisbourg,* *Dusseldorf* et *Cologne* sont de vrais ports de mer où les navires de tonnage moyen accostent sans rompre charge et débarquent les cafés, les pétroles et cotons de l'Amérique, ainsi que les laines de la République Argentine et de l'Australie. De vastes bateaux de fer remontent le Rhin jusqu'à *Mayence* et *Mannheim* où s'achève la grande navigation rhénane dans des bassins deux fois plus grands que ceux de Marseille. Enfin, grâce au Rhin et au canal de l'Ill, les machines et les houilles du bassin de la Ruhr alimentent l'industrie de Mulhouse et les chemins de fer suisses. Le tonnage du Rhin a quintuplé depuis vingt ans ; il est supérieur à celui de toutes nos voies fluviales.

Dans l'Allemagne du Nord, il a fallu procéder autrement. Les fleuves de cette région charrient des sables, et nos bateaux français qui calent deux mètres ne sauraient être d'aucune utilité sur ces nappes d'eau sans profondeur. Au lieu de creuser les cours d'eau, œuvre interminable et ruineuse, on a créé un outillage spécial de bateaux plats, très larges, évoluant dans des écluses de 100 mètres de portée. L'Elbe, à laquelle aboutissent tous les canaux du Nord, est devenue le grand chemin du commerce entre la Bohême et la mer du Nord. Toutes les villes de son cours ont leur société nautique, leurs grues électriques, leurs quais, leurs bassins fluviaux : celui de Dresde peut contenir 240 navires, et sur 26 000 vaisseaux que compte Hambourg, il y en a 16 000 qui circulent sans cesse sur l'Elbe et sur les rivières prussiennes.

Encouragés par le succès, les Allemands caressent de nouveaux rêves ; ils prétendent souder le réseau du Rhin à celui de l'Elbe par un canal central, et celui des fleuves du Nord au cours du Danube en traversant tout le plateau de Bohême.

18. **Population et gouvernement.** — La superficie de l'Allemagne est de 540 000 kmq., et sa population est de 56 millions d'âmes ; la densité moyenne est de 112 hab. par kmq. Elle pratique en majorité le protestantisme.

19. — L'Empire est une **fédération de 26 Etats** dont 4 royaumes (**Prusse, Bavière, Wurtemberg** et **Saxe**), sous la suzeraineté héréditaire du roi de Prusse. Chacun de ces Etats a son gouvernement particulier, sauf l'Alsace-Lorraine, territoire d'Empire.

20. — L'armée compte 600 000 hommes en temps de paix ; au point de vue du nombre, c'est la seconde de l'Europe. La marine militaire a pour port principal Kiel, sur la Baltique ; l'ouverture du *canal Empereur-Guillaume* (1895) a doublé la force de cette marine en lui permettant de passer d'une mer à l'autre en quelques heures sans sortir des eaux allemandes (de *Holtenau* à *Brunsbuttel,* sur l'Elbe).

AUTRICHE-HONGRIE

1. — L'**Autriche-Hongrie** est plus grande que la France (625 000 kmq.); mais elle manque d'unité. Ses deux États, l'Empire d'Autriche et le **royaume de Hongrie**, sont formés eux-mêmes d'éléments disparates.

2. AUTRICHE. — L'**Autriche** comprend une région alpestre et danubienne, une région bohémienne et morave et deux groupes de provinces extérieures.

3. — La moitié du **massif alpestre** appartient à l'Autriche. Cette région s'étend des *lacs de Constance* et de *Garde* jusqu'aux faubourgs de Vienne. Ses chaînes granitiques, **Alpes tyroliennes, noriques et styriennes**, rivalisent avec les Alpes suisses par la masse de leurs glaciers. On en compte plus de 300 dans le *Tyrol* où se dresse le mont *Ortler* (3 905 m.), point culminant de l'Empire; ses chaînes calcaires enveloppent les précédentes et sont revêtues d'épaisses forêts.

4. — Les Alpes alimentent de puissants cours d'eau : l'*Inn*, grossi de la *Salzach*, l'*Enns*, la *Drave* et la *Save*, tous tributaires du Danube; l'*Adige*, qui se jette dans la mer Adriatique.

5. — Les forêts et les « alpages » sont les seules ressources des monts; au creux des avant-monts, on exploite des mines de *houille*, de [...] et de *sel gemme*. C'es[t ...] que s'élèvent les v[illes] principales : Tren[...] Klagenfurt, M[...] bourg et Graz, g[...] centre de for[...] (140 000 h.). Le c[om]merce principal s'effe[c]tue par les villes du Danu[be ...] Linz (60 000 h.) [...] Vienne. Capitale [in]dustrielle, politique e[t in]tellectuelle de l'Emp[ire,] Vienne est la ville de l'[Eu]rope qui rappelle le mi[eux] Paris (1 700 000 h.).

6. Région bohémienne et morave. — Le Bœhmer Wa[ld,] couvert de forêts, l'E[rz] Gebirge, tout creusé [de] mines, et le Riesen-G[e]birge, suivi des m[onts] Sudètes, séparent l'[Au]triche de l'Allemag[ne.] Complétés par les h[au]teurs de Moravie, [ces] trois talus encadrent [la] Bohême.

7. — La Bohê[me] est un ancien lac dont les eaux s'échappent par l'Ell[be,] la *Moldau* et l'*Eger*. La Moldau, simple affluent, est la v[raie] branche maîtresse : elle traverse tout le plateau, p[la]teau dès *Budweis* et baigne les quais de la capitale.

8. — Ce pays est le plus riche de l'Empire; il produi[t le] blé, l'*avoine*, l'*orge*, le *houblon* (bière de Pilsen) et four[nit] les trois quarts du *sucre* raffiné en Autriche. Il faut y join[dre] de vrais trésors miniers, *eaux thermales, fer, houille, arg[ent]* et *plomb*, rassemblés dans les mêmes lieux. Aussi l'indust[rie] est-elle florissante, et la population compte 121 hab. par kn[²].

9. — Elle a pour centres : **Kladno** (*houille*). **Reiche**berg (*draperies*), **Pribram** (*plomb argentifère*), **Pils**[en] (70 000 h.) (*cristallerie* et *brasseries*) et **Prague**, situé[e au] centre de toutes les voies qui unissent la région danubien[ne] à Berlin et à la mer du Nord (200 000 h.).

10. — La Moravie, que parcourt la *March* ou *Morau*[a], ressemble de tous points à la Bohême. Ses grandes vil[les] sont **Olmütz** et **Brünn** (110 000 h.).

11. — L'Autriche se prolonge à l'est par deux séries [de] provinces qui étreignent la Hongrie.

12. — Au nord, c'est la Silésie, la Galicie et la B[u]kowine, qui aboutissent aux plaines russes. Terres t[rès] fécondes en *céréales*, riches en mines de *houille*, de *fer*, [de] *sel gemme*, elles ont pour centres principaux : **Cracovie** (90 000 h.), **Lemberg** (160 000 h.) et **Czernowit**[z]

13. — Au sud, c'est l'**Istrie** et la **Dalmatie** dont les monts calcaires (plateau de *Karst*) absorbent l'eau des pluies même des rivières. L'Istrie renferme **Trieste** (135 000 h.), excellent port marchand, et **Pola**, port militaire. La Dalmatie, pépinière de marins, a pour chef-lieu le port de **Zara**.

14. — L'Autriche a 26 000 000 d'habitants, 87 par kmq.

15. **HONGRIE.** — Les Carpathes décrivent un demi-cercle de 1 500 kilom. enveloppant la plaine hongroise.

16. — Leurs extrémités s'élargissent en empâtements compliqués : au nord surgit le **Tatra**, haut donjon qui domine les monts *Beskides*, le *petit Tatra* et le mont *Matra*, riche en *fer*. Au sud, les **Alpes de Transylvanie** (2 536 m.) et les monts *Bihar* encadrent le plateau transylvain, qui est lui-même hérissé de monts. Toutes ces hauteurs sont tapissées de *hêtres*, et leurs croupes inférieures les mieux abritées produisent d'excellents *vins*.

17. — La plaine est un fond lacustre d'une horizontalité absolue. Le **Danube** la traverse ; avant le coude de Waitzen, il reçoit le *Waag* et le *Gran*, issus des monts Tatra, la *Leitha* et le *Raab*. Il se grossit ensuite de rivières considérables, la *Drave*, la *Save* et la *Theiss*.

18. — La *Theiss*, aussi grande que le Rhin, est le collecteur des eaux carpathiques. Sinueuse et bordée de marécages, elle déborde tous les ans lors de la fonte des neiges.

1re Lecture. — Le Danube. — Si la Volga l'emporte par la longueur de son cours et la superficie de son bassin, le Danube est le premier fleuve de l'Europe pour la puissance de son débit.

Dès son entrée en Autriche, c'est un vrai fleuve qui a recueilli tout le tribut des Alpes autrichiennes et une partie des eaux suisses et bavaroises. Il a 220 mètres de largeur à *Passau*. 1 000 à *Buda-Pesth* ; et, s'il s'appauvrit dans la plaine hongroise, région altérée et sans pluies, la Drave, la Theiss et la Save lui rendent de nouvelles forces : en face de *Belgrade*, il roule, dans un lit de 1 500 mètres, 9 500 mètres cubes d'eau, flot supérieur à celui de tous nos fleuves rassemblés.

Un tel flot est difficile à discipliner : chaque été il se gonfle dangereusement, quand le föhn et le chaud soleil fondent les glaciers ; devant Vienne et au sud de Buda, le Danube formait un dédale mouvant de méandres, de coulées sinueuses, de bras morts et d'étangs. De patients et coûteux travaux ont amélioré son régime, augmenté le volume du lit central et réduit ses divagations.

Mais il restait un obstacle réputé insurmontable, celui des **Portes-de-Fer** : sur un espace de 86 kilom., le fleuve et les Carpathes se livraient un duel héroïque ; comprimé entre ses rives et réduit au dixième de sa largeur, le Danube se tordait dans les défilés, fouillait les fonds à 50 et 60 mètres, rugissait au milieu des récifs, bondissait au-dessus des rapides, et la batellerie prisonnière s'arrêtait devant ce furieux torrent.

Les **Portes-de-Fer** sont aujourd'hui forcées : six ans durant (1890-1896), 4 000 terrassiers serbes dirigés par des ingénieurs autrichiens ont accompli la plus grande œuvre qu'ait exigée la navigation fluviale, élargi les étranglements, resserré le chenal, construit des digues qui plongent parfois jusqu'à 80 mètres au-dessous des eaux, promené dans le fleuve un ciseau de 10 000 kilogrammes qui rasait les roches saillantes ; enfin ils ont fait sauter à la dynamite les hautes barres qui coupaient le courant.

Quarante-cinq millions ont été dépensés, plusieurs vaisseaux ont sauté, bien des travailleurs ont péri ; mais la science des ingénieurs a complété l'œuvre de la nature. Et le Danube, victorieux et assagi, devient enfin la grande artère du commerce européen, entre le Rhin, l'Elbe et la mer Noire.

19. **Productions et villes de la Hongrie.** — A part quelques centres miniers, la Hongrie est essentiellement agricole. Sa plaine septentrionale ou **Puszta** nourrit des *bœufs*, d'excellents *chevaux* et des troupeaux de *porcs* dans le **Bakony Wald**. Au sud, les champs de l'**Alfœld** produisent un *blé* très abondant et très riche en gluten.

20. — Les villes sont de grands marchés agricoles, comme **Debreczin** (72 000 h.), **Szegedin, Maria-Thérésiopel** (82 000 h.), et **Temesvar** dans la plaine, **Kolozsvar** et **Brasso** en Transylvanie, **Presbourg** (62 000 h.) et **Buda-Pesth** (716 000 h.) sur le Danube.

21. — La **Croatie** et la **Slavonie** dépendent de la Hongrie. Ce sont les anciens « Confins militaires » qu'habitait tout un peuple de soldats-laboureurs. Ce pays cultive les *céréales* dans la plaine de la Drave et de la Save ; mais il est pauvre au centre et à l'ouest. **Agram** (58 000 h.) est sa capitale intérieure et **Fiume** son unique port sur l'Adriatique.

22. — Le royaume de Hongrie compte 19 000 000 d'habitants, 59 par kmq.

23. — La **Bosnie** et l'**Herzégovine** sont des pays turcs, administrés par l'Autriche et la Hongrie. Ce sont des régions *forestières* médiocrement peuplées. La capitale est **Sérajévo** (42 000 h.).

24. **Géographie économique et politique.** — L'Empire austro-hongrois compte 45 000 000 d'habitants, 70 par kmq, qui appartiennent à des races très différentes : *Allemands* (11 millions), *Hongrois* ou *Magyars* (8 millions 1/2) et *Slaves* (20 millions).

25. — Le commerce intérieur est actif ; il utilise 42 000 kilomètres de chemins de fer et 11 500 kilomètres de voies navigables : **Danube**, *Theiss*, *Save* et *canal François*. Le commerce extérieur n'est que de 4 milliards de francs.

2e Lecture. — La mosaïque austro-hongroise. — Ce Danube dont la batellerie vient à peine d'achever la conquête a été de tous temps la grande voie des invasions. Que de hordes barbares ont remonté son cours ! Ces peuples affamés fuyaient les glaces de la Baltique ou les rivages arides de l'Asie, et le Danube les fascinait avec ses plantureuses campagnes et son doux climat. Mais nombre d'entre eux y succombèrent ; d'autres, usés par des guerres désastreuses, ûnirent par renoncer à leur tentative et par se laisser refouler. Les plus habiles utilisèrent les lignes de défense qu'offrent l'escarpement des montagnes et les grands cours d'eau, et ils sont restés définitivement maîtres de leur terrain.

Ces luttes continuelles et la division naturelle du pays ont empêché les populations de se confondre : chacune a gardé sa langue, ses coutumes et sa religion propre. La carte ethnographique de l'Empire est une mosaïque des plus compliquées. Non seulement le souverain est un personnage double, empereur en deçà de la *Leitha*, roi au delà, mais il devrait parler dix-huit langues et pratiquer vingt cultes pour être en communion parfaite avec tous ses sujets. Et il passe sa vie à résoudre l'insoluble problème de maintenir un juste équilibre parmi tant de races rivales et d'intérêts opposés. Déjà, en 1867, il s'est donné deux capitales, celle des Allemands (Vienne) et celle des Hongrois (Buda) ; mais le dualisme ne suffit plus : les Slaves, aussi nombreux que les Hongrois et les Allemands réunis, émettent d'impérieuses prétentions. Aux Slaves du Sud on a reconnu une sorte de parlement, la diète d'Agram. Que fera-t-on pour ceux du Nord ? La Bohême, active, ardente, surpeuplée, revendique hautement son autonomie. Et tôt ou tard, Prague, et peut-être Lemberg ou Cracovie, seront de nouvelles capitales. L'Empire, devenu fédératif, aura pour uniques liens le cours du Danube et la personne de l'Empereur.

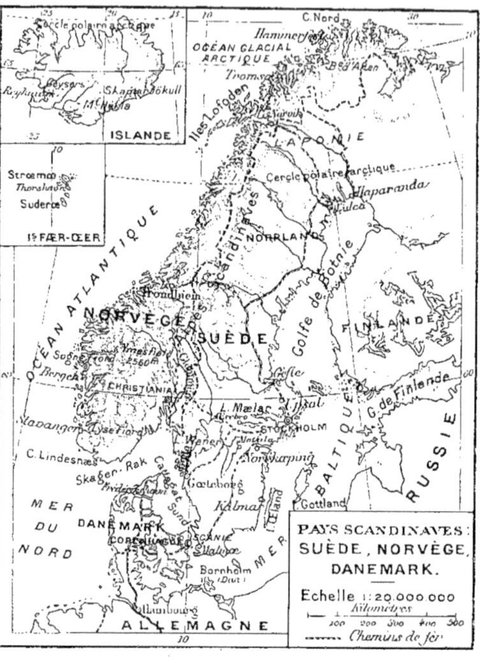

PAYS SCANDINAVES

1. — Au nord de l'Allemagne, à l'ouest de la Russie sont situés trois États dont les destinées ont été souvent communes, mais qui constituent trois royaumes séparés. Ce sont : le **Danemark**, la **Suède** et la **Norvège**.

2. **DANEMARK.** — Le **royaume de Danemark,** voisin de l'Empire allemand, comprend : 1° la presqu'île du *Jutland*, qui s'achève au cap *Skagen* entre deux bras de mer, le *Skager-Rak* et le *Cattégat*, et 2° les *îles de Seeland, Fionie, Laaland*, etc. Ces îles sont séparées les unes des autres par le grand et le petit *Belt*, et séparées de la Suède par le détroit du *Sund*, un des plus fréquentés du monde.

3. — Les terres danoises sont basses et bien arrosées; elles produisent le *blé*, le *chanvre*, le *lin*. Mais elles sont surtout couvertes de grasses *prairies* : l'élevage des *bêtes à cornes* et des *porcs*, l'*industrie laitière* dans les « beurreries coopératives » assurent au Danemark son principal revenu. Le beurre danois se vend surtout en Angleterre et au Mexique.

4. — Le Danemark n'a guère d'industrie, parce que le bassin houiller de *Bornholm* manque d'importance; mais la *pêche côtière* lui prépare d'excellents marins, et toutes les villes de quelque valeur sont des ports de mer : Odensee, **Aarhus, Aalborg** et surtout **Copenhague**, port franc sur le Sund, chantier de *constructions navales* et capita[le] royaume (378 000 hab.).

5. — Le Danemark compte 2 460 000 hab., 62 par k[m]. Il a perdu de précieuses dépendances en Europe, la No[rvège] en 1815 et le *Slesvig-Holstein* en 1865; mais il lui rest[e] îles *Fær-Œer*, l'*Islande*, le *Groenland* et quelques *Antill[es]*.

1re Lecture. — L'Islande. — On appelle l'Islande t[antôt] « Terre des glaces » et tantôt « Terre des laves ».

Les pointes septentrionales de l'Islande rasent le cercle [po]laire; un courant froid les lèche et fait échouer sur leurs [côtes] des banquises qui charrient des dalles de schistes, des blo[cs de] granite et des ours blancs. La flore de l'Islande est bien ce[lle des] contrées boréales, étant faite de lichens, de mousses, d'h[erbes] courtes, et, comme on l'a dit, de forêts sans arbres : car o[n ne] peut donner le nom d'arbre à des bouleaux qui ne dépa[ssent] pas la ceinture d'un homme. La faune est riche en pingoui[ns,] en macareux qu'on tue pour leur graisse huileuse, et en e[iders] qu'on ne tue jamais, mais qu'on dépouille annuellement de [leur] précieux duvet. Les cours d'eau foisonnent en truites et en [sau]mons, la mer en *morues* que 5 000 Islandais poursuivent en con[cur]rence avec des milliers de marins norvégiens, anglais et f[ran]çais. L'hiver, plus ou moins long, est très dur. On le passe [dans] des cabanes de planches couvertes de toile goudronnée; et o[n se] chauffe comme on peut, en brûlant des os, de la fiente d'ois[eaux] ou même des plumes grasses et empestées. On voit par ces dé[tails] que l'Islande mérite son premier surnom.

Mais cette terre où l'Islandais grelotte recouvre une fournai[se ar]dente : toute crevasse du sol laisse passer un jet de vapeur, [une] source chaude, une coulée de boue ou un *geyser*, gerbe d['eaux] bouillantes qui s'élèvent par intermittence à 20 et 30 mètr[es de] hauteur. L'Islande est hérissée de cratères éteints, de monta[gnes] fumantes, de volcans qui dorment sournoisement, mais do[nt les] brusques réveils sont des catastrophes. L'éruption du Skapta[-Jö]kull, en 1783, a coûté la vie à 10 000 hommes et à 200 000 ani[maux].

6. **PÉNINSULE SCANDINAVE.** — La pénins[ule] scandinave est baignée par trois mers, la *Baltique*, l'o[céan] *Atlantique* et l'océan *Glacial*. Son cap *Nord*, situé dans [une] île, est le point le plus septentrional de l'Europe.

7. — Les Alpes scandinaves partagent la péninsul[e en] deux versants. Ce sont des montagnes difficiles à franchir [sauf] au centre. Elles s'élargissent au sud en plateaux couvert[s de] glaciers. Leur point culminant, le mont *Ymesfield*, a 2 560 [m].

8. — Des fleuves nombreux se forment dans ces mo[nts.] Ceux de l'est sautent de gradin en gradin et de lac en lac v[ers] la mer Baltique. Ceux du versant océanique se précipit[ent] dans les fiords norvégiens. Ceux du sud sont les plus lon[gs] comme le *Glommen* et la *Gota*. Cette dernière traverse le [lac] **Wener**, le plus grand de toute la Suède.

2e Lecture. — La côte scandinave. — Les *fiords* nor[vé]giens font l'étonnement des géographes : ces golfes bizar[res] tailladent tout le littoral compris entre le cap Lindesnaes e[t le] cap Nord; ils décuplent de leurs replis la longueur de la c[ôte;] tant leurs étroits couloirs se prolongent et se ramifient. L['un] d'eux, le *Sogne-fiord*, s'insinue jusqu'à 160 kilomètres dans [les] terres; son voisin, le *Lyse-fiord*, présente un double abîme, ce[lui] de ses eaux qui ont mille mètres de fond et celui de ses falai[ses] verticales qui dominent les eaux de mille mètres. Le soleil p[eut] à peine éclairer de tels étranglements, et « le navire qui s'eng[age] dans ces obscures avenues apparaît du haut comme un inse[cte] qui se débat au fond d'un puits ». É. Reclus. Quelle est l'orig[ine] des fiords? Certains savants l'attribuent à un soulèvement [des] Alpes scandinaves qui se seraient rompues et lézardées en t[ous] sens. D'autres voient dans les fiords, comme dans les lacs [du] Norrland, les lits rocheux d'anciens glaciers remplacés aujour[d']hui par les eaux vives des fleuves et de l'Océan.

Une traînée sous-marine de rochers, de récifs et d'îlots q[ui...]

compte par millions, désignée sous le nom de *Skärgärd*, me comme une barrière ou une palissade le long des côtes rvégiennes et suédoises, et brise la force des vagues ; derrière e les eaux sont presque toujours calmes. Elle défendrait au oin la péninsule contre une attaque de mer. Mais la naviga-
1 sur ces côtes est une des plus dangereuses du monde pour x qui n'en connaissent pas les dédales.

9. — La péninsule scandinave est coupée dans toute sa gueur par la frontière qui sépare les deux royaumes au-rd'hui indépendants de la Suède et de la Norvège.

10. **SUÈDE.** — La **Suède** a 447 800 kmq. C'est le 'sant des monts scandinaves tourné vers la mer Baltique. e se distingue par ses nombreux lacs, la longueur de ses rs d'eau et la grande étendue de ses plaines méridionales.

11. — Bien des terres restent improductives à cause de xtrême rigueur du climat. Beaucoup d'autres sont boisées. s meilleures conviennent aux *céréales* et permettent à la ède d'exporter des *grains*.

12. — L'industrie métallurgique utilise des *fers* d'une ,eur exceptionnelle (fer magnétique, fer mêlé de manga-se). Les *forges* et *hauts fourneaux* de **Gèfle**, d'**Œrœbro**, **Motala** et de **Norrkœping**, à défaut de houille, em-'ient le charbon de bois. Quant aux *scieries*, elles utilisent chutes d'eau.

13. — La Suède exporte la *quincaillerie*, les *outils*, la :tellerie et le *minerai* brut, les *bois* et leurs dérivés (*gou-ons, essence de térébenthine, pâte à papier*), et force con-ves de *poissons*. La flotte marchande est nombreuse et s bonne.

14. — La population compte 5 millions d'hab., 12 par

kmq. Elle a pour centres principaux **Stockholm**, capitale, 317 000 h., et **Gœteborg**, 140 000 h., qui occupent les deux extrémités du même canal, **Malmœ**, port très actif, **Norrkœping** et **Gèfle**.

3ᵉ Lecture. — Les zones de la Suède. — Dans ces con-trées boréales, le climat est tout : c'est lui qui partage la Suède en *trois régions* peuplées d'une façon très inégale.
I. La première comprend les *hauts monts*, la *zone polaire* et le *Norrland*. Les hauts monts s'étalent en larges plateaux couverts de glaces : c'est un désert rocheux que l'homme fuit comme les sables de l'Afrique ou les steppes de la Mongolie. — La zone polaire est presque aussi affreuse : après un été court et brûlant, le froid revient et s'abat pour huit ou dix mois sur le pays. L'aigre souffle qui déferle des glaciers scandinaves, la bise cinglante qui fuit l'océan glacial font subir à cette contrée des hivers abomi-nables ; et parfois le thermomètre cesse de marquer la tempéra-ture, parce que le mercure est gelé. Le seigle qu'on sème dans les recoins les mieux abrités met 32 mois à mûrir... quand il mûrit. Des lichens, des mousses, des pins hauts de trois pieds, des bouleaux « contrefaits qui rampent et tordent sur le sol leurs troncs grimaçants », voilà toute la végétation polaire. C'est la patrie des *Lapons*, c'est-à-dire de 20 000 à 25 000 nomades petits, trapus, cagneux, couverts de grossières fourrures et qu'on pren-drait pour des ours s'ils n'avaient des bottes et une face humaine. Le Lapon parcourt ces solitudes avec ses chiens et son troupeau de rennes. Le renne est la providence des contrées boréales : il traîne son maître, il l'habille, il le nourrit de sa chair et de son lait. Sans le renne, la zone glaciale et le Norrland forestier n'au-raient pas une âme, tandis qu'on y compte 4 ou 5 habitants par kilomètre carré.
II. La *région centrale* comprend la Suède entre *Gèfle* et *Kalmar* et le littoral norvégien ; elle a des champs de *seigle* et d'*orge*, des sapins géants et des mines de *fer* renommées. C'est un pays de *culture*, de *scieries*, de *goudronneries* et d'*industrie métallurgique*. Cette région centrale possède 30 habitants par kilomètre carré.
III. La dernière région comprend *les cantons tout à fait méri-dionaux de la Suède*. C'est la zone privilégiée : toutes les *céréales* y réussissent, les *prairies* y sont magnifiques, la mer toujours libre et toujours sillonnée de vaisseaux. La population se presse (77 hab. par kilom.) dans cette contrée vraiment européenne ; et toutes les villes notables s'y rencontrent, excepté Stockholm.

15. NORVÈGE. — Le **royaume de Norvège** (321 000 kmq.) est essentiellement forestier et maritime.

16. — L'aptitude agricole est médiocre dans ce pays où tout est côte ou rocher. On récolte la *pomme de terre*, un peu de *seigle*, mais pas de blé : la Norvège doit acheter son pain. Par contre, les *moutons* sont nombreux et les *bêtes à cornes* (1 million de têtes) sont de bonnes races.

17. — Les *forêts* couvrent plus du tiers du pays ; et l'on commence à exploiter, dans les provinces du nord, un *fer* d'excellente qualité que la Suède transporte dans les fonde-ries par la nouvelle voie ferrée de Narvik, la plus septen-trionale du monde entier.

18. — Les Norvégiens se livrent surtout à la pêche côtière dans les fiords et près des îles Lofoden, à la grande pêche dans les parages de l'Islande, du Groenland et du Spitzberg. Les *conserves de poissons*, l'*huile de foie de morue*, la *glace*, les *minerais* et les *bois* donnent lieu à un commerce très actif.

19. — Ce commerce permet au Norvégien d'entretenir une *marine marchande*, qui jauge 1 450 000 tonneaux. C'est la première de l'Europe après la marine britannique.

20. — La Norvège compte 2 240 000 hab., 7 par kmq. Ses principales villes sont les ports de **Christiania**, 227 000 hab. ; de **Bergen**, 72 000 ; de **Trondhiem** et de **Stavanger**.

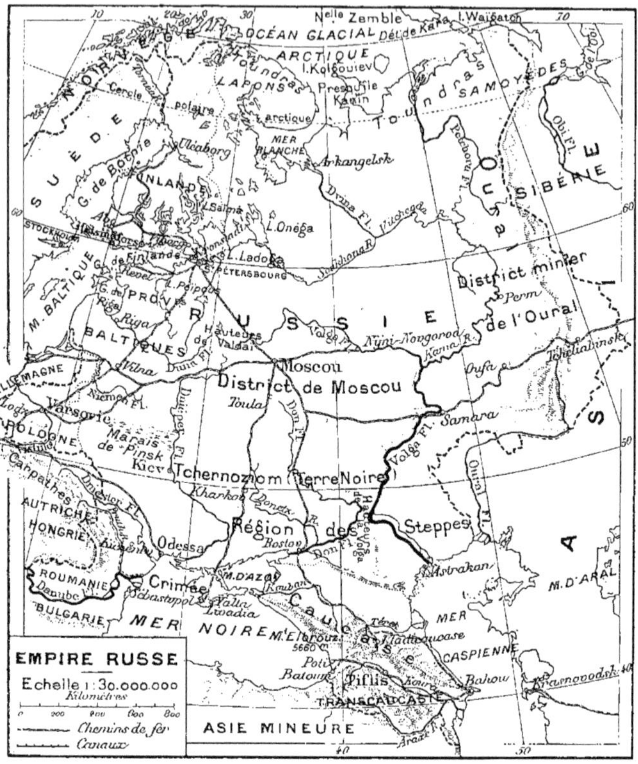

EMPIRE RUSSE

1. Géographie physique. — La **Russie** compte 6 000 000 de kmq, dix fois la superficie de la France.

2. — Au sud et à l'est, elle se termine par le **Caucase** (*Elbrouz*, 5 660 m.) et par l'**Oural**, beaucoup plus modeste, et facile à traverser.

3. — La Russie se compose de *plaines* ; les **hauteurs de la Volga**, le plateau marécageux de **Pinsk** et le **Valdaï** (351 m.) sont de simples dos de pays, importants seulement comme centres hydrographiques.

4. — Le climat est essentiellement continental, avec des étés courts et des hivers âpres et prolongés. Les vents du nord et du sud qui balaient toute l'étendue de la Russie apportent peu de pluies mais beaucoup de neige.

5. — Les fleuves coulent vers quatre mers : ce sont, vers l'océan Glacial, la **Petchora** et la **Dvina**, glacées huit mois de l'année ; vers la Baltique, la **Né** (72 km.), émissaire des lacs finlandais, **Duna**, le **Niémen** et la **Vistule** ; ver mer Noire, le **Dniester**, le **Dniéper** le **Don** ; enfin vers la mer Caspienne **Volga**, le plus long, le plus abondant fleuves européens.

1re Lecture. — **Trois aspects de la te russe.** — Un empire aussi vaste est forcén disparate : il a des régions inclémentes et ir bitables, et des terres de choix où les peu se fixent, bâtissent des villes et se multipli Dans la Scandinavie, la population s'est blo sur les bords de la mer ; en Russie elle re vers l'intérieur.

Le nord est un désert glacé : le vent e froid y font rage. A neuf mois de gelées co tantes succèdent trois mois d'une lourde cha qui fond la glace superficielle sans atteindr fond du sol. Des flaques d'eau croupissante de boue, des nuées de moustiques affan voilà ce que présente la *toundra* dans la b saison. Il faut y joindre la végétation na de la zone boréale, des lichens, des mous un peu d'herbes et des forêts de pins sécula qu'on pourrait transplanter dans des pots fleur... La morne toundra occupe le quar l'empire russe : ses habitants sont des noma chasseurs de fourrures, disposant chacun 3 kilomètres carrés.

Le sud est un désert brûlant. On y distin les *steppes de la mer Noire* et les *steppes d mer Caspienne*. Les premières ont quelq beaux jours, quand les ondées printanières f croître les herbes et les fleurs. Mais l'été re survient brusquement : son souffle embr dessèche le sol et les plantes ; l'élevage dev impossible, et il ne reste quelque verdure q sur le bord des cours d'eau. Quant aux step de la Caspienne, ce sont des sables abandon par une mer qui recule depuis des siècles, ces sables sont imprégnés de sel ; leurs lagu sont tellement saumâtres, qu'un froid de degrés n'y forme point de glace. L'herbe rare et médiocre ; et trop souvent les sau relles s'abattent sur cette chétive verdu alors tout est dévoré, feuilles, bourge écorces et racines. Rien n'est sauvé en dehors des roseaux at dés qui n'avaient pas encore atteint le niveau liquide.

En dépit de leur précaire existence, les habitants des step sont moins à plaindre que ceux des toundras. Ils élèvent mouton, le chameau, vivent de laitage et trouvent dans la pê fluviale un complément de nourriture. Il y a de 3 à 10 habita par kilomètre carré.

Entre ces contrées misérables, la Russie déploie ses immen forêts et ses meilleurs champs. Le *Tchernoziom* ou *terre noire* doit pas son origine, comme tant d'autres terres fertiles, a alluvions fluviales ou aux limons d'un lac, mais à la décom sition des plantes depuis des milliers d'années. Les herbes b lées ou pourries forment un gras terreau d'un demi-mètre, d mètre et, par exception, de cinq mètres d'épaisseur. Sans mier, sans engrais d'aucune sorte, la terre noire produit d'ad rables moissons. Cette Beauce de la Russie, cultivée comme no Beauce, pourrait nourrir l'Europe entière.

6. Les extrémités de la Russie. — Du nord sud de la Russie, la distance égale celle de Nice au cer polaire. Les extrémités de l'Empire offrent donc un contra frappant.

7. — Le nord est inculte et glacé. Les Lapons et

oyèdes y mourraient de faim sans leurs troupeaux de
ïes. — L'unique port est **Arkangelsk** (20 000 h.),
lcz-vous des chasseurs et des baleiniers.

. — L'extrême sud appartient à la zone méditerra-
ïne : la **Crimée** a des *vignobles* et des stations hiver-
s (Livadia, Yalta) comparables à Nice et à Cannes. —
nt à la **Transcaucasie**, bien abritée des vents froids.
est riche en *coton*, en *mûriers*, en *forêts* de chènes, de
es et buis; ses *tapis*, ses *tissus de soie* et ses sources iné-
ables de *pétrole* font la fortune de **Tiflis** (160 000 h.),
Bakou (110 000 h.) et de **Poti**.

. **La Russie centrale**. — La Russie centrale renne cinq régions très actives : la **Terre noire**, la Po-
ne, les **provinces baltiques**, la région de l'**Oural**
région de Moscou.

0. — La **Terre noire**, grande comme deux fois la
nce, est le grenier d'abondance de la Russie. Elle pro-
le *blé*, le *seigle*, l'*avoine* et la *betterave*. Ses villes notables
t **Kichenev** et **Kiev** (250 000 h.), marchés agricoles;
arkov (170 000 h.), centre du *bassin houiller* du Do-
z et des *industries métallurgique* et *sucrière*, et **Odessa**
5 000 h.), grand entrepôt des *blés* sur la mer Noire.

1. — La **Pologne** joint à une agriculture perfectionnée
grandes ressources en *houille* et en *fer*. **Lodz** (315 000 h.)
ïque du *sucre* et des *cotonnades*; **Varsovie** (680 000 h.)
es *distilleries*, des *brasseries* et fait un énorme commerce
bestiaux et de *grains*.

2. — Les **provinces baltiques** pratiquent l'*élevage*
culture du *houblon* et du *lin*. **Vilna** et **Riga** (280 000 h.)
t les principaux centres d'affaires.

3. — Le district minier de l'**Oural** renferme tout
ïn des *pierres précieuses* et des *métaux*. Le *cuivre* et le
y forment des montagnes, et **Perm** y traite les mine-
s et fond des *canons*.

4. — Le district de **Moscou**, enclavé dans la zone
estière, est riche en *lin*, en *chanvre*, en *charbon* et en *fer*;
ompte une douzaine de grosses villes; les plus impor-
tes sont **Toula**, avec ses manufactures d'*armes* et d'*outils*,
Moscou (1 000 000 d'h.), qui fabrique toutes sortes de
us et d'objets en bois et en cuir. Moscou, la « cité sainte » et
vieille capitale moscovite, est au centre des voies ferrées;
produits de son industrie alimentent les foires de **Nijni-**
vgorod, fréquentées par les marchands de toute l'Asie.

15. **Géographie économique**. — La Russie, pays
tout agricole, exporte les *blés*, le *chanvre*, le *lin* et les *bois*.

16. — Son industrie est de date récente; elle utilise
 me combustibles la *houille* malheureusement insuffi-
te, le *pétrole du Caucase* et le *bois*. Grâce aux capitaux
opéens, cette industrie a triplé depuis quinze ans; et la
ssie vient juste après l'Angleterre et l'Allemagne pour la
oduction du *fer* et du *sucre*.

17. — Le commerce extérieur reste inférieur à celui de la
gique; le commerce intérieur se fait surtout dans les *foires*
uelles des grandes villes et à l'aide des voies fluviales.

18. — **Saint-Pétersbourg** est le point de départ de
te navigation intérieure qui fait communiquer la mer
nche, la Caspienne et la Baltique. C'est, en même temps

C. SUP.

que la capitale officielle de l'Empire, la première cité pour
les *industries du luxe*, les *filatures de laine*, de *coton*, et la
préparation des *fourrures*. Son port est protégé par la citadelle insulaire de **Kronstadt** (60 000 hab.). Saint-Pétersbourg, avec sa banlieue, compte 1 440 000 habitants.

2ᵉ Lecture. — **Importance des cours d'eau dans l'Em-**
pire russe. — La Russie manque de mers, de routes et de voies
ferrées. Aucune de ses mers n'est réellement libre. La **Caspienne**
est un lac sans issue, la mer **Blanche** est bloquée neuf mois
chaque année par les glaces, et la **Baltique** deux ou trois mois; la
mer **Noire** vaudrait mieux, malgré ses limans vaseux, ses bas-
fonds, ses bourrasques, ses furieuses tempêtes et sa détestable
réputation. Mais c'est encore une mer fermée : on ne la franchit
que sous les canons ottomans comme on ne franchit la Baltique
que sous les canons danois. Le tsar, si puissant dans son vaste
empire, ne saurait s'éloigner sans la permission de ses humbles
voisins.

La Russie compte 120 000 kilomètres de routes, chiffre imposant; mais qu'est-ce qu'une route russe ? Pas même un chemin :
c'est un espace inculte dans lequel les attelages se lancent à
perdre haleine, guidés d'un village à l'autre par des poteaux
indicateurs. Encore faut-il uniquement voyager l'hiver; dès le
printemps on ne trouve plus que marécages et fondrières, et les
routes sont presque impraticables.

Quant aux voies ferrées, non seulement elles n'existent pas
dans la Russie du Nord, mais le réseau russe égale à peine celui
de la France pour un État dix fois plus étendu.

Les *cours d'eau sont les vrais chemins de la Russie* : six d'entre
eux (en y comprenant deux affluents de la Volga) dépassent la
longueur du Rhin; et la Néva, pourtant si courte, roule plus
d'eau que le Rhône et le Rhin réunis. Sans doute, ces fleuves
ont leurs défauts : ils se gonflent outre mesure lors de la fonte
des neiges; les uns rongent leurs rives, d'autres franchissent des
rapides (*poroghi*) ou charrient des sables, et tous ont leur période
de chômage hivernal. Mais ce sont d'admirables porteurs d'hommes et de marchandises. Non seulement ils font la fortune des
villes commerçantes situées sur leurs bords, mais ils entretiennent
toute une population de charpentiers et de mariniers. Chaque
année on lance sur les fleuves 10 000 bateaux nouveaux qui effectuent un seul voyage de descente; au terme de leur course, ils
sont « déchirés » et vendus comme bois de chauffage et de construction. On ne conserve que les bateaux à vapeur qui circulent
sans cesse et dans les deux sens.

Les cours d'eau russes sont très poissonneux : 20 000 hommes
vivent de la pêche sur les bords de la Volga. La « petite mère
Volga » est un vivier inépuisable de *harengs*, de *saumons*, de
lamproies, de *sterlets* miraculeux qui pèsent vingt livres et
d'*esturgeons* géants qui en pèsent 1 200 ! Précieuses captures qui
alimentent les usines de conserves d'Astrakan et que payent
royalement les gourmets de Saint-Pétersbourg.

Les fleuves jouent donc un rôle très important dans la vie
russe. Et Pierre le Grand a prouvé son génie en creusant les
premiers grands canaux qui joignent les sources opposées. Cette
œuvre inachevée est déjà grandiose : la Russie possède 37 000 kilomètres de canaux et de voies navigables.

19. Géographie politique. — L'Empire comprend
la **Russie** proprement dite, le grand-duché de **Finlande**
(cap. Helsingfors), le gouvernement de **Pologne** (cap.
Varsovie) et celui du **Caucase** (cap. Tiflis).

20. — Le tsar, maître absolu au point de vue politique et
religieux, nomme lui-même les membres du Sénat, du Conseil
d'État, les gouverneurs et les fonctionnaires de toutes sortes.

21. — La population compte 115 millions d'hommes,
dont les quatre cinquièmes sont des paysans qui pratiquent
l'orthodoxie grecque. Cette population augmente avec une
rapidité remarquable. « Chaque année, la France augmente
» d'un régiment, l'Allemagne d'un corps d'armée, la Russie
» d'une armée entière. »

PÉNINSULE DES BALKANS.

1. — La **Péninsule des Balkans** s'étend de la *mer Adriatique* à la *mer Noire* et des **Carpathes** au *cap Matapan*. Elle est grande comme la France.

2. — Mais la structure est des plus compliquées : on y distingue, outre la plaine inférieure du Danube, un tronc continental et une péninsule.

3. — Le **tronc continental** est couvert de montagnes : à l'ouest les plateaux calcaires de la Serbie et de l'Albanie font suite au plateau dalmate. Ils sont criblés d'ouvertures ou « katavothras » où s'engouffrent les eaux courantes.

Ces plateaux se terminent au **Tch**[...] **Dagh** (3 050 m.), point culminant [...] la péninsule. A l'est le mont *Vit*[...] (2 472 m.) est un centre de rayonnem[...] d'où partent quatre systèmes de m[...] tagnes. Les principales sont les **B**[...] **kans**, formés de grès comme les Vosg[...] leurs sommets arrondis en ballons s[...] tapissés de forêts.

4. — Entre ces groupes de haute[...] se creuse un long couloir que p[...] courent la *Morava*, la *Vardar* et le c[...] min de fer de Paris à Salonique.

5. — Le versant septentrional, s[...] mis aux froids continentaux, est [...] versé par la *Drina*, la *Morava*, le *Ti*[...] et l'*Isker*, affluents du **Danube**.

6. — Le versant du sud jouit du [...] mat méditerranéen. Il reçoit peu [...] pluies, et ses rivières, *Maritza, Strou*[...] *Vardar*, ne sont pas navigables.

7. La **vallée inférieure du D**[...] **nube** comprend la **Roumanie** [...] a pour limites les **Carpathes**, le D[...] nube inférieur, le *Pruth* et le litto[...] de la *mer Noire*.

8. ROUMANIE. — Les terres de [...] Roumanie s'abaissent par gradins s[...] cessifs, de la montagne jusqu'au [...] marécageux du fleuve. Elles porte[...] suivant les altitudes, des *forêts*, [...] *prairies* et des *céréales*.

9. — La Roumanie a des sources de [...] *trole*, des mines de *sel* et de *métaux* div[...] la *houille* même n'y fait pas défaut e[...] pays sera industriel quand on utilisera [...] combustible. Jusqu'ici il est uniquem[...] agricole; ses champs de *maïs* et de [...] sont cultivés par des ouvriers bulga[...]

10. — La population atteint près [...] 6 millions d'habitants, 45 par kmq. [...] karest (280 000 h.) est la capitale. [...] autres villes notables sont : Ias[...] (80 000 h.), près du *Pruth*, Braila [...] Galatz (60 000 h.), ports danubiens [...] cessibles aux bâtiments de mer.

11. — Le **tronc continental** comprend 4 États [...] Monténégro, la Serbie, la Bulgarie et la Turqu[...]

12. MONTÉNÉGRO. — La **principauté de Mon**[...] **négro** est grande comme notre département de la Giron[...] mais trois fois moins peuplée (230 000 h.). Pauvre et m[...] tagneuse, elle a pour villes principales deux modestes v[...] lages, Cettigne à l'intérieur et Antivari sur la mer.

13. SERBIE. — Le **royaume de Serbie** ne touc[...] à la mer par aucun côté. L'élevage des *porcs* et la cult[...] des *céréales* sont ses seules ressources : car ses gisemen[...] miniers restent inexploités. Néanmoins le pays compte 2 m[...]

ons 70,000 habitants, avec la plus forte densité de la région des Balkans (55 au kmq.). La capitale, **Belgrade** (*0 000 h.), commande le Danube et le chemin de fer de Paris à Constantinople.

14. BULGARIE. — La **principauté de Bulgarie** pour annexe la **Roumélie orientale.** Les Balkans sont ur limite commune. Le versant danubien déploie ses terres *blé*; le versant méridional, préservé des vents froids, est ne immense roseraie. On distille à **Kazanlik** 1 650 kilog. *essences de roses* qui se vendent en Europe et en Amérique. a Bulgarie a pour capitale **Sofia** (68 000 h.) et pour villes rincipales **Philippopoli** à l'intérieur et **Varna** sur la er Noire. — Population : 3 700 000 hab.; densité : 39.

15. TURQUIE. — La **Turquie** couvrirait juste le tiers e la France (170 000 kmq.). Elle se compose de l'**Albanie**, aboteuse et pauvre, et de la **Roumélie méridionale**, rtile dans ses vallées.

16. — Ce pays pourrait être riche; mais les *Albanais* anquent de discipline, les *Grecs* n'aiment que le commerce, les *Turcs*, intrépides soldats, sont des cultivateurs nonalants et de détestables administrateurs.

17. — On récolte du *blé* et du *tabac* dans les plaines de Maritza et du **Vardar** et l'on cultive, sur les bords de la mer Egée, les arbustes qui exigent peu d'eau, l'*oranger*, citronnier, l'*olivier* et la *vigne* (vins de la Chalcidique).

18. — La Turquie touche à cinq mers et fait un grand ommerce par les ports de **Constantinople** (950 000 h.), e **Salonique** (105 000 h.), et par ses marchés intérieurs e **Monastir** (50 000 h.) et d'**Andrinople** (80 000 h.).

19. — La population (6 300 000 h.) est soumise au sultan, chef religieux et souverain omnipotent.

20. — La **Crète** dépend de la Turquie, mais elle a un gouvernement autonome.

21. Populations. — On évalue à 21 millions d'hommes a population des Balkans, et à 16 ou 19 le nombre des aces qu'on y rencontre. Ces chiffres n'ont rien de rigoureux.

22. — Trois races l'emportent de beaucoup sur les autres. e sont les *Roumains* au nord du Danube, les *Slaves* dans e tronc continental, et les *Grecs* dans la péninsule hellé- ique, sur les bords de la mer Egée et dans les archipels.

23. — Ces races depuis cent ans ont conquis une à une ur indépendance en refoulant les *Turcs* qui étaient en mi- orité.

24. — Mais la « question des Balkans » n'est pas réso- ue. Elle ne le sera que quand les Turcs auront évacué l'Eu- ope et que les limites des Etats bulgares, grecs et roumains eront conformes aux divisions ethnographiques.

1re Lecture. — **Les nations chrétiennes et l'Empire** urc. — Quatre siècles durant, la domination turque a pesé ur la péninsule en pure perte pour la civilisation. Le sultan de onstantinople, chef des musulmans, n'admettait que des *musul- uans* aux charges militaires et civiles. Et il regardait ses sujets hrétiens comme des *raïas*, c'est-à-dire comme des têtes de bétail. L'Empire turc est réduit en Europe au quart de son étendue rimitive; et il aurait tout à fait disparu si Constantinople n'oc- upait au point de vue commercial et maritime une situation xceptionnelle faite pour exciter toutes les convoitises. Son dé- uembrement irrémédiable a été un bienfait pour l'Europe. L'An- leterre a gagné l'île de Chypre; la Russie, une province (Bessa- abie); l'Autriche-Hongrie, le gouvernement de deux autres provinces. Cinq royaumes ou principautés affranchis sont entrés dans une ère de résurrection. Enfin le commerce s'est répandu dans tout l'Orient par l'ouverture des voies ferrées, par la cana- lisation et la neutralisation du bas Danube que surveille une Commission internationale, enfin par la neutralisation du Bos- phore et des Dardanelles, ouverts aux vaisseaux marchands et fermés aux vaisseaux de guerre. La France a répandu son sang et ses capitaux pour ces nobles causes sans réclamer un pouce de terrain; mais son prestige n'y a rien perdu : elle est, aux yeux des Orientaux, la nation la plus généreuse de l'univers.

25. GRÈCE. — La vraie **péninsule** ne touche pas aux Balkans. Elle s'allonge du nord au sud entre la *mer Ionienne* et la *mer Egée*. L'*isthme de Corinthe* que coupe un canal de 6 300 mètres la partage en deux tronçons, l'**Hellade** et la **Morée.** Cette péninsule forme le **royaume de Grèce.**

26. — Son ossature est des plus curieuses : la chaîne du *Pinde* et les montagnes qui en dépendent, *Olympe, Ossa, Pélion, Othrys, Parnasse,* etc., forment des compartiments qui ont eu chacun sa cité maîtresse et son existence indépendante. L'**At- tique**, la **Béotie**, la **Thessalie**, l'**Argolide** et la **La- conie**, si grandes dans l'histoire, sont de petits cantons.

La Grèce possède un grand nombre d'îles qui continuent le relief de ses promontoires : l'**Eubée**, les **Sporades**, les 300 **Cyclades** et **Cérigo** peuplent la *mer de l'Archipel*; **Corfou** et les îles **Ioniennes** font face à l'Italie.

27. — Ces îles fournissent le *marbre* statuaire (Paros), le *soufre* (Santorin), des *vins* exquis (le malvoisie de Tinos).

28. — L'étendue de la Grèce est égale à celle de la Bel- gique et de la Hollande réunies (65 000 kmq.). Faute de houille et de voies ferrées, l'industrie reste stationnaire; c'est le commerce seul qui fait la prospérité d'**Athènes** (111 000 h.), de **Patras** (38 000 h.), de **Corfou** et d'**Her- mopolis**, toutes villes maritimes, même Athènes par son port industriel du **Pirée** (42 000 h.).

29. — La population de la Grèce est de 2 500 000 ha- bitants; densité, 37.

2e Lecture. — **Caractère maritime de la civilisation grecque.** — Le sol hellénique, aride et sec, offre aux regards des voyageurs plus de maquis que de forêts, plus de pacages que de champs labourables et infiniment plus de chèvres que de mou- tons et de bœufs. Les cultures rémunératrices sont celles du *tabac*, de l'*olivier*, de la *vigne* dont on exporte les raisins secs et de certains légumes (melons, concombres et tomates) dont la population des villes se montre très friande. En somme, la terre ne nourrit pas ses habitants.

Mais *la mer les enrichit*. Dès la plus haute antiquité, quand la marine naissante osait à peine s'éloigner des côtes, la Grèce était déjà célèbre pour ses pirates et ses marchands. La mer Egée avait favorisé leurs premiers essais : les *promontoires* qu'elle projette en tous sens, les *îles* et les îlots qui constellent sa sur- face rendaient la traversée facile et sûre. Les *vents étésiens* pous- sèrent bientôt quelques barques sur les côtes de l'Egypte et de la Phénicie, et les Hellènes rapportèrent, avec les produits d'une industrie très avancée, tous les éléments de la culture intellec- tuelle : l'alphabet, l'art de la sculpture, l'astronomie et la philo- sophie. Ainsi se forma chez ce peuple éminemment curieux une civilisation nouvelle aussi remarquable par son caractère élevé que par l'esprit positif de ses fondateurs. Les Grecs n'ont pas sensiblement changé. On en trouve un grand nombre dans tous les ports de la Méditerranée : armateurs, banquiers, négociants. ils font fortune. Pareils au fidèle Ulysse qui n'oublia jamais sa rocheuse île d'Ithaque (aujourd'hui Théaki). ils pensent sans cesse à la patrie absente, et ils la dotent d'institutions chari- tables, d'écoles et de monuments.

ITALIE

1. — **L'Italie**, dont la superficie est de 286 000 kmq., comprend trois régions distinctes : Italie continentale, Italie péninsulaire, Italie insulaire.

2. — **L'Italie continentale** est une plaine encadrée par les Alpes, l'Apennin et la *mer Adriatique*. Le rempart formidable des Alpes, couronné de glaciers, est percé des cinq tunnels, du *mont Cenis*, du *Simplon*, du *Saint-Gothard*, du *Brenner* et du *col de Tarvis*.

3. — L'Apennin continue les Alpes sans leur ressembler : ses monts crayeux tombent à pic sur la côte qui abrite les excellentes baies de *Gênes* et de *la Spezzia* : ils s'abaissent en pente douce vers la **plaine du Pô**, ancien golfe marin comblé par les alluvions, et en terrasses sur la mer Tyrrhénienne.

4. — Le Pô (672 km.), issu du mont *Viso*, a descendu les neuf dixièmes de sa pente à *Turin* où il porte bateau ; à *Crémone*, il reçoit des vaisseaux d'un faible tonnage ; au-dessous de *Ferrare*, il se divise en sept bras.

5. — A droite, il reçoit les torrents capricieux de l'Apennin, et, à gauche, le *Tessin*, l'*Adda*, l'*Oglio* et le *Mincio*, émissaires des lacs *Majeur*, de *Côme*, de *Garde*.

6. — Comme le Rhône, le Pô se g[rossit] outre mesure ; ses eaux sont mainte[nues] par des digues en aval de Crémone ; [son] delta s'accroît de 100 mètres par a[n].

7. — D'autres fleuves travaill[ent] sillonnent l'Italie du Nord, l'**Adig[e]**, le *Brenta*, etc. Ils finissent leur cours [sur] une côte basse, fangeuse et bordé[e de] lagunes : lagunes de *Venise* et de [Com]macchio.

1re Lecture. — **Cultures en terra[sses] et irrigations.** — Deux modes de cu[lture] sont employés dans l'Italie du Nord. [Les] monts de la Ligurie, de la base au som[met] sont entourés de larges gradins con[cen]triques portant des céréales, des vign[es,] des oliviers. Le pic et la pioche ont dé[coupé] les roches croulantes, et leurs débris [ont] servi à construire cet immense escali[er; les] murailles dont chacune, comme la ter[re] d'un jardin, retient la terre végéta[le] l'empêche de glisser sur la déclivité du [sol.] Qu'un orage éclatant sur les hauteurs verse les murs et ravine les terres, et, le lendemain, les paysans sont à l'œ[uvre] pour reconstruire les gradins, tandis [que] les femmes rapportent péniblement d[u bas] de la montagne, hottée par hottée, [la] précieuse terre qu'avait entraînée [la] trombe. » La *culture en terrasses* con[vient] particulièrement aux plantes arboresce[ntes.] . Dans la plaine, on emploie d'autres [pro]cédés. La Lombardie est, avec l'Indou[stan] et l'Egypte, la terre classique de l'*irriga[tion].* Et il faut qu'il en soit ainsi : si le débit [des] eaux n'était pas savamment réglé, la L[om]bardie serait, suivant les lieux, une [ari]dreuse campagne ou un marécage emp[esté.] Dès le temps de Philippe-Auguste, M[ilan] recevait, par le Naviglio-Grande, les [eaux] du Tessin ; cent ans après, elle était unie à l'Adda par le [canal] de Muzza qui est resté jusqu'à nos jours le plus abondan[t au] monde, puis par le canal de Martesana, œuvre de Léonar[d de] Vinci, puis par une série d'autres canaux munis d'écluses [; le] plus récent porte le nom de Cavour : il joint le Pô supérieu[r au] cours moyen du Tessin : il a 50 mètres de large.

Ces canaux sont à triple fin : ils portent les marchandises [en]combrantes, céréales, pierres et minerais : ils sont les princi[paux] auxiliaires de la culture : chacun d'eux se divise en artères [se]condaires qui se ramifient en rigoles et en fins ruisselets, ré[pan]dant sur le sol l'humidité et le limon. L'eau bien aménagé[e,] le chaud soleil fécondent des *rizières* supérieures à celle[s de] l'Indo-Chine, des *champs qui portent trois récoltes* et des [prés] qu'on fauche six fois par an. Enfin cette circulation artifici[elle,] qui emprunte aux grosses rivières au moins le tiers de leur [vo]lume, complète l'action modératrice des lacs subalpins ; [elle] diminue les crues menaçantes du printemps et conjure le [dan]ger des inondations, catastrophes aussi redoutables que les tr[em]blements de terre et que l'éruption des volcans.

8. **Productions et grandes villes.** — La pla[ine] irriguée est extrêmement fertile : elle produit le *maïs*, le [riz,] le *lin*, le *chanvre*, la *vigne* et des *herbages* excellents pour [les] *bêtes à cornes*. L'élevage du *ver à soie* est une des gran[des] ressources de l'Italie.

9. — Les terrasses du nord sont couvertes d'*oliviers*, [de] *vignes*, d'*orangers*, de *citronniers*, de *cédrats*.

10. — Mais l'industrie est restreinte, faute de houille, et ontribue peu à l'agrandissement des grandes villes.

11. — **Turin** (335 000 h.) fabrique des *étoffes de coton* et *e laine*; **Milan** (500 000 h.), station des touristes et centre mportant de voies ferrées et navigables, est le principal narché des *soies* et des *lins*; **Venise** (150 000 h.) montre on port déchu et ses palais déserts. — **Bologne** (150 000 ab.) fournit des tissus et des denrées alimentaires.

12. — Enfin **Gênes** (235 000 h.), ville industrielle et narchande, est le grand débouché de la plaine italienne, e la Suisse et de l'Allemagne sur la Méditerranée; grand ntrepôt de *grains*, de *houille* et de *pétrole*, grand marché e *fruits*, c'est la redoutable rivale de Marseille.

13. **L'Italie péninsulaire.** — L'Apennin par- ourt toute la péninsule italique, forme le sauvage **pla- eau des Abruzzes** et finit au cap *Spartivento*.

14. — L'étroit versant de l'*Adriatique* n'a que des tor- ents; celui de la *mer Tyrrhénienne* est sillonné de hauteurs arallèles; il renferme des lacs d'origine volcanique et porte e **Vésuve** (1 282 m.). Aucun de ses fleuves, *Arno*, **Tibre** 371 km.), *Garigliano* et *Vulturne*, n'est franchement navi- able.

15. **Productions générales et grandes villes.** — L'Apennin couvre de ses terrains jurassiques et argileux es deux tiers de la péninsule et offre aux *troupeaux transhu- ants* des *pâturages* d'été. Les vallées sont marécageuses et alsaines; elles portent surtout des *vignes*, des *oliviers* et es *orangers*; le *froment* est cultivé dans la plaine d'Apulie près de l'ancien lac Fucin.

16. — L'industrie est malingre. **Carrare** vend des *arbres statuaires*, **Livourne** du *borax*, et l'île d'**Elbe** u *minerai de fer*.

17. — La population, très nombreuse, habite surtout les illes. **Florence** (205 000 h.) est un grand centre intellec- uel; **Rome** (462 000 h.), entourée d'une « campagne infer- le et fiévreuse », doit sa fortune à ses grands souvenirs et à n double titre de capitale du royaume et de la chrétienté; **Naples** (560 000 h.) réunit tous les privilèges : la beauté de s alentours, la richesse exubérante de son sol volcanique, a sécurité de sa vaste baie. Naples est la première ville et e second port de l'Italie, et sa campagne, la **Terre de abour**, une des contrées les plus peuplées de l'Europe.

2e **Lecture.** — Incessante mobilité de la population urale. — Partout ailleurs, l'homme des champs est un être édentaire qui naît, travaille et meurt à l'ombre du même clo- her. En Italie, il se déplace sans cesse : c'est une fatalité que i imposent le climat, les procédés d'élevage et le régime de a propriété.

La plupart des bonnes terres de l'Italie sont basses, humides insalubres: l'implacable *malaria*, qui vicie l'atmosphère et élabre les corps les plus solides, ravage les *maremmes de Tos- ane*, les environs de Rome, les *marais Pontins*, les vallées creuses e l'Apennin et toutes les plaines de la Sicile et de la Sardaigne. ui songerait à bâtir une demeure dans ces lieux meurtriers? Dès ue planent les brouillards du soir, la campagne est entièrement éserte : le paysan italien est le seul qui n'ait ni fermes, ni vil- ges; la nuit, il se réfugie dans les villes.

L'élevage italien se fait par *transhumance :* le bétail passe la aison chaude dans les hautes prairies de l'Apennin; puis il re- agne la plaine quand la neige et les vents d'hiver rendent les onts inhabitables. La transhumance mobilise des milliers de

paysans. Rien n'est curieux comme la montée et la descente de ces colonnes interminables de moutons et de bœufs conduits par des bergers à cheval; ces hommes sinistres, basanés, vêtus de peaux de bêtes et pareils à des brigands, sont d'honnêtes labou- reurs, heureux de retrouver dans la plaine leurs familles et leurs charrues.

Ce qui fixe le paysan au sol, c'est la propriété; malheureuse- ment la terre italienne appartient à ceux qui ne la cultivent pas. D'*immenses domaines* rapportent peu, parce que leurs proprié- taires ne veulent s'imposer aucun sacrifice, et que les fermiers, endettés en général, ne sauraient faire aucuns frais. Le domaine de Policoro, dans la Basilicate, a 140 kilomètres carrés; il reçoit 4 000 travailleurs au temps des semailles et de la moisson; puis il est abandonné à un personnel de 250 fermiers. population aussi clairsemée que celle des steppes de la Russie. C'est pis en- core dans la campagne romaine où résident à demeure fixe 764 habitants; chacun d'eux, comme dans les toundras, dispose de 4 kilomètres carrés.

Le paysan italien a trois vertus maîtresses : la sobriété, la pa- tience et une endurance à toute épreuve. Rien ne le rebute, ni la bise glacée des montagnes, ni le soleil torride du plat pays, ni l'eau empestée des marais dans laquelle il travaille des jour- nées entières, sans s'interrompre pour autre chose que pour détacher les sangsues qui se collent à ses mollets. Mais c'est le Juif-Errant de l'agriculture, passant éternellement d'un domaine à l'autre et louant ses bras à qui les réclame pour une saison ou pour un mois. Son existence est par trop incertaine; elle comporte trop de chômages, de mortes saisons, de pas et de temps perdus. Sa misère est excessive : dans la région des Abruzzes, l'ouvrier agricole mange du pain de glands et boit de l'eau. De là le vol, le brigandage, des colères sourdes, des sou- lèvements de provinces entières. De là surtout une émigration toujours grandissante à laquelle prennent part les régions répu- tées les plus riches, comme le Piémont et la Lombardie : 147 000 Italiens se sont expatriés en 1884; en 1904, l'émigration emportait 566 000 hommes dont la moitié s'embarquaient pour l'Amérique sans esprit de retour.

18. **L'Italie insulaire.** — La Sicile fait suite à la péninsule italique; elle n'en est séparée que par le *phare de Messine*. Montagneuse au nord, elle porte à l'est la masse isolée de l'**Etna** (3 303 m.).

19. — La plaine très féconde du sud produit les plantes de l'Italie méridionale et celles de l'Afrique : *cotonnier, pal- mier, canne à sucre*.

20. — La Sicile vend des *vins* renommés (Marsala) et d'énormes quantités de *soufre*. **Palerme** (310 000 h.), **Messine** (150 000 h.) et **Catane** (150 000 h.), sont les principales villes.

21. — La Sicile est entourée de nombreuses petites îles, la plupart d'origine volcanique : les *Lipari* avec le *Stromboli*, phare naturel, les *Egates* et *Pantelleria*.

22. — **La Sardaigne**, presque aussi grande que la Si- cile, est couturée de montagnes; elle a des vallées fertiles mais mal cultivées. et d'abondants gisements de *zinc* et de *plomb argentifère*. **Cagliari** et **Sassari** sont les principales villes de cette île peu peuplée.

23. — L'Italie est un royaume constitutionnel qui a **Rome** pour capitale depuis 1870. Elle a voulu tout entre- prendre à la fois, construire 30 000 kilom. de routes, 16 000 de voies ferrées, creuser 3 000 kilom. de canaux. Son armée, sa marine et ses tentatives coloniales (Afrique) ont achevé d'obérer ses finances.

24. — La population compte 33 500 000 habitants, 118 par kmq., chiffre excessif pour un pays pauvre en indus- trie. De là une forte émigration.

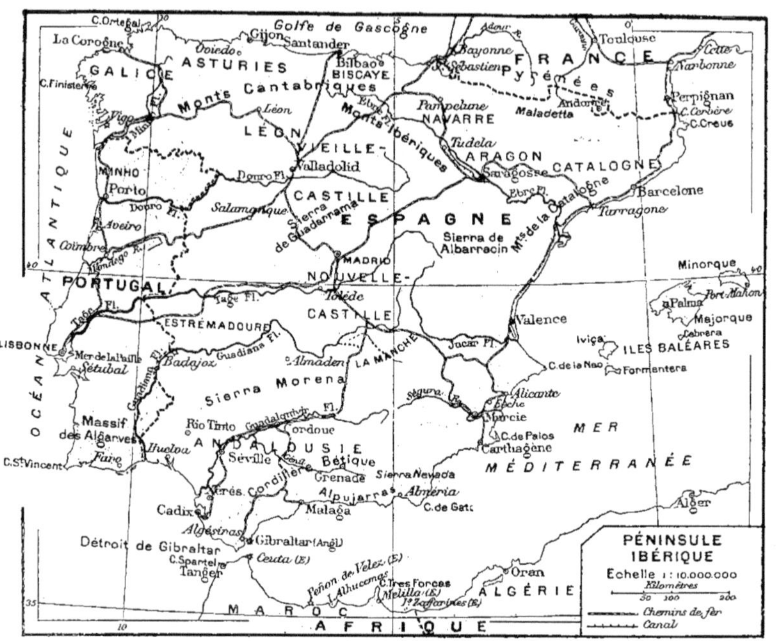

PÉNINSULE IBÉRIQUE

1. — La péninsule ibérique, **Espagne** et **Portugal**, est séparée de la France par les **Pyrénées** et de l'Afrique par le **détroit de Gibraltar** (13 km.).

2. — Elle comprend le plateau intérieur des **Castilles** et une série de *plaines fluviales* et *maritimes*.

3. **ESPAGNE.** — Les Castilles sont entourées de montagnes : monts Cantabriques (2664 m.), **monts Ibériques, Sierra de Albarracin, Sierra Morena.** Les Castilles s'étagent en deux terrasses de 700 et 600 mètres séparées par les monts de **Guadarrama**.

4. — Le climat est tout à fait continental et généralement sec. Les fleuves, **Douro, Tage** et **Guadiana**, coupés de rapides, ont des lits profonds, mais peu d'eau. Aucun n'est navigable.

5. — Le sol est pauvre, presque désert dans la **Manche**, herbeux dans l'**Estrémadoure**, où l'on élève des *moutons mérinos* et des *porcs*, plus fertile dans les terres à *blé* du **pays de Léon.**

6. — L'industrie, faute de houille, existe à peine. **Tolède** (20000 h.) fabrique des *armes* blanches; **Almaden** a des mines de *mercure*; **Valladolid** (70000 h.) vend des *blés*; **Madrid** (510000 h.) est la capitale politique et intellectuelle de l'Espagne.

1re **Lecture.** — Désolation des Castilles. — Des villes muettes, des châteaux délab de rares villages, des aube misérables où l'on trouv grand'peine un gîte et du p puis des sierras coupées passes vertigineuses, plaines désertes, des plate raboteux et convulsés, voil monotone et douloureux bleau qu'offre le tiers d péninsule. Il y manque t ce qui repose et réjouit yeux : la verdure ondoya des forêts, le cristal des f taines, la bigarrure (champs, le va-et-vient hommes, en un mot le m vement, la couleur et la

Le *climat*, le *passé*, la *me* trois fatalités, pèsent sur Castilles. Deux vents oppo soufflent tour à tour, la l pyrénéenne et le *solano* transforment le pays en fo naise et en glacier. L'anné partage en deux saisons, n mois d'hiver, trois mois d' fer. La pluie devrait tempé ces excès; mais la Castille frustrée des vapeurs qui forment au-dessus de l'Océ elles s'épanchent sur le po tour extérieur des monts, là l'indigence des cours d' et la proverbiale stérilité sol : « L'alouette qui trave la Castille doit emporter grain. »

Cette stérilité a encore cause *historique:* la Castill été pendant sept cents ans champ de bataille entre les chrétie part la croisade n'a duré aussi long sang généreux. Au moment où elle s victorieux allaient peut-être se tour tophe Colomb découvrit l'Amérique, laissèrent entraîner vers les fabuleu

Les rois chrétiens auraient pu en partageant la Castille aux soldats q ils en firent de grands domaines p grands, pour les ordres militaires, p pour ceux qui ne savent pas et ne v Cette terre, jadis féconde en céréal beuse. Les puissants propriétaires, donnèrent le pays à dix millions de en Estrémadoure et dans la Manche Léon, et qui dévastaient sans pitié dans leurs parcours périodiques.

Ainsi fut consommée la ruine d mesta a été abolie (1836, et les bien à la couronne 1868 : mais certains rables. Faute de bras et de capitaux, en friche, qui comptaient sous les villages et de bourgs. Les Castilles bitants par kilomètre carré et deux et Madrid, dépassent 50000 âmes.

7. **Zone océanique du Nord.** — Le versant ma time des monts Cantabriques a de riches mines et nombreux ports : Bilbao (83000 h.) exporte les *mi rais de fer* de la Biscaye vers la Belgique et la Fran du Nord; Oviédo et Gijon vendent les *houilles* des A

turies ; **Santander** (54 000 h.) est le débouché septentrional de la Vieille-Castille.

8. — La **Galice** rappelle notre Bretagne par ses caps effilés (**Ortegal** et **Finisterre**), ses baies déchiquetées, ses abondantes rivières, ses *pâturages* et ses *pêcheries*. Elle nourrit une population très dense et possède **La Corogne** (44 000 hab.), port très animé.

9. Région de l'Ebre. — Les Pyrénées, les monts **Ibériques**, les monts de la **Catalogne** entourent la vallée de l'Ebre. L'**Ebre** a la longueur de la Seine, les caprices de la Garonne et le delta du Rhône. Fleuve médiocre malgré ses tributaires pyrénéens, il n'est navigable que par un canal latéral entre **Tudela** et **Saragosse**.

10. — La vallée comprend la **Navarre** et l'**Aragon**, pays pauvres, sauf autour de **Saragosse** (100 000 h.), et la **Catalogne**, pays de grande activité agricole et industrielle. **Barcelone** (533 000 h.) est un centre de *filatures*, de *draperies*, et le premier port espagnol.

11. Espagne méridionale. — L'Espagne méridionale a pour limite au nord une ligne droite allant du cap **Saint-Vincent** au cap de la Nao et à Minorque. Sur cette droite se trouve la **Sierra Morena**, riche en *plomb argentifère*, en *houille* et en *cuivre* (**Rio-Tinto**).

12. — En face et au sud se dresse la **Cordillère Bétique**, plus haute que les Pyrénées dans la **Sierra Nevada** (3554 m.).

13. — Entre ces monts coule le **Guadalquivir** (600 km.) qui se grossit du *Génil*; il porte bateau sur les trois quarts de son cours, passe à **Cordoue** et reçoit les vaisseaux à **Séville**, 100 kilomètres avant de se perdre dans l'Océan.

14. — L'Espagne méridionale a un climat africain et une végétation fougueuse dans ses parties bien irriguées. Elle renferme beaucoup de villes : **Valence** (210 000 h.), **Murcie** (110 000 h.), **Carthagène** (100 000 h.), **Alméria** et **Malaga** (130 000 h.), sur le versant de la Méditerranée; **Palma** et **Port-Mahon**, dans les Baléares, font le commerce des *oranges*, des *raisins* et des *vins*; **Grenade** (76 000 hab.), **Cordoue** (60 000 h.) et **Séville** (150 000 h.) sont les grands centres de l'Andalousie; il faut y ajouter **Xérès** avec ses *vins*; **Cadix**, port militaire, et **Huelva**, qui exporte du *cuivre*.

2ᵉ Lecture. — Ce qui reste des Arabes dans l'Espagne méridionale. — Les Arabes firent de l'Andalousie leur séjour de prédilection : ils y retrouvaient l'aspect, le climat, la végétation de leur terre natale ; et ils déployèrent, pour le mettre en valeur, toutes les ressources de leur génie.

Les royaumes chrétiens croupissaient encore dans la barbarie, alors que le khalifat de Cordoue jouissait d'une éclatante civilisation : sa culture perfectionnée, ses industries de luxe, un incessant commerce avec les rivages de la Méditerranée lui assurèrent une prospérité inouïe. Séville avait dans ses ateliers 100 000 ouvriers travaillant la soie, la laine et le cuir. Cordoue, habitée par un million d'hommes, valait Constantinople et surpassait Rome par la magnificence de ses monuments, l'importance de ses écoles, la richesse de sa bibliothèque, la science de ses mathématiciens et la renommée de ses artistes.

Cette haute fortune eut sa décadence : Grenade, en 1492, tomba aux mains des Castillans, et le dernier des Maures, en 1609, dut repasser en Afrique.

Trois cents ans se sont écoulés; mais l'empreinte musulmane reste ineffaçable. On la reconnaît partout, dans les noms des montagnes et des fleuves, dans le jargon *mosarabe* que parlent les habitants des hautes vallées, dans la population des Moriscos qui vivent sur les monts Alpujarras, dans les costumes et les coutumes de Valence, et surtout dans les constructions urbaines. Chaque ville a sa mosquée ornée d'arabesques, son palais ou alcazar aux mille colonnes, ses rues grimpantes abritées par des nattes contre l'ardeur du soleil, et ses maisons sans fenêtres, sinistres à voir du dehors, mais délicieuses à habiter, grâce au *patio* ou cour intérieure, dallé de marbre et rafraîchi par des plantes vertes et des jets d'eau.

Le commerce a beaucoup baissé, l'industrie a failli périr; mais les Espagnols ont gardé intact le plus précieux héritage des Arabes, leur tradition agricole. Dans une contrée où les pluies sont rares et l'été une fois plus ardent qu'à Paris, toute culture est impossible si l'eau vient à manquer. Pour retenir le précieux liquide, on a construit d'épais barrages, et échelonné dans les ravins des réservoirs (*pantanos*) reliés à la plaine par des canaux. L'heure de la distribution quotidienne, sa durée, la quantité de liquide allouée à chaque champ sont scrupuleusement réglées. Les fraudeurs comparaissent devant la cathédrale de Valence où siège la « Cour des Eaux », singulier tribunal de paysans qui jugent sans code, sans écritures et sans appel, et qui prononcent l'amende ou la confiscation.

Cette savante irrigation, jointe à l'expérience des cultivateurs et à l'action du soleil africain, fait des merveilles. Les *huertas* de Valence et de Murcie, la *vega* de Grenade, les environs d'Alicante et de Malaga sont de véritables serres chaudes : on y récolte toutes les *céréales*, même le *riz*; le *maïs* y pousse des tiges de six et huit mètres; l'*olivier* et l'*oranger* se dressent à dix mètres de hauteur; les *prairies* sont fauchées tous les mois. Il y a même aux environs d'Elche une forêt de *palmiers* unique en Europe, dont les 70 000 arbres reçoivent chacun son filet d'eau. Toutes ces oasis ont été créées par les Arabes et la plupart des plantes qu'elles renferment ont été importées par eux.

15. L'Espagne économique et politique. — L'Espagne est surtout un pays agricole exportant des *fruits* et des *vins*; ses usines et son industrie appartiennent à des étrangers, Anglais ou Belges.

16. — Elle a un seul fleuve navigable, deux canaux, des routes détestables et un réseau ferré très insuffisant.

17. — Aussi la population est-elle clairsemée (18 000 000 d'hommes, 37 par kmq.); et l'émigration emporte chaque année 100 000 Espagnols en Algérie et dans l'Amérique du Sud.

18. — Le pays, presque entièrement catholique, forme une monarchie constitutionnelle.

19. — L'Espagne n'a conservé, en Afrique, que quelques débris de son vaste empire colonial.

20. PORTUGAL. — Le **Portugal** est le versant océanique de la péninsule entre l'embouchure du **Minho** et celle du **Guadiana**.

21. — Le nord est rocheux, mais fertile et très peuplé dans la province du **Minho**. **Porto** (170 000 h.) est un port considérable sur le Douro inférieur et un puissant marché de *vins*.

22. — Le sud est rocheux et très pauvre dans le sauvage massif des **Algarves** terminé par le cap **Saint-Vincent**.

23. — Le centre forme une plaine stérile sauf à l'embouchure du **Tage** où se dresse **Lisbonne** (356 000 h.), capitale et port magnifique dans la *mer de la Paille*. Trois autres villes ont un certain renom : **Coïmbre** pour son Université, **Sétubal** pour ses *salines*, **Aveiro** pour ses *pêcheries*.

24. — Le pays est peuplé de 5 400 000 habitants, 61 par kmq; il produit surtout des *vins*; mais les grandes exploitations viticoles appartiennent aux Anglais.

25. — Le Portugal forme un royaume constitutionnel.

26. — Il possède encore quelques colonies (Afrique, Asie et Océanie).

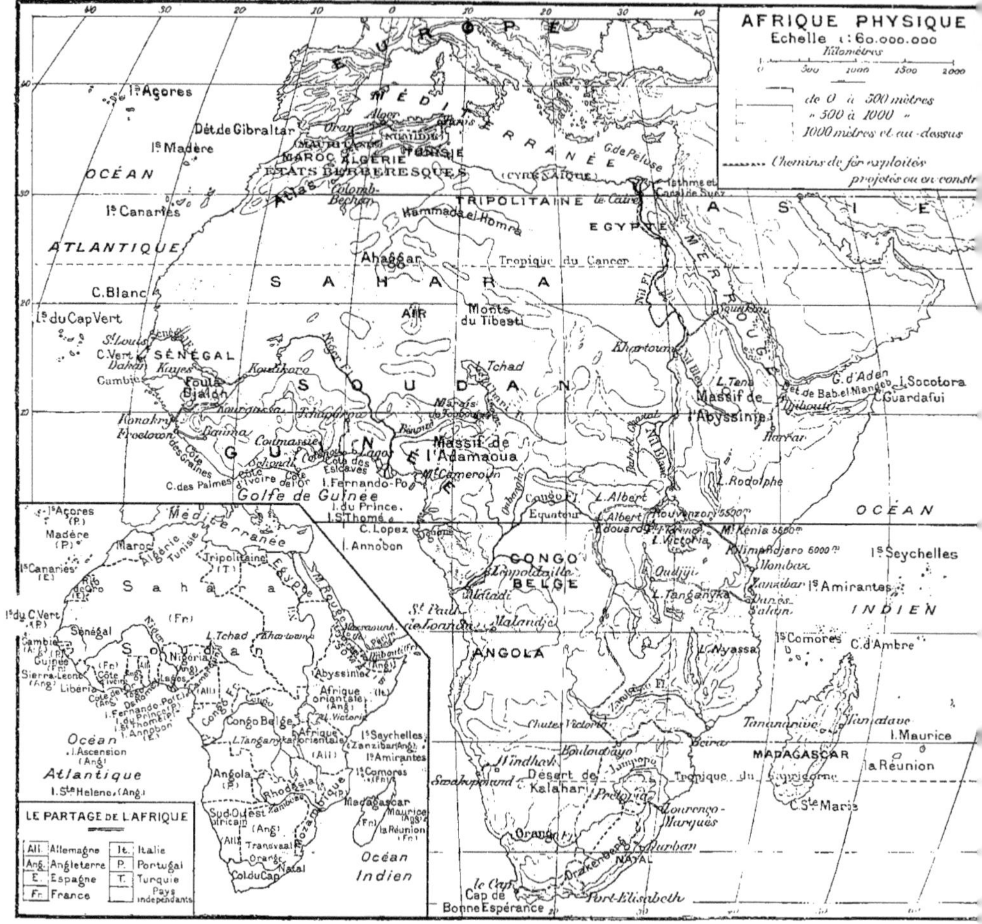

AFRIQUE

1. — L'**Afrique** a une superficie de 30 millions de kilomètres carrés. Elle est une île que la *Méditerranée* sépare de l'Europe, l'océan *Atlantique* de l'Amérique, et l'océan *Indien* de l'Asie et de l'Australie.

2. — Elle étend les deux tiers de sa masse compacte entre les tropiques. L'intérieur est formé de *hauts plateaux*, de *steppes* et de *déserts*, et la zone côtière est bordée de chaînes et de terrasses escarpées du côté des mers.

3. — Les grands fleuves n'arrivent à la mer qu'en franchissant des rapides et des cataractes, et ne peuvent serv de voies de pénétration.

4. — Le littoral est sans découpures, ni îles, ni presqu'île il est souvent semé d'écueils, ou bordé de lagunes insalubre

5. — Le climat de l'Afrique située dans la zone torri alterne entre les pluies et les sécheresses : il n'est tempé qu'au nord et au sud.

6. — Le sous-sol de l'Afrique recèle du *fer*, de l'or, cuivre, du *plomb*, des *diamants*, des *phosphates*, du sel, marbre. Les régions humides et tempérées produisent d

réales, des *fruits*, des *herbages*. Les plus chaudes donnent
coton, le *café*, le *palmier*, la *canne à sucre*, l'*oranger*, et
ont revêtues de belles *forêts*.

L'Afrique se prête à l'élevage des animaux domestiques :
œufs, chevaux, chameaux, ânes, moutons, chèvres. Elle nour-
t beaucoup d'animaux sauvages : *lions, éléphants, hippopo-
mes, autruches, antilopes, girafes*, etc.

7. — L'Afrique renferme environ 150 millions d'habi-
nts : *nègres* indigènes partout répandus ; *Berbères*, de race
anche, dans les régions de l'Atlas et du Soudan ; *Arabes*
omades, dans les contrées de la Méditerranée, de la mer
ouge et de l'océan Indien.

1re Lecture. — **L'Afrique du passé.** — Les anciens ne
onnaissaient guère de l'Afrique que la zone méditerranéenne,
est-à-dire les **Etats berberesques** *(Mauritanie, Numidie)*, la
Tripolitaine *(Cyrénaïque)* et l'**Égypte**. La civilisation égyp-
onne s'était développée avec éclat sur les rives du Nil infé-
eur, sans pénétrer au delà des dernières cataractes : les colo-
es grecques, la république de Carthage, l'empire romain
raient fondé des villes florissantes, des stations commerciales
r les côtes et les plateaux de l'Atlas ; les Arabes, dès le hui-
ème siècle, avaient pris la place de l'empire grec, et propagé
ur religion, leurs lois, leurs sciences et leurs arts, du golfe de
luse au détroit de Gibraltar ; mais aucun de ces peuples civi-
sateurs ou conquérants n'avait franchi la limite des grands
serts du nord. Aux quatorzième, quinzième et seizième siècles,
es navigateurs portugais, dieppois, normands, firent connaître
s rivages de l'Afrique occidentale, doublèrent le **Cap de
Bonne-Espérance**, et ouvrirent les relations qui ne furent plus
nterrompues entre l'Afrique orientale et l'Inde. Des marchands
, des négriers hardis s'enfoncèrent dans la région du Zambèze,
ais cachèrent soigneusement leurs itinéraires dans la crainte
es concurrences. Jusqu'à la fin du dix-huitième siècle, on ne sut
en sur l'Afrique que les renseignements fantaisistes ou menson-
ers donnés par les trafiquants et les missionnaires qui ne s'aven-
raient guère au delà de la zone du littoral. L'intérieur du con-
nent était inconnu : les cartes, chargées de noms sur le pourtour,
ent vides sur tout le reste. L'Afrique, fermée aux explorateurs
r ses côtes inaccessibles, ses fleuves barrés de rapides, son cli-
at malsain, ses déserts sans eau, ses populations inhospitalières,
sta le « continent mystérieux » jusqu'au dix-neuvième siècle.

2e Lecture. — **L'esclavage en Afrique.** — L'Afrique était
proie des marchands d'esclaves. Les marchés et les foires de
intérieur, les factoreries de la côte étaient approvisionnés d'i-
oire, de plumes d'autruche, de gomme, de peaux ; mais la prin-
pale marchandise était le **nègre** lui-même qui apportait sur sa
le les denrées à vendre. Quand la caravane était arrivée à des-
nation, le traitant vendait en même temps le fardeau et le porte-
ix. Le nègre était une monnaie ; on le donnait en cadeau, on
changeait contre des armes, de l'eau-de-vie, ou d'autres objets
e fabrication européenne. On donnait parfois vingt ou trente
ègres pour un beau cheval.

Voici le tableau que trace de ces horreurs l'illustre explorateur
ançais, M. Binger, qui fut témoin lui-même, à la fin du dix-
euvième siècle, d'actes de sauvagerie au Soudan. Ces pratiques
bominables n'ont pas encore disparu du continent malgré les
rogrès de la civilisation.

« L'esclave capturé ne trouve pas tout de suite un acquéreur
ans son pays d'origine, il n'a jamais la même valeur qu'au loin-
in ; les négriers leur font donc faire quelquefois des mois en-
ers de voyage. C'est cette route qui offre un caractère d'atro-
té, surtout quand on songe que la plupart des sujets capturés
ont des êtres faibles, des femmes et surtout des enfants en bas âge.

» Ce voyage est affreux dans les conditions où il se fait. Les
sclaves sont nus et soumis à toutes les intempéries : ils marchent
u général à la file indienne, les uns derrière les autres, retenus
ar une même corde qu'on leur passe autour du cou. Les enfants
ont portés par leur mère, ou suivent péniblement à pied.

Quelles souffrances ils endurent, personne ne le saura jamais. On
leur fait franchir à pied des étapes de 30 à 40 kilomètres sous un
soleil de feu. Une poignée de sorgho ou de maïs constitue leur
nourriture, juste de quoi ne pas mourir. Pendant la nuit, ces
malheureux sont entravés avec une barre de fer; ceux qui n'ont
plus la force de se traîner sont laissés libres ou enfermés pêle-
mêle dans une case délabrée... Quand un esclave, trahi par ses
forces, est obligé de rester en route, plutôt que de l'abandonner,
le maître le tue, afin de terrifier les autres, et de prouver à la
caravane que la fatigue ou la mauvaise volonté ne peuvent aboutir qu'à la mort. Et quelle mort! Quelquefois un maladroit coup
de fusil qui augmente l'agonie, puis le mourant, la nuit arrivée,
est dévoré, à moitié vivant, par les hyènes. »

3e Lecture. — **L'Afrique du présent.** — Le dix-neuvième
siècle a été le siècle de la découverte et de la conquête de l'Afrique.
L'Ecossais **Mungo-Park** pénétra le premier dans le Soudan, et
périt, en 1805, dans les rapides du Niger. Après lui, on compte par
centaines les explorateurs hardis qui, de proche en proche, ont
tracé des sillons dans l'inconnu des steppes, des forêts, des déserts.
Le nombre est déjà grand de ceux qui ont réussi à traverser en
entier, d'une mer à l'autre, le continent redouté. Mais la liste est
longue aussi des victimes succombant à la maladie ou à la misère
sous un climat meurtrier, ou dans les luttes sanglantes d'homme
à homme. Car, si des voyageurs admirables, comme **Barth, Livingstone, Gessi, Schweinfurth, Savorgnan de Brazza** ont
été en Afrique les apôtres purs de la civilisation et de l'humanité, et n'y ont vécu qu'en faisant le bien, beaucoup d'autres n'y
ont laissé que le souvenir de leur avidité et de leurs cruautés.

Au vingtième siècle, l'Afrique est devenue un grand domaine
exploité par l'Europe, et partagé entre les puissances conqué-
rantes. A la suite des explorateurs, des missionnaires, des soldats, elle a été envahie par les spéculateurs, les trafiquants, les
administrateurs. Le commerce s'étend peu à peu à toutes les
régions : depuis trente ans, les échanges annuels ont décuplé.
Des routes sillonnent les zones maritimes ; des lignes de chemins de fer, rattachées aux grands ports du littoral, gravissent
ou percent les terrasses du pourtour, franchissent les steppes,
pénètrent dans les vallées jusqu'aux plateaux du centre. Telles
sont celles qui partent des côtes d'Algérie, de Tunisie, d'Egypte,
de Souakim, de Djibouti, de Mombaz, de Lourenço-Marques, de
Natal, du Cap, de l'Angola, du Congo, de la Guinée, du Sénégal,
comparables à des tranchées que des assiégeants creusent autour
d'une place forte. « L'Afrique, dit Reclus, est comme une grande
citadelle assiégée, et les deux cents millions d'hommes qui en
forment la garnison partagée en d'innombrables groupes sans
unité, inconnus les uns aux autres, sont condamnés d'avance
à ouvrir leurs portes, c'est-à-dire à recevoir les Européens parmi
eux en vainqueurs ou en patrons. »

4e Lecture. — **Le partage de l'Afrique.** — Les maîtres
de la mer et du littoral se sont partagé le continent africain
par des traités et des accords qui resteront précaires, tant qu'on
n'aura pas pu fixer, avec certitude, les limites des possessions
de chacun dans l'intérieur du pays. Derrière les colonies situées
au long des côtes, s'étendent les contrées lointaines, dites *hinter-
land*, dont la possession est contestée. Il reste encore des pays
indépendants, comme le Maroc, la Tripolitaine, l'Abyssinie, qui
sont des proies convoitées, et des foyers de résistance. Actuellement, à la **France**, appartiennent l'*Algérie*, la *Tunisie*, le
Sahara occidental, le *Sénégal*, la *Guinée*, la *Côte d'Ivoire*, le
Dahomey, le *Soudan* du Niger, une part de la région du *Tchad*,
le *Congo français*, *Madagascar* et ses îles, *la Réunion*, et le territoire de *Djibouti* ; — à l'**Angleterre**, le *bassin du Nil*, la
plupart des *grands lacs* du Centre, la côte de *Zanzibar* en
partie, la *Rhodésia*, le *Transvaal*, l'*Orange*, le *Cap* et *Natal*,
Maurice, l'île de *Périm*, *Nigéria*, *Côte de l'Or*, *Sierra-Léone*,
Gambie, *Sainte-Hélène*, l'*Ascension* ; — à l'**Espagne**, les *Canaries*, les *présides* du Maroc, *Rio-de-Oro*, et des îles en Guinée ; —
au **Portugal**, *Madère*, *les Açores*, les îles du *Cap-Vert*, une partie
de la *Guinée*, l'*Angola*, le *Mozambique* ; — à l'**Allemagne**, l'*A-
frique orientale*, au sud de Zanzibar ; le *Sud-Ouest africain*, le
Cameroun, le *Togo* ; — à l'**Italie**, le *pays des Somalis*, et l'île de
Massaouah ; — au **roi des Belges**, l'*État libre du Congo* ; —
au sultan de **Turquie**, la *Tripolitaine*.

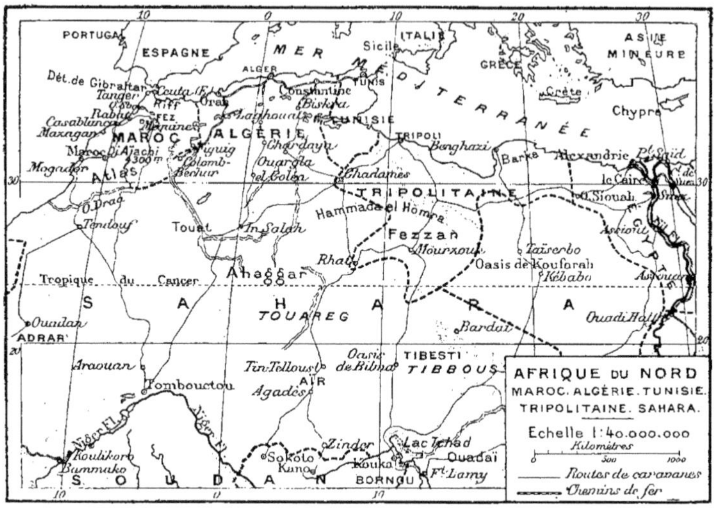

AFRIQUE DU NORD

1. — L'Afrique du Nord comprend les **pays de** l'Atlas (**Maroc, Algérie, Tunisie**), la **région saharienne** et la **Tripolitaine**.

2. **Maroc.** — Sa superficie de 812 000 kilomètres carrés égale celle de la France et de l'Italie réunies; sa population est évaluée à 6 ou 8 millions d'âmes : *Berbères*, *Arabes*, *Maures*, *Juifs*, *Nègres*.

3. — Le Maroc est couvert de montagnes : il possède les chaînes les plus hautes de l'**Atlas**, les plus difficiles à franchir (*Djebel-Aïachi*, 4 300 m.). Les neiges et les pluies d'hiver alimentent des rivières intermittentes, qui font la richesse de leurs vallées, partout où le sol est irrigué.

4. — Le sol peut produire des *céréales* et des *fruits* variés : il nourrit des *animaux domestiques* et sauvages : les *sauterelles* sont un fléau. Les minéraux (*fer*, *plomb*, *cuivre*, *sel*, *marbre*) et les *eaux thermales* abondent, mais ne sont pas exploités. L'industrie est médiocre, sauf celle des *tissus*, des *cuirs*, et des *armes*.

5. — Le Maroc a de mauvaises routes, peu sûres, aucun chemin de fer; le commerce est aux mains des étrangers. Le gouvernement est une tyrannie héréditaire, sans contrôle; il n'y a ni justice, ni administration, ni enseignement régulier. L'esclavage existe encore au Maroc.

6. — Les trois capitales habitées tour à tour par le sultan sont : **Fez** (150 000 h.), **Maroc** (50 000 h.), **Méquinez** (20 000 h.), situées dans des plaines riches, bien arrosées. Les ports sont : **Tanger**, résidence des consuls; **Ceuta**, possession espagnole; **Rabat, Mogador**.

1re Lecture. — Maroc.
pays et les habitants. —
Maroc est un des pays naturel
ment les mieux dotés de l'Afric
par ses minéraux, par les espè
variées de sa flore et de sa fau
son heureuse situation sur de
mers, la beauté imposante de
montagnes, l'abondance de
eaux, les nuances même de s
climat. Il n'en est pas de mo
ouvert à la civilisation, de p
arriéré, de plus déplorablem
gouverné. Il n'est séparé de l'
pagne que par le détroit de
braltar, large de quelques ki
mètres, et il est presque aux tr
quarts inconnu, à cause du fa
tisme et du brigandage des po
lations. Les plus hardis explo
teurs n'ont pu pénétrer que
ruse ou sous des déguisements d
certaines régions du centre.

Il y a deux Maroc : l'un, le *Bla*
el-Makhzen, ou pays des bureau
le moins vaste, est plus ou moi
soumis au chérif ou sultan; l'aut
le *Blad-es-Siba*, ou pays du v
très étendu, ne reconnaît l'autor
chérifienne que par la force;
paie le tribut sous le bâton ou so
le couteau. Dans les montagnes
Riff, le long de la côte du nord,
habitants ne vivent presque que de piraterie et de razzias.
là des révoltes continuelles, des guerres civiles, des répressi
sanglantes. Quand l'insurrection éclate, le sultan lâche ses
valiers, « qui sèment la mort dans le pays rebelle, coupent
» têtes, s'emparent des troupeaux, enlèvent les femmes, inc
» dient les moissons, réduisent la terre à l'état de désert, et
» tournent annoncer au sultan que la révolte est domptée. »

2e Lecture. — Fez, capitale du Maroc. — Fez (Fès
Fâs), la plus importante des villes du Maroc, est une des trois ré
dences de l'empereur. Elle est située à 180 kilomètres du port
Rabat, à 200 de Tanger. Elle est entourée de hautes murailles
pisé qui s'effondrent, et flanquée de hautes tours carrées qui
protègent mal. Vue du haut de la citadelle, au-dessus des colli
où s'entassent les maisons, elle apparaît éblouissante. Du fouil
de ses quartiers, s'élèvent des minarets surmontés d'une tri
boule dorée. La toiture verte et reluisante de la grande m
quée de Moulaï-Edriss se détache de la blancheur des terrass
et le Sbou promène dans le lointain ses eaux paisibles. Entre
deux quartiers de la ville sainte, s'étendent des vergers, des ja
dins, des pâturages, arrosés par les canaux de l'oued Fez, afflue
du Sbou, qui se ramifient dans les rues, les maisons, les lavoirs,
bains, les moulins. Cette eau précieuse est insalubre; elle cont
bue à rendre l'atmosphère malsaine, elle répand la dysente
et la fièvre typhoïde. Mais c'est à l'humidité chaude que Fez d
la beauté éclatante de ses jardins, ses arbres aux fruits savo
reux, ses fleurs parfumées, sa fertilité si vantée par les poè
arabes, qui n'ont pas assez d'images pour exalter sa splende

L'Européen trouve moins de charmes à ce séjour enchante
Point d'hôtellerie, ni d'auberge; des rues sales, mal aéré
remplies d'immondices qui infectent l'air; pas de monumen
à admirer; les minarets tombent en ruines, les arabesques d
mosquées s'effritent, les marabouts s'écroulent; l'Université,
fameuse autrefois, ne donne plus qu'une instruction élémen
taire. Et quels habitants! « Ce chaos d'immondices et de dem
ruines, dit le Dr Decugis, est animé par une foule sale et a
jecte où le noir du Soudan, à la figure abrutie, se mêle
Berbère sauvage et à l'Arabe fanatique. Les enfants, couver
d'une teigne repoussante, traînent leurs haillons dans la bou
et les femmes, grossièrement enveloppées de leur manteau
laine, ne laissent deviner ni la grâce, ni la beauté de leur sexe.

(Pour l'**Algérie** et la **Tunisie,** v. p. 94, 95, 96 et 97.)

7. Le Sahara. — Le désert du Sahara a une étendue de 6 300 000 kilom. carrés (presque le quart de l'Afrique).

8. — Ce désert isole les pays de l'Atlas du Soudan. Il n'est pas un ancien fond de mer desséché. Il a des dépressions rares et peu étendues. Il renferme deux grands systèmes de montagnes de roches dures ou volcaniques, de hauts plateaux (*hammada*) de grès ou de calcaire, et quelques déserts de sables provenant de la désagrégation des roches.

9. — Le désert est dû surtout à l'extrême sécheresse. Mais les pluies tombent dans les montagnes, et forment des cours d'eau (*ouadi*). Ces cours d'eau se dessèchent vite, mais entretiennent quelque végétation, et alimentent les nappes d'eaux souterraines.

10. — Sur ces nappes, on creuse les puits autour desquels se forment les *oasis* de palmiers, et se groupent les populations et les animaux.

11. — Les habitants sont surtout les *Tibbous* et les *Touareg*, d'origine berbère, nomades, groupés en confédérations, souvent ennemies, qui se livrent au commerce par caravanes et au brigandage. Ils sont musulmans, ennemis des chrétiens. Leurs centres principaux sont : le **Tibesti**, le **Bilma**, l'**Aïr**, l'**Ahaggar**, et le **Touat** qui est soumis à notre protectorat.

3ᵉ Lecture. — Les oasis sahariennes. — Le Sahara n'est pas, comme on l'a souvent décrit, la grande plaine brûlante, couverte de sable mouvant, que le simoun agite, qui « retentit au loin du rugissement des lions, et que traversent des bandes d'Arabes, montés sur leurs chevaux sauvages. » C'est là un faux Sahara, le Sahara des légendes. Le Sahara est un pays sillonné de chaînes de montagnes, et couvert de plateaux rocheux ; le jour, le ciel est de feu, mais la nuit est souvent froide et presque glacée. On y marche de longues journées sans rencontrer une parcelle de sable ; les lions et les chevaux sauvages sont rares, parce qu'ils ne trouvent pas d'eau pour se désaltérer.

L'eau est très rare ; les pluies qui tombent forment des rivières temporaires (*ouadi*), qui se dessèchent vite ou disparaissent sous le sol. Il faut creuser des puits profonds pour les retrouver, et faire jaillir l'eau qui alimente les caravanes de passage et les **oasis**. L'oasis est une forêt de palmiers plantés dans le sol humide. A leur ombre, là où le sol est irrigué, les céréales et les légumes peuvent croître. Ailleurs, c'est la stérilité. La France a créé dans le Sahara un grand nombre de *puits artésiens*, qui débitent de grandes quantités d'eau, et donnent la vie et la fécondité au désert. Mais, dans la plus grande partie du Sahara central, les puits sont rares, et l'eau toujours peu abondante et saumâtre ; de là, pour les caravanes, le danger de périr de soif. Celui qui est maître des puits dans le Sahara est maître des routes et des habitants.

Les grandes oasis du **Touat** et de l'**Adrar** facilitent la traversée du Sahara. L'Adrar, qui est comme le vestibule de la vallée du Niger, est rafraîchi par des pluies régulières, et, pendant plusieurs mois, le pays se couvre de mares et de verdure ; une herbe fine croît dans les buissons de mimosas : il serait possible, dit M. Gautier, explorateur du Sahara, d'y élever des bœufs et des moutons. Ces steppes sont peuplées de pigeons, de pintades, d'antilopes et de gazelles, de girafes, de sangliers, même de lions. Et même quelquefois les éléphants s'y aventurent.

4ᵉ Lecture. — Les routes du désert ; les caravanes. — Les indigènes du Sahara, et en particulier les Touareg, qui forment entre eux des confédérations, ont la haine des Européens. Ils se sont faits les gardiens, les maîtres du désert. Il ne faut pas se fier aveuglément à leur parole, ni trop croire à leur loyauté. Ils vivent de brigandage, et s'ils s'accordent entre eux, par intérêt, ils admettent que tout leur est permis contre l'étranger, qu'ils peuvent le piller, le tuer sans scrupule, sauf le cas où l'étranger, moyennant une somme d'argent, se met sous leur protection.

« Vous leur devez le prix, écrit M. de Foucauld, non seulement » des vivres qu'ils vous apportent, du guide qu'ils vous fournissent, mais de l'eau que vous buvez, du sol que vous foulez, de » l'air que vous respirez : ils ont droit de vous vendre tout cela, » puisque vous venez chez eux et qu'ils peuvent vous faire périr. »

Combien de meurtres n'ont-ils pas commis, même après avoir pris les engagements les plus fermes? Les caravanes de marchands, qui veulent passer en sécurité, leur payent des tributs onéreux. Elles comprennent des centaines d'hommes bien armés, ayant leurs éclaireurs et leurs chefs. Elles chargent sur le dos des chameaux du *sel*, des *dattes*, des *tissus*, des *armes*, de la *quincaillerie*, de la *verroterie*. Elles vont de la côte du Maroc au Niger, d'Oran ou d'Alger au Touat, de Tripoli à Mourzouk, à l'Aïr, au lac Tchad, au Tibesti. Elles font encore le transport des esclaves, qui succombent en grand nombre aux privations et aux fatigues dans le trajet. Les chemins de fer et les routes de pénétration de l'Algérie et de la Tunisie font peu à peu reculer et décroître ce trafic des caravanes. Mais il est toujours vivace entre le Maroc et le Sahara, la Tripolitaine, le Bornou.

12. Tripolitaine. — Le pays de **Tripoli** (superf. 1 030 000 kil. car. ; popul. 1 million d'hab.) est la bordure du Sahara sur la Méditerranée.

13. — Il ressemble au Sahara par sa sécheresse brûlante, ses plateaux rocailleux, ses déserts de sable et ses oasis, seuls endroits habités.

14. — Ses oasis, **Ghadamès**, **Mourzouk**, **Rhat**, sont des entrepôts et des centres de caravanes du Soudan, du Sahara et de l'Egypte. La capitale, **Tripoli** (25 000 h.), et le port de **Benghazi** sont les débouchés maritimes du pays.

15. — La Tripolitaine est une province de l'empire turc, dont l'intérieur est presque fermé aux étrangers.

5ᵉ Lecture. — La Tripolitaine ancienne et moderne. — La Tripolitaine comprend toute la côte de la Méditerranée située entre la Tunisie et l'Egypte, et un ensemble de régions désertiques, arides, incultes, inhabitées autant que le Sahara lui-même. Les populations, formées de Berbères, d'Arabes et de Nègres, sont concentrées dans quelques grandes oasis fertiles : le *Fezzan*, *Ghadamès*, *Rhat*, sont les étapes et les marchés des caravanes, circulant du Soudan à la Méditerranée.

Sur le littoral, dans les temps anciens, les Phéniciens avaient fondé des comptoirs qui furent très florissants. L'un d'eux, appelé *OEa*, occupait la place où on a bâti Tripoli. Les Romains étendirent la colonisation de l'intérieur, partout où ils trouvèrent de l'eau. Tout le pays porte encore la trace de bourgades romaines, de ruines d'habitations et de tombeaux. A l'est, sur le plateau de Barka, les Grecs avaient créé la colonie de la *Cyrénaïque* ou *Pentapole*, qui fut longtemps par sa richesse, son industrie, son commerce, sa civilisation, une seconde Grèce africaine.

L'invasion arabe au moyen âge, et, dans les temps modernes, la domination des Turcs ruinèrent la Tripolitaine et la Cyrénaïque. Les ports s'ensablèrent, les canaux furent comblés, les forêts et les cultures disparurent, la population décrut, la plupart des oasis se desséchèrent, et le désert reprit possession du sol. Le pays est extrêmement sec ; il ne tombe sur le littoral qu'une petite quantité de pluie chaque année. Elle disparaît vite dans les fissures du sol, mais arrose les jardins de *palmiers-dattiers*, *oliviers*, *figuiers* et autres arbres, et les cultures d'*orge*, de *maïs*, de *blé* dont vivent les indigènes. Par l'incurie de l'administration turque et des habitants, la sécheresse paraît s'étendre de plus en plus, et il n'y a guère que la vingtième partie du sol qui ne reste pas improductive. La Tripolitaine a peu de valeur agricole et industrielle : mais elle est, dans l'Afrique du nord, une région de transit pour les marchandises échangées entre l'Europe et le Soudan ; d'une part, les *étoffes*, la *verroterie*, la *quincaillerie*, les *armes*, la *poudre*, le *café* ; d'autre part, l'*ivoire*, les *plumes d'autruche*, la *gomme*, les *peaux*, les *dattes*, le *musc*, etc. Le commerce des esclaves est interdit en principe à Tripoli, mais il se pratique encore en secret dans les ports, et ouvertement dans les oasis lointaines.

AFRIQUE OCCIDENTALE

1. — L'Afrique occidentale comprend le vaste pays du **Sénégal**, du **Soudan**, et des terres de **Guinée**.

2. — C'est une région de plateaux et de plaines, arrosée par de grands fleuves, le **Niger**, le **Sénégal**, et le **Chari** qui se perd dans le bassin marécageux, appelé lac **Tchad**. Le relief du sol se compose, à l'ouest, du massif rocheux du **Fouta-Djalon** ; au sud, des terrasses boisées qui bordent la zone des lagunes de la **Guinée**; au sud-est, du massif très élevé et peu accessible de l'**Adamaoua**.

3. — Dans cette contrée de la zone torride, le climat est très chaud. La saison des pluies va de juin à septembre ; elles augmentent de fréquence et d'intensité à mesure qu'on se rapproche du **golfe de Guinée**, où la végétation est exubérante.

4. — Les cours d'eau ont un débit très variable ; pendant les crues, plusieurs sont navigables, malgré les rapides.

5. — L'Afrique occidentale est un pays de transition entre le Sahara et la région équatoriale. Au nord, les *savanes* dominent, et les *arbres* ne croissent que sur le bord des cours d'eau ; mais peu à peu les *forêts* couvrent des espaces plus considérables, la flore et la faune s'enrichissent en même temps que la végétation devient plus luxuriante.

6. — Le sous-sol est encore peu connu ; on y a découvert du *fer*, de l'*étain*, de l'*argent* ; mais, tandis que jusqu'à présent la *poudre d'or* est le seul minéral exporté, les règnes végétal et animal fournissent au commerce de la *gomme*, du *millet*, du *caoutchouc*, des *graines d'arachides*, des *noix de palme* et de *kola*, de l'*ivoire* et des *plumes d'autruche*, des *peaux* et des *cuirs*.

1re Lecture. — Le Fouta-Djalon. — Le Fouta-Djalon (pays des Djalonkés) est un massif de montagnes de grès de grès, long de 300 kilomètres, haut de 1000 à 1350 m qui s'incline très doucement vers la côte de Guinée par succession de terrasses légèrement accidentées, et qui tombe à pic sur les vallées creuses de la Gambie, au nord-est. Le Fouta-Djalon attire et recueille les pluies qui, rongeant et découpant le sol, arrosent les vallées du Niger, du Sénégal, de la Gambie, de la Cazamance, et des autres rivières de la Guinée française et portugaise. Il est donc un inépuisable réservoir d'eau. Le climat est généralement sain, la chaleur tempérée ; le Fouta-Djalon est bien placé pour devenir une colonie florissante. Il recèle du *fer* et de l'*or* : il a, dans ses forêts, des *acajous*, *bois de teinture* et d'*ébénisterie*, des *arbres à beurre*. Il est tout un pays d'élevage : les *races bovines* et *ovines*, de plusieurs variétés, fournissent du lait, de la viande, de la laine. Un demi-million d'hommes, de race *Foulah* ou *Peulh*, y vivent assez en confédérations, sous la suzeraineté d'un *almamy*, roi, prêtre et juge. Le Fouta-Djalon a pour capitale **Timbo**. Depuis il est soumis au protectorat de la **France**. Le chemin de fer construit entre Konakry, port et chef-lieu de la Guinée française, et Kouroussa, sur le Niger, passe par le Fouta-Djalon.

2e Lecture. — La région du lac Tchad. — Le lac Tchad occupe le fond d'une immense dépression marécageuse, deux fois plus grande que la France. Le pourtour est jalonné de massifs volcaniques entre lesquels de larges brèches ouvrent des passages vers le Nil par le *Bahr-el-Ghazal*, vers le Congo par le *Chari*, le Niger par la *Bénoué*. L'une de ces trouées a été découverte en 1904 par la mission du capitaine Lenfant, et permet, pendant la saison pluvieuse, de passer de la rivière *Bénoué*, affluent du Niger, au *Logone*, affluent du Chari, par les *marais de Toubouri*. Le bassin du Tchad change d'aspect suivant la saison. Dans la vaste plaine horizontale, couverte de limon rouge ou noir, se voient des creux à fond plat, qui se changent en mares quand il pleut, et en pâturages l'été. Le Tchad lui-même n'est qu'un énorme marais, qui s'agrandit ou se rétrécit suivant la saison. Il a tantôt 50000, et tantôt 10000 kilomètres carrés d'étendue, tantôt quelques centimètres, rarement 3 à 6 mètres de profondeur. La nappe intérieure, où l'eau est libre à l'ouest, est presque toujours masquée par d'immenses nappes de fanges, loin recouvertes de roseaux, de joncs, de lianes. Des chenaux sinueux eu visibles, rattachent ces marais encombrés avec l'eau du lac occidental, qu'on n'aperçoit souvent que de loin, à l'aide d'une longue-vue. A l'est et au sud, d'innombrables îlots, couverts d'arbres, mais la plupart non peuplés, émergent à peine de la nappe d'eau. Les habitants de ces îlots ou bancs sont, les uns agriculteurs, les autres pêcheurs ou pirates. L'eau du lac Tchad est poissonneuse, douce, et, suivant M. Foureau, bonne à boire. Tous les voyageurs s'accordent à vanter la richesse de la faune. Barth y a vu des troupeaux d'énormes *éléphants* qui s'avançaient lentement pour boire au Tchad, semblables à une armée bien ordonnée. Rohlfs a admiré des nuées de *libellules* et de *papillons* qui voltigeaient sur les fleurs des prairies, des volées d'*oiseaux chanteurs* qui s'échappaient des fourrés, et d'*oiseaux aquatiques* qui picoraient dans les roseaux, des bandes d'*antilopes*, de *gazelles*, d'*hippopotames*, de *crocodiles* qui couraient dans la brousse ou grouillaient dans la vase. M. Foureau écrit : « C'est dans le nord-ouest qu'on voit errer le gros gibier. Les éléphants y sont très nombreux... Là, partout le sol est jonché de poissons énormes, d'ossements blanchis d'hippopotames, de crocodiles. Le gibier pullule partout ; pour en donner une idée, il me suffira de citer ce fait, qu'un jour, après avoir fait halte, nous avons vu défiler, au galop, pendant plus de dix minutes, entre le bord du Tchad et notre campement, d'innombrables troupeaux d'antilopes, en une longue ligne ininterrompue d'escadrons. Les girafes, rhinocéros, lions sont fréquents dans la brousse. »

Plusieurs traités ont partagé le bassin du Tchad entre les puissances européennes : l'Angleterre a la rive occidentale (pays de **Kouka** et **Bornou**) ; l'Allemagne, la rive méridionale jusqu'à l'embouchure du Chari, la France a tout le reste, au nord, à l'est, au sud-est (c'est-à-dire les pays du **Kanem** et du **Baghirmi**).

7. — L'Afrique occidentale comprend un Etat indépendant, la république de **Libéria**, et des colonies françaises, anglaises, allemandes, portugaises et espagnoles.

8. — La république de **Libéria** (1 500 000 habitants), fondée en 1821, en faveur des nègres affranchis, est peu prospère. La capitale est **Monrovia**.

9. — **Domaine français** (voir pages 98 et 99).

10. — **Domaine anglais** (1 400 000 kilomètres carrés et 16 400 000 habitants). Ce domaine comprend :

I. La **Gambie**, chef-lieu Ste-Marie-de-Bathurst ;

II. La **Sierra-Leone**, malsaine, mais fertile et prospère. La capitale est Freetown (30 000 h.) ;

III. La **Côte de l'Or** et le pays des **Achantis**. Ville principale : Coumassie, à l'intérieur ;

IV. La **Nigéria** (940 000 kilom. car., 12 400 000 hab.), la plus vaste, la plus peuplée des colonies anglaises sur la côte de Guinée. Villes principales : Ibadan (100 000 h.), Abeokouta (180 000 h.) et Lagos.

Aux Anglais appartiennent, en plein Océan, les îles de l'Ascension et Sainte-Hélène.

11. — Les **Allemands** se sont établis :

I. Au **Togo**, où ils ont fondé Bismarckburg et Lomé ;

II. Au **Cameroun**, pays montagneux, bien arrosé et qui convient à l'élevage ; ch.-lieu Bouéa.

12. — Les **Portugais** possèdent les îles Açores, Madère et du Cap-Vert, une partie de la Guinée, l'île du Prince et San-Thomé.

13. — Le **domaine espagnol** comprend les îles Canaries, le territoire de Rio de Oro, l'île Fernando-Po et la Guinée espagnole.

3e Lecture. — **La république de Libéria.** — A la suite du grand acte d'abolition d'esclavage publié en Angleterre, en 1807, une Société anglaise songea à recueillir les nombreux nègres qui peuplaient les taudis de Londres, et à fonder avec eux une colonie libre sur le territoire africain de Sierra-Leone. Cette initiative généreuse émut les Américains. Il se forma aux Etats-Unis, en 1817, une Compagnie qui envoya une première cargaison de noirs affranchis à l'embouchure du fleuve Mesurado en 1821. Ce fut l'origine de la République de **Libéria**. Beaucoup d'autres nègres vinrent rejoindre les premiers, sous la protection du gouvernement de l'Union qui leur donna une organisation, une constitution et reconnut leur indépendance.

Les frontières de l'Etat nègre de Libéria sont encore mal délimitées au nord ; on lui attribue environ 95 000 kilomètres carrés. Le pays est bien arrosé, mais ses fleuves sont obstrués de barres de sable et de rapides. Le littoral est bordé de lagunes insalubres, aux eaux sombres et tranquilles, où pullulent les crocodiles et les moustiques. Le sol est riche et produit en abondance le *riz*, le *maïs*, le *poivre* et un excellent *café*. Les *forêts* fournissent des *bois de teinture* et du *caoutchouc*. L'*huile de palme* est, avec le *café*, la principale marchandise d'exportation. Presque tout le commerce est entre les mains des armateurs allemands de Hambourg, dont les navires desservent les ports de **Monrovia, Harper, Cape Mount.** Le désordre règne dans le gouvernement de Libéria : les finances sont dans un état précaire. De tous les Libériens, les plus actifs, les plus laborieux, les moins dégradés physiquement et moralement ne sont pas les nouveaux émigrants, mais les tribus indigènes du *Krou* ou du *Bassa*, marins et pagayeurs robustes qui travaillent dans les chantiers et s'enrôlent à bord des navires. L'avenir de Libéria reste incertain.

4e Lecture. — **La colonie allemande de Cameroun.** — Des maisons de commerce hambourgeoises avaient fondé des comptoirs sur la baie d'*Ambas*, au fond du golfe de Guinée. Le gouvernement impérial allemand en fit le noyau d'une grande colonie, à la suite de traités avec l'Angleterre, en 1885-86. Les explorateurs allemands et les soldats allemands ont peu à peu étendu et soumis le domaine colonial, jusqu'aux plateaux intérieurs de l'Adamaoua, et au lac Tchad. Le Cameroun a près de 400 kilomètres de côtes sur l'Atlantique, et 100 sur le lac. Son étendue atteint environ 500 000 kilomètres carrés, sa population 3 millions et demi d'âmes. Il est couvert de chaînes, dont quelques-unes sont volcaniques et atteignent près de 4 000 mètres. Les cours d'eau, nombreux et puissants, ne sont pas navigables. Le sol a des minerais de *fer* et d'*or*. Mais la grande richesse est dans la fertilité des terres noires très humides ; la forêt tropicale donne en quantité le *cocotier*, le *bananier*, la liane à *caoutchouc*, surtout le *palmier à huile*. Les Sociétés de colonisation allemandes ont tenté avec succès des plantations très variées de *cacao*, de *café*, de *tabac*, dont l'essai a été fait avec patience dans le jardin botanique de **Victoria**. Des lignes de navigation hambourgeoises et anglaises relient le Cameroun à l'Europe.

Le littoral du Cameroun est échancré de baies profondes sur lesquelles s'ouvrent les estuaires des rivières. Ces baies sont souvent encombrées de vases, de rochers, et bordées d'un réseau inextricable de manguiers et de palétuviers. A travers ces marécages, des chenaux livrent par endroits passage aux bateaux. Au fond d'une de ces baies, celle d'*Ambas*, est situé l'ancien centre administratif de la colonie, *Victoria*, fondé en 1856 par des missionnaires baptistes. Le chef-lieu actuel, *Bouéa*, est situé sur le flanc du mont Cameroun, dans une région plus salubre, où l'élevage est facile, l'eau abondante et potable.

Les indigènes, évalués à plus de trente millions, sont composés de tribus indépendantes, et souvent nomades, les unes pastorales et commerçantes, de mœurs paisibles, victimes de la traite, les autres guerrières et pillardes, hostiles aux blancs. Malgré leur résistance, les Allemands ont exploré leurs montagnes, établi des plantations, et commencé des voies de pénétration intérieure. La domination allemande s'étend au delà du Cameroun, dans le plateau de l'*Adamaoua*, bien arrosé, pays de prairies et de troupeaux, où la Benoué, affluent du Niger, et les rivières tributaires du lac Tchad ont leurs sources. La ville de *Ngaoundéré*, peuplée de 10 000 habitants, gouvernée par un sultan de race peulh, est la plus importante du protectorat allemand.

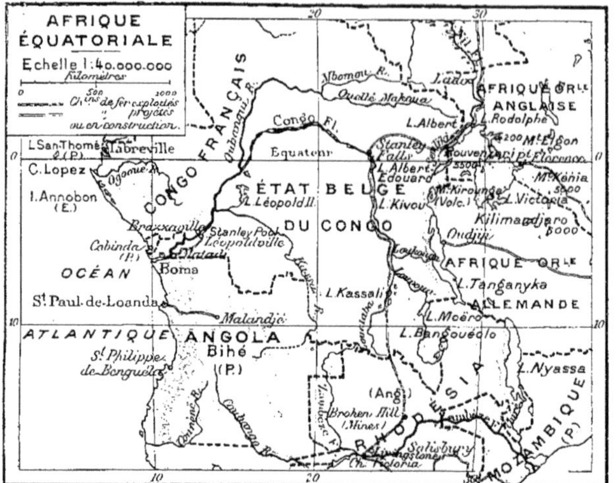

AFRIQUE ÉQUATORIALE

1. — L'**Afrique centrale équatoriale** comprend la **région des grands lacs**, du **haut Nil**, du **haut Zambèze**, le **vaste bassin du Congo** et l'**Angola**.

2. — Elle présente l'aspect d'un énorme plateau volcanique, dont les soulèvements orientaux portent les cimes les plus hautes de l'Afrique (*Kilimandjaro*, 6 000 m. ; *Kénia*, 5 600 m.) couronnées de neige sous l'équateur.

3. — Entre ces soulèvements, se creusent de profondes cavités où s'étalent des lacs profonds, réservoirs alimentaires des grands fleuves : le **Victoria** verse ses eaux au Nil, le **Tanganyka** au Congo, le **Nyassa** au Zambèze.

4. — Le **Congo** (4 200 kil.), coupé de grandes cataractes, décrit un vaste demi-cercle à travers le plateau, avant de percer la barrière de rochers qui le sépare de l'Atlantique. Une grande partie de son cours est navigable.

5. — Il se grossit d'innombrables affluents, dont l'un, l'*Oubangui*, est une route de pénétration commerciale, et traverse de superbes forêts et d'immenses steppes herbeuses, tour à tour inondées et desséchées.

6. — La chaleur et l'humidité du climat favorisent les cultures : *coton*, *café*, *riz*, *grains*, *tabac*, *caoutchouc*, *bois précieux*.

7. — Le Congo comprend l'**État belge du Congo** (1 250 000 kilom. car., 14 millions d'hab.) dont les centres commerciaux sur le fleuve sont Boma, Léopoldville, Stanley-Falls, et le **Congo français** (voir p. 99).

8. — Le commerce est très actif, grâce aux nombreuses compagnies commerciales, et aux sociétés de colonisation.

9. — L'**Angola portugais** (3 800 000 h.) est un plateau partagé par le *Congo* et le *Zambèze*, et bordé à l'ouest de montagnes boisées. St-Paul-de-Loanda, sa capitale, et Saint-Philippe-de-Benguéla sont deux comptoirs maritimes, qui exportent le *café*, le *caoutchouc* et les *graines* du **Bihé**.

1re Lecture. — Les lacs équatoriaux. — Le plateau central africain est soumis au régime de pluies tropicales régulières, qui alimentent les cours d'eau et les grandes nappes lacustres, véritables réservoirs des fleuves. C'est en 1887-90 que l'explorateur anglais Stanley fit la découverte du lac **Albert-Edouard**, bassin supérieur du haut Nil, et de la magnifique chaîne du **Rouvenzori** dont la masse étincelante de neiges, au nord de l'équateur, isole le lac **Albert-Edouard** du lac **Albert**. Stanley parle avec enthousiasme de ce massif, « roi des nuages, faiseur de pluies » qui fournit les principales sources du Nil, formées par les soixante ruisseaux descendus de ses gorges froides. Le lac Albert-Edouard, situé à 1 000 mètres d'altitude, verse par la rivière *Semliki* ses eaux fangeuses au lac Albert, qui est plus grand, mais peu profond, encombré de roseaux, en voie de dessèchement. Ses eaux se réunissent à celles du lac **Victoria** plus de 1 200 kilom. de tour) ; celui-ci, le plus vaste de tous, de chute en chute, descend par les étages du plateau dans les plaines herbeuses arrosées par le Nil.

Le plus grand réservoir d'eau du Congo est le lac **Tanganyka**, long de 650 kilomètres, situé à 800 mètres d'altitude, profond de 500 à 600. Il est escarpé et presque partout inaccessible ; ses eaux légèrement saumâtres, sont secouées par des tempêtes terribles. Il est peuplé de crocodiles et d'hippopotames. Une rivière, dont le cours est encombré de roseaux, porte ses eaux au Congo par un chenal souvent obstrué. D'autres nappes d'eau, qui sont des marais plutôt que des lacs, à la saison des pluies alimentent aussi le Congo et le Zambèze. Ces marais, d'une étendue variable, sont appelés des *éponges*. Leur aspect est celui d'un vallon couvert d'herbes courtes... « La végétation flottante qui les recouvre est faite de petites racines enchevêtrées : tantôt elle a la forme d'une plaque de gazon qui s'ébranle tout entière sous l'effort du pied, tantôt celle des mottes de tourbe, baignées dans un liquide boueux et noirâtre, souvent recouvert d'une couche d'oxyde de fer à l'aspect huileux. » (Victor Giraud.)

2e Lecture. — La grande forêt équatoriale. — « Imaginez toute la France et toute l'Espagne revêtues d'arbres d'une hauteur variant entre 6 et 54 mètres. Les cimes de ces fûts sont tellement rapprochées qu'elles s'enchevêtrent et empêchent de voir le ciel et le soleil. Lancez d'un arbre à l'autre des câbles épais de 5 à 40 centimètres ; contournez-les, tordez-les en anses, en festons, en guirlandes, faites-en des W et des X, gigantesques, plaquez-les contre les troncs, ou enroulez-les tout autour et jusqu'aux sommets comme un serpent boa sans fin. Prodiguez-leur les feuilles et les fleurs, et que là-haut ils aident à cacher le soleil ; des branches les plus élevées, qu'il retombent par centaines à quelques pieds du sol ; mêlez-y le torsades de la plus fine passementerie, des houppes, des cordelettes ténues : passez-y maintenant une multitude d'autres câbles d'autres cordes, se traversant aussi confusément que possible. Que sur chaque fourche, sur chaque branche horizontale, s'élèvent des choux géants, et ces végétaux à larges feuilles ensi formes qu'on appelle la plante à oreilles d'éléphant, puis des touffes d'orchidées, merveille des tropiques, et une draperie de ces délicates fougères, si communes dans la Grande Forêt ; couvrez branches, rameaux, lianes, de mousses épaisses, ressemblant à une verte fourrure. Une fois chaque arbre en place avec sa parure de lichens et de plantes sarmenteuses, il ne reste plus qu'à étendre sur le sol un tapis verdoyant de phryniums, d'amome et de buissons nains. Voilà la Grande Forêt, la Sylve antique et compacte. Mais quand la foudre a brisé la tête de quelque colosse et laissé entrer le soleil ; quand elle a fendu un fût géant jusqu'aux racines, ou qu'un ouragan a jeté bas un groupe d'arbres de haute futaie, les jeunes s'élancent en foule vers le ciel et se disputent l'air et la lumière, se poussant, s'étranglant, s'étouffant, jusqu'à ce que le tout devienne un impénétrable broussis. »
(H. Stanley.)

AFRIQUE AUSTRALE

1. — L'Afrique australe comprend : 1° la **colonie
du Cap** et ses annexes : Cafrerie, Natal et Zou-
louland, Orange, Transvaal et Griqualand, Bet-
chouana et pays des Matabélés, des Barotsés et du
Nyassa; 2° le **Sud-Ouest africain** allemand.

2. — L'Afrique du sud offre une grande analogie avec
l'Afrique du nord. Les terrasses et le plateau de la colonie du Cap correspondent au relief du *Maghreb* ; le Kalahari est un *Sahara* moins étendu, d'un climat plus tempéré,
plus humide. L'Orange, le Zambèze, le Limpopo roulent des eaux assez abondantes. On retrouve au Cap la flore
méditerranéenne.

3. **Colonie du Cap**. — La colonie du Cap et ses
annexes couvrent une superficie de 2 600 000 kilomètres
carrés et comptent 7 millions d'habitants.

4. — Les *richesses minérales* sont considérables, surtout
au **Transvaal**, dans le **Griqualand** et le **Nyassaland**.
L'Orange et les pays maritimes du sud et du sud-est sont
essentiellement agricoles. Les habitants, nègres et blancs,
cultivent les *céréales*, la *vigne*, l'*oranger*, le *citronnier*, et
élèvent des *moutons*, des *chevaux*, des *bœufs* et des *autruches*.
Les tribus sauvages de l'intérieur vivent surtout de la pêche,
de la chasse et des produits naturels du sol.

5. — Les principales villes sont : **Johannesburg**
(160 000 h.), au centre des mines d'*or* et près des *houillères* ;
Prétoria, capitale du Transvaal ; **Kimberley** (30 000 h.),
dans la *région diamantifère* ; **Bloemfontein**, capitale de
l'Orange. **Le Cap** (80 000 h.), capitale du Cap,
Port-Elisabeth et Durban sont des ports actifs.

6. — Le **Sud-Ouest africain allemand**,
capitale Windhœk, est un pays aride sans avenir.

1re Lecture. — La Rhodésia. — Sous ce nom,
qui rappelle celui de Cécil Rhodes, créateur et orga-
nisateur de l'Afrique du sud, les Anglais désignent les
vastes territoires non compris dans la colonie du Cap
et ses dépendances. On leur donne aussi le nom de
Zambézie, du nom du fleuve Zambèze qui les divise
en deux parts. L'ensemble est évalué à 1 000 000 de kilomètres carrés, et peuplé d'un million et demi d'habitants. La **Rhodésia** septentrionale s'étend jusqu'aux
lacs *Nyassa* et *Tanganyka*. C'est le pays du *Nyassaland*,
plateau de pâturages ouvert à tous les vents, bien arrosé, salubre, où l'on cultive le froment, les fruits
d'Europe, le café et des plantes fibreuses déjà recherchées par l'industrie textile. C'est aussi le pays des
Barotsés, région plus basse, populeuse, couverte de
champs de riz, d'avoine, de blé, nourricière de bétail.

La Rhodésia, située au sud du Zambèze, est la région des tribus nègres et cafres des *Matabélés* et des
Machonas qui ont été soumis par la force et la ruse
au protectorat britannique, les premiers belliqueux et
pillards, les seconds plus pacifiques et plus aptes à la
civilisation, éleveurs de bétail, cultivateurs, tisseurs,
forgerons et vanniers. Dans les dépressions marécageuses ou inondées, l'atmosphère est insalubre ; la
malaria et la mouche *tsétsé* y exercent leurs ravages ;
mais la terre y est fertile, et les forêts immenses. Sur
les plateaux schisteux, on a découvert et on exploite
déjà la *houille* et l'or, dont on a peut-être trop vanté
la richesse et l'étendue. Les compagnies anglaises
poussent peu à peu leur colonisation agricole et industrielle dans ces contrées neuves que sillonnent déjà
leurs lignes télégraphiques, et qu'une voie ferrée rattache à la
colonie du Cap, par Boulouvayo et Vrybourg.

2e Lecture. — Le chemin de fer du Cap au Caire. —
Le projet de relier l'Égypte à la colonie du Cap fut longtemps
considéré comme une utopie. Il va devenir bientôt une réalité.
Cette idée grandiose émise par Cecil Rhodes, d'abord purement
imaginaire, a peu à peu mûri et pris corps, à mesure que s'est
faite l'exploration du haut Nil, du haut Congo, du Zambèze et
des territoires des lacs équatoriaux. Les Anglais, devenus, par
une politique astucieuse et persévérante, par une suite d'occupations violentes ou libres, et aussi par les fautes ou les discordes
de leurs rivaux, maîtres des terres de passage, ont d'abord étendu
le système de leurs voies ferrées aux deux extrémités de l'Afrique, du Cap à Boulouvayo, et d'Alexandrie à Khartoum, au confluent des deux Nils, où circulent déjà des trains de luxe. La
ligne trans-africaine, tournant à l'ouest l'Afrique orientale allemande, par le lac Albert-Edouard et le Congo supérieur, franchit
le Zambèze près des cataractes Victoria par un pont monumental,
formé d'un arc unique, de 198 mètres de long, et à 122 mètres
au-dessus du fleuve. Il est l'œuvre d'un ingénieur français,
M. *Imbault*. De ce pont, dit le commandant Salesses, la vue des
chutes est splendide. Elles sont longues de 1 000 mètres, elles ont
trois fois le volume et la hauteur du Niagara. Le fleuve s'engouffre
avec un fracas de tonnerre dans une crevasse de 300 à 400 mètres,
d'où se dégage un énorme nuage de vapeurs ; puis il s'échappe
de la gorge par un chenal étroit et sinueux, sur lequel est jeté
le **Pont des Chutes**. Il faut trois heures pour faire le tour des
cascades, sous un vêtement imperméable. Rien ne peut rendre
l'incomparable grandeur du spectacle... Mais déjà on projette
d'utiliser cette force énorme pour des entreprises métallurgiques. Le centre des industries serait la cité de *Livingstone*, que
l'on construit à 6 kilomètres des chutes. Le pont du Zambèze
sera sans doute le plus merveilleux des travaux d'art du chemin
de fer transcontinental du Caire au Cap. Il a coûté 1 750 000 francs,
soit 8 840 francs par mètre. Jadis il fallait deux mois et demi de
marche pour visiter les chutes. Aujourd'hui on s'y rend du Cap
en cinq jours, en wagons confortables, et sans péril ni fatigue.

AFRIQUE ORIENTALE

1. La région du Nil. — Le Nil, sorti des grands lacs de l'équateur, coule vers le nord sur une longueur de plus de 6 000 kilomètres, et franchit de nombreuses cataractes.

2. — Son cours s'accroît, dans le Soudan oriental, des tributaires issus de marais inextricables, et réunis dans le Bahr-el-Ghazal (pays du Dar-Fertit, du Darfour).

3. — Il reçoit à **Khartoum** le *Nil Bleu*, originaire de l'Abyssinie, énorme massif montagneux hérissé de volcans éteints, et creusé de ravins profonds. L'**Abyssinie** (410 000 kil. car., 8 millions d'hab.) a pour centres principaux **Addis-Abbaba** et **Gondar** : l'oasis de **Harrar** est une étape commerciale, reliée par une voie ferrée française à **Djibouti** sur l'*océan Indien*.

4. — Au sud de l'Abyssinie, s'étend le plateau volcanique des *Gallas* qui renferme, dans ses dépressions, des lacs salés et des champs de culture ; — à l'est, le désert pierreux et brûlant des *Somalis*, jusqu'à la mer. Le littoral du Somali est partagé entre Anglais, Italiens, Français. Les Italiens possèdent sur la mer Rouge l'îlot de **Massaouah**.

(Pour la France, voir pages 100 et 101.)

5. — Le Nil traverse la **Nubie** et l'**Égypte**, où il ne pleut presque jamais et qui, sans lui, ne seraient qu'un désert. Chaque année, de mai à novembre, le fleuve, par ses crues régulières, inonde et fertilise son étroite vallée, qui produit en abondance les *céréales*, le *riz*, le *coton*, la *canne à sucre*.

6. — La vallée inférieure et surtout le *delta* du Nil nourrissent une population dense. Les grandes villes sont : le **Caire** (565 000 hab.), la capitale, la plus populeuse cité de l'Afrique ; **Alexandrie**, le grand port (315 000 hab.) ; **Port-Saïd** et **Suez**, les deux débouchés du canal de Suez.

1ʳᵉ Lecture. — **Le Nil des Herbes.** — Sorti du lac Albert, le Nil a déjà 800 à 2 000 mètres de largeur, et 5 à 10 mètres de profondeur dans les grandes plaines herbeuses de l'ancien Soudan égyptien. En aval de *Lado* ou *Gondokoro*, après avoir franchi quelques rapides, son cours, plus calme, se grossit, à gauche, des tributaires du plateau du *Niam-Niam* ; à droite, de l'apport des fleuves abyssins. Les rivières du Soudan forment un réseau impraticable de marais et de canaux, obstrués d'herbes et de plantes, barrière mouvante où le voyageur est obligé de s'ouvrir un chemin par la faux et la hache, ou de traîner son canot dans une épaisse végétation fangeuse. « Nous étions sans cesse déroutés, écrit Schweinfurth, non seulement par le nombre des rivières, mais par ce tissu d'ambatch, de papyrus, hauts de quinze pieds, de plantes de mille espèces qui couvraient le chenal comme un tapis, et dont les trouées n'offraient qu'un semblant de passage. » Ces amas d'herbes flottantes s'appellent le *sedd* ou *sudd*. La crue des eaux, l'action des courants, les vents qui soufflent, les roulent à la surface : le sedd est un obstacle continuel au passage. Il a ralenti pendant des semaines la marche de la mission Marchand dans sa route vers *Fachoda*.

2ᵉ Lecture. — **Le Nil égyptien.** — Le Nil a créé sur son parcours une succession d'oasis. Une des plus belles était la ville de **Khartoum**, au confluent du *Nil Blanc* et du *Nil Bleu*, qui fut détruite par les Soudanais du Mahdi. L'Angleterre l'a reconstruite, et l'a reliée au Caire par des lignes de chemins de fer et de bateaux à vapeur. Le Nil entre en **Nubie** au confluent de l'*Atbara*, franchit les étages du plateau par une suite de rapides, et pénètre en **Égypte**, à *Ouadi Halfa* où se trouve son avant-dernière cataracte ; la dernière est à *Assouan*, près de l'*île de Philæ*. La vallée, large de 10 à 20 kilomètres entre deux déserts, n'est guère plus étendue que la Belgique. Les crues et les alluvions du fleuve en expliquent toute la merveilleuse fécondité. Il n'y pleut pas.

L'Égypte est un *don* du Nil. Au mois de juin, sous l'afflux ré

lier des pluies torrentielles de l'Equateur, il se gonfle lente-
nt, augmente jusqu'en septembre, et rentre dans son lit en
venibre. Il laisse dans la vallée une épaisse couche de limon
tilisant où le fellah dépose son grain. Il arrive parfois que la
ue est insuffisante ou excessive ; on y a pourvu en creusant
s canaux, en construisant des barrages, en établissant des ma-
nes qui élèvent et distribuent l'eau, et en règlent le niveau.
âce à ces systèmes ingénieux d'irrigations, l'Égypte du delta
a plus à redouter les caprices du fleuve et les disettes. Les
rrès peuvent donner, par d'heureuses combinaisons, jusqu'à
is récoltes par an. Les Anglais, aujourd'hui maîtres de
gypte, ont créé à *Assouan* et à *Assiout* des réservoirs et des
gues, pour multiplier les canaux d'irrigation de la vallée. Ils
ojettent d'autres travaux dans la région des grands lacs. Ils
eut d'en faire un vaste champ de cotonniers.

3e Lecture. — L'Abyssinie. — On a comparé l'Abyssi-
e ou Ethiopie à une énorme forteresse, hérissée de pics
lcaniques, presque inaccessible et imprenable. Elle dresse son
édestal à 1 000 mètres d'altitude ; ses plateaux de granit et de
salte, appelés *déga*, s'élèvent à 2 400 mètres ; les cimes culmi-
utes, dites *ras*, dépassent 3 500 mètres. Quand on débarque
r la côte de la mer Rouge, il faut traverser la zone du Sahel,
maine des nomades pasteurs, guerriers et pillards, plaine de
bles ardents ou de laves lugubres, semés par places de ta-
aris et de mimosas : toute culture y est impossible : sauf dans
elques mares insalubres, le sol n'y conserve pas l'eau, et le
ol est de braise.
Par les gorges étroites des torrents, entre des parois de ro-
es, que la température d'été transforme en fournaises, on
calade les falaises, et on atteint un premier plateau auquel
ccèdent d'autres terrasses, étroites ou étendues, les unes dé-
rtes, les autres couvertes de villages, et qui servent de bases
des rochers qui ont la forme de tours, de piliers (ambas) ou
iguilles, déchiquetés par les avalanches ou les éruptions vol-
niques. Les torrents de cette « Suisse africaine » se remplis-
nt d'avril à septembre, pendant la saison des pluies. Le prin-
pal fleuve est le **Nil Bleu**, qui sort du beau lac *Tana*, cinq fois
us grand que le lac de Genève, magnifique bassin d'eau douce
limpide, rempli de poissons, parsemé d'îles verdoyantes, en-
dré de belles montagnes volcaniques, centre d'une région de
turages et de cultures de *café*. Au nord de l'Abyssinie, les rières *Takazzé* et *Atbara* tantôt ne sont que des successions de
ares dans la plaine, tantôt se changent en torrents soudains
ni précipitent en cascades leurs flots noirs, et portent au grand
l les eaux limoneuses, source de la fécondité de l'Egypte.

7. — L'Afrique orientale comprend encore : 1° une par-
e continentale : **Afrique orientale anglaise et alle-
ande**, et le **Mozambique**, colonie portugaise ; 2° les
es africaines de l'océan Indien.

8. — La partie continentale est un plateau de moyenne
évation, incliné vers une côte généralement élevée, bordée
e sables ou d'alluvions, et d'écueils. **Zanzibar**, dans l'île
u même nom, **Dar-ès-Salam** et **Lourenço-Marquès**
i sont les seuls bons ports.

9. — Les pluies périodiques donnent naissance à des
urs d'eau non navigables ; elles favorisent les *cultures*,
élevage et la *végétation arborescente* dans les vallées et sur la
ôte. Le sol, peu fertile ailleurs, est occupé par des *savanes.*

10. — Les habitants sont des *nègres* ou des *Arabes* jaloux
e leur indépendance et hostiles aux blancs.

11. Afrique orientale anglaise. — Cette colonie,
aguement délimitée au nord, est fertile et très peuplée dans
Ouganda. La capitale est **Mombaz**, reliée par une voie
rrée au lac *Victoria*. **Zanzibar** (100 000 hab.) est le grand
ntrepôt du littoral.

12. Afrique orientale allemande (950 000 kil.
car. et 6 700 000 hab.). — C'est un pays généralement
peu fertile qui renferme de grandes *richesses minérales*. Les
cultures de *coton*, de *café* et de *chanvre* qu'on y a introduites
sont prospères. Une voie ferrée doit relier la capitale **Dar-
ès-Salam** au lac *Tanganyka*.

13. Mozambique (760 000 kilom. car. et 2 300 000 h.).
— Cette colonie est peu fertile et peu prospère. La capi-
tale est **Mozambique**. **Lourenço-Marquès**, relié à
Prétoria, est convoité par les Anglais.

14. Les Iles. — La France possède **Madagascar**,
la **Réunion**, les **Comores** (voir pages 100 et 101).

15. — Le domaine insulaire anglais comprend les
Seychelles, les **Amirantes**, l'île **Maurice**. Cette dernière, plus petite, mais plus fertile et plus peuplée que la
Réunion (380 000 hab.), cultive la *canne à sucre*, le *café*, la
vanille. **Port-Louis** (60 000 hab.), la capitale, est un des
meilleurs mouillages de l'océan Indien.

4e Lecture. — Afrique orientale anglaise. — La Compagnie qui avait obtenu la concession et des territoires de l'A-
frique orientale anglaise les désignait sous le nom d'*Ibea* (initiales
des mots *Imperial British East Afrika Company*). Cette Compagnie avait peu à peu avancé ses postes entre l'Ethiopie et le
lac Victoria, et annexé la vaste contrée de l'Ouganda, que le
gouvernement anglais plaça sous son protectorat. De là, deux
parties distinctes dans l'Afrique orientale anglaise.
1° A l'ouest du lac Victoria, l'Ouganda et les contrées voisines (150 000 kil. carr. et plus d'un million d'hab.) forment
dans l'ensemble un pays de collines et de vallées, dont les explorateurs vantent les riches pâturages et les beaux sites. Ces collines sont revêtues de puissantes couches de marne rouge ; les
vallées, d'alluvions noires, avec des fonds marécageux. Le lit des
rivières, à l'eau sombre et couleur de rouille, est encombré d'une
épaisse végétation de papyrus, de joncs, de roseaux qui empêche
le courant, et ne laisse filtrer que lentement l'eau des pluies
tropicales. Pendant la saison pluvieuse, le pays est presque
inaccessible au transport par les bêtes de somme. L'Ouganda
subit l'influence du lac Victoria, pour la région des pluies.
« Nulle part, dit le Dr Peters, je n'ai assisté à des orages aussi
nombreux et aussi violents que dans ce pays. Tant que dure
l'orage, les éclairs ne font pour ainsi dire point trève ; c'est une
fulguration presque continue, quelque chose comme un embrasement de gaz mû par le vent d'automne. Le tonnerre, pendant
ce temps, ne cesse pas de rouler en saccades... Mais la terre se
montre reconnaissante de ces bénédictions célestes. Tout ver-
doie, tout fleurit, le sol pourrait ici enfanter toutes les productions des tropiques et toutes celles des zones tempérées. »
2° Au nord-est du lac Victoria, le pays a l'aspect d'un morne
plateau produit par des bouleversements volcaniques, coupé en
son milieu, du nord au sud, par une gigantesque brèche parsemée de lacs qui sont d'anciens cratères et toute bordée de majestueux volcans éteints. Le plus connu de ces volcans est le
Kenia, haut de 5 600 mètres, tout couronné de glaciers, domi-
nant le plateau de *Leikipia*, pays des porteurs Massaïs. Du côté
de l'océan Indien, le plateau s'abaisse en terrasses successives ;
le sol est de sable rouge, quartzeux, pauvre en eau, et désolé
par la sécheresse sur la zone littorale où errent, dans la steppe,
les pasteurs Somalis ou Souahélis.
Les Anglais ont construit, à grands frais, de 1895 à 1902, un
chemin de fer qui part de *Mombaz*, port du littoral, pour aboutir
à *Port-Florence*, sur le lac Victoria. Il a 930 kilomètres, et a coûté
125 millions de francs. Le trajet se fait en deux jours au lieu de
soixante-dix par l'ancienne route des caravanes. Cette voie faci-
litera le trafic dans une contrée peu accessible et ravagée par
des guerres sans trève : elle sera une base utile à l'Angleterre
pour le succès de la route commerciale du Caire au Cap.

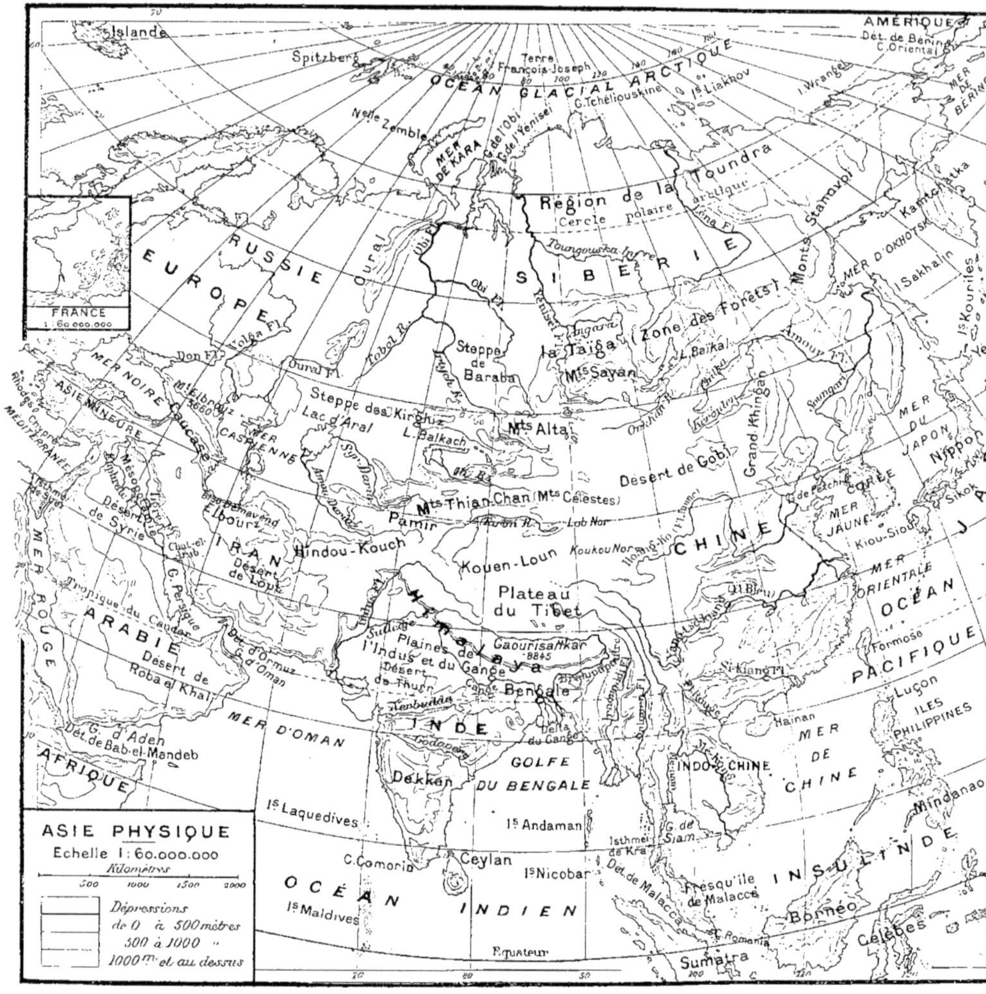

ASIE

1. — **L'Asie**, dont la superficie est de 42 500 000 kilomètres carrés, a des formes massives, et aucun continent n'a un *relief* aussi formidable. Tout le centre et l'ouest sont couverts d'énormes plateaux : les plus imposants sont le **Tibet** et le **Pamir**, « le toit du monde ».

2. — Les *plaines* et les *vallées* occupent le pourtour communiquent difficilement entre elles.

3. — L'Asie est baignée par quatre grandes mers. L'océ Glacial, gelé les trois quarts de l'année, s'ouvre sur un l toral peu accessible et ne renferme que quelques îles inh bitées ; l'océan Pacifique a des côtes mieux découpées et baig de nombreuses îles ; l'océan Indien s'enfonce entre tr

andes presqu'îles. A l'*ouest*, l'Asie Mineure avance sa
asse bien articulée entre la *Méditerranée* et la *mer Noire*.

4. — L'étendue et le relief de l'Asie donnent à son *climat*
e extrême variété. Très rigoureux en Sibérie, il est tempéré
r le Pacifique, tropical vers l'océan Indien, chaud sur la
éditerranée; il est excessif et très sec sur les plateaux du
ntre, régions des *steppes*, des *déserts* et de la vie nomade.

5. — Les *cours d'eau* présentent autant de diversité que
climat. Les tributaires de l'océan Glacial ont un cours
nt et un débit assez régulier; mais ils sont gelés de 4 à
mois chaque année; ceux du Pacifique comptent parmi les
us puissants du globe, mais ils sont capricieux et violents,
pourtant navigables; les émissaires de l'**Himalaya**
t des crues périodiques; mais, grâce aux glaciers, la plu-
rt d'entre eux sont abondants en toute saison. Les fleuves
sud-ouest et de l'intérieur ont un maigre débit et se
rdent, en général, dans des lacs salés ou des bas-fonds.

6. — L'Asie est le *continent le plus peuplé*: il renferme
viron 900 millions d'habitants, savoir: *race jaune* ou
ongole, à l'est, 560 millions; *race blanche* ou *aryenne*, à
uest, 200; *noirs* ou *bruns*, au sud et au sud-est, 140.

7. — Les trois religions dominantes sont: le *bouddhisme*
00 millions), le *brahmanisme* (200), l'*islamisme* (130). On
mpte 5 millions de *chrétiens* et 500 000 *juifs*.

8. — Une grande partie de l'Asie est occupée par des
tions européennes: *Russie, Angleterre, France*; les petits
ats qui ont conservé leur indépendance sont menacés de
perdre; mais le **Japon** est devenu une puissance de
emier ordre, et la **Chine** sort de son long engourdissement.

9. — Les *richesses minérales* de l'Asie sont très abondantes
très variées, mais encore peu exploitées. La *flore* et la
une varient avec le climat; elles sont particulièrement
ches dans la région soumise à l'influence des vents alizés.

1re Lecture. — L'Europe et l'Asie. — Le contraste est ab-
lu entre l'Europe et l'Asie. L'Europe apparaît, sur la carte du
onde, petite et fine, comparée au «monstre asiatique». Dans ses
mensions et sa taille, elle semble proportionnée à la mesure
es hommes qui l'habitent. « Par son altitude médiocre, par son
endue resserrée, par son infinie division en plaines, montagnes
vallées — petites plaines, petites montagnes, petites vallées —
i on les compare à celles d'Asie), par l'opposition équilibrée de
s terres et de ses mers, par le régime de ses pluies et de ses rières, par le calme, lent et nuancé retour de ses saisons, l'Europe
st une terre modérée, de juste milieu, où l'homme peut embrasser
regard son horizon, dénombrer d'avance et apprécier de loin,
ef prévoir les ennemis et les alliés, les ressources et les dan-
rs qui l'entourent.
» L'Asie est énorme: plaines ou montagnes, fleuves ou déserts,
ateaux ou cuvettes intérieures, hivers sibériens, étés d'Arabie,
luies du Bengale, sécheresse du Gobi, mousson de l'Inde,
yclones du Japon, inondations de la Chine, éruptions de l'Insu-
nde, pestes, choléras, famines, vie incoercible des deltas, mort
ernelle des glaces et des sables, que trouver ici à l'échelle de
homme? » (V. Bérard.) L'homme est écrasé ou asservi par cette
ature toute-puissante: il en est sans cesse le jouet et la victime;
e paralyse son énergie et ses initiatives.

2e Lecture. — Les deux domaines de l'Asie. — Dans
us les temps, l'Asie s'est, en quelque sorte, partagée entre deux
roupes d'hommes, éternellement opposés et hostiles. L'un de
s domaines est celui des plaines fécondes, des vallées chaudes,
es deltas bien arrosés, des rivages accessibles qui s'ouvrent
ur des mers libres, où circulent le pêcheur, le commerçant, le
irate. Ici, se sont développés des États longtemps prospères,
es centres de civilisation éclatante, « fourmilières pacifiques

et travailleuses, ruches gouvernées par des royautés absolues ».
L'autre domaine s'étend dans les régions éloignées de la mer,
sur les hauts plateaux escarpés, à travers les steppes infertiles,
où la terre pauvre, desséchée ou glacée, ne donne pas de
moissons, où les moutons, les chameaux et les chevaux ne
trouvent que de maigres herbes, où les hommes sont des pasteurs, réunis en petites hordes, errant derrière leurs bêtes, de
pâturage en pâturage, tantôt à la recherche d'une mare et d'un
coin de verdure, tantôt en route pour le marché lointain où ils
vont échanger, contre les produits des industries du monde
civilisé, les laines, les peaux, les fromages et les petits de leurs
animaux. Mais, attirés par les richesses qui les éblouissent, encouragés par la faiblesse ou la lâcheté des gens de la plaine, il
arrive que ces nomades féroces se jettent sur les populations
efféminées et sans défense, et se livrent au pillage et au massacre.
Ainsi firent les Turcs, les Bédouins, les Arabes, les Kourdes, les
Afghans, les Mandchous, en Mésopotamie, dans l'Inde et la Chine.
À leur tour, par les steppes de l'ouest et par les rivages du
midi et de l'orient, les conquérants de l'Europe firent irruption
chez les peuples asiatiques. Tantôt par la force, et tantôt par la
pénétration commerciale ou la propagande religieuse, débarquant des canons, fondant des comptoirs, ou bâtissant des
églises, « les diables de la mer », ceux d'Europe et d'Amérique,
Anglais, Français, Russes, Allemands, Yankees, après les Portugais, les Espagnols et les Hollandais, entreprirent de faire de
l'Asie une terre de colonisation moderne et d'expansion chré-
tienne. Mais, tandis qu'ils continuaient de se partager les
dépouilles du continent vaincu ou résigné en apparence, les
envahisseurs virent se dresser devant eux une nation qu'ils
n'attendaient pas: le Japon, instruit à leur école, refoula l'invasion russe, et inaugura la révolte de l'Asie.

3e Lecture. — La plaine sibérienne. — La Sibérie est
la région la plus froide de l'univers habité. Elle s'étend, vers le
nord, sur l'océan Arctique; elle est balayée par les vents glacés
du pôle, et le sol y est toujours gelé dans sa profondeur. La zone
la plus froide est celle de l'océan Glacial. On l'appelle la toundra. C'est une terre mêlée de boue, de glace et de limon en hiver,
qui se couvre d'eau et de mousse en été. Le rivage est si bas que
les tempêtes poussent les vagues au loin dans l'intérieur; l'hiver,
on ne peut distinguer, à voir les masses de glaces mêlées de boue,
où finit la terre, où commence la mer. L'hiver dure neuf et dix
mois; sur l'immense plaine de neige où la mort règne, on ne
découvre plus ni rocher, ni buisson, ni arbuste; le sol se fend
avec des craquements qui ressemblent à des coups de tonnerre
ou de canon. Le thermomètre descend à 45, 50, même 60 degrés
au-dessous de zéro; la soupe gèle avant qu'on ait pu la manger,
les objets de métal brûlent la main comme du fer rougi au feu.
Si le vent du nord souffle, le froid devient terrible; si la *pourga*
ou tempête de neige éclate, le voyageur ne peut plus reconnaître sa route; il est impossible de déployer la tente et d'al-
lumer du feu qui s'éteint aussitôt; « le plus court est de se faire
un rempart de ses traîneaux et de s'enfoncer dans un sac de
fourrure jusqu'à ce que la tempête soit apaisée. Si elle dure
plusieurs jours, le voyageur est condamné à mourir. »
L'hiver finit brusquement dans la toundra, et pendant trois
mois à peine un été chaud lui succède. Les ronces, les mousses,
les lichens couvrent le sol à la place de la neige subitement
fondue, des myriades d'oiseaux aquatiques font partout leurs
nids, des myriades remontent les fleuves dégelés. Dès la fin
d'août, toute vie s'éteint de nouveau.
Au sud de la toundra, s'étend au loin jusqu'aux montagnes la
taïga, ou zone des forêts. Jadis, elle couvrait 60 millions d'hectares,
une superficie plus grande que la France. Mais des incendies multipliés et des exploitations sans mesure ont dévasté ces massifs de
pins, de *sapins*, de *mélèzes*, de *cèdres*, de *bouleaux*, de *trembles*,
d'*ormes*, où s'abritaient des troupeaux de *rennes*, d'*élans*, de *re-
nards*, de *martres*, et d'autres *animaux à fourrures;* ces animaux
sont devenus plus rares. La taïga, l'été, est brûlante; les marais
répandent des exhalaisons malsaines; des myriades de moustiques et de mouches sont un fléau pour les habitants.
La zone la plus riche et la plus habitable est celle qui se rapproche des plateaux du sud, en bordure de la route sibérienne et
du grand chemin de fer. C'est là qu'on a établi les émigrants
et qu'on exploite les minéraux et les carrières.

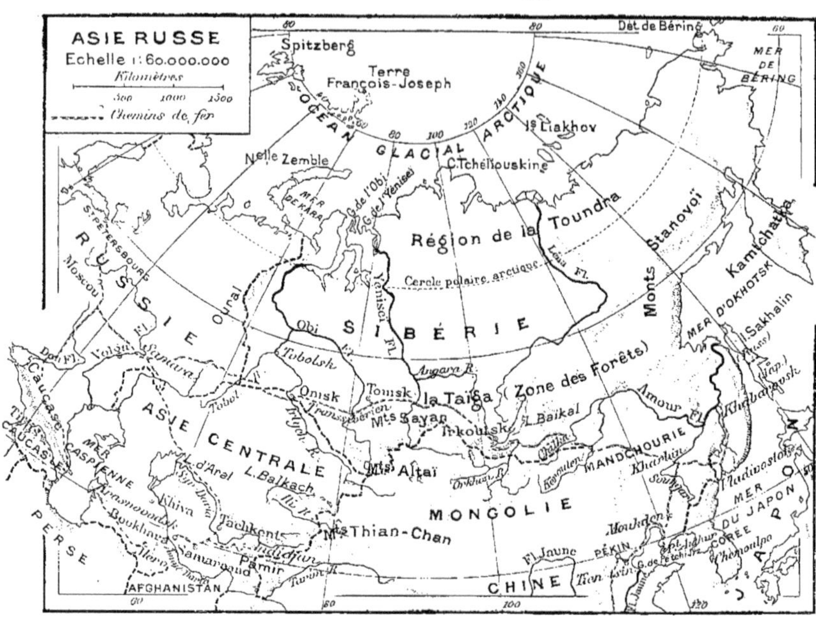

ASIE RUSSE

1. — L'**Asie russe** comprend la Sibérie, la Caucasie et l'Asie centrale russe.

2. Sibérie (12 500 000 kilom. car. et 6 000 000 d'hab.). — La Sibérie, basse et plate à l'ouest, est accidentée et montagneuse à l'est et au sud. Ses fleuves (**Obi, Yéniseï, Léna, Amour**), longs, abondants et réguliers, seraient de superbes voies de communication sans la rigueur des hivers.

3. — La Sibérie est, en effet, le pays le plus froid de l'ancien continent, surtout au nord du cercle polaire. A des étés courts et chauds, succèdent, presque sans transition, des hivers sans fin et extrêmement rigoureux.

4. — Le sol renferme de grandes richesses minérales : *houille, fer, cuivre, or, argent*. Les *forêts* sont immenses, et les terres noires conviennent à la culture des *céréales*. Le *poisson* abonde dans les mers et les eaux douces, et les *animaux à fourrures* constituent encore une source importante de revenus.

5. — Longtemps, la Sibérie n'a reçu que peu d'immigrants volontaires ; mais, depuis la construction du *Transsibérien* (8 500 kilom.), de nombreux colons vont exploiter les mines et la fertilité du sol.

6. — Le Transsibérien passe par les principales villes :

Omsk (37 000 hab.), [ca]pitale de la Sibérie [occi]dentale ; Tomsk (52[000] hab.), marché régio[nal] ; Irkoutsk (51 000 ha[b.]) capitale de la Sibérie or[ien]tale ; Vladivostok, sur la mer du Japon. [To]bolsk (20 000 hab.), [an]cienne capitale, est en [dé]cadence.

1re Lecture. — [Les] routes sibériennes e[t le] Transsibérien. — La [tra]versée de la Sibérie se f[ait] autrefois par la route, di[te] *tract*, à une vitesse plu[s ou] moins grande, suivant l[es] recommandations officie[lles] dont le voyageur était m[uni.] Juché, au milieu de ses b[aga]ges, sur un chariot so[lide] appelé *tarantass*, auqu[el on] attelait trois ou quatre che[vaux], il allait, jour et nu[it, au] fond de train, de relais e[n re]lais, sur un sol de pouss[ière] ou de fange, raviné par [les] fondrières, et s'arrêtait r[are]ment aux étapes du [par]cours. Il arrivait ainsi à f[ran]chir en été 210 kilom[ètres] par jour. Par ces routes [dé]testables, il fallait reno[ncer] à tout confort.

Une seconde voie de transit était la voie fluviale, pour laqu[elle] on utilisait les grandes rivières sibériennes et leurs afflu[ents]. Mais, comme aucun canal ne les relie, il fallait passer par t[erre] de l'une à l'autre. Le trajet était interminable, et souvent in[ter]rompu par les glaces. Enfin, les propriétaires des bateaux [te]naient très haut leurs tarifs.

En 1891, le gouvernement russe fit commencer les travau[x de] la voie ferrée, qui, en douze ans, devait unir l'Oural à l'océan [Paci]fique. L'immense ruban d'acier, entre Saint-Pétersbourg et [Vla]divostok, a une longueur de 10 500 kilomètres, soit plus [de] douze fois la distance de Paris à Marseille. Pour construi[re le] plus vite possible cette ligne intercontinentale, on la divis[a en] cinq grandes sections ; d'innombrables entrepreneurs lo[caux] ou tâcherons se partagèrent les terrassements, qui furent [exé]cutés par 150 000 ouvriers. Le pays était généralement plat, [les] tranchées et les remblais furent rares ; seuls les ponts mé[tal]liques, jetés sur les fleuves, exigèrent des travaux longs, d[iffi]ciles et onéreux. Le chemin de fer, à 60 kilomètres à [l'est] d'Irkoutsk, rencontre le lac Baïkal. Tout d'abord, on fit pa[sser] les wagons d'une rive à l'autre, à bord d'un puissant bat[eau] porte-train (*ferry-boat*). L'hiver, le lac étant gelé, on pas[sait] en traîneaux ; mais, l'été, la traversée était souvent interrom[pue] par les tempêtes, et en tout temps par les brouillards. P[our] éviter les chômages prolongés, on tailla la voie ferrée à tra[vers] les rochers abrupts de la rive méridionale du lac.

Ainsi le Transsibérien fait désormais circuler ses locomot[ives] sans interruption, de Moscou à Vladivostok, et, par l'embranche[e]ment tracé à travers la Mandchourie, de Kharbin à Port-Art[hur.] Le chemin de fer colossal, dû à l'énergie russe et aux capit[aux] européens, abrégera de quinze jours environ le trajet entre P[aris] et les ports de Chine et du Japon (quinze jours au lieu de tre[nte] et diminuera le prix du parcours des deux tiers. Le temps se[ra] proche où, par le circulaire direct de l'ancien continent, relié [aux] voies maritimes du Pacifique et aux lignes intercontinent[ales] américaines, le tour du monde s'accomplira en moins de 50 jo[urs].

12. — Sous la sécheresse du climat, les fleuves s'épuisent, et ne reçoivent même pas tous leurs affluents ; les mers et les lacs baissent en se desséchant lentement.

13. — Les cours d'eau, Syr-Daria, Amou-Daria, Zerafchan, entretiennent la fraîcheur et la fertilité des oasis qui produisent, grâce à l'irrigation, des *céréales*, des *arbres fruitiers*, la *vigne*, le *mûrier* et le *coton*.

14. — C'est au milieu de ces oasis que se sont développées les principales villes : Tachkent (156 000 hab.), Boukhara, Samarcand, Andidjan, Khiva, Merv, reliées la plupart par le *chemin de fer Transcaspien*.

7. Caucasie (472 000 kilom. car., 9 700 000 h.). — La Caucasie asiatique s'étend au sud du Caucase, entre la mer Noire et la Caspienne, et sur le plateau septentrional de l'Arménie, que domine le mont *Ararat*.

8. — La Caucasie rivalise avec les Etats-Unis pour la production du *pétrole*. La vallée du Rion, chaude et bien arrosée, se couvre d'une superbe végétation : *blé*, *maïs*, *riz*, *coton*, *tabac*, *fruits*. Dans les régions plus sèches, on élève des *moutons*, des *chevaux* et des *chameaux*.

9. — Villes principales : Tiflis (160 000 h.), capitale ; Bakou, sur la Caspienne, cité du pétrole, reliée à Batoum, sur la mer Noire ; Erivan, dans l'Arménie.

2ᵉ Lecture. — La Caucasie. — Autant la Caucasie du nord est pauvre et stérile, avec son climat glacial, ses vastes steppes nues, basses, sablonneuses ou marécageuses, parcourues par les tribus nomades et pastorales des Cosaques ; autant la Caucasie du sud est riche et fertile, avec son climat chaud, ses vallées abritées contre le nord, arrosées par les pluies et les rivières. Tiflis, la cité brûlante, Koutaïs, Erivan sont entourées de campagnes couvertes de *vergers*, de *vignobles*, de champs de *tabac*, de *coton*, de *mûriers* pour le *ver à soie*. Mais la plus grande richesse est fournie par les sources de naphte ou de pétrole qui jaillissent dans le district de Bakou, au sud de la presqu'île d'Apchéron, sur la mer Caspienne. Au-dessus de cette vaste nappe d'huile minérale se sont bâties des cités industrielles, des usines, des distilleries : plus de quatre cents puits ont été creusés, qui versent des torrents d'huile, et en remplissent des réservoirs immenses. Des rigoles, des tuyaux conduisent le liquide aux vaisseaux du port, qui transportent des millions d'hectolitres dans les entrepôts maritimes de la Caspienne.

10. Asie centrale russe. — L'Asie centrale russe comprend le **Turkestan russe**, les Etats vassaux de **Boukhara** et de **Khiva** (3 575 000 kil. car., 7 746 000 h.).

11. — C'est une région de *steppes* et de *déserts* adossée au plateau de Pamir. Les steppes seraient d'une rare fertilité, si elles étaient suffisamment arrosées.

3ᵉ Lecture. — Les steppes Kirghizes. — L'immense plaine qui entoure le lac d'Aral présente l'aspect d'un désert. Dans ces steppes arides, plissées en légères collines comme les rides de la mer, aucune route n'est tracée ; malheur à l'étranger qui ose s'y aventurer sans guide. Au printemps, la steppe se revêt d'une herbe courte, mais épaisse, parsemée de tulipes jaunes ; en été, le soleil brûle les herbes, et le sable se réchauffe au point que les œufs y cuisent comme au feu. L'hiver, comme l'été, quand s'élève l'ouragan *(bouran)*, d'épais tourbillons de neige ou de sable obscurcissent la lumière du jour ; la tempête balaie les tentes, couche les troupeaux et les hommes, et souvent les paralyse ou les ensevelit.

Les Kirghiz nomades vivent dans les steppes du Turkestan du nord. Ils sont d'origine turque et mongole : ils ont du Mongol la ruse et la paresse insouciante ; ils tiennent du Tartare l'endurance, le caractère farouche et indomptable ; ils sont des cavaliers accomplis. « Il faut voir le Kirghiz à cheval ; agile et droit, il ne semble faire qu'un avec sa monture, et accomplit, sans la moindre fatigue, les plus longs voyages. Seul, il connaît bien la steppe, il s'oriente la nuit en observant les étoiles. L'agriculture et la vie sédentaire lui répugnent ; il erre dans la steppe avec ses chameaux et ses chevaux : sa tente de feutre, la *kibitka* ou la *yourte*, rapidement dressée, est son unique abri. »

4ᵉ Lecture. — La colonisation russe. — L'eau seule fait la richesse du sol dans l'Asie centrale. Dans tous les temps, les oasis entourées de steppes arides, calcinées par le soleil, n'ont été fertilisées que par les irrigations. « Nulle part, on ne rencontre des contrastes plus saisissants que dans cet étrange pays, où de véritables paradis de verdure succèdent sans transition à l'effrayante aridité de la steppe. » Sur le sol argileux, les indigènes ont creusé des canaux, appelés *ariks*, où ils amènent l'eau prise dans les fleuves et les lointaines montagnes : de petites rigoles, tracées dans toutes les rues, la distribuent dans la plaine, sous la surveillance des chefs de village, et moyennant un impôt. C'est le long des canaux et des rivières que se sont établis les colons russes, surtout dans le Ferghana, de Samarcand à Boukhara. Secondés par les indigènes Sartes, agriculteurs pacifiques, laborieux, patients, sobres, les émigrants russes ont étendu dans les steppes les canaux, les barrages, les routes, et créé des *jardins fruitiers*, de vastes champs de *céréales*, de *plantes fourragères*, de *tabac* et de grandes plantations de *coton* qui alimentent aujourd'hui les filatures de Moscou.

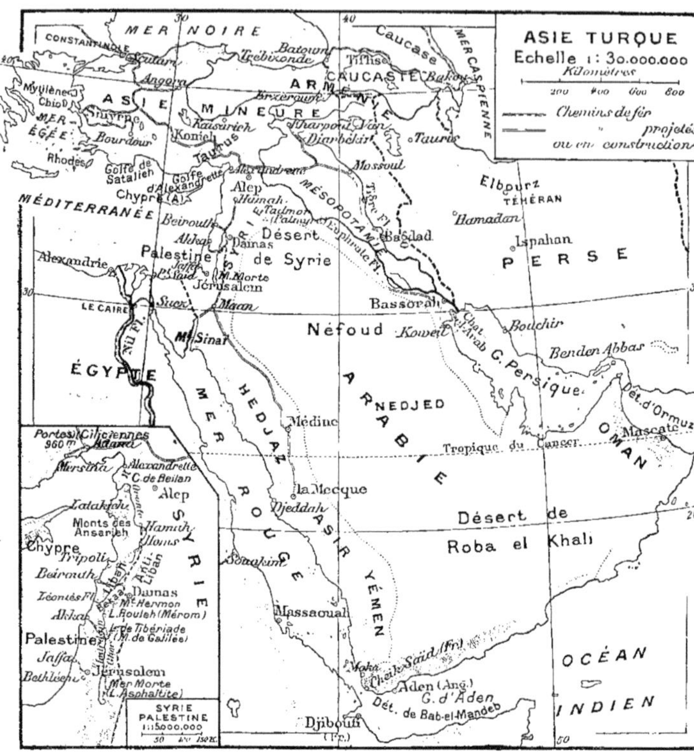

ASIE TURQUE

1. — L'**Asie turque** (1 766 000 kilom. car., 18 millions d'hab.) comprend cinq régions physiques.

2. — L'**Asie Mineure** ou **Anatolie** (9 090 000 hab.) est un plateau volcanique, creusé de lagunes salées, bordé d'un littoral escarpé, avec des îles nombreuses. Le plateau, dénudé et sec, nourrit dans ses maigres steppes des *moutons* et des *chèvres* : la zone maritime et les îles, plus chaudes, mieux arrosées, produisent des *céréales*, des *légumes*, du *tabac*, des *raisins*, des *vers à soie*, des *fruits* délicieux.

3. — Villes principales : **Smyrne** (200 000 hab.), port excellent, grand marché de l'Asie Mineure, peuplé d'Européens ; **Scutari**, en face de Constantinople ; **Trébizonde**, sur la mer Noire ; **Kaisarieh, Konieh, Angora**, marchés et fabriques de tapis. Les principales îles sont : **Mytilène, Chio, Rhodes**, riantes et fertiles.

1re Lecture. — Le littoral et le plateau de l'Asie Mineure. — L'Asie Mineure est un énorme promontoire qui s'avance au-devant de l'Europe, entre trois mers. Le littoral est admirablement découpé ; les îles, les presqu'îles, les baies profondes, bien abritées, baignées dans une lumière pure, réchauffées par un délicieux climat, ont favorisé, dans tous les temps, le commerce et la colonisation. Autrefois, les Ioniens ont été les moteurs et les intermédiaires habiles et actifs des échanges d'idées et de produits entre l'Asie et l'Europe. Autour de ces baies, à l'entrée des vallées étroites qui s'ouvrent entre les montagnes, se pressent les villes et les marchés, d'où s'exportent les produits agricoles et industriels des campagnes : *figues, olives, raisins, tabac, huile, soie, peaux, tapis, nattes*, etc. Le plus grand de ces ports, **Smyrne**, peuplé surtout de Grecs, est une cité devenue européenne par son trafic, ses banques, ses travaux publics, ses maisons de commerce, ses écoles, sa civilisation importée d'Occident : elle est la tête de ligne des premiers chemins de fer construits dans la péninsule : des ingénieurs, des capitalistes français ont dragué son port, construit les digues, les môles et les quais.

4. **Arménie** (2 500 000 hab.). — L'Arménie turque est un plateau hérissé de massifs volcaniques, entaillé de gorges profondes où coulent des torrents. Elle est peuplée par les *Arméniens*, race paisible, industrieuse et commerçante ; et les *Kourdes*, bergers nomades et pillards.

5. — Villes principales : **Erzéroum** (40 000 hab.), forteresse sur le haut Euphrate ; **Diarbékir**, sur le haut Tigre ; **Van**, sur un lac.

6. **Mésopotamie** (1 million 350 000 hab.). — C'est la plaine traversée par l'Euphrate et le Tigre, en partie déserte, parcourue par les Bédouins nomades et brigands. Dans les vallées, on cultive les *céréales*, les *oliviers*, les *amandiers*, les *mûriers*.

7. — Villes principales : **Bagdad** (145 000 hab.) ; **Mossoul**, grands marchés du Tigre ; **Bassorah**, entrepôt de commerce, vers l'entrée du golfe Persique.

2e Lecture. — Arméniens et Kourdes. — Les *Arméniens* forment une nationalité vivace, dont les colonies, éparses en Orient et en Occident, résistent à toutes les persécutions. Ils se distinguent par leur esprit ouvert et libre, leur amour de l'instruction, leurs vertus domestiques, leur initiative, leurs aptitudes pour le commerce et l'industrie. Ils s'expatrient volontiers, non seulement pour échapper aux exactions des pachas turcs ou aux cruautés des Kourdes, mais pour gagner leur vie ou faire fortune à l'étranger. On en rencontre des milliers dans les villes de Turquie : à Constantinople, le terme d'*Arménien* s'emploie comme le mot *Auvergnat* en France.

Les *Kourdes*, divisés en tribus multiples, sont dispersés sur d'immenses espaces : ils sont plus nombreux en Turquie qu'en Russie. Il y a parmi eux des castes de nobles et de paysans ; les seconds cultivent le sol pour les premiers, en qualité de serfs ou d'esclaves. Les nobles ne s'occupent que de l'élevage des troupeaux. Leur principal métier est le pillage ou la guerre, soit pour leur compte, soit comme mercenaires. Personne ne les dépasse en rapacité et férocité. Ils ont dépeuplé des districts entiers en massacrant les Arméniens, ou en les contraignant à la fuite.

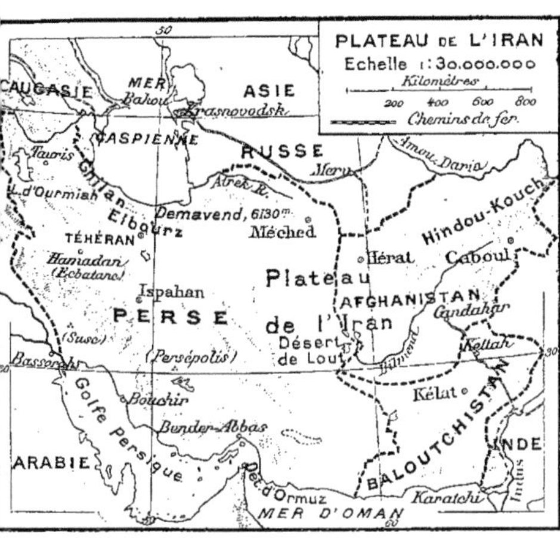

8. Syrie et Palestine (2 700 000 hab.). — La Syrie et la Palestine se composent des deux chaînes du Liban, séparées par une dépression profonde où coulent l'Oronte et le Jourdain. Brûlant au centre, le climat est plus tempéré et humide sur la côte, et entretient la fertilité.

9. — Villes principales : **Damas** (140 000 hab.), reliée au port de **Beirouth**; **Alep** (130 000 hab.), à la jonction des routes de l'Euphrate et du port d'**Alexandrette**; **Jérusalem**, reliée à **Jaffa** par un chemin de fer.

10. — L'île de **Chypre** (9 300 kilom. car., 246 000 hab.) appartient aux Anglais.

11. Arabie (2 964 000 kilom. car., 3 millions d'hab.). — L'Arabie est une vaste péninsule encadrée par trois mers, et composée de plateaux pierreux et de déserts stériles semés de roches volcaniques. Le climat est brûlant, la terre sans eau. L'**Yémen** seul reçoit des pluies, et produit du café (Moka), des gommes, des aromates, du tabac. A l'intérieur, les oasis du **Nedjed**, bien pourvues d'eau, élèvent des chevaux arabes, et récoltent des dattes.

12. — L'Arabie n'est qu'en partie soumise à la Turquie. Les tribus de l'intérieur n'obéissent qu'à leurs chefs. Le pays d'**Oman**, chef-lieu **Mascate**, est indépendant. Les Anglais possèdent **Aden**, et les Français **Cheik-Saïd**. Les villes principales sont : la **Mecque** et **Médine**, cités saintes de l'Islam ; **Djeddah**, port de la Mecque, sur la mer Rouge.

3e Lecture. — Les échelles de Syrie. — La Syrie s'étend sur une longueur de plus de 1 000 kilomètres, sur une largeur moyenne de 130, entre la Méditerranée et le désert. L'étroite zone du littoral est bordée par des remparts de montagnes qu'on ne franchit que par des cols élevés et les brèches profondes de maigres rivières. A la base des pentes escarpées, se succèdent les stations de commerce, ou « échelles », presque toutes les mêmes qui furent, il y a 3 000 ans, bâties par les Phéniciens. — **Alexandrette**, entourée de marécages malsains, est l'échelle d'Alep, vaste entrepôt et étape des caravanes entre la mer et l'Euphrate ; elle est aussi la gardienne du col de Beilan,

ou des « portes syriennes », défilé fameux que franchirent, pour gagner Antioche et la plaine de l'Oronte, les Perses de Darius, les Grecs d'Alexandre, les légions romaines, les hordes arabes et turques, en un mot toutes les invasions et toutes les migrations des peuples. — **Latakieh**, où se réfugient et se ravitaillent les pêcheurs d'éponges, où s'approvisionnent de tabac les navires d'Europe ; — **Tripoli**, qui expédie des soies, des oranges, des vins, sont les échelles des monts des Ansarieh et du Liban ; — **Beirouth** est l'échelle de la grande cité musulmane de Damas, à laquelle la rattache une belle route construite par une compagnie française, à travers les escarpements des monts Liban ; — **Jaffa** est le port de Jérusalem.

4e Lecture. — Le Jourdain et la mer Morte. — Le Jourdain est le fleuve sacré de la Palestine. Issu des fontaines du massif du Hermon, il traverse le pays de « la Terre promise », les marécages et les roselières de Mérom, le lac poissonneux de Tibériade ou « mer de Galilée », et, multipliant ses détours entre des berges escarpées, il se perd dans le lac Asphaltite ou mer Morte par deux bouches limoneuses, sans profondeur, bordées d'une forêt de saules, de tamaris et de roseaux papyrus.

La mer Morte est encaissée entre de hautes montagnes qui tantôt plongent dans ses eaux, tantôt laissent à découvert des plages sablonneuses, parsemées de dunes et de troncs d'arbres. Outre ces amas de bois flottés, on rencontre çà et là sur le rivage des monceaux de sel gemme, des pierres ponces, des blocs de marbre et de jaspe vert, des calcaires bitumineux que les habitants de Bethléem taillent et sculptent, et qui sortent de leurs ateliers sous la forme de bijoux, pierres gravées, chapelets, croix, vases, coupes, et autres objets variés, vendus aux pèlerins. La mer Morte est à 392 mètres au-dessous du niveau de la Méditerranée. Profonde de 400 mètres au nord-est, elle n'en a plus que 4 au sud. Ses eaux, d'un beau bleu, sont tellement saturées de sel qu'aucun être organisé, plante ou animal, ne peut y vivre. Elles sont si lourdes que les corps étrangers sont portés sur le flot. Il est presque impossible de se noyer dans la mer Morte. En été, la chaleur de cette cuve est si intense que les Arabes eux-mêmes n'osent pas voyager sur ses bords pendant le jour. Tout le pays, à l'est du Jourdain et de la mer Morte, a été bouleversé par les tremblements de terre et les accidents volcaniques. Le désert est formé des ruines des villes mortes : la plus fameuse était Palmyre ou Tadmor ; les statues de ses temples et de ses palais jonchent le sol de leurs débris.

PLATEAU DE L'IRAN

1. — Ce plateau, cinq fois grand comme la France, est encadré de hautes montagnes, surtout au nord et au nord-est. Il renferme deux grands déserts, parsemés de lacs salés et de rares oasis. Le climat est d'une sécheresse extrême ; seules les zones du pourtour sont bien arrosées et fertiles. Les bords de la Caspienne sont le vrai jardin de la Perse.

2. — La population se compose d'Iraniens sédentaires, agriculteurs pacifiques, et de Turcs ou Afghans, pasteurs et belliqueux. Les premiers cultivent les céréales, le tabac, les arbres fruitiers dans les vallées bien arrosées de l'ouest.

3. — Trois États se partagent l'Iran : la **Perse**, l'**Afghanistan**, le **Baloutchistan**.

4. — La **Perse** (1 650 000 kilom. car., 9 millions d'h.) a pour capitale **Téhéran** (280 000 h.). **Tauris** (200 000 h.), grande ville de commerce ; **Ispahan** ; **Méched**, ville sainte ; **Bouchir**, **Bender-Abbas**, ports.

5. — L'**Afghanistan** (560 000 kilom. car., 5 millions d'h.) a pour villes principales : **Hérat**, place forte ; **Caboul**, résidence de l'émir ; **Candahar**, sur la route de l'Inde.

6. — Le **Baloutchistan** (120 000 kilom. c., 300 000 h.) est sous la dépendance de l'Angleterre, qui occupe **Kettah**, et pensionne le khan dont la résidence est à **Kélat**.

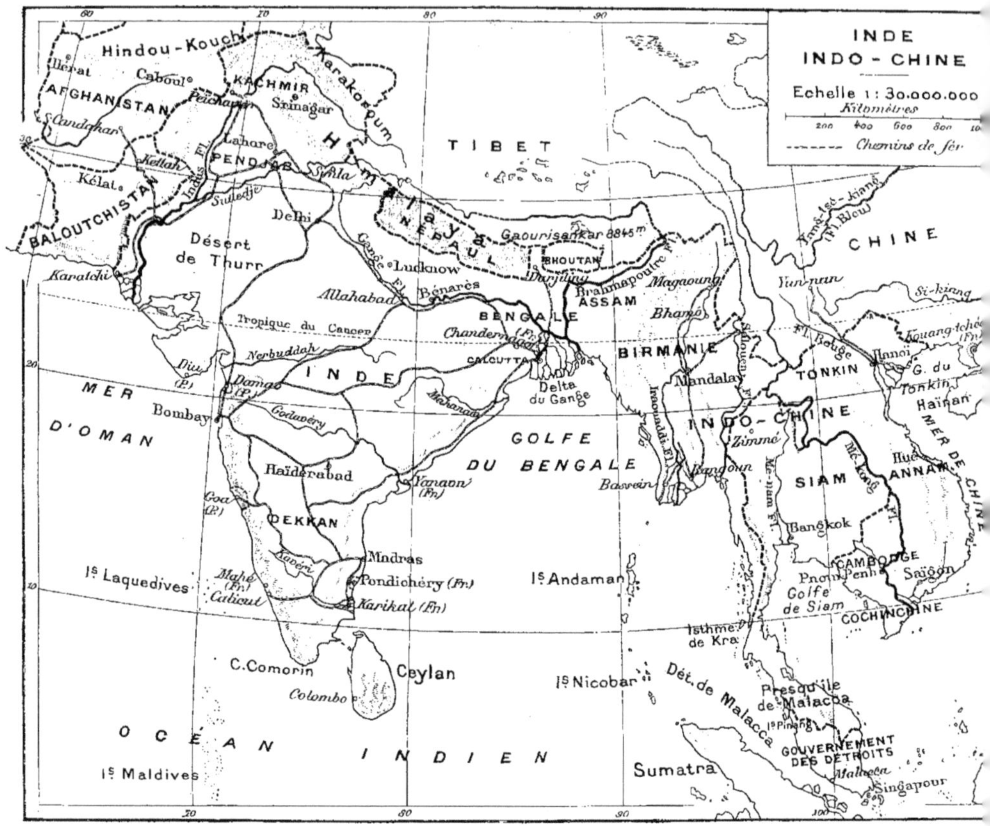

INDE

1. — **L'Inde** (3 822 000 kil. car. et 215 000 000 d'h.),
fermée au nord par l'**Himalaya**, comprend : 1° les plaines de
l'**Indus** et du **Gange**, séparées par le **désert de Thurr**;
2° le **plateau du Dekkan**. C'est une des plus riches
contrées du globe et des plus importantes colonies anglaises.

2. — Le climat de l'Inde est un des plus *chauds* de la terre.
Il est aussi l'un des plus *humides*, à cause des vents appelés
mousson, qui apportent régulièrement l'été les vapeurs abondantes de l'océan Indien (dans l'Assam, la hauteur de pluie
annuelle est de 16 m.). Mais, tandis que les fleuves du
Dekkan roulent des masses d'eau pendant la mousson, et
sont presque desséchés le reste du temps, les émissaires des
glaciers de l'Himalaya sont abondants en toute saison.

3. — L'Inde produit surtout du *riz*, du *blé*, du *coton*, de
l'*opium*, du *tabac*, du *thé*. C'est un des pays de prédilect[ion]
des *éléphants*, des *tigres*, des *serpents* de toute taille.

4. — Le sol est assez pauvre en métaux : il fournit
peu de *fer*; la *houille* ne manque pas, mais elle ne suffit [pas]
encore à la consommation. — L'*industrie* indigène prend
essor de plus en plus grand. Le *commerce* est très actif : il [est]
favorisé par les routes, canaux et chemins de fer constru[its]
par les Anglais.

5. — On compte plus de 30 villes de plus de 100 0[00]
âmes. Les principales sont : **Calcutta** (830 000 hab.), c[a]-
pitale, vaste entrepôt; industrie du *coton* et du *jute*; **Bé**-
narès (209 000 hab.), métropole religieuse; **Allahab**[ad]
(170 000 hab.), ville sainte et grand marché; **Luckno**[w]
(263 000 hab.), entrepôt de *grains*, de *sucre* et de *tabac*; f[a]-
briques de *mousselines*; **Delhi** (208 000 hab.), anc. cap[itale]

Lahore (200 000 hab.), cité commerçante ; **Bombay** (776 000 hab.), *filatures de coton*, port de la mer d'Oman ; Haïderabad (450 000 hab.), grand marché régional, *bijoux et broderies;* **Madras** (500 000 hab.), port, ville d'industrie ; **Colombo** (110 000 hab.), port de l'île de **Ceylan.**

6. — La **France** possède dans l'Inde 5 comptoirs (voir p. 102); le **Portugal** a Diu, Damao, Goa (530 000 hab.).

1re Lecture. — L'Himalaya. -- La chaîne de l'Himalaya enveloppe de sa courbe demi-circulaire l'énorme plateau du Tibet. Son nom a le sens de *séjour des neiges.* Elle est le plus vaste et le plus haut massif montagneux de l'univers. Elle couvre une surface plus grande que la France, la Belgique et la Hollande réunies; sa cime culminante, le mont Gaourisankar (8843 m.), a deux fois la hauteur du mont Rose. D'immenses champs de neige et de glaces recouvrent les plateaux supérieurs; quelques-uns ont plus de 50 kilomètres de longueur. De leurs crevasses s'échappent par centaines les torrents qui charrient des débris de roches et des masses de boues, et qui vont former les fleuves du Bengale et du Pendjab, le **Gange** et l'**Indus.** Rares sont les voyageurs qui ont exploré les hautes régions de l'Himalaya, où l'air est presque irrespirable.

2e Lecture. — Le climat de l'Inde : la mousson. — L'Inde connaît des climats très variés : les sommets majestueux de l'Himalaya gardent éternellement leur couronne de glaces; les plaines, qui sont à la base, sont brûlées par le soleil des tropiques : mais on y trouve de hautes vallées tempérées et salubres, comme le pays de Kachmir, qui passe pour un lieu de délices, comme *Simla, Darjiling.* C'est dans ses sites montagneux que les Anglais cherchent l'été un refuge contre les chaleurs torrides : ils y ont bâti des villes de santé: des « sanatorium », où les fonctionnaires européens, énervés et anémiés par la température accablante, retrempent leurs forces au milieu des jardins, des vergers et des parcs.

La saison des pluies sévit en mai et juin: le ciel est étouffant, l'air est de braise, le sol brûlant, les herbes s'allument aux rayons du soleil. Echauffée à l'excès, l'énorme étendue des plateaux et des plaines de l'Inde attire à elle les courants d'air plus frais de l'océan Indien ; alors le ciel se voile, un vent violent s'élève du sud-ouest et du sud-est, et la mousson souffle « impétueuse, effrayante et bénie.

» D'épaisses nuées se forment, et crèvent sous les éclairs et la foudre. Un véritable déluge fond sur la terre, remplit en un instant les lits desséchés des rivières et les transforme en torrents. Le sol, brûlé par une longue sécheresse, boit avidement cette eau bienfaisante. Il semble qu'une vie nouvelle descende avec les flots du ciel, et circule dans les veines du monde en le rajeunissant ». (E. Lebon.) Sous ces ondées tièdes, dans cette atmosphère de serre, la vie végétale se déploie avec une splendeur et une magnificence qu'aucune autre contrée n'égale dans l'univers.

3e Lecture. — Les populations de l'Inde sont très mélangées. Cette péninsule si riche a attiré dans tous les temps les invasions. Des peuples de couleur noire, jaune, blanche, y ont tour à tour dominé, et s'y sont mêlés. On en voit la trace distincte dans les races actuelles, que l'on confond sous un nom commun, celui de *Hindou.* Les Hindous forment une population totale de près de 300 millions d'hommes. Sur ce total, les Anglais, qui sont les maîtres actuels de l'Inde, ne comptent que pour moins de 100 000, la plupart soldats. Ils ont appliqué à la péninsule d'habiles procédés de colonisation et d'administration ; ils protègent et surveillent les indigènes, plus qu'ils ne les gouvernent, par leurs commissaires, leurs troupes et leurs forteresses. Ils ont accompli une œuvre grandiose dans l'Inde en la dotant de routes, de canaux, de chemins de fer, en développant les cultures, en faisant de ses villes et ses ports les entrepôts et les marchés les plus riches et les plus puissants.

Mais ces grands travaux n'empêchent pas la famine de ravager périodiquement l'Inde. — En 1902, des régions entières du centre faisaient entendre « la terrifiante chanson de la faim »: faute d'un peu de riz qu'on ne leur envoyait pas, des milliers de femmes, d'enfants et d'hommes périssaient.

C. SUP.

INDO-CHINE

1. — Cette péninsule tire son nom des deux pays qui la bornent, et qui l'ont pénétrée de leurs races et de leur influence : les *Hindous* à l'ouest, les *Chinois* à l'est.

2. — L'Indo-Chine est sillonnée de chaînes de montagnes, très hautes au nord, et graduellement inclinées en terrasses vers les mers du pourtour. — Dans les intervalles des chaînes, les fleuves (Iraouaddi, Mé-nam, Mé-Kong) coulent, encombrés de rapides, et navigables par intervalles. Ils sont alimentés par les pluies périodiques des moussons.

3. — L'**Indo-Chine** (2 175 000 kil. c., 35 000 000 d'h.) appartient à l'Angleterre, au roi de Siam et à la France.

4. — L'**Indo-Chine anglaise** comprend la Birmanie et le Gouvernement des Détroits.

5. — La **Birmanie** (615 000 kilom. car. et 10 000 000 d'h.) produit en abondance du *riz*, du *coton*, du *bois de tek* et du *caoutchouc.* La capitale, Mandalay (180 000 hab.), est un grand marché ; Rangoun (230 000 hab.), le grand port d'exportation du *riz*, et Bhamô, un centre de caravanes.

6. **Gouvernement des Détroits.** — La presqu'île de Malacca possède les plus riches mines d'*étain* du monde. Son climat, très chaud et très humide, favorise la culture du *cacao*, du *tabac*, du *café.*

7. — Ville principale : Singapour (150 000 hab.), capitale et port très fréquenté, sentinelle du détroit.

8. — Le **Siam** (633 000 kilom. car. et 6 000 000 d'h.) est un royaume producteur de *riz* et de *bois de tek;* il élève de nombreux *éléphants*, et le *poisson* abonde dans les rivières.

9. — La capitale, Bangkok (600 000 hab.), est un grand entrepôt de *riz;* Zimmé, un marché de riz.

10. — **Indo-Chine française** (voir page 103).

1re Lecture. — L'Iraouaddi. — Issu des montagnes encore inexplorées du Tibet, le haut Iraouaddi traverse des gorges étroites et profondes, et ses eaux tourbillonnent avec une vitesse qui rend toute navigation impossible. C'est dans ces régions sauvages que les Chinois exploitent les pierres de jade si recherchées par les mandarins du Céleste-Empire. Le fleuve est encore très sinueux, coupé de rapides, encombré de roches, d'îlots et de bas-fonds, avant d'atteindre le grand entrepôt commercial de Bhamô et, plus bas, Mandalay, la capitale des anciens rois de Birmanie, dépossédés par l'Angleterre.

Maîtres du pays, les Anglais ont corrigé le chenal du fleuve. Une compagnie anglaise a créé un service de petits bateaux à vapeur, qui circulent régulièrement de Bhamô à Rangoun, grand port de l'Iraouaddi, situé sur un bras du fleuve, à 40 kilomètres de la mer. Ces bateaux à vapeur remorquent des chalands, chargés de marchandises de toute sorte, qui forment de véritables bazars flottants, où les riverains viennent s'approvisionner de cotonnades, verroteries, riz, ustensiles, bois, articles variés de fabrication anglaise ou allemande, à bon marché. Les marchands sont, pour la plupart, des Chinois, trafiquants rusés et tenaces. La navigation est interrompue à l'époque des basses eaux et des grandes crues de la saison des pluies. — Les Anglais ont construit un chemin de fer dans la plaine.

2e Lecture. — Bangkok. --- Bangkok, la Venise de l'Asie, est située à 30 kilomètres de la mer, sur la Mé-nam sinueuse et ses nombreux canaux, où fourmillent des milliers de bateaux de toute forme et de tout pavillon, jonques siamoises, sampans chinois, lorchas portugaises, goélettes de Malacca, paquebots anglais ou allemands. « La rivière est large et majestueuse, les rives sont formées par des rangées de plusieurs milliers de maisons dont les toits bizarres s'alignent régulièrement, dont les habitants aux vêtements de couleurs voyantes apparaissent à fleur d'eau. » (De Beauvoir.)

EMPIRE CHINOIS

1. — L'**Empire chinois** (11 140 000 kilom. car. et
330 millions d'hab.) comprend : 1° les plateaux et les déserts du centre, **Mongolie, Dzoungarie, Turkestan,
Tibet**; — 2° la **Mandchourie**; — 3° la **Chine**.

2. — Les déserts mongols et les plateaux tibétains sont
arides et stériles : situés à une altitude de 1 000 à 4 000 m.,
ils sont battus de vents brûlants l'été, glacés l'hiver.

3. — Les hautes montagnes de l'ouest fournissent au
Turkestan chinois quelques fleuves, dont les vallées sont
fertiles, mais qui vont se perdre dans des lagunes.

4. — Les villes principales sont, dans le **Turkestan :**
Yarkand (60 000 hab.); **Kachgar**, au centre d'oasis;
dans le **Tibet : Lhassa**, la capitale du bouddhisme.

5. — La **Mandchourie** (982 000 kilom. car., 12 millions
d'hab.) est sillonnée de longues chaînes de montagnes et de
vallées fertiles. Le climat est rigoureux l'hiver, brûlant l'été.
La région du fleuve *Soungari* et celle du *Liao* sont bien arrosées; elles ont des prairies, des forêts, des champs fertiles.

6. — Villes principales : **Moukden** (200 000 hab.), capitale; **Ghirin**, port fluvial et grand marché; **Kharbin** et
Port-Arthur, place forte bâtie par les Russes et con-
quise par les Japonais, sur le golfe de Pé-tchi-li.

7. — **Chine** (4 025 000 kilom. car., 382 millions
d'hab.). — La Chine comprend deux régions différentes :
la Chine septentrionale, bordée à l'ouest d'une longue chaîne
de montagnes, est un pays de plaines et de plateaux, couvert d'alluvions fertiles, c'est la *terre jaune*, arrosée par le
Fleuve Jaune; la Chine méridionale, hérissée de hautes
montagnes, toutes sillonnées de ravins profonds; son grand
fleuve est le **Fleuve Bleu**.

8. — Le climat du nord est sec et froid comme en Sibérie; celui du sud est très chaud et soumis aux moussons.

9. — L'agriculture, portée à un très haut degré de perfection, produit en abondance des *céréales*, du *riz*, du *thé*,
de l'*opium*, du *coton*, de la *soie*.

10. — Les gisements de *houille* sont d'une richesse incomparable; le *fer*, l'*étain*, le *cuivre* sont abondants.

11. — Les Chinois ne créent aucune grande industrie
nouvelle, mais ils sont passés maîtres dans la fabrication
des *soieries*, des *broderies*, des *porcelaines*, des *laques*, des
meubles, du *papier*. Ils sont des imitateurs adroits et des
commerçants très habiles.

Les Européens commencent à couvrir la Chine de chemins de fer.

12. — Villes principales : **Pékin** (1 million d'hab.), capitale; **Tien-Tsin** (1 million d'hab.), sur le Peï-ho, en
l'entrepôt commercial; **Tching-Tou** (800 000 hab.), marché agricole; **Siang-Tan** (1 million d'hab.), grand centre
d'affaires; **Outchang, Hankéou** et **Hanyang** forment
ensemble un des marchés les plus populeux du globe
(4 millions d'hab.); **Nankin** (270 000 hab.), ville d'industrie et de science; **Fou - tchéou** (624 000 hab.),
arsenal et quartier maritime; **Canton** (900 000 hab.), cité
industrielle et commerçante; **Chang-Haï** (650 000 hab.),
à l'entrée du Fleuve Bleu, premier port marchand.

13. **Possessions étrangères.** — La presqu'île
de **Corée** (240 000 kilom. car., 10 millions d'hab.) a été
occupée par les Japonais, vainqueurs de la Russie, en 1905.
— Elle est couverte de montagnes, mais ses vallées sont
fertiles. **Séoul**, capitale (190 000 hab.); son port est Ché-
moulpo. Les autres ports sont **Gensan** et **Fousan**.

L'île **Formose** (38 000 kilom. car., 2 millions d'hab.),
riche en *charbon*, *thé*, *chanvre*, appartient au Japon. — L'île
de **Hong-Kong**, en face de Canton, port franc très actif, et
Weï-Haï-Weï, sur le golfe de Pé-tchi-li, sont des possessions anglaises; **Kiao-tchéou**, sur le littoral, est aux
Allemands; l'île de **Macao** appartient aux Portugais, et
Kouang-tchéou, sur la côte sud, aux Français.

Lecture. — L'agriculture en Chine. — Les provinces
orientales de la Chine sont presque toutes d'une admirable fertilité. Dans aucun pays, la culture de la terre n'est plus soignée
et le métier de cultivateur tenu en plus haute estime. La terre est
très divisée; la petite propriété l'emporte en étendue sur les
grands domaines et les terres communales. Les petits cultivateurs travaillent avec une ardeur infatigable à l'aménagement
de la bonne tenue, à l'engrais de leurs champs. Il n'est pas de
sol, si stérile qu'il soit, dont ils ne réussissent, à force d'adresse
et de labeur, à tirer quelque produit; leur industrie excelle surtout dans l'art des irrigations. Ils savent, en temps de sécheresse,
répandre sur les terres les eaux des étangs et des rivières, établir des réservoirs, y puiser à l'aide de roues, et faire monter
l'eau par des tuyaux de bambou jusque sur les hautes terrasses
cultivées des montagnes. La maison rurale est bâtie sur le champ
patrimonial, qui garde aussi la sépulture de la famille. On ne
voit presque plus de forêts dans les campagnes, mais les bosquets de bambous couvrent souvent les pentes des coteaux. Et
des fleurs de toute espèce égaient le paysage. Les *azalées*
pourpres, les *rhododendrons*, les *gardénias* odorants, les *gly-
cines*, les *roses* et les *chrysanthèmes* fleurissent et parfument,
suivant les saisons, les jardins des villages.

JAPON

1. — Le **Japon** (454 000 kilom. car., 48 millions d'hab.) se compose d'un long chapelet d'îles, sillonné de montagnes volcaniques, souvent secoué de tremblements de terre.

2. — Le **climat**, adouci par le courant marin dit *Kouro-Sivo* et soumis au régime des moussons, est humide, très froid dans les îles du nord, très chaud dans celles du midi. C'est là qu'on cultive le *riz*, le *thé*, la *canne à sucre*, le *coton*, le *tabac*, les *arbres fruitiers*, les *fleurs* les plus belles.

3. — Le sol très fertile renferme aussi du *charbon*, du *pétrole*, du *fer*, du *cuivre*, de l'*argent*, du *soufre*.

4. — L'industrie a fait des progrès inouïs; les Japonais ont emprunté à l'Europe toutes ses sciences.

5. — Les Japonais ont créé des routes, des chemins de fer; ils ont construit une flotte marchande et une marine de guerre.

6. — Villes principales : **Tokio** (1 800 000 hab.), capitale, cité industrielle et savante; **Kioto** (380 000 hab.), ville d'industrie; **Yokohama** (326 000 hab.), port des étrangers; **Osaka** (995 000 hab.), entrepôt commercial; **Nagasaki**, port de l'île **Kiou-Siou**; **Hakodaté**, port de l'île **Yéso**.

7. — Le Japon possède l'île **Formose** (35 000 kilom.

car., 2 850 000 hab.), île volcanique, enlevée à la Chine, et la moitié sud de l'île **Sakhalin**, enlevée aux Russes.

1re Lecture. — L'aspect du Japon. — « Le voyageur qui pénètre dans la baie de Tokio, et vient jeter l'ancre dans la baie de Yokohama aperçoit, de quelque côté qu'il se retourne, des collines verdoyantes en toutes saisons, des falaises pittoresques, des villages tapis au milieu des arbres, des habitations de plaisance étagées sur des terrasses, un quai régulier couvert de maisons élégantes, une ville blanche au pied d'une montagne verte. » (E. Bousquet.) Si le soleil brille dans le ciel transparent, le voyageur croit avoir rencontré le climat de la Provence sous le ciel de la Sicile. — « L'intérieur du pays ne diminue pas le charme de cette impression. La campagne japonaise, avec ses rizières étagées. ses montagnes bleues dans le fond, ses chaumières éparses et à demi cachées dans les bambous, produit l'effet d'un décor frais ou d'une galerie de peinture coquettement arrangée. Mais souvent des pluies torrentielles viennent assombrir ces joyeux horizons. et tout noyer dans la brume : l'été, de gros nuages orageux courent presque à fleur de terre. éteignant les couleurs, et énervant les habitants par une chaude humidité d'étuve. Mais ces pluies et ces orages. désespoir des promeneurs, sont la richesse des rizières et la joie des cultivateurs qui ne sauraient s'en passer. » (Id.)

2° Lecture. — Les volcans japonais. — Le sol de l'archipel japonais est très tourmenté. Les chaînes qui s'entrecroisent dans les îles sont hérissées de cônes volcaniques : plusieurs cratères sont toujours fumants. et vomissent des vapeurs et des boues sulfureuses. L'un d'eux, l'*Asama-Yama*, en 1783, dans une éruption terrible, ensevelit 48 villages et des milliers d'hommes sous des monceaux de cendres et de pierres ponces. — Le *Fouzi* est le géant de ces volcans (3 750 m.). Il domine une vaste plaine, couverte de riches cultures : ses flancs s'élèvent en pente douce et régulière, drapés de bois et de broussailles, sa cime est blanche de neige dix mois par an. Le *Fouzi* est la montagne sacrée des Japonais. Partout, sur les objets d'art, on reproduit son majestueux profil. Des milliers de pèlerins en font chaque année l'ascension, et viennent visiter le temple bâti près du sommet.

3° Lecture. — Le peuple japonais. — Le Japonais est de même famille que le Chinois, mais il lui est supérieur par un caractère plus élevé et une intelligence plus ouverte. Il n'a pas l'apathie du Chinois, ni son dédain pour la science et les arts des peuples étrangers. Il est toujours prêt à s'instruire au contact des Européens, il leur emprunte hardiment leurs découvertes, et il les applique sans rien perdre de son originalité.

Le Japonais s'entend à merveille, à force de soins, par d'habiles irrigations et un intelligent emploi des graines et de l'engrais, à produire en abondance des cultures extrêmement variées. Les *céréales*, le *riz* surtout, qui est le principal aliment du peuple, sont partout cultivées; le *thé*, le *tabac*, les *fruits* prospèrent. L'horticulteur japonais est un maître dans l'art de dessiner les jardins, de les parer de fleurs et de plantes d'un éclat, d'une délicatesse, d'une variété infinies. Partout les fleurs décorent et embellissent les champs et les collines.

Les Japonais tirent un profit excellent de leurs vastes forêts de bois précieux pour les constructions, la *tonnellerie*, l'*ébénisterie*, la *marqueterie*. Leurs industries du *bronze*, de la *porcelaine*, de la *céramique*, leurs *émaux cloisonnés*, leurs *laques*, leurs *broderies* et leurs *tissus*, leurs *tapis* et leurs *papiers* sont d'une délicatesse et d'une originalité souvent incomparables.

Le Japonais a un idéal plus noble que le Chinois; il aime son pays et il est prêt à lui sacrifier avec joie sa fortune et sa vie. Il ne hait pas le Chinois; il voudrait communiquer à ce voisin trop inerte son énergie, sa vitalité, sa foi.

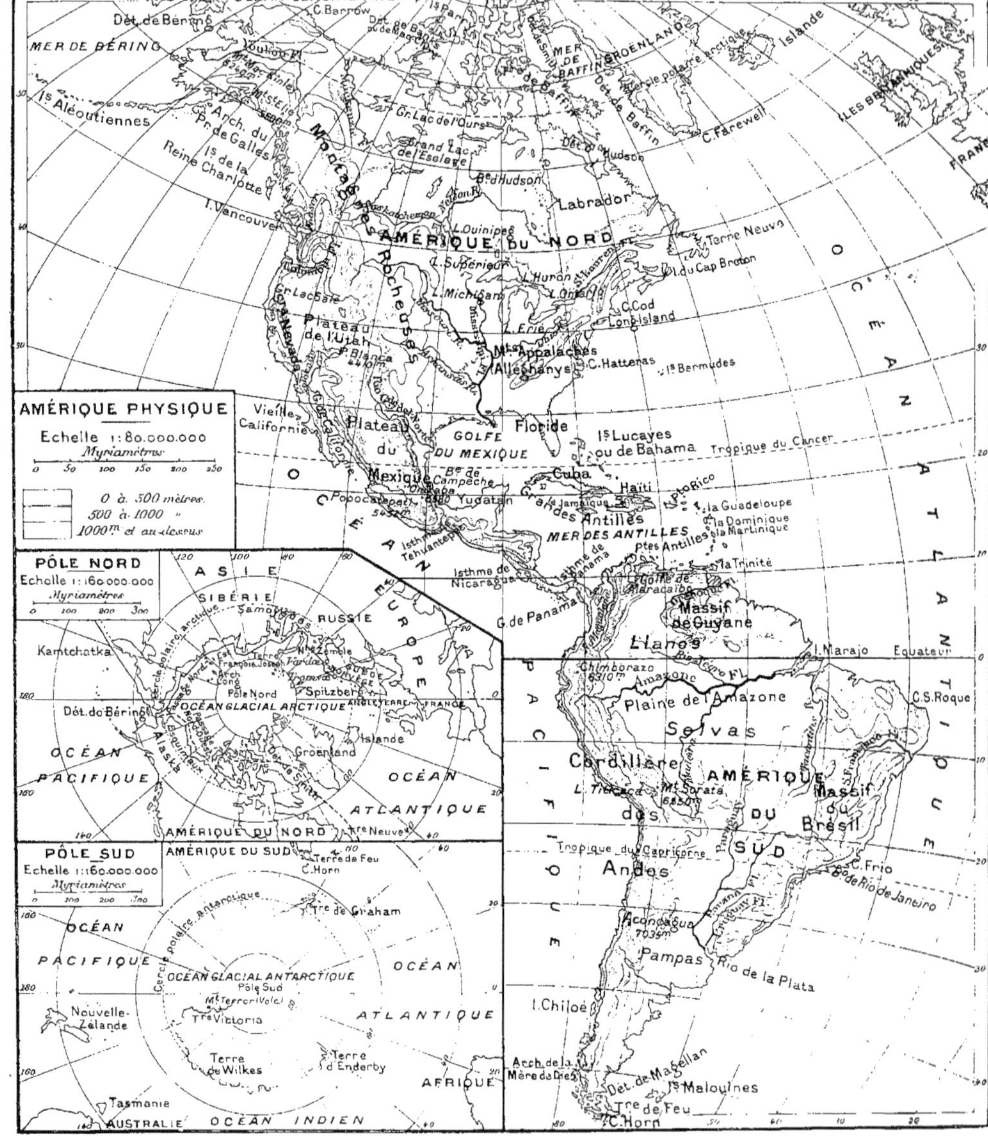
ASIE
OCÉAN GLACIAL ARCTIQUE
Tre de Grant
C. Barrow
Dét. de Béring
MER DE BÉRING
MER DE BAFFIN
GROENLAND
Islande
Youkon Fl.
ILES BRITANNIQUES
Is Aléoutiennes
Arch. du Pr de Galles
Gr. Lac de l'Ours
C. Farewell
Is de la Reine Charlotte
Grand Lac de l'Esclave
Dét. d'Hudson
I. Vancouver
Bie d'Hudson
Labrador
AMÉRIQUE DU NORD
Terre Neuve
L. Ouinipeg
I. du Cap Breton
L. Supérieur
L. Huron
Montagnes Rocheuses
L. Michigan
L. Ontario
Gr. Lac Salé
C. Cod
Plateau de l'Utah
L. Érié
Long Island
Mts Appalaches
Alleghanys
C. Hatteras
Is Bermudes

AMÉRIQUE PHYSIQUE
Echelle 1:80.000.000
Myriamètres
0   50   100   150   200   250
0 à 500 mètres.
500 à 1000 "
1000m et au-dessus

Vieille Californie
Plateau du Mexique
GOLFE DU MEXIQUE
Floride
Is Lucayes ou de Bahama
Tropique du Cancer
Mexique
Bie de Campeche
Cuba
Haïti
P. to Rico
C. Popocatepetl
Yucatan
Grandes Antilles
la Guadeloupe
la Dominique
des Antilles
la Martinique
MER DES ANTILLES
Ptes Antilles
Tehuantepec
la Trinité
Isthme de Nicaragua
Isthme de Panama
Golfe de Maracaibo

PÔLE NORD
Echelle 1:160.000.000
Myriamètres
0   100   200   3oo
ASIE
SIBÉRIE
Samoyèdes
RUSSIE
Kamtchatka
Nouvelle Zemble
EUROPE
Terre François Joseph
Tromso
Pôle Nord
Spitzberg
ANGLETERRE
FRANCE
Dét. de Béring
OCÉAN GLACIAL ARCTIQUE
Alaska
Islande
OCÉAN PACIFIQUE
Groenland
OCÉAN ATLANTIQUE
AMÉRIQUE DU NORD
Tre Neuve

G. de Panama
Massif de Guyane
Llanos
I. Marajo
Equateur
Chimborazo 6310m
Amazone
Plaine de l'Amazone
C. S. Roque
Selvas
Cordillère
AMÉRIQUE
Massif du Brésil
L. Titicaca
Mt Sorata 6550m
des Andes
DU SUD

PÔLE SUD
Echelle 1:160.000.000
Myriamètres
0   100   200   3oo
OCÉAN PACIFIQUE
AMÉRIQUE DU SUD
Terre de Feu
C. Horn
Tropique du Capricorne
C. Frio
Bie de Rio de Janeiro
Tre de Graham
Aconcagua 7035m
Pampas
Rio de la Plata
OCÉAN GLACIAL ANTARCTIQUE
Pôle Sud
Mt Terror Volc.
OCÉAN
ATLANTIQUE
I. Chiloé
Nouvelle Zélande
Tre Victoria
Terre de Wilkes
Terre d'Enderby
AFRIQUE
Arch. de la Mère de Dieu
Dét. de Magellan
Is Malouines
Tre de Feu
C. Horn
Tasmanie
AUSTRALIE
OCÉAN INDIEN

RÉGIONS POLAIRES

1. Pôle Nord. — L'Europe, l'Asie et l'Amérique s'étendent au delà du cercle polaire boréal. L'Amérique se approche du pôle par le **Groënland**, l'Europe par la terre **François-Joseph**, l'Asie par l'archipel **Long**.

2. — De là les nombreuses explorations entreprises depuis quatre siècles, les unes pour découvrir un passage entre l'Atlantique et le Pacifique, soit au nord de l'Europe et de l'Asie (*passage nord-est*), soit au nord de l'Amérique (*passage nord-ouest*); les autres pour atteindre le pôle.

3. — Le climat est terrible. Les terres forment presque toujours un champ de neige ou une carapace de glace. Les plantes sont maigres et rares au delà du 70e degré. Les animaux à fourrures seuls bravent le froid.

4. — Dans ces régions de glaces, vivent quelques tribus sauvages d'Esquimaux et de Samoyèdes, pêcheurs et chasseurs. La navigation et la pêche ne sont possibles que quelques semaines, l'été, à la débâcle des glaçons.

5. — La plus vaste terre polaire habitée est le **Groënland** (2 millions de kilom. car.), possession danoise. Il est couvert de hautes montagnes revêtues d'une carapace de glace. Les rivages sont découpés de baies profondes (*fiords*). La population comprend environ 10 000 habitants.

6. Pôle Sud. — De vastes espaces s'étendent entre le pôle austral et l'extrémité des continents africain, américain, australien. Les voyages au pôle Sud ont été rares avant notre époque. La grande **terre Victoria**, couverte de volcans, s'en rapproche le plus.

7. — Le climat est encore plus froid, les glaces plus épaisses, la nuit polaire plus longue au pôle Sud qu'au pôle Nord. Les terres australes sont sans végétation et sans habitants, ensevelies sous les neiges et les glaces.

1re Lecture. — Les glaces du pôle. — Les glaces polaires ne ressemblent pas aux surfaces unies des rivières et des lacs congelés par le froid. Elles se composent d'amas, de blocs, de masses, de murailles de grandeur et de grosseur inégales, tantôt soudés par la gelée, tantôt séparés et flottants. Quand vient la débâcle, les navires peuvent circuler, non sans péril, entre ces *banquises* qui vont à la dérive. Plus on gagne le nord, plus les bancs de glaces deviennent énormes et impénétrables. Quand ils se rapprochent et s'unissent, ils forment des champs de glace qui ont parfois une épaisseur, une longueur, une hauteur très grandes, qu'on met plusieurs jours à traverser. « La surface de ces nappes de glace, écrit l'explorateur américain Greely, rappelle celle d'une contrée onduleuse, elle a ses collines et ses vallées, ses ruisseaux et ses lacs; c'est une île où la glace a pris la place du sol. Les glaçons énormes se heurtent, montent les uns sur les autres, s'empilent et forment de vraies collines (*floeberg, iceberg*). On en a vu qui s'élevaient à 202 mètres au-dessus de la mer, et présentaient une masse de 18 millions de mètres cubes. Ces blocs d'icebergs, ces cathédrales de glace sont d'un effet très pittoresque. Par un beau soleil, avec ses hérissements de clochetons et de minarets, la banquise qui entoure le cap Farewell, au sud du Groënland, ressemble aux ruines d'une blanche cité d'Orient. »

2e Lecture. — Nansen au pôle Nord. — En 1893, un Norvégien, **Fritjof Nansen**, partit avec une douzaine de marins d'élite, sur le navire le *Fram* (*En Avant!*). Le *Fram* avait été admirablement construit pour résister aux glaces. Il embarqua des provisions pour trois ans, et une bande de chiens pour l'attelage des traîneaux. Le *Fram* passa par la Nouvelle-Zemble, longea les côtes sibériennes, et, emprisonné dans les glaces, se laissa entraîner par les courants. Grâce à sa solidité et à sa forme, il ne souffrit pas de la pression ni du choc des glaçons.

Les assauts de la banquise étaient terribles; aucun ne put entamer la coque, ni effrayer l'équipage.

« L'organisation intérieure était si bien comprise qu'à bord on sentait à peine le froid. Et cependant la température descendit presque à 63 degrés au-dessous de zéro! Tout le bâtiment était éclairé à la lumière électrique, un moulin à vent établi sur le pont mettait en mouvement les dynamos. Si le vent tombait, on se contentait des lampes à huile. La lecture, le jeu, la musique (il y avait un piano à bord) occupaient les loisirs que pouvaient laisser le service et les observations scientifiques. »

Quand le *Fram* fut tout à fait immobilisé, Nansen le laissa sous la garde du capitaine Sverdrup et, en compagnie du lieutenant Johansen, avec 6 traîneaux et un convoi de 28 chiens, il s'élança dans l'inconnu à travers les glaces, à la recherche du pôle. La marche fut horriblement fatigante, par un froid souvent terrible, qui leur fit endurer des souffrances indicibles. Les provisions s'épuisèrent vite, les chiens refusaient d'avancer. Ces animaux périrent l'un après l'autre. Ceux qui succombaient étaient donnés en pâture aux survivants. Les voyageurs atteignirent le 86°13'; ils n'étaient plus qu'à 418 kilomètres du pôle. Mais les obstacles se multipliaient; la marche en avant devenait impraticable dans ces champs de glace sans fin. Ils revinrent sur leurs pas, et se dirigèrent vers la terre François-Joseph. Après avoir marché et souffert seize mois dans la neige et la glace, abrités dans des huttes de glace et de mousse, vivant de viande et de graisse de morse et d'ours bouilli et grillé, ils furent miraculeusement sauvés par l'explorateur anglais Jackson qui, depuis deux ans, hivernait à la terre François-Joseph et s'était mis à leur recherche. Ils n'avaient presque plus figure humaine. Ils portaient une barbe longue de trente centimètres, les cheveux tombant sur les épaules; ils n'avaient pu se laver depuis dix mois. Leurs vêtements, faits de peaux d'ours et de phoques, étaient huileux et imprégnés du sang des animaux qui avaient servi à leur nourriture. Ils eurent la joie d'apprendre que le capitaine Sverdrup avait réussi à faire sauter avec du coton poudre la glace qui emprisonnait le *Fram*, et, en ouvrant dans la banquise une route de près de 300 kilomètres, avait pu le ramener intact et triomphant à Vardœ (1896).

CONTINENT AMÉRICAIN

1. — L'Amérique comprend deux massifs triangulaires rattachés par une traînée d'isthmes et d'archipels.

2. — L'**Amérique du Nord** (23 millions de kilom. car.) se compose : à l'ouest, d'une énorme masse de montagnes et plateaux (**Montagnes Rocheuses**); au centre, d'une immense plaine allant de l'*océan Glacial* au *golfe du Mexique*; à l'est, d'une région de collines et de terres basses.

3. — L'**Amérique du Sud** (18 millions de kilom. car.) est formée, à l'ouest, d'une longue chaîne de montagnes volcaniques (**Cordillère des Andes**) parallèle au Pacifique; au centre, de vastes plaines allant de la *mer des Antilles* à la pointe du continent (*llanos* et *pampas*); à l'est, d'un ensemble de hauts plateaux et de chaînes secondaires parallèles à l'Atlantique.

4. — Le climat, très froid dans les régions polaires et sur les Andes, est sec le long du Pacifique, tiède ou chaud et très humide dans les plaines très arrosées du centre où coulent les fleuves les plus abondants de la terre.

5. — Les deux parties du continent américain ont des ressources minérales, agricoles et pastorales incomparables.

6. — Sur 150 millions d'habitants, on compte environ 40 millions de *nègres* et *gens de couleur* ou *métis*, 2 millions d'*Indiens*, 200 000 *Chinois* : le reste est composé de *blancs*, multipliés depuis cent ans par l'immigration (anglaise, allemande, italienne.)

AMÉRIQUE SEPTENTRIONALE

1. — Le **Canada** (Dominion), colonie britannique, occupe tout le nord du continent américain, excepté l'Alaska. Il a 8 880 000 kilomètres carrés (16 fois la France).

2. — Il comprend, à l'ouest, une chaine de montagnes (Rocheuses); au centre, de vastes plaines, coupées de grands lacs et sillonnées de fleuves; à l'est, une région de hautes terres où coule le **Saint-Laurent**, déversoir des lacs **Supérieur, Michigan, Huron, Erié, Ontario**.

3. — Le Canada, voisin des régions polaires, a un climat extrême, glacial pendant de longs mois et brûlant l'été.

4. — Les richesses minérales : *or, houille, cuivre, pétrole,* sont très abondantes. Les richesses végétales : *céréales, prairies, forêts, arbres fruitiers,* sont encore plus grandes. Les *animaux à fourrures* sont devenus plus rares dans les plaines du nord. Mais l'élevage des *animaux* est très prospère, et les *pêcheries* sont très florissantes.

5. — Les industries principales sont celles des *forêts,* des *moulins,* des *salaisons.* Le Canada a 32 000 kilomètres de chemins de fer et une marine marchande florissante.

6. — La population est de 5 millions et demi d'hab., dont 2 millions environ sont d'origine française. Les autres sont Anglais ou Indiens. La capitale fédérale est **Ottawa** (60 000 hab.), dans le Haut-Canada ; les plus grandes villes sont : **Montréal** (270 000 hab.), **Québec** (70 000 hab.), de création français… **Toronto** (210 000 h… grands marchés de c… *réales,* de *bois,* de *pelle… ries*; **Halifax**, port… l'Atlantique; **Victori…** port du Pacifique, da… la Colombie; **Dawso… City**, centre des min… d'or du **Klondyke**.

7. Terre-Neuve. Cette île (110 000 kilo… car.), possession anglai… souvent entourée de glac… flottantes, de brouillard… est presque sans végé… tion; elle vit de la *pêc…*

8. — Elle renfer… 210 000 h., dont le tie… est d'origine française. … capitale est **Saint-Joh…**

9. Alaska. — … nord-ouest du Canada, … territoire d'**Alaska**, tr… fois grand comme … France, appartient a… États-Unis et au Canad… Il est couvert de haut… montagnes volcaniqu… avec d'énormes glacier… Le pays a un climat gl… cial. La population (85 000 hab.) vit de la chasse et de pêche. Le centre des *mines d'or* est la vallée de *Klondyk…* rattachée à l'océan Pacifique par un chemin de fer.

1ʳᵉ Lecture. — **Le fleuve Saint-Laurent.** — Le Sain… Laurent, un des plus beaux fleuves de la terre par la masse … ses eaux et le pittoresque de ses rives, est le canal naturel p… où les immenses lacs de la plaine centrale, dépôts des ancie… champs de glace, versent leurs flots à l'océan Atlantique. L… Saint-Laurent saute du lac Erié dans le lac Ontario par la cat… racte du **Niagara**, haute de 49 mètres. En aval de l'Ontario, … descend de rapides en rapides, de lacs en lacs, tantôt violen… tantôt calme ou corrigé par des chenaux artificiels. Au sortir … lac Saint-Louis, les grands navires peuvent remonter et de… cendre le fleuve en tout temps. A Montréal, le fleuve s'élarg… et coule entre des campagnes humides et fertiles, grossi sur s… deux rives par des cours d'eau et des torrents grandioses, barr… de cascades et issus des profondeurs d'inextricables forêts. Un d… plus célèbres, à droite, le *Richelieu,* lui apporte à travers u… vallée féconde les eaux du lac Champlain, et ouvre une route … communications entre Montréal et New-York, en suivant l'Hud… son. Des milliers de navires, par la voie du Saint-Laurent, re… montent la chaine des lacs jusqu'au lac Supérieur.

2ᵉ Lecture. — **Les Franco-Canadiens.** — Le Saint… Laurent est le fleuve du Bas-Canada, ou, comme on disait autre… fois, de la Nouvelle-France. Dans son bassin, se succèdent le… villes et les bourgades aux noms sonores et tout français, peu… plées surtout de Canadiens d'origine française, sujets loyaux d… l'Angleterre, mais restés fidèles aux traditions, aux mœurs, à l… religion, à la langue de leur ancienne patrie. Ces descendant… des anciens colons, Percherons, Normands, Parisiens, Bretons… Poitevins, Saintongeois, habitués à la vie dans les bois, se son… répandus bien au delà de l'Ottawa, dans les contrées forestière…

du nord, dans la plaine du Manitoba, et jusque dans les espaces déserts de l'Assiniboïa au centre, que relie aux deux mers le chemin de fer du *Transcontinental Canadien*. Si les Canadiens français sont en minorité dans le Grand-Ouest, en face de l'immigration des Irlandais, des Écossais, des Allemands et des Scandinaves, ils y forment des colonies déjà importantes et toujours grandissantes. Dans le Bas-Canada, ils sont prédominants.

Cette vitalité est due à la fécondité des familles, et a une étonnante longévité. Nombreuses sont les familles qui comptent 12 à 15 enfants. On a célébré, en 1888, dans la commune de l'Assomption (prov. de Québec) le cinquantenaire du mariage de quarante conjoints. Dans cette exceptionnelle fête de noces d'or, le plus ancien avait 70 ans de mariage, le plus jeune 50.

L'émigration enlève chaque année, au profit des États-Unis, des milliers de Canadiens français. On évalue à plus d'un million le nombre de ceux qui ont été attirés dans les usines ou les grandes exploitations rurales de l'Union, et qui sont perdus pour la population canadienne. Il y avait, en 1760, quand le Canada nous fut enlevé, 60 000 Français ; on évalue aujourd'hui à 1 800 000 le total des Franco-Canadiens.

3e Lecture. — L'Alaska et ses mines d'or. — L'Alaska, couvert de hautes montagnes, est soumis à une température terrible. La pêche et la chasse en sont les vraies richesses. C'est dans les îles voisines que l'on fait chaque année une effroyable tuerie de phoques et de lions de mer.

On y a découvert un peu de houille, du cuivre et du fer: mais depuis 1896, à la suite de la découverte de pépites d'or dans la vallée du **Klondyke** (Canada), affluent du grand fleuve Youkon, les chercheurs d'or se précipitèrent en foule vers ce nouvel Eldorado. Pour quelques-uns qui y réalisèrent des fortunes, une foule d'autres succombèrent aux privations et aux fatigues. Des compagnies furent fondées pour la recherche et l'exploitation des champs d'or (*claims*); une ville, **Dawson-City**, s'éleva au confluent du Klondyke et du Youkon.

Mais l'accès des terres aurifères était presque impraticable. Par le fleuve Youkon et ses fondrières, le voyage demandait au moins 50 jours : par la montagne du sud et la redoutable passe de Chilkoot, le malheureux *prospecteur d'or* n'arrivait qu'après 25 ou 30 jours de marche... quand il arrivait, et à quel prix !

Un audacieux banquier anglais hasarda les trois millions de dollars nécessaires pour construire une voie ferrée partant de Skagway, et, par les deux cols de White-Pass et White-Horse, atteignant le lac Bennett et la cité de Dawson. Les difficultés de construction furent terribles; néanmoins la locomotive franchit la *passe de Horse*, en juillet 1899, et les actions de la ligne tombées à 6 livres sterling dépassèrent 75 livres (1 878 francs au lieu de 150).

ÉTATS-UNIS

1. — Les **États-Unis** (9 300 000 kilom. carr.) se divisent en trois régions naturelles.

2. — Les hautes chaînes et les plateaux de la **région occidentale** (*Montagnes Rocheuses*) ont un aspect sauvage et désolé ; mais ils renferment de grandes richesses minérales : *or, argent, cuivre, plomb* et *mercure*. Des *forêts* d'arbres gigantesques couvrent en partie le versant du Pacifique, et la zone maritime produit la *vigne* et l'*oranger*.

3. — La **région orientale** a d'immenses *forêts* vers le nord, des *prairies*, des champs de *céréales* et des plantations de *tabac*; la richesse prodigieuse de ses mines de *houille*, de *pétrole*, de *fer* en a fait un des premiers centres industriels du monde (région des lacs et monts Appalaches).

4. — La **région centrale** (bassin du Mississipi-Missouri) est essentiellement agricole, a un climat chaud et humide, et les États du sud produisent le *coton*, la *canne à sucre*, le *riz*, l'*indigo* et le *tabac*. Les *prairies*, les *céréales* et les *betteraves* se partagent le nord et le centre de la vallée.

5. — L'industrie des États-Unis a pris un prodigieux développement depuis le milieu du siècle dernier et fait à celle de l'Europe une redoutable concurrence; son commerce est favorisé par un magnifique réseau de voies navigables, par 350 000 kilomètres de voies ferrées et par la seconde marine marchande du globe.

6. — Les États-Unis forment une république fédérative de 84 millions d'âmes. Les principales villes sont : **Washington** (293 000 h.), capitale; **Baltimore** (532 000 h.) et **Philadelphie** (1 367 000 hab.), ports et cités industrielles; **New-York** (3 716 100 h.), port rival de Londres; **Boston** (595 000 hab.), port et ville savante; **Pittsburg** (343 000 hab.), *industries métallurgiques* ; **Cincinnati** (333 000 hab.), *conserves de viandes ;* **Chicago** (1 874 000 hab.) et **Saint-Louis** (612 000 hab.), grands *marchés agricoles;* **Nouvelle-Orléans** (300 000 hab.), exportation du *coton;* **San-Francisco** (356 000 hab.), grand port du Pacifique. — Les États-Unis possèdent l'**Alaska**, **Cuba**, **Porto-Rico**, et plusieurs colonies en Océanie.

1re Lecture. — Les montagnes Rocheuses. — Les montagnes Rocheuses (*Rocky Mountains*) portent encore le nom qui leur fut donné par l'explorateur canadien-français Varenne de la Vérandrye, quand il les découvrit, en 1743. Elles constituent un ensemble formidable de chaînes et de massifs, sur une longueur de près de 5 000 kilomètres, et une largeur de 500 à 1 300. Les États-Unis ne possèdent que la partie centrale et méridionale, la plus riche par ses mines et par ses végétaux.

Les chaînes du nord-ouest, dominées par des cimes géantes, sont d'origine volcanique. Elles encadrent des vallées profondes, des cluses inaccessibles, des combes grandioses. Le plus admirable de ces cirques renferme le **Parc National**, traversé par les gorges de la Rivière Jaune (*Yellowstone*), affluent du Missouri. Cette « Terre des Merveilles » est jalonnée de sources thermales et de *geysers*, jets d'eau bouillante ou de vapeurs continues ou intermittentes, qui jaillissent avec des grondements terribles.

Au centre des Rocheuses, s'étend un immense plateau en partie désert, creusé de cavités lacustres, dont la plus vaste est le bassin du *Grand Lac Salé*, lentement conquis à l'agriculture et à l'élevage par le labeur opiniâtre des colonies des Mormons. A l'est et au sud de la grande chaîne, le fleuve Colorado, ainsi nommé de la couleur de fer de ses eaux, ouvre, à travers les plateaux de roche calcaire, la percée la plus grandiose et la plus effrayante qu'on puisse voir. Ce *canon* ou entaille, long de 800 kilomètres, atteint parfois une profondeur de 1 500 à 1 800 mètres.

2e Lecture. — Les immigrants. — A la fin du dix-huitième siècle, les États-Unis, qui venaient, avec l'appui de la France, de fonder leur indépendance, renfermaient trois millions d'habitants. Au début du vingtième siècle, ils en comptent plus de 80 millions. C'est à l'émigration surtout que ce prodigieux accroissement est dû. Attirés par les énormes richesses des mines de fer, d'or, d'argent, de cuivre, de pétrole, de houille des montagnes Rocheuses, des monts Appalaches et de la région des grands lacs, par les terres fertiles des vallées du Mississipi, de l'Ohio, du Sacramento, favorisés par une législation intelligente et libérale, entraînés par l'amour du gain, des millions d'Européens débarquent, depuis cent ans, dans tous les grands ports de l'Union, et surtout à San-Francisco et à New-York. Cette dernière ville a fondé un établissement où les agences d'émigration et les compagnies de transports dirigent les immigrants comme dans un asile où ils sont inscrits, protégés, et expédiés vers les usines, les services domestiques ou les champs de colonisation des États agricoles. Ces essaims d'étrangers sont venus surtout d'Irlande, d'Écosse, d'Allemagne, de Suède, de Norvège, de Chine : mais les individus d'origines anglo-saxonne et germanique ont fourni les quatre cinquièmes de cette invasion pacifique. De cette lente fusion des races, s'est formé le peuple américain, le Yankee qui tend à régenter l'Amérique tout entière, intervient dans les affaires de l'ancien monde et se pose en rival de l'Europe.

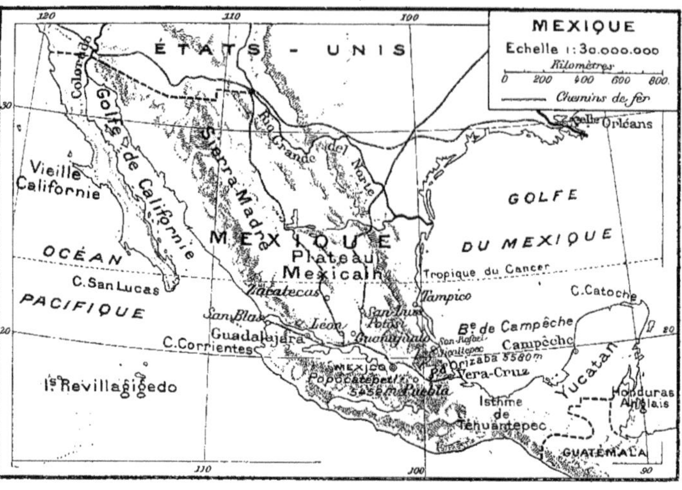

MEXIQUE

1. Situation; limites. — Le **Mexique** s'étend entre le golfe du Mexique et l'océan Pacifique, au sud des Etats-Unis : sa superficie est de 1 987 000 kilomètres carrés (plus de trois fois et demie la France).

2. — Le Mexique est formé de vastes plateaux (1 100 à 2 400 m.) encadrés de hautes chaînes volcaniques (5 580 m.) qui sont parallèles aux deux mers. Les zones du littoral sont très étroites, et, à l'est, très malsaines.

3. — Suivant l'altitude et le climat, le Mexique se divise en trois régions végétales : 1° la *terre chaude*, de 0 à 1 200 mètres, où la température est brûlante, l'atmosphère humide, les marais pestilentiels; c'est le pays de la fièvre jaune, et aussi de la plus exubérante végétation tropicale; 2° la *terre tempérée*, de 1 200 à 2 000 mètres, plus salubre, où les plantes tropicales voisinent avec les produits du midi de l'Europe; 3° la *terre froide* ou *fraîche*, où l'air est sec et sain, où prospèrent les plantes des pays tempérés.

4. — Le Mexique a de grandes richesses minérales ; l'*or*, l'*argent* y sont en abondance et bien exploités; on y trouve le *soufre*, le *cuivre*, le *fer*, le *plomb*, etc.

5. — Le Mexique est une république fédérative de 30 Etats, peuplée de 13 600 000 habitants. La capitale est **Mexico** (340 000 hab.), sur le plateau méridional, où se rencontrent la plupart des grandes cités industrielles. **Puebla** (93 000 hab.), **Guadalajara** (101 000 hab.), **Léon** (50 000 hab.), *tissages, cuirs, verreries;* **Guanajuato, San-Luis Potosi, Zacatecas,** *mines d'or et d'argent, eaux thermales.* — Sur l'Atlantique, sont les ports malsains de **Vera-Cruz, Tampico, Campêche** qui exporte des *bois de teinture* et d'*ébénisterie.*

6. — Des lignes de chemins de fer relient les villes du plateau aux Etats-Unis et aux ports de l'Atlantique.

1re Lecture. — Le plateau mexicain. — La masse du territoire mexicain repose sur un plateau qui s'incline par des pentes escarpées vers les rivages de l'océan Pacifique, à l'ouest, et du golfe du Mexique, à l'est. Ce plateau pour ainsi dire suspendu au-dessus des mers, à une altitude moyenne de 1 500 mètres, et parfois de 2 274 mètres, comme à Mexico, est jalonné au sud de hautes cimes volcaniques. Leurs vastes cratères, éteints en apparence, laissent échapper de leurs fissures des fumerolles et des jets de vapeurs sulfureuses, et recèlent, dans leurs gouffres, des sources d'eaux thermales et des dépôts de soufre, que d'audacieux Indiens s'aventurent à ramasser dans des bannes à l'aide de cabestans accrochés au flanc de l'abîme.

A la surface du plateau, que forme la zone tempérée, la race européenne vit à l'aise et prospère; elle peut y déployer sans péril son activité laborieuse. La température devient de plus en plus élevée à mesure qu'on descend vers la mer. « Le voyageur assiste à des contrastes pittoresques et merveilleux. Il commence par traverser soit des forêts de sapins qui lui rappellent celles d'Europe, soit des champs d'oliviers, de *vigne* et de *maïs* semblables aux nôtres, entrecoupés de champs de *cactus* et d'*aloès*, tantôt sauvages et tantôt cultivés. En continuant sa marche, il arrive successivement à l'o*ranger*, dont on trouve, à Mexico, les fruits exposés en montagne sur le marché; au *coton*, à la *soie*, à la *banane*, au *café*, à la *canne à sucre*, à l'*indigo*; à la liane sur laquelle on récolte la *vanille*, et au *cacaoyer*, d'origine essentiellement mexicaine; enfin à toute une collection de fruits à forte saveur et de plantes embaumées aux couleurs éclatantes, qui réclament un soleil ardent. » (M. CHEVALIER.) Cette zone du littoral est la région des cultures tropicales, baignée par les pluies chaudes de l'Atlantique, exubérante par l'excès de la température et de l'humidité. C'est aussi la zone désolée par la fièvre jaune dont le foyer pestilentiel est dans les lagunes que l'industrie réussira peut-être quelque jour à dessécher.

2° Lecture. — Les Barcelonnettes au Mexique. — « Une des grandes surprises du voyageur qui visite Mexico et les principales villes du Mexique, est de trouver à la tête du commerce, exploitant les magasins les plus achalandés, des négociants français désignés sous le nom de *Barcelonnettes*, et d'apprendre que nos compatriotes sont tous originaires d'une des vallées les plus hautes, les plus fermées, les plus difficilement accessibles des Alpes, la vallée de l'Ubaye. » (A. DUMAZET.) Il y a au Mexique plus de 500 Barcelonnettes, qui font des fortunes de 250 000 francs jusqu'à plusieurs millions. Parvenus à la richesse, ils cèdent leurs magasins à de nouveaux venus et rentrent dans leur âpre vallée où ils édifient de superbes villas, et achèvent leur existence dans le calme de leurs montagnes.

D'autres Français, originaires de Bourgogne, ont fondé vers 1833 et 1874, sur la rivière Palmas, à vingt lieues au nord-ouest de Vera-Cruz, deux colonies agricoles qui n'ont fait que s'accroître. Les villages de Jicaltepec et de San-Rafael renferment un millier d'habitants; leurs splendides établissements, véritables fermes modèles, font l'admiration de ceux qui les visitent, et sont un élément de richesses pour l'Etat de Vera-Cruz. Ils donnent tort à ceux qui nient la vertu de colonisation des Français.

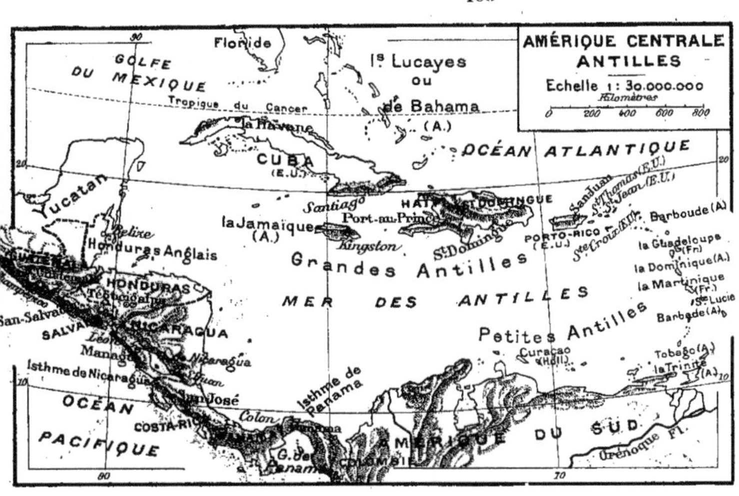

AMÉRIQUE CENTRALE

1. — L'**Amérique centrale** comprend une partie continentale et une partie insulaire.

2. Amérique centrale continentale. — La partie continentale est formée d'une série d'isthmes qui vont en se rétrécissant du nord au sud. C'est un pays de plateaux et de montagnes volcaniques souvent secoués par de violents tremblements de terre.

3. — Le climat, chaud et salubre au-dessus de 1 200 mètres, est humide et très malsain dans les dépressions et sur la côte où la fièvre jaune règne en permanence.

4. — Le pays des isthmes a les mêmes cultures que le Mexique ; son sol renferme aussi de l'*or* et de l'*argent*. L'industrie est presque nulle et les communications difficiles.

5. États politiques. — L'Amérique centrale comprend : le **Honduras anglais** (40 000 hab.), dont la capitale, Belize, exporte l'*acajou*, et six républiques :

1° Le **Guatémala** (113 000 kilom. carr. ; 1 840 000 h.), capitale : Nouvelle-Guatémala (72 000 hab.). Champerico exporte le *café*, la *cochenille ;*

2° Le **Honduras** (115 000 kilom. carr. ; 500 000 hab.) pratique surtout l'*élevage* et exploite ses *mines d'argent*. — La capitale est **Tégucigalpa** ;

3° Le **Salvador** (21 000 kilom. carr. ; 1 070 000 hab.) produit surtout l'*indigo* et le *café*. — Capitale : San-Salvador (59 000 hab.) ;

4° Le **Nicaragua** (128 000 kilom. carr. ; 430 000 hab.) a de riches plantations de *cacao*. — Capitale : **Managua** (35 000 hab.) ; Léon (45 000 hab.) ;

5° Le **Costa-Rica** (48 000 kilom. carr. ; 334 000 hab.) cultive le *café* et extrait de l'*or*. — Capitale : San-José (25 000 hab.) ;

6° Le **Panama** (87 000 kil. carr., 400 000 hab.) ; séparé en 1904 de la Colombie. — Capitale : Panama (30 000 hab.).

6. Amérique centrale insulaire. — L'Amérique centrale insulaire comprend les **Lucayes** et les **Antilles**.

7. — Les **Lucayes** (57 000 hab.) sont des îles coralligènes qui vivent surtout de la pêche des *éponges* et des *tortues*.

8. — Les **Antilles** (244 000 kilom. carr. et 6 millions 500 000 hab.) ont un climat chaud que tempèrent les brises de la mer et l'altitude. Les parties basses seules sont malsaines. Ces îles sont trop souvent désolées par les ouragans, les cyclones et les tremblements de terre.

9. — Les Antilles possédaient autrefois de splendides forêts de bois précieux ; ces forêts ont à peu près disparu pour faire place à des plantations de *café, cacao, cannes à sucre, tabac, coton, vanille, indigo*.

10. — Les Antilles comprennent une île indépendante, Haïti, et des colonies.

11. — L'île de **Haïti** ou de **Saint-Domingue** est divisée en deux républiques indépendantes, très fertiles, mais mal cultivées et mal administrées. — **Haïti** (1 425 000 h.) a pour capitale Port-au-Prince (35 000 hab.), et **Saint-Domingue** (420 000 hab.), Saint-Domingue (20 000 h.)

12. I. DOMAINE DES ÉTATS-UNIS. — Les États-Unis ont enlevé à l'Espagne Cuba et Porto-Rico ; ils ont acheté au Danemark : Saint-Thomas, Saint-Jean et Sainte-Croix.

Cuba (120 000 kilom. carr. ; 1 570 000 hab.) est montagneuse au sud-est. La capitale, la Havane (250 000 h.), exporte des *cigares* exquis. — Santiago a une belle rade.

Porto-Rico (9 300 kilom. carr. ; 950 000 hab.) a des cultures prospères et des fabriques de *rhum*. Capitale : San-Juan.

II. DOMAINE ANGLAIS. — 32 000 kilomètres carrés et 1 680 000 habitants. Les Anglais possèdent les **Lucayes**, la Jamaïque et la plupart des **petites Antilles**.

La **Jamaïque** (804 000 hab., dont 15 000 blancs) est une île volcanique fertile et bien cultivée. — Son *rhum* est sans rival. Sa capitale est **Kingston** (38 000 hab.).

III. DOMAINE FRANÇAIS. — Voir pages 104 et 105.

IV. DOMAINE HOLLANDAIS. — Ce domaine comprend quelques petites Antilles, dont la plus importante, Curaçao, produit l'*orange amère*.

montagnes. Elle renferme de *grandes richesses minérales* ; mais, à l'exception de quelques vallées privilégiées, elle est couverte de landes et de maigres pâturages où paissent le *lama*, la *vigogne*, l'*alpaga*.

5. — La **Montaña**, versant oriental des Andes, est le pays, chaud et abondamment arrosé, des *llanos*, des *forêts* et des *pampas*.

6. — La **Colombie** (1 million de kil. carr. ; 4 630 000 hab.) possède des mines d'*or* et d'*argent*, des *forêts* qui fournissent des *bois précieux*, du *quinquina* et du *caoutchouc*. La Costa produit la *canne à sucre*, le *cacao*, le *café*. — Sa capitale est **Bogota** (85 000 hab.).

7. — L'**Equateur** (300 000 kilom. carr. ; 1 270 000 h.) exploite peu ses mines d'*or* et d'*argent* ; il produit du *cacao*, du *café* et du *quinquina*. — La capitale est **Quito** (80 000 h.), et son principal port, **Guayaquil** (51 000 hab.).

8. — Le **Pérou** (1 770 000 kilom. carr. ; 4 560 000 h.) a des mines d'*argent* ; il exporte du *salpêtre* et du *caoutchouc*. — Sa capitale **Lima** (133 000 hab.) a pour port **Callao**.

9. — La **Bolivie** (1 226 000 kilom. carr. ; 1 730 000 h.) possède de riches mines d'*argent*, de *cuivre* et d'*étain*, de belles *forêts*. — La capitale est **Sucre** (21 000 hab.) ; la Paz possède 54 000 habitants.

10. — Le **Chili** (757 000 kilom. carr. ; 3 200 000 hab.) a de très riches mines de *cuivre* et d'*argent*, de la *houille*, du *sel* et du *salpêtre*. Le centre convient à l'*élevage* et à la culture du *blé* et des *plantes méditerranéennes*. Le commerce est favorisé par 4 700 kilomètres de voies ferrées et une importante marine. — La capitale est **Santiago** (334 000 h.) et le grand port, **Valparaiso** (144 000 hab.).

1re Lecture. — **Les mines du Chili.** — Le Chili est un des pays du monde qui possède et fournisse la plus grande quantité de *cuivre*. Ce métal se trouve partout, aussi commun qu'ailleurs la pierre ; toutes les montagnes recèlent quelques filons ; celles de Coquimbo, Aconcagua, Santiago, Arauco, Chiloé recèlent les dépôts les plus riches. Mais les fortunes rapides qui se font dans le pays ont encore d'autres sources. Les gisements d'or et d'argent abondent ; certains d'entre eux, comme ceux de Chañarcillo et Tres-Puntas, ont fourni, en cinquante ans, un million et demi de kilogrammes d'argent pur. On a calculé qu'en un demi-siècle, le Chili avait exporté 1 400 000 kilogrammes de cuivre fin valant 2 400 000 francs et, dans le même temps, 3 560 000 kilogrammes d'argent valant 240 millions de francs.

Depuis les guerres sanglantes qui ont désolé le Pérou et la

AMÉRIQUE DU SUD

1. Etats de l'Amérique du Sud. — Les Etats de l'Amérique du Sud appartiennent à la région des **Andes** ou à celle de l'**Atlantique**.

2. Pays des Andes. — L'ensemble du pays occupé par la **Colombie**, l'**Equateur**, le **Pérou**, la **Bolivie** et le **Chili** se divise, d'après le relief et le climat, en trois régions : la « *Costa* », la « *Sierra* », la « *Montaña* ».

3. — La **Costa**, humide et malsaine, mais couverte d'une superbe végétation tropicale dans la Colombie et l'Equateur, est aride dans le Pérou et le Chili, sauf dans les étroites vallées où l'on cultive la *canne à sucre*, les *céréales*, le *maïs* et la *vigne*.

4. — La **Sierra** est la région des plateaux et des hautes

Bolivie, le Chili s'est fait céder, en 1881 et 1884, par les républiques vaincues, les immenses territoires de Tacna, Tarapaca et Antofagasta. Ces régions désertes et incultes des Andes, parsemées d'immenses dépressions lacustres et de marais salins, fournissent au Chili d'opulents revenus, grâce à l'exploitation des guanos, des salpêtres, du borax et du nitrate de soude. Des sociétés étrangères y ont engagé des capitaux énormes; un Anglais, le colonel North, un des plus gros actionnaires, surnommé le *roi du nitrate*, y a fait une colossale fortune. En dix ans, le Chili a exporté 5 millions de tonnes de salpêtre valant 2 milliards 200 millions de francs. Le principal port d'expédition est *Iquique*, ville de bois, monotone, lamentablement triste, « piteuse oasis artificielle dans l'immense steppe saline brûlée de soleil ». Un chemin de fer la relie aux terres à nitrate et à salpêtre. Le port d'Antofagasta est une autre Iquique, campement désolé, où on étouffe sous un ciel de feu, fermé par des hauteurs poudreuses. Le labeur dans ces mines est atroce. Beaucoup de ces ouvriers n'offrent aucune garantie de moralité. On y compte plus d'un forçat évadé, ou d'un déserteur, ou d'un criminel recherché par la justice.

Les compagnies emploient de malheureux enfants de dix à douze ans qu'elles paient moins cher que les hommes. Ces *mineritos*, qui vivent et peinent dans l'obscurité des galeries où la chaleur est terrible, où l'eau suinte par les parois, s'étiolent et meurent vite aux besognes qu'on leur impose. « Vers dix ans, écrit M. Bellessort, qui les a visités, ils descendent à 900 pieds sous terre; ils en remontent moribonds à quinze ans. Les deux tiers n'atteignent pas leur dix-huitième année. Ces enfants ont une impassibilité de vieillards. La nuit éternelle, où ils grandissent, a éteint leurs regards et donné à leurs figures une rigidité sinistre. Leurs mouvements ont une raideur d'automate. Quelques-uns gardent encore une physionomie ouverte: l'intelligence jette de furtives lueurs. D'autres sont usés, finis; il ne reste plus qu'à leur prendre mesure pour leurs bières. »

11. Pays de l'Atlantique. — Les pays de l'Atlantique comprennent les Etats de la Plata, le Brésil, les Guyanes et le Vénézuéla.

12. — Les Etats de la Plata : République Argentine, Paraguay et Uruguay, élèvent dans leurs pampas d'innombrables troupeaux de *chevaux*, de *bœufs* et de *moutons*, et exportent en quantités considérables des *conserves de viande*, des *peaux*, des *cuirs* et de la *laine*. Ils ont des cultures très variées : *blé, maïs, lin, canne à sucre, tabac*, etc.

13. — La **République Argentine** (2 800 000 kil. carr.; 5 700 000 hab.) a pour capitale **Buenos-Aires** (1 000 000 d'hab.), grand entrepôt des laines. La Plata a un port plus profond; **Rosario, Parana** et **Corrientes** sont des ports fluviaux; **Cordoba** et **Tucuman**, des centres d'élevage.

2ᵉ Lecture. — Les pampas de l'Argentine. — La République Argentine, soumise aux pluies abondantes et à l'humidité du climat de l'Atlantique, possède l'un des plus beaux systèmes d'artères fluviales du continent américain. Par lui se fait, à des milliers de kilomètres de la mer, la pénétration naturelle dans des régions qui seraient sans eux inaccessibles.

Le cœur de la République est la Pampa, la plaine immense, sans arbres, sans montagnes, patrie du *gaucho*, gardien et dompteur des troupeaux, et du *saladero* qui les tue, les écorche, les prépare pour l'exportation. La Pampa est au printemps un océan de verdure; l'herbe y pousse, haute et drue, sur un sol d'alluvions très riche, d'une épaisseur moyenne d'un à deux mètres. C'est le dépôt des terrains des Andes que les glaciers et les fleuves ont roulé sur les pentes, et que de longs siècles de végétation ont transformé en une épaisse couche d'engrais naturel. Dans ces immenses prairies, s'ébattent et paissent les troupeaux de chevaux, de bœufs, de vaches, de moutons, qui font la gloire et la richesse de la République; la moitié des blés de l'Argentine provient aussi de la Pampa cultivée, devenue une

incomparable et inépuisable colonie agricole dans les vallées fécondes du Paraguay et du Parana. C'est un grenier d'avenir pour les immigrants qui ne cessent d'affluer dans l'Argentine et dont l'Italie fournit les légions les plus denses.

14. — Le **Paraguay** (253 000 kil. carr.; 630 000 h.) exporte du *maté* (sorte de thé). — La capitale est **Assomption** (60 000 hab.).

15. — L'**Uruguay** (187 000 kilom. carr.; 1 000 000 d'h.) a un climat tempéré et sain; il reçoit de nombreux immigrants. — La capitale, **Montevideo** (250 000 hab.), a un port spacieux, mais peu profond, mal abrité.

16. — Le **Brésil** (8 530 000 kilom. carr.; 15 millions d'hab.) comprend la plaine de l'**Amazone**, les plateaux de l'est et une zone côtière.

17. — Les **Selvas** de la plaine fournissent des *bois précieux* et du *caoutchouc;* les plateaux renferment d'abondants gisements de *houille* et de *fer*, du *cuivre*, de l'*or* et des *diamants;* ils produisent des *céréales* et nourrissent des *troupeaux;* le climat chaud et humide de la zone côtière convient au *cotonnier*, à la *canne à sucre*, au *café* et au *tabac*.

18. — L'industrie se développe; les routes et les voies ferrées se multiplient pour compléter le réseau de l'Amazone.

19. — La capitale est **Rio-de-Janeiro** (700 000 hab.). **Bahia** (230 000 hab.), **Pernambouc** (120 000 hab.) et **Para** (100 000 hab.) sont des ports actifs; **Saint-Paul** (332 000 hab.), situé dans une région saine, attire de nombreux étrangers.

20. Guyanes. — Les Guyanes se composent d'une zone côtière malsaine, mais fertile, de savanes et de forêts.

21. — La **Guyane anglaise** (246 000 kilom. carr.; 295 000 hab.) a de belles plantations de *cacao*, de *cannes à sucre*, de *cocotiers* et de *bananiers*. Elle fabrique du *rhum*. Sa capitale est **Georgetown** (56 000 hab.).

22. — La **Guyane hollandaise** (129 000 kil. carr.; 90 000 hab.) est peu prospère depuis l'abolition de l'esclavage. — Sa capitale est **Paramaribo** (33 000 hab.).

23. — **Guyane française** (voir page 105).

24. — Le **Vénézuéla** (942 000 kil. carr.; 2 590 000 hab.) est riche en *minéraux*, en *bois précieux* et en *caoutchouc;* il élève des *troupeaux* et cultive les *plantes tropicales*.

25. — Cette république est souvent troublée; sa capitale, **Caracas** (72 000 hab.), a pour port **la Guaira**; la ville la plus importante est **Valencia**, reliée à **Puerto-Cabello**, le meilleur port du pays.

3ᵉ Lecture. — Le Vénézuela réunit et résume les climats brûlants de la zone torride, les climats tempérés des régions d'éternel printemps et les climats glacés des déserts sibériens, suivant qu'on passe de ses plaines marécageuses, les *llanos*, coupées de rivières capricieuses, aux plateaux salubres, comme celui de la capitale **Caracas**, et aux *paramos*, que dominent les pics neigeux des *sierras*. Caracas, peuplée de 72 000 hab., a l'aspect d'une ville espagnole avec ses maisons basses, par crainte des tremblements de terre, avec ses patios et ses balcons de fer ouvragé. Elle possède une université, un musée, de beaux jardins, mais elle est sans industrie. Un audacieux chemin de fer contournant la montagne de *la Silla* sur des pentes escarpées, au-dessus des gorges et des précipices, rattache la ville à son port, *la Guaira*, située à 9 kilom. de distance et à 900 mètres plus bas. La rivale de Caracas, *Valencia* (40 000 h.), a aussi sa voie ferrée qui, par la brèche de *las Trincheras* (à 600 m.), gagne la baie de *Puerto-Cabello*, dont les eaux sont si tranquilles qu'on peut, dit la légende, amarrer les navires à l'aide d'un cheveu. (E. GAUTIER.)

OCÉANIE

1. — On donne le nom d'**Océanie** à l'ensemble des terres disséminées dans l'océan Indien et l'océan Pacifique, et qui n'appartiennent pas à une autre partie du monde. Elles ont une superficie totale de 11 300 000 kilomètres carrés et 50 millions d'habitants.

2. — Ces terres forment cinq groupes principaux : la Mélanésie, la Micronésie, la Polynésie, la Malaisie ou Insulinde et l'Australasie.

3. — La **Mélanésie**, ainsi appelée parce qu'elle est habitée par des *noirs*, comprend la **Nouvelle-Guinée** et plusieurs archipels voisins.

4. **Nouvelle-Guinée.** — La Nouvelle-Guinée a une superficie de 865 000 kilomètres carrés et possède 1 million d'habitants.

5. — Cette île, la plus grande du globe, est massive au centre, profondément échancrée aux extrémités et entourée de nombreux récifs. L'intérieur, encore peu connu, est parcouru par une chaîne qui s'élève à 5 000 mètres dans les *monts Charles-Louis*.

6. — Le climat est très insalubre dans les plaines. Les pluies, qui tombent toute l'année, alimentent de grandes rivières navigables : *Fly, Amberno*.

7. — La Nouvelle-Guinée possède de superbes *forêts* : elle cultive le *tabac*, le *coton*, la *canne à sucre* et vend du *poivre*, des *noix de muscade* et de *coco*, des *écailles de tortue* et des *nids de salanganes*.

8. — Elle est partagée entre la **Hollande**, l'**Allemagne** et l'**Angleterre**.

9. **Archipels mélanésiens.** — Ces archipels sont composés surtout de terres volcaniques; ils ont une ri[che] végétation *forestière*, des plantations de *coton*, de *canne à sucre*, de *thé* et de *tabac*, des *pâturages* et des *arbres fr[ui]tiers*.

10. — L'**Allemagne** possède les îles coralligènes l'Amirauté, l'archipel Bismarck et une partie des î[les] Salomon. L'**Angleterre** occupe les autres Salomo[n,] les archipels de la Louisiade et de Sainte-Cro[ix,] les îles Fidji. La **France** partage avec elle le protecto[rat] des Nouvelles-Hébrides et possède la Nouvelle-C[a]lédonie et les îles Loyalty (voir page 106).

11. **Micronésie** et **Polynésie** — La Micronésie e[t la] Polynésie ont 175 000 kilomètres carrés et 1 million d'h[a]bitants.

12. — La Micronésie (petites îles) et la Polynés[ie] (îles nombreuses) comprennent les nombreux archipels [si]tués dans l'océan Pacifique, à l'est de la Malaisie et de l'A[us]tralasie.

13. — Toutes ces terres sont de formation volcanique [ou] madréporique; elles ont peu d'espèces végétales et anima[les] et sont peuplées de noirs aux cheveux lisses ou ondulés.

14. — Les archipels micronésiens et polynésiens s[ont] partagés entre la France, l'Angleterre, l'Allemagne et [les] Etats-Unis.

I. DOMAINE DE LA FRANCE (voir page 106).

II. DOMAINE DE L'ANGLETERRE. — L'**Angleter**[re] possède : 1° les îles **Gilbert** et **Ellice**, bancs de coraux n[us] ou couverts de *cocotiers* : 2° les îles **Fanning** et **Phéni**[x;] 3° les archipels de l'**Union** et de **Cook**, pourvus chac[un] d'un dépôt de charbon : 4° les îles **Tonga**, traversées p[ar] des chaînes volcaniques toujours fumantes.

III. DOMAINE DE L'ALLEMAGNE. — L'**Allemag**[ne]

possède : 1° les îles **Mariannes**, hérissées de volcans en activité et souvent secouées par des tremblements de terre ; 2° les îles **Palaos** ; 3° les **Carolines** revêtues de beaux arbres et de plantations florissantes ; 4° les **Marshall** dont le chef-lieu, Jaluit, exporte des *noix de coco* fort recherchées.

IV. **DOMAINE DES ÉTATS-UNIS.** — Les **Etats-Unis** occupent : 1° quelques **Mariannes** et notamment l'île **Guam** où atterrit le câble de San-Francisco à Luçon ; 2° les **Sandwich** ou **Hawaï** (17 000 kilom. carr.). Ces îles volcaniques (*Mauna-Loa*, 4 200 m.) jouissent d'un climat salubre ; elles possèdent de riches *pâturages* et de magnifiques plantations de *canne à sucre*, de *café*, de *coton* et de *tabac*. — La capitale est **Honoloulou**, sur une baie bien abritée.

15. — A l'ouest, le **Chili** possède l'île de **Pâques**.

1re Lecture. — **Le partage de l'Océanie.** — Les nations de l'Europe, longtemps occupées par la conquête et le partage du continent africain, ne prêtaient qu'une attention distraite aux archipels océaniens. Mais la fièvre coloniale, à la fin, ramena vers les archipels égarés ou sans maîtres les ambitions et les convoitises inassouvies, et le partage de l'Océanie fut entrepris. La proie d'ailleurs était séduisante. « Dans l'ensemble des régions connues et habitées, il en est, écrit le géographe Elisée Reclus, qui, par la beauté de leurs paysages, la douceur de leur climat, et d'autres privilèges, attireront tout spécialement les hommes. Et parmi ces lieux d'élection, en est-il qui dépassent certaines îles du Pacifique par la merveilleuse harmonie des contours, le charme des eaux, la suavité de l'atmosphère, la fécondité du sol, le cours paisible des saisons, le rythme gracieux de tous les phénomènes de la nature ? »

Non seulement les beautés de ces îles délicieuses ont exercé une irrésistible attraction sur les peuples déjà pourvus de lots océaniques, et surtout sur les colonisateurs sans colonie, mais leurs produits naturels et leur merveilleuse situation au centre du Pacifique, sur le passage des grandes voies de circulation commerciale, ont suscité les rivalités les plus ardentes.

De bonne heure, les Espagnols s'établirent aux Philippines avec Magellan (1521), les Hollandais à Java, au dix-septième siècle, et les Anglais en Australie, où Botany-Bay fut fondée dès 1788, et en Nouvelle-Zélande, en 1840. Les missionnaires catholiques et protestants s'efforcèrent d'évangéliser les pays occupés ; mais la conquête politique et économique fut la dernière, elle ne reçut tout son essor que dans le cours du siècle dernier.

Puis ce fut le tour des archipels dédaignés ou restés inconnus. L'amiral Dupetit-Thouars installa à **Taïti** le protectorat français (1842), malgré toutes les intrigues et l'opposition du missionnaire-pharmacien-consul anglais Pritchard. En 1880, le roi Pomaré V abdiqua ses droits au profit de la France. Dans les îles **Hawaï** ou **Sandwich** où prédicants américains, anglicans et catholiques rivalisaient par leur propagande, les Français et les Anglais se mirent d'accord pour respecter l'indépendance du roi Kaméhaméha (1843). Mais les Etats-Unis refusèrent d'adhérer à la convention, et, en 1893, à la suite de la révolution qui renversa la reine régnante, ils préparèrent l'annexion qui devint définitive en 1898. Honoloulou, dans l'île d'Oahou, est une cité américaine devenue le grand marché et l'entrepôt central du sucre de l'archipel.

En même temps que les Anglais occupaient la **Nouvelle-Zélande**, malgré la résistance sanglante des Maoris, la France prenait possession des îles **Marquises** (1842) et, onze ans plus tard, de la **Nouvelle-Calédonie** (1853). L'entrée en scène de l'Allemagne, à la fin du dix-neuvième siècle, marqua le dernier acte du partage politique de l'Océanie.

L'archipel des **Nouvelles-Hébrides** fournissait des travailleurs aux colons de l'Australie et de la Nouvelle-Calédonie ; Anglais et Français pensèrent à l'annexer et se décidèrent, pour éviter un conflit, à l'occuper en commun (convention de 1906).

L'essor commercial et industriel de l'Allemagne, l'accroissement de sa population, l'expansion des sujets allemands sur tous les rivages du globe, la création d'une puissante marine marchande, décidèrent les hommes d'Etat de l'empire à entrer dans la politique coloniale. Des trafiquants allemands s'établirent au nord-est de la **Nouvelle-Guinée**, et des conventions, en 1885 et 1895, délimitèrent les frontières des régions réservées à l'Allemagne, à l'Angleterre, à la Hollande.

Le gouvernement allemand ne tarda pas à étendre sa domination dans les îles adjacentes, et la Compagnie hambourgeoise de la Nouvelle-Guinée installa ses comptoirs sur la **Terre de l'Empereur Guillaume**, et l'archipel **Bismarck**. Elle tenta de s'emparer des îles Carolines et des Palaos, possessions espagnoles qu'elle dut restituer sur les protestations indignées de l'Espagne. Mais l'Allemagne annexa une partie des îles **Salomon**, en 1886, et, à la suite de la guerre désastreuse de 1898 contre les Etats-Unis, l'Espagne, dépouillée de ses colonies, en vendit à l'Allemagne les riches débris : les **Carolines**, les **Palaos**, et les **Mariannes**, pour 25 millions de pesetas (1899). Quelques mois après, mettant à profit les embarras de l'Angleterre au Transvaal, l'Allemagne partageait, avec les Etats-Unis et l'Angleterre, l'archipel des **Samoa** et leurs dépendances (1899).

Le partage de l'Océanie n'a pas mis fin aux rivalités et aux ambitions. Elles paraissent assoupies, mais se réveilleront après le percement du canal de Panama. L'influence des Etats-Unis, maîtres, par les îles Hawaï, au nord, des routes de San-Francisco à Hong-Kong et aux Philippines, se fait sentir dans tout le Pacifique ; et le Japon convoite l'acquisition ou la conquête de certains archipels où déjà ses nationaux ont émigré par milliers.

2e Lecture. — **Les îles Hawaï.** — L'archipel d'Hawaï, que Cook avait dénommé Sandwich, quand il l'occupa en 1778, se compose de huit îles, dont la superficie égale les deux tiers de la Belgique. Elles sont de nature volcanique : leurs cratères, dont les éruptions sont fréquentes et terribles, ont poussé dans la mer des torrents de laves qui ont prolongé les rivages et formé des promontoires longs d'une lieue et hauts de 900 mètres.

Le climat des Hawaï est si agréable et si salubre que les malades d'Amérique et d'Europe viennent y chercher le repos et la guérison. L'afflux des étrangers attirés par la douceur du ciel, la facilité de la vie, les richesses de l'île ont peu à peu amené la corruption et la déchéance de la race indigène des Canaques, qui, étant de mœurs sociables, n'ont pu ni su se défendre contre des envahisseurs insinuants, fourbes ou féroces. On comptait, en 1790, 200 000 Polynésiens canaques aux Hawaï, 132 000 en 1832, 40 000 en 1884, et moins de 30 000 en 1905.

Par contre, les Asiatiques pullulent. En 1872, les Chinois n'étaient guère que 1 500. Trente ans plus tard, on en comptait 15 000. Ils sont là, comme partout, sobres, industrieux, âpres au gain, travailleurs intrépides, aptes à tous les métiers, même les plus infimes et les plus rebutants, et ils réalisent de beaux bénéfices. Les Japonais sont venus plus tard, vers 1884, mais ils ont vite regagné le temps perdu ; leur nombre aujourd'hui atteint 30 000. Ils prennent rapidement le premier rang dans les plantations, l'industrie, le trafic ; leurs boutiques sont bien garnies et bien tenues : ils vendent leurs marchandises 30 et 40 p. 100 moins cher que leurs rivaux américains. Eux aussi font tous les métiers, jardiniers et chapeliers, barbiers et forgerons, portefaix et dégraisseurs ; ils sont fabricants, armateurs, banquiers, courtiers d'affaires.

Mais ils n'ont pu, malgré tous leurs efforts, annexer l'archipel au Japon. La révolution, soi-disant populaire, suscitée en 1893, par les Américains, cultivateurs et fabricants de sucre à Hawaï, a eu pour conséquence l'occupation de l'archipel par les Etats-Unis. Depuis ce temps, la canne à sucre a absorbé presque tous les capitaux et la main-d'œuvre dans ces îles merveilleusement fertiles et aptes à produire le *riz*, le *café*, le *thé*, le *tabac*, le *coton*, le *chanvre*, la *vanille*, les *oranges* et les *légumes*, les *fruits* de toutes espèces.

Honoloulou, la capitale, peuplée de 45 000 habitants, dont 6 000 Chinois, est bâtie dans une plaine dominée par une chaîne jalonnée de pics ; une forêt d'arbres tropicaux la cache presque aux regards des navigateurs entrant dans le port. Ce port, le plus sûr de l'archipel, est protégé par une double rangée de coraux où les vagues se brisent avec fureur. Des lignes de paquebots américaine, chinoise et japonaise y font un service régulier et actif.

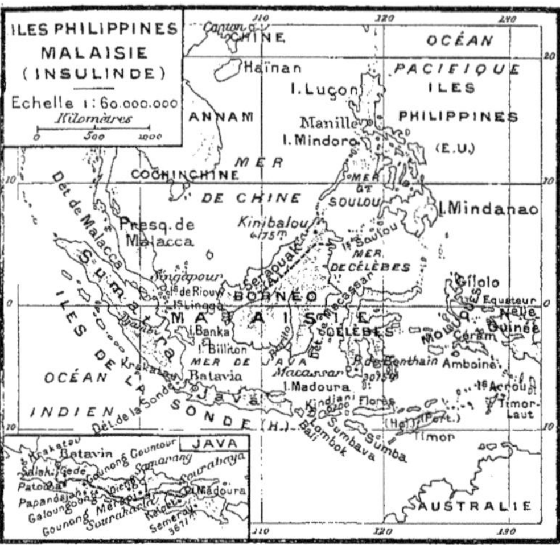

ILES PHILIPPINES

1. Philippines. — Les îles Philippines ont une superficie de 330 000 kilomètres carrés et comprennent plus de 7 millions et demi d'habitants.

2. — Les Philippines ont de nombreux volcans et sont souvent secouées par des tremblements de terre. Leur climat est chaud et humide, mais sain.

3. — Mindanao, encore peu connue, est couverte d'épaisses *forêts;* Luçon produit le *chanvre* de Manille et du *tabac* très estimé.

4. — Les Philippines ont été enlevées à l'Espagne par les Etats-Unis, en 1895. — La capitale, **Manille** (220 000 hab.), est envahie par les Chinois qui s'emparent peu à peu de l'industrie et du commerce.

Lecture. — Les Philippines aux Américains. — Vaincus par les Américains pendant la guerre maritime de Cuba, les Espagnols abandonnèrent aux vainqueurs l'archipel des Philippines moyennant une indemnité de 20 millions de dollars (traité de Paris, décembre 1897). Mais les Philippins refusèrent de se soumettre, et proclamèrent la République des Philippines sous la présidence d'Aguinaldo. Les Tagals opposèrent aux miliciens des Etats-Unis une résistance acharnée qui leur coûta cent mille hommes et plusieurs milliards. De part et d'autre, la lutte de guérillas fut sans merci. Les Américains en vinrent à ordonner des massacres en masse, et livrèrent les prisonniers à d'atroces supplices. Aguinaldo ne fut pris que par trahison.

Une fois la pacification commencée, les Américains se mirent à dresser la carte de l'archipel qui comprend plus de 3 000 îles ou îlots de toutes grandeurs. Une armée de recenseurs indigènes et américains releva les populations, étudia les ressources naturelles, forêts, gisements de houille, mines de fer, d'or et d'autres métaux, jusque-là à peine entrevues, définit, dans ce pays de montagnes, de collines, de plateaux, la variété des climats et des terrains propres à l'agriculture, à la viticulture, à l'élevage. La Commission de recensement constata que tous les produits de la zone tropicale, tous ceux de la zone tempérée y prospéraient ; *chanvre* de Manille, *coprah, tabac, café, riz, cacao....* etc., et que les *pêcheries de poissons* et de *vertes* y occupaient un grand nombre d'indigènes.

Un des meilleurs effets de la conquête américaine a été l'amélioration de l'hygiène : car le choléra, la peste, la lèpre, la petite vérole régnaient à l'état endémique, et ravageaient les îles ; l'un des grands fléaux était la mortalité infantile.

Les Philippines ont été dotées de nombreuses écoles, de tribunaux où fonctionne régulièrement un service judiciaire mixte, où on a conservé en partie le code civil et le code pénal espagnols. Les Américains n'ont pas imposé tout de suite l'usage officiel de leur langue : l'anglais n'a pris la place de l'espagnol devant les tribunaux qu'en 1906.

Enfin, si l'archipel est placé sous la direction d'un gouverneur civil américain, l'association intime des Américains et des Philippins dans l'administration du pays assure aux vaincus une participation effective dans la direction des affaires. L'archipel contient 7 635 000 habitants sur un territoire de 330 000 kilomètres carrés, un peu plus étendu que celui des Iles Britanniques, un peu inférieur à celui du Japon. On comptait, en 1903, plus de 100 000 Chinois dans les îles Philippines. L'immigration du Céleste Empire a été interdite pour l'avenir.

L'action américaine aux Philippines se marque plus vivement encore par l'accroissement des recettes budgétaires qui se sont élevées en quatre ans de 3 500 000 à 16 millions de dollars, et par l'extension du mouvement commercial qui a passé, de 1896 à 1903, de 150 à 380 millions de francs. « Les Américains, dit un auteur, ont ici toutes les chances, s'ils savent en profiter ; un pays riche de toutes les ressources naturelles, des ports excellents, une population en général honnête, intelligente, laborieuse... Jamais meilleure occasion n'a été offerte à un peuple soi-disant supérieur, de prouver en effet sa supériorité morale pour le plus grand bien d'un archipel dont les hasards de la guerre et de la politique l'ont rendu maître. »

MALAISIE ou INSULINDE

1. — La **Malaisie** comprend les îles de la Sonde, Bornéo, Célèbes et les Moluques. Elle a 1 700 000 kilomètres carrés et 35 millions d'habitants.

2. — **L'archipel de la Sonde** est parcouru dans toute sa longueur par une chaîne jalonnée de nombreux volcans. — La plus haute cime de Bornéo atteint 4 175 mètres ; celle de Java, 3 671, et celle de Célèbes, 3 075 mètres.

3. — Le climat est très chaud, et les moussons du nord-ouest et du sud-est amènent alternativement des pluies abondantes. **Sumatra** (470 000 kilom. carr.) et **Bornéo** (758 000 kilom. carr.) ont seules de grands fleuves : *Djambi, Barito.*

4. — Ces deux îles ont de riches gisements de *houille;* **Billiton** et **Banka** possèdent les plus abondantes mines d'*étain* du monde.

5. — La flore et la faune de la Malaisie occidentale offrent une grande analogie avec celles des grandes péninsules asiatiques. Les *forêts* fournissent des bois de toutes sortes, des *épices*, de la *gutta-percha*, de l'*huile végétale;* les plantations produisent en abondance du *café*, du *tabac*, du *sucre*. Presque toutes les îles, notamment les **Moluques**, vendent aux Chinois des nids de *salanganes*.

6. — La capitale des possessions hollandaises est **Batavia** (116 000 hab.., au nord de **Java**, la plus riche et la plus peuplée des îles malaises (28 millions et demi d'hab.).

Samarang (75 000 hab.) exporte du *café*, du *sucre* et de l'*indigo*; **Sourabaya** (147 000 hab.) est un grand entrepôt commercial et un grand arsenal; **Sourakarta** (109 000 h.), un grand marché de l'intérieur. **Macassar** (21 000 hab.) est le principal port de Célèbes.

7. — Les Portugais occupent la partie orientale de **Timor**, et les Anglais la partie occidentale et septentrionale de **Bornéo**.

1re Lecture. — Les volcans de Java. — De toutes les îles tropicales de l'Insulinde, la plus florissante, la plus peuplée, la plus civilisée et la plus connue est la merveilleuse **Java**. Elle renferme les deux tiers des habitants des archipels; elle est seulement la quatrième pour l'étendue. Elle n'est séparée des îles du nord et du nord-ouest : Madoura, Bornéo, Sumatra, que par des plateaux unis recouverts à peine d'une centaine de mètres d'eau; et les rivages septentrionaux sont couverts de terres basses qui se prolongent sous la mer par des récifs et des bancs de sable ou de vase. Au contraire, le littoral méridional, rocheux, escarpé, plonge brusquement dans les abîmes énormes de l'océan Indien.

Java est la terre des volcans : ils se succèdent d'un bout à l'autre de l'île et s'alignent au milieu des campagnes, comme des îles au milieu de la mer. Leurs éruptions ont été souvent terribles, leurs réveils sont fréquents. Plusieurs conservent une activité constante. Les indigènes les ont baptisés de noms qui rappellent leur fracas souterrain : ainsi le *Gounong Gountour* (mont Tonnerre), le *Galoungoung* (mont des Cymbales), le *Papandajan* (mont des Forges), le *Gounong Merapi* (mont du Feu). Un des plus vastes massifs volcaniques est celui du *Gedé* (le Grand) qui dépasse 3 000 mètres en hauteur, et qui lance de son cratère des jets de vapeur et de soufre et d'abondantes sources d'eau chaude; un autre cratère voisin, le *Salak*, à 12 kilomètres de circonférence, 300 mètres de profondeur, 2 000 mètres d'altitude; des forêts le drapent presque jusqu'à la cime, et, de ses mousses épaisses, jaillissent des filets d'eau qui s'unissent en ruisseaux où les rhinocéros viennent se désaltérer. Du haut du Salak, comme d'un superbe observatoire, on voit les deux mers par-dessus les deux versants.

Parfois, comme sur les flancs du *Patocha*, les coulées de laves se sont décomposées en terres fertiles et, s'épanchant dans les plaines, se sont transformées en riches plantations de café. Ailleurs s'ouvrent, au contraire, des cirques de boue chaude, et, du milieu de la fournaise, s'échappent, au milieu des sifflements et des détonations, des vapeurs sulfureuses meurtrières.

« Bien autrement actif, dit Reclus, est le *Papandajan* ou la Forge (2 634 m.) qui contient, dans le cirque ébréché de son ancien cratère, presque tous les appareils des laboratoires volcaniques : des marais sulfureux qui bouillonnent, des cônes boueux qui soupirent, renâclent, lancent des boues et des pierres, des sources chaudes qui jaillissent en sifflant. » Toutes les voix du volcan se mêlent en un tumulte assourdissant et pourtant rythmé qui fait penser à une immense usine avec ses milliers de marteaux retentissants et ses jets stridents de vapeur. Un ruisseau qui descend pur et clair dans le cirque de la Forge en sort brûlant et saturé de soufre.

Dix autres volcans sont en pleine activité : l'un montre dans son cratère des mares d'eau bouillante, un autre laisse échapper, des fissures de ses roches, des gaz sulfureux; un autre, des colonnes de vapeur, sous lesquelles, quand le vent disperse les fumées, on peut apercevoir les parois du gouffre, brillantes d'un jaune d'or. Sur le plateau de *Dieng*, s'ouvre le trou d'effondrement, que les voyageurs ont surnommé la « vallée de la Mort »; le *Gounong Merapi* (2 866 mètres) mérite toujours son appellation de « Feu destructeur », et les indigènes tremblent sans cesse au voisinage du *Keloet* ou « Balai » qui enferme dans son immense cratère un lac de 60 millions de mètres cubes d'eau. Quand la cheminée du volcan s'entr'ouvre au-dessous du lac, les jets de vapeur brûlante passent à travers la nappe d'eau douce, la changent en vapeur, et celle-ci retombe en formidables averses sur la montagne : le déluge balaie les cultures, déracine les arbres et noie les villages.

2e Lecture. — La destruction de l'île Krakatau. — La dernière et la plus effroyable peut-être de ces catastrophes volcaniques date seulement de 1883. C'est la destruction de Krakatau, île située dans le détroit de la Sonde, entre Java et Sumatra. La montagne était paisible depuis 1680. Les navigateurs venus d'Europe saluaient avec joie, comme le terme du long voyage, ce cône solitaire de 832 mètres, à l'abri duquel ils jetaient l'ancre par 60 mètres de profondeur. Soudain, au mois de mai, le volcan se réveilla. La terre se fendit, les flammes jaillirent, les explosions se succédèrent. D'abord, on ne s'effraya pas; des visiteurs de Batavia accoururent en partie de plaisir autour de l'île où le cratère projetait ses fumées et ses cendres, et faisait flamber ses forêts. Mais, au bout de trois mois, la fureur du volcan redoubla. Le fracas fut si terrible qu'on en entendait les charges dans toutes les mers de la Sonde, en Chine, dans le golfe du Bengale et jusque dans les parages de Madagascar.

« Quand les cendres se furent dispersées et que les navigateurs purent s'aventurer de nouveau dans le détroit de la Sonde, le spectacle qu'ils contemplèrent leur parut à la fois effroyable et prodigieux. Deux villes du littoral de Sumatra, deux autres du littoral de Java avaient disparu ; nulle trace n'existait plus des villages parsemés naguère sur les rives; les forêts de cocotiers, qui longeaient la mer jusqu'au pied des montagnes, avaient été rasées; tous les travaux humains étaient détruits, et plus de 40 000 personnes, surprises pendant la terrible matinée, « plus noire que la nuit », avaient été noyées dans le déluge qui montait de la mer, ou par la pluie de boue qui tombait du ciel. De l'île Krakatau, il ne restait que le volcan du sud ; les deux tiers de l'île, d'une surface de 20 kilomètres, avaient été emportés; à la place s'ouvrait un gouffre où une sonde de 300 mètres ne touchait pas le fond. » (E. Reclus.)

3e Lecture. — Les Chinois dans l'Insulinde. — De tous les immigrants qui vont chercher fortune dans l'archipel de la Sonde, les Chinois sont les plus tenaces, les plus insinuants et les plus nombreux. On en compte, dans la seule île de Java, environ un quart de million. « Il est vrai que la plupart sont des Pernakans, c'est-à-dire des Chinois natifs de Java, avant pour mères des femmes indigènes. L'immigration est relativement faible, car elle est entravée par des droits de débarquement et de séjour, des taxes de capitation, des passeports, des impôts spéciaux sur les industries, sur les revenus, etc. »

Les Chinois gardent, pendant plusieurs générations, leur marque d'origine, malgré les croisements des races : leurs enfants sont élevés par des instituteurs chinois, à la mode chinoise. Ils forment des clans à part ; on les tolère, on les emploie, on les subit. « Intermédiaires de commerce, entrepreneurs, fermiers de monopoles, prêteurs sur gages, contrebandiers et marchands d'opium, ils prélèvent la meilleure part des bénéfices sur toutes les transactions; par les crédits et les avances de fonds, ils accaparent les récoltes et les héritages : en arrivant, ils se font humbles, et bientôt ils sont les maîtres; « ils s'épanouissent comme le lotus ». Leurs propriétés à Java représentent une valeur d'environ 300 millions de francs. Les Européens redoutent leur concurrence, et ne peuvent pourtant se passer de leur concours.

Nombreux sont les coolies chinois occupés aux travaux de défrichement et aux plantations de Sumatra. Les archipels de Riouw et de Lingga, bien placés pour le courant commercial entre Singapour, Sumatra et Java, attirent par milliers les trafiquants de Canton et d'Amoy. Les Chinois excellent à fabriquer, par la décoction de certaines plantes les îles de Riouw, le *gambin*, qui est exporté par millions de kilogrammes à Batavia, à Macassar et à Bornéo, où il sert à préparer le bétel que mâchent les indigènes. C'est encore les Chinois qui exploitent les gisements d'étain des îles du détroit malais, surtout ceux de *Banka*, et qui pêchent ces énormes quantités d'holoturies achetées à grands frais par les gourmets du Céleste Empire. Dans la grande île de Bornéo, on les voit multiplier leurs colonies dans les ports, s'emparer du commerce, monopoliser les industries, et exploiter exclusivement les gisements aurifères. A l'état pur, et en comptant les métis de Chinois et de Malais, leur nombre n'est guère moindre que 300 000.

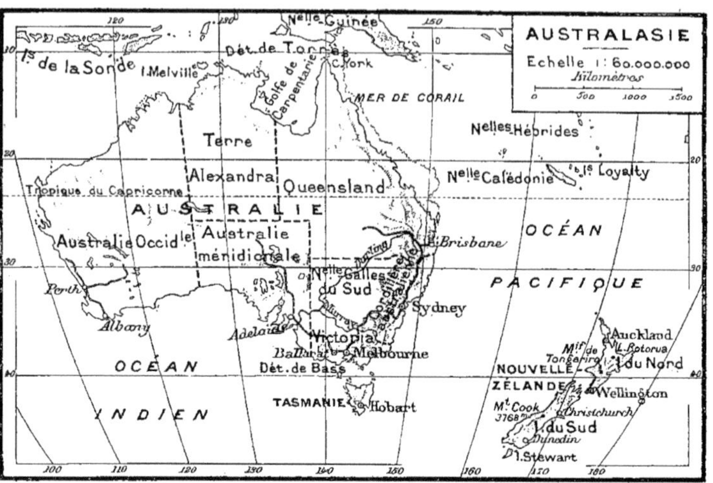

AUSTRALASIE

1. — L'**Australasie** comprend l'Australie, la Tasmanie et la Nouvelle-Zélande.

2. — L'**Australie** (7 626 000 kilom. carr.; 4 millions d'hab.) est un vaste plateau peu découpé par la mer. A l'intérieur, vers l'ouest, s'étend un désert aride, faiblement accidenté, sillonné de cours d'eau temporaires et parsemé de lacs qui rappellent les chotts algériens. A l'est et au sud-est, le bourrelet bien arrosé de la **Cordillère australienne** longe le littoral.

3. — La zone côtière septentrionale est couverte de *forêts* et de *cultures* équatoriales; mais la partie vraiment riche de l'Australie est la **région de l'est et du sud-est**. C'est là que se trouvent les principales mines d'*or*, d'*argent*, de *houille*, de *fer*, de *cuivre* et d'*étain*; c'est là aussi que, grâce à l'abondance des pluies, prospèrent l'élevage des *moutons* et des *bœufs*, la culture de la *canne à sucre*, du *coton*, des *céréales* et de la *vigne*.

4. — Cette région privilégiée renferme presque toute la population et les grandes villes : **Brisbane** (125 000 hab.), capitale et débouché du Queensland; **Sydney** (520 000 h.), capitale et grand port de la Nouvelle-Galles du Sud; **Melbourne** (508 000 hab.), capitale de l'État de Victoria; **Adélaïde** (170 000 hab.), capitale de l'Australie méridionale.

1re Lecture. — **L'Australie; irrigations, cultures élevage.** — La première colonie australienne date de 1788; elle a été fondée à Sydney par le commodore Philips avec un convoi de *convicts* ou forçats. Les colonies libres ne tardèrent pas à s'établir dans ce pays d'un climat salubre : en 1840, l'Angleterre n'envoya plus de convicts que dans l'Australie occidentale; en 1868, toute transportation cessa. Le continent australien appartint dès lors à la colonisation libre. Les progrès de l'éle-

vage, la découverte et l'exploitation des mines attirèrent en masse les immigrants; un peuple se forma et bientôt les six colonies australiennes, peuplées de 4 300 000 habitants, d'origine presque exclusivement anglaise, à l'exception de 20 000 indigènes, de 92 000 Allemands et de 26 000 Chinois, formèrent une confédération autonome (commonwealth) sans rompre avec la mère patrie.

De cette vaste terre, la plus grande partie est un désert. Malgré de beaux et longs fleuves, à l'apparence majestueuse, qui coulent dans la plaine intérieure, l'eau manque. Le climat est d'une sécheresse extrême; la pluie tombe en quantité insuffisante; le sol, formé en partie de grès poreux et de collines sablonneuses, absorbe l'eau à mesure qu'elle tombe : l'infiltration et l'évaporation en font disparaître plus des trois quarts. De là, les sécheresses, fléau terrible qui, en sept années (1897-1903), a failli ruiner l'élevage. De 120 millions de moutons, valant 6 milliards de francs, les troupeaux avaient été réduits à 60 millions; le vaste bassin du Murray fut particulièrement éprouvé. En même temps que les moutons, les hommes faillirent périr de soif. Le chemin de fer amena des convois d'eau; le litre se vendit jusqu'à 0f,60. On vit des cadavres de lapins entassés en masse à une hauteur de deux à trois mètres le long des clôtures des terres irriguées. Ces animaux s'adaptèrent par nécessité à la vie arboricole, grimpant sur les arbres pour en ronger l'écorce et les feuilles sèches.

Pour lutter contre le fléau, les Australiens ont créé des citernes, aménagé leurs rivières et foré des puits artésiens. L'État s'est chargé de ces travaux coûteux. La région artésienne, dit M. Privat-Deschanel, s'étend, dans le bassin du Murray, sur un million de kilomètres carrés. Ces puits peuvent fournir par jour 2 381 000 mètres cubes, soit en un an plus de 869 millions de mètres cubes.

C'est le salut. Avant l'exécution de ces travaux hydrauliques, on cultivait surtout les territoires montagneux; on nourrissait les animaux avec du fourrage sec, acheté très cher. Désormais les réservoirs d'irrigation donneront l'humidité nécessaire aux cultures de plaine, canne à sucre, céréales, fruits, vignes, luzernes, et assureront l'élevage des moutons à laine pendant les sécheresses. Et ainsi pourra s'accroître presque indéfiniment la surface des terrains de culture et d'élevage, avec le nombre des éleveurs, des fermiers et de la population agricole.

2e Lecture. — **Ballarat. — Autrefois. — Aujourd'hui.** — Lorsqu'on vit arriver à Melbourne vers 1854 les premières voitures escortées de mineurs à la mine farouche, la ville tout d'un coup fut abandonnée par ses habitants. Magistrats, médecins, notaires, financiers, commerçants, des plus hauts personnages aux plus humbles colons, tous partirent pour le nouvel Eldorado. « J'ai vu un grossier dessin fait dans ce temps par un ancien homme du monde d'une excellente éducation, qui avait tout abandonné pour courir aux mines; tour à tour très riche, et le lendemain pauvre, il était, par la force de l'habitude, resté mineur; je le trouvai au fond d'une des galeries. Ce croquis représentait un lingot d'or aussi haut que lui, pesant 440 kilogrammes, qu'il avait trouvé. » Pour conserver son trésor, il avait dû passer ses nuits à faire bonne garde, le revolver en main, et s'associer à quelques compagnons fidèles qui veillaient avec lui.

Pas un de ces détraqués, qui risquait à chaque minute son existence, n'a su conserver la fortune qu'il venait si âprement chercher. « Ceux qui s'enrichirent, ce fut le troupeau de parasites : cantiniers, vendant à gros prix leurs marchandises frelatées, marchands d'habits revendant de vieilles défroques à es prix fabuleux. L'argent monnayé n'existait pas encore, à vrai dire, dans les campements; le mineur payait ses achats journaliers en poudre d'or, dont il portait une sacoche pendue à un côté. Avec une légère balance, on pesait, pour une bouteille de bière ou de whisky, une pincée de ce métal, qui représentait vingt fois la valeur de l'achat. A côté de ces trafiquants, les Chinois, sobres et travailleurs, furent les seuls à conserver ces miettes de ces fortunes légendaires. » L'émigration de la race jaune commençait : depuis, elle est devenue si colossale, que la colonie, inquiète de cette invasion, taxa de 2 000 francs par tête tout fils du Céleste Empire qui débarquait sur un de ses territoires. Le patient Chinois explorait infatigablement les trous déjà creusés, que le mineur, dans sa hâte de trouver les gros lingots, abandonnait pour d'autres ; il tamisait les terres, en séparait les pépites brillantes.

A la place de toute cette terre, remuée et fouillée, Ballarat élève somptueuse. Elle fut fondée vers 1897, au milieu même des tribus indigènes. Le sol, très riche, fut exploité de toutes parts. Quartz et alluvion, on trouva l'or sous ces deux formes. Ballarat est aujourd'hui la seconde en importance des villes de la colonie de Victoria, après Melbourne. Elle comptait au dernier recensement 52 000 habitants. Elle a de beaux monuments, un jardin botanique orné des plus beaux échantillons du règne végétal.

... « Chaque fois qu'on trouvait jadis un lingot ou *nugget* d'une certaine taille, il était baptisé *welcome* (bienvenu), et l'on ajoutait à ce mot un nom propre d'homme célèbre ou connu. Dans les musées sont conservés les moulages des principaux *nuggets*. Quoique la foule qui se presse devant les vitrines sache que cette enveloppe d'or n'est que cuivre brillant qui cache une masse informe de plâtre, elle n'en regarde pas moins d'un œil émerveillé et cupide ces gros blocs, ici le « prince de Galles », là « Victoria ». Plus d'un de ces visiteurs, qui a été aux mines, se remémore ces jours de fièvre, de trouvaille, de fortune, suivis de la pauvreté et de la désespérance. Même parmi eux, il s'en est rencontré qui ont trouvé un de ces fabuleux *welcome* passés en d'autres mains.

» Tout est tranquille aujourd'hui : on ne s'égorge plus ; et, cependant, on trouve encore des pépites, mais au prix de quelles peines arrive-t-on à les extraire de leur fosse, à les séparer de leur dure enveloppe! Partout, au milieu des faubourgs, on aperçoit les grandes roues qui font mouvoir le câble attaché à la cage d'extraction, tournant continuellement, apportant à la surface du sol les morceaux de quartz qui seront pilés, réduits en poudre, puis mis en contact avec le mercure, lequel s'emparera des parcelles microscopiques qui, sans son secours, échapperaient à l'homme. Cette terre blanche a été retournée en tout sens, chaque pouce de terrain âprement examiné. Une armée de mineurs habite ces galeries souterraines, les unes horizontales, les autres verticales, plongeant à vif dans le cœur de la terre à la suite des capricieux filons. Mais aucune des nombreuses Compagnies ne fait de brillantes affaires. Le métal une fois remonté, après la manipulation coûteuse, revient plus cher que sa valeur, à cause des salaires exorbitants des ouvriers. »

(D'après Eugène GIRARDIN, *En Australie méridionale*).

5. — La Tasmanie (68 000 kilom. carr. ; 180 000 h.) est une île montagneuse qui a le climat de l'Ecosse. Elle possède de riches mines d'*étain* et d'*or*, cultive les *céréales* et les *arbres fruitiers*, et élève de nombreux troupeaux de *moutons*.

6. — La capitale de la Tasmanie est **Hobart** (35 000 h.).

7. — L'Australie et la Tasmanie forment une confédération presque indépendante de l'Angleterre.

8. — Nouvelle-Zélande. — L'archipel de la Nouvelle-Zélande (270 000 kilomètres carrés et 900 000 hab.) est parcouru, du sud-ouest au nord-est, par un soulèvement de montagnes volcaniques (*mont Cook*, 3 768 m.). L'île du **Nord** a des geysers et des volcans en activité; l'île du **Sud** rappelle la Suisse. La première a le climat de l'Italie, et la seconde celui de l'Ecosse.

9. — La Nouvelle-Zélande possède des mines de *houille*, d'*or* et d'*argent*, des *forêts de conifères* et de *fougères arborescentes;* elle cultive les *céréales*, les *arbres fruitiers*, et nourrit de 15 à 20 millions de *moutons*.

10. — L'archipel ne compte plus que 40 000 indigènes ; il s'administre sous le contrôle d'un gouverneur anglais. — La capitale est **Wellington** (54 000 hab.); **Auckland** (38 000 hab.), **Christchurch** (49 000 hab.) et **Dunedin** (26 000 hab.) sont des ports actifs.

3e Lecture. — La Nouvelle-Zélande. — Les Maoris indigènes. — Le navigateur hollandais, Abel Tasman, découvrit le premier, en 1642, l'archipel de la Nouvelle-Zélande; mais c'est le capitaine anglais Cook qui en fit, avant tous les autres, l'exploration en trois voyages (1769-77) et en prit possession au nom de Georges III. Longtemps les révoltes et la résistance des indigènes Maoris gênèrent ou compromirent les entreprises des flibustiers, des missionnaires et des colons. Mais, depuis 1881, les Maoris vaincus, spoliés et décimés ont cessé toute résistance. Cette race, la plus fière, la plus belle, la plus intelligente de toute la Polynésie, comptait, au temps de Cook, un demi-million de sujets; aujourd'hui, sur les 857 000 habitants de l'archipel, il reste à peine 40 000 Maoris, soumis à l'Angleterre et dégénérés. Ils s'étiolent et disparaissent devant les blancs. Ils n'ont rien de commun avec les guerriers d'autrefois : ils ont le costume européen, s'habillent, se logent, se nourrissent à l'anglaise. On ne voit plus de tatouages que sur la figure des vieux. Rares sont les localités, dans l'île du nord, où quelques groupes de Maoris agglomérés ont gardé intactes leur langue, leurs coutumes et peut-être leur sauvagerie et leurs haines contre les blancs envahisseurs. Le gouverneur de la Nouvelle-Zélande constate avec satisfaction que les Maoris témoignent aujourd'hui d'un intérêt intelligent pour les opérations de colonisation, et reconnaissent cordialement « les lois de la colonie ». Quelques-uns siègent même dans le Parlement zélandais.

4e Lecture. — La Nouvelle-Zélande. — Le pays et ses ressources. — L'archipel néo-zélandais est situé aux antipodes de l'Espagne et du golfe de Gascogne, à 32 jours de l'Europe par la voie d'Amérique. Cette magnifique colonie anglaise, grande comme la moitié de la France, est, dit M. Leroy-Beaulieu, une terre de contrastes et d'étrangeté. L'île du nord est le théâtre de phénomènes extraordinaires; le grand massif volcanique de Tongariro se dresse au centre de l'île, et l'un des anciens cratères, rempli tantôt par un lac gelé, tantôt bouillant, ne suffit pas à l'échappement des vapeurs souterraines qui se dégagent dans les fumerolles, les geysers, les volcans de boue des bords du lac Rotorua. L'île du sud a des glaciers, des lacs, des fiords qui sont plus beaux que ceux de la Norvège.

Mais le grand charme de la Nouvelle-Zélande, c'est sa magnifique végétation d'arbres toujours verts dont le plus beau est le kauri, et surtout l'exubérant sous-bois de fougères arborescentes grimpantes et rampantes. On y trouve d'opulentes mines d'*or*, de l'*argent*, du *cuivre*, de l'*étain*, de la *houille*, du *pétrole*, du *marbre*, qu'on exploite déjà activement.

La grande richesse du pays est dans l'élevage des *moutons*, dont les îles contiennent plus de vingt millions de têtes, et dont plusieurs centaines de mille abattus chaque année sont expédiés en Europe à l'état de viande congelée. Les appareils frigorifiques permettent l'envoi sur tous les marchés européens du beurre et des œufs qui sont embarqués par cargaisons énormes.

Aussi la population blanche, d'origine anglaise, s'accroît-elle rapidement, et, sous le climat très salubre de l'archipel, des milliers d'immigrants d'Ecosse, d'Irlande, d'Allemagne, de Suède viennent grossir le nombre de ces cultivateurs, éleveurs, mineurs ou trafiquants blancs qui prospèrent et souvent font fortune. Les Chinois y ont été attirés par les chefs d'industrie; mais ils sont suspects et détestés, et des lois sévères, des mesures préventives ont été votées contre eux par le Parlement zélandais qui siège à Wellington.

DEVOIRS

NOTIONS PRÉLIMINAIRES (46 devoirs)

Notions de cosmographie (Pages 4-5)

1. **L'Univers.** — Ce qu'il comprend. — Les étoiles et les planètes. — Opinion des anciens sur la Terre. — Découvertes de Copernic. — Nébuleuses et comètes.

2. **Le Soleil.** — Sa distance de la Terre. — Son volume. — Sa puissance calorique et lumineuse. — Le Soleil « Père de la vie ». — Le Soleil dans l'Univers. — Ce que comprend le système solaire.

3. **La Lune.** — Sa distance de la Terre. — Son volume comparé à celui de la Terre. — Aspect que présente sa surface. — Mouvement et phases de la Lune.

La Terre (P. 6-7)

4. Forme et dimensions de la Terre. — Prouver que la Terre est ronde. — Double mouvement de la Terre. — Conséquences du mouvement de rotation. — Conséquences du mouvement de translation.

5. **Orientation.** — Son utilité. — Points cardinaux et rose des vents. — Moyens de s'orienter. — La boussole. — Avantages qu'elle présente et conséquences de sa découverte.

Les terres (P. 8-11)

6. **Esquisse géologique.** — La Terre à une époque très reculée. — Formation des terrains primitifs. — Condensation des vapeurs. — Formation des sédiments. — Modifications subies par les terrains primitifs et secondaires. — Terrains modernes.

7. **Grandes divisions du globe.** — Surface occupée par les terres. — Les cinq parties du monde. — Les continents. — L'hémisphère continental. — L'hémisphère boréal opposé à l'hémisphère austral.

8. **Le relief terrestre.** — Ses différentes formes; leurs causes. — Manifestation du feu central. — Volcans. — Le cercle de feu.

9. **Les minéraux.** — Les carrières et leurs produits. — Les mines. — La houille; son origine, son utilité. — Principaux gisements houillers. — Production annuelle. — Craintes des savants.

10. **Métaux.** — Métaux précieux et métaux utiles. — Principaux métaux précieux. — Qualités particulières et usages de chacun d'eux. — Les pays les plus riches en or, en argent. — Production.

11. **Métaux utiles.** — Rôle considérable du fer dans la vie moderne. — Les pays les plus riches en fer. — Le fer appelle la houille ou va la rejoindre. — Principaux centres de l'industrie métallurgique.

12. Le cuivre, le plomb, le zinc, l'étain et le nickel. — Qualités particulières de chacun d'eux. — Usages. — Principaux pays producteurs.

13. **Diamant.** — Ce qui le rend précieux. — Endroits où on le trouve encore. — Taille du diamant.

Sel. — Deux origines différentes. — Mines de Wieliczka.

Eaux minérales. — Leurs caractères distinctifs. — Leur utilité.

Pétrole. — Son emploi. — Principaux pays producteurs. — Rendement annuel.

14. Montrer les rapports qui existent entre la géologie et la géographie; — entre la géologie et l'agriculture.

Les mers (P. 12-15)

15. Surface du globe occupée par la mer. — Grandes divisions de la mer. — Relief du lit de la mer. — Noms donnés aux montagnes, aux plateaux, aux dépressions. — Profondeur de la mer. — Nature des dépôts qui se forment au fond de la mer. — Globigérines.

16. Composition de l'eau de la mer. — Sel qu'elle renferme. — Différences de salinité. — Faune de la mer.

17. Les mouvements de la mer. — Vagues et lames. — Marées; leurs causes. — Marées de syzygies et de quadrature. — Hauteur variable des marées.

18. Les courants marins. — Principaux courants froids; — leur itinéraire. — Principaux courants chauds; le Gulf-Stream. — Rôle des courants de surface dans la navigation et la distribution des climats.

19. **La mer et les rivages.** — Action de la mer sur les côtes formées de terrains primitifs; — sur les falaises calcaires; — sur les côtes basses. — Ce que deviennent les débris arrachés à la côte. — Architectes de la mer. — Formation des massifs coralliens; — atolls.

20. **Les trésors de la mer.** — Règne végétal : goémons, zostères, algues, mer des Sargasses. — Règne animal : nombre énorme des espèces et prodigieuse fécondité de certaines d'entre elles. — Destruction des êtres marins.

21. **Les pêcheries.** — Pêche côtière et grande pêche; leur objet. — Pêche des éponges, du corail rouge et des huîtres perlières.

22. **Mytiliculture.** — Découverte de Walton. — Description des bouchots de la baie de l'Aiguillon ; — leur exploitation et leur rendement. — Principaux centres de la culture des moules.

L'atmosphère (P. 16-17)

23. Épaisseur de la couche d'air atmosphérique. — Le vent, cause du mouvement de l'air. — Différentes sortes de vents. — Principaux vents permanents; causes des vents alizés: leur direction; leurs bienfaits. — Vents périodiques. — Vents locaux.

24. **Les pluies.** — Phénomène de l'évaporation. — Formation des nuages. — Distance qu'ils parcourent. — Relations étroites entre l'évaporation et la chute des pluies. — Distribution inégale des pluies.

25. **Les climats.** — Ce qui constitue le climat d'un pays. — Le climat et la latitude. — Différences de climats sous la même latitude; causes des différences. — Influence prépondérante de la mer sur le climat. — Climats maritimes et climats continentaux. — Ligne isotherme. — Équateur thermique.

Les eaux courantes (P. 18-19)

26. Ce que devient la pluie qui tombe sur le sol : sources et cours d'eau. — Débit des cours d'eau. — Le fleuve idéal.

27. **Les glaciers.** — Formation des glaciers. — Glaciers de montagnes; immobilité apparente. — Action des glaciers sur les roches. — Bienfaits des glaciers. — Glaciers polaires; leurs caractères distinctifs; leur marche vers la mer; icebergs.

28. **Les lacs.** — Leur formation. — Régions riches en lacs. — Lacs salés. — Les lacs, pères ou régulateurs et épurateurs des fleuves.

29. Fonction des eaux courantes. — Les cours d'eau et la végétation. — Les cours d'eau voies commerciales. — Les cours d'eau et les invasions. — Rôle des eaux courantes dans l'industrie. — Action qu'elles exercent sur les terrains : alluvions et deltas.

La vie. — Végétaux et animaux (P. 20-21)

30. **La flore et les cultures.** — Conditions favorables à la végétation. — Flore de la zone torride, de la zone tempérée, de la zone polaire. — Caractères généraux du règne végétal de chaque zone.

31. **Cultures.** — Principales plantes cultivées dans la zone torride et centres de cultures. — Grandes cultures de la zone tempérée; progrès réalisés; conséquences. — La zone polaire.

32. **Faune.** — Faune de la zone torride, de la zone tempérée, de la zone polaire. — Caractères généraux du règne animal de chaque zone; principaux représentants.

33. **Elevage.** — Principaux animaux domestiques élevés dans chaque zone. — Importance de l'élevage dans la zone tempérée.

La vie. — Les races humaines (P. 22-23)

34. Population totale du globe. — Principales races. — Caractères de chacune d'elles et nombre de ses représentants. — Régions qu'elles occupent. — Races secondaires.

35. **Les races qui meurent.** — Causes de leur disparition. — Cruautés des peuples envahisseurs. — Livingstone et de Brazza.

36. **Marche générale de la civilisation.** — Ce qu'on entend par civilisation. — Son berceau. — Deux courants. — Civilisation orientale plus précoce, mais longtemps stationnaire. — Civilisation occidentale sans cesse enrichie; sa dernière période. — Rencontre des deux civilisations.

Europe physique (P. 24-25)

37. Limites, forme et superficie de l'Europe. — Son rôle dans le monde.

38. Le relief général de l'Europe. — Distribution des montagnes et des plaines. — Carte.

39. Les côtes européennes de l'océan Glacial arctique. — Principales îles correspondantes. — Carte.

40. Les côtes de l'océan Atlantique. — Iles correspondantes. — Joindre un croquis au texte.

41. Les côtes européennes de la Méditerranée. — Iles correspondantes. — Croquis.

42. Les climats de l'Europe. — Causes et conséquences.

Europe économique (P. 26-27)

43. Productions minérales de l'Europe. — Évolution de l'industrie en Europe au dix-neuvième siècle.

44. La flore et la faune de l'Europe. — Évolution dans l'agriculture et dans l'élevage.

45. L'avenir de l'Europe menacé par les progrès des autres parties du monde.

46. **Europe politique.** — Division de l'Europe en États. — Population, races, langues et religions.

LA FRANCE (155 devoirs)

GÉOGRAPHIE PHYSIQUE

France physique (P. 28-29)

RÉGIONS NATURELLES

Région du Massif Central (P. 38-39)

LES CINQ PARTIES DU MONDE (126 Devoirs)

ÉTATS EUROPÉENS

Iles Britanniques (P. 108-109)

Belgique. — Pays-Bas (P. 110-111)

Suisse (P. 112-113)

Allemagne (P. 114-115)

Autriche-Hongrie (P. 116-117)

Pays scandinaves (P. 118-119)

Empire Russe (P. 120-121)

Péninsule des Balkans (P. 122-123)

Italie (P. 124-125)

Péninsule Ibérique (P. 126-127)

AFRIQUE

Afrique (P. 128-129)

Afrique du Nord (P. 130-131)

Afrique occidentale (P. 132-133)

Afrique équatoriale (P. 134)

Afrique australe (P. 135)

Afrique orientale (P. 136-137)

TABLE DES MATIÈRES

NOTIONS PRÉLIMINAIRES

LA FRANCE

Géographie physique.

Régions naturelles.

Géographie économique.

Géographie historique et administrative.

LES COLONIES FRANÇAISES

LES CINQ PARTIES DU MONDE

SAINT-CLOUD. — IMPRIMERIE BELIN FRÈRES.

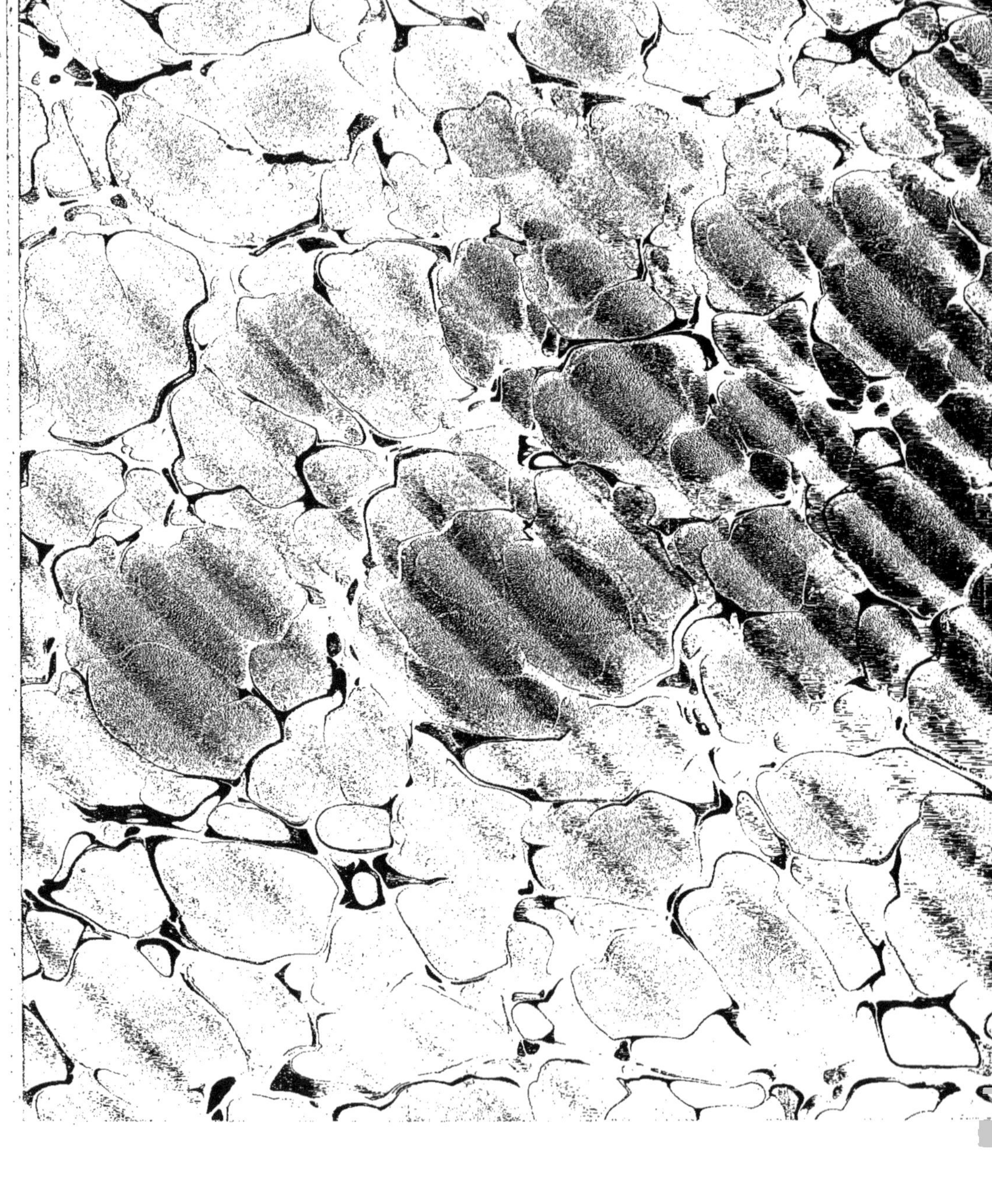

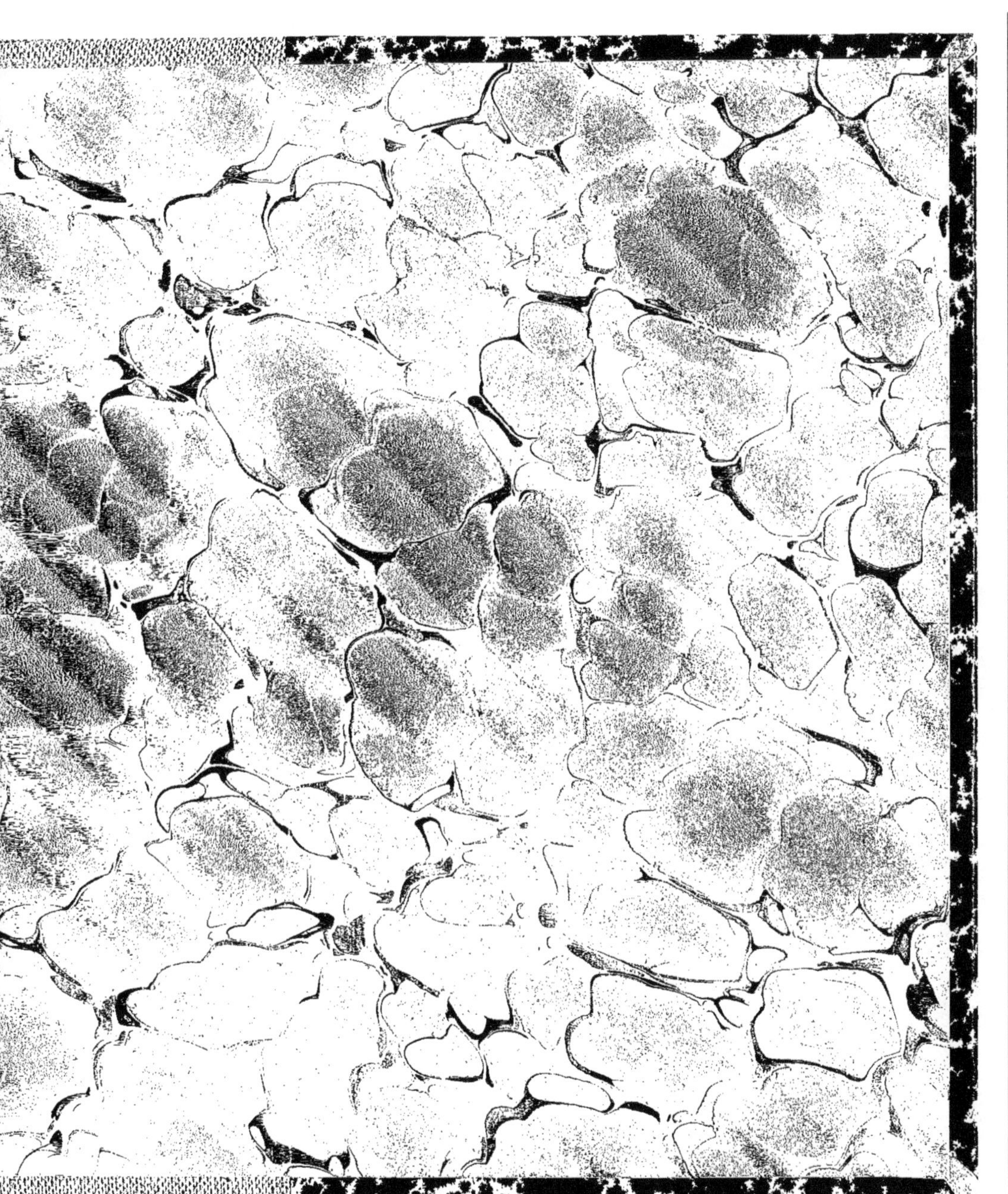

BIBLIOTHEQUE NATIONALE DE FRANCE
3 7502 00531205 5